国家出版基金项目
NATIONAL PUBLICATION FOUNDATION

药品监管法治丛书

宋华琳 等 著

# 药品管理立法比较研究

译林出版社

**图书在版编目（CIP）数据**

药品管理立法比较研究／宋华琳等著 .—南京：译林出版社，2023.3
（药品监管法治丛书）
ISBN 978-7-5447-9586-9

I.①药… II.①宋… III.①药品管理法-立法-对比研究-世界 IV.①D912.164

中国国家版本馆 CIP 数据核字（2023）第025680号

**药品管理立法比较研究　宋华琳 等／著**

责任编辑　黄　洁
特约编辑　朱雪婷
装帧设计　周伟伟
校　　对　王　敏　戴小娥
责任印制　单　莉

出版发行　译林出版社
地　　址　南京市湖南路 1 号 A 楼
邮　　箱　yilin@yilin.com
网　　址　www.yilin.com
市场热线　025-86633278
排　　版　南京展望文化发展有限公司
印　　刷　徐州绪权印刷有限公司
开　　本　880 毫米 ×1230 毫米　1/32
印　　张　18.125
插　　页　4
版　　次　2023 年 3 月第 1 版
印　　次　2023 年 3 月第 1 次印刷
书　　号　ISBN 978-7-5447-9586-9
定　　价　108.00 元

2022年度国家出版基金资助项目“药品监管法治丛书”成果

国家社科基金重大项目“突发重大公共卫生事件防控的法治体系研究”(20ZD&188)阶段性成果

# 目　录

# 第一章
# 药品管理立法的比较研究

## 一、序　说

### （一）功能意义的比较行政法研究

西方学者达维德曾说："在所有科学中，只有法学错误地认为可以成为纯粹民族性的东西。神学家、医学家、科学家、天文学家以及其他所有学者，都以自己不了解国外在本专业领域内取得的进步而感到耻辱，但只有法学家将自己封闭在本国法的研究中。"[1]日本比较法学家大木雅夫也曾指出，一个比较研究数国法的愚人，有时会比满足于一国法研究的智者获得更胜一筹的认识。因此，比较法也被视为"真理的学校"或"解决问题的仓库"。[2]

"比较行政法像积累各种行政法方法的仓库，核心任务是发现具体的需要和法律问题，对比不同法域、法律制度、行政文化和行政传统的个性和共性，学习其他行政法文化，吸收和借鉴经过检验的具有普遍性

---

1　转引自［日］大木雅夫：《比较法》，范愉译，法律出版社1999年版，第16页。

2　参见［日］大木雅夫：《比较法》，范愉译，法律出版社1999年版，第16页。

的制度和法律思想，完善自己的行政法。”[1]比较行政法虽然看似是一门“辅助性的科学”，但观察不同国家行政法理论与制度的演进，就各国行政法律的规范结构、行政法解释的不同技术、行政管理方式和实效进行比较，不仅有助于反思本国行政法理论的利弊得失，使学说更趋精良，也有助于推动本国的立法与制度改革。[2]

在我国已有的比较行政法研究中，相当一部分以制度建构和改革为己任。我国对行政处罚、行政许可、行政复议、行政诉讼、国家赔偿、行政程序、政府信息公开等行政法一般制度展开的比较研究，相当程度是以起草、制定或修改相关法律法规为旨趣。我国的比较行政法研究已逐渐从行政法总论的比较研究，发展到行政法分论的比较研究，例如，在药品法律、法规、规章制定和修改的过程中，国务院药品监督管理部门长期与学界合作，对国外法律文件进行译介，对国外相应法律制度予以探讨。在健全与完善中国药品监管法律制度，推进我国药品监管法治现代化的过程中，经常会针对某个现实问题、某项制度设计追问：美国是如何做的？欧盟是如何做的？日本是如何规定的？

以上做法令比较法研究演变为“比较立法研究”，其间隐含的方法和步骤是：(1) 提出所需研究的、所拟解决的问题；(2) 从要研究的国内法律制度中搜集必要的资料；(3) 探寻在外国法律制度中那些处理共同社会问题，或回应共同社会需要的法律制度所采用的法律规范、程序和制度，并将其尽可能体系化；(4) 比较中国法律制度和外国法律制度中，不同制度方略的得失优劣；(5) 得出完善中国法律制度的建议。[3]

---

1 ［德］汉斯·J.沃尔夫、奥托·巴霍夫、罗尔夫·施托贝尔：《行政法》第1卷，高家伟译，商务印书馆2002年版，第17页。

2 参见翁岳生：《比较法学之理念与实践》，《月旦法学》2003年第7期。

3 ［英］德里克·罗巴克：《过去是另一个国度——作为比较法的法制史》，吴源、陈锡康译，王晨光校，载沈宗灵、王晨光编：《比较法学的新动向——国际比较法学会论文集》，北京大学出版社1993年版，第31—32页。

在行政法制度的比较研究中，应关注功能意义的比较法研究。功能构成了比较法的起点和基础。我们不能对那些不可能比较的事物进行比较，而是对那些可以完成相同任务、相同功能的事物进行比较。[1]因此，首先要选定比较项及确定比较项之间的关联，不同国家的比较项之间需在结构上具有类似性，在功能上具有等值性（functional equivalence）。往往有论者认为，关于某个法律制度在国外“找不到任何东西”，而功能主义原理可以防止此类情况的出现。[2]

例如，《中华人民共和国药品管理法》（以下简称《药品管理法》）第98条规定禁止生产假药、劣药，或可作为参照的是，美国《联邦食品、药品与化妆品法》将相关药品分为假冒药（counterfeit drug）、掺假药（adulterated drug）和错标药（misbranded drug）；英国1968年《药品法》第63条题为“药品的掺假”（Adulteration of Medicinal Products），对掺假药品加以界定。[3]围绕以上法律规范，可对假劣药品的立法与解释开展比较研究。

比较行政法研究不仅是对各国行政法知识或信息的简单罗列与对比，还应有更深刻的“评价”，以揭示不同国家面对类似问题时的相同与不同考虑。[4]各国法律秩序虽然历史传统、结构、样式不同，但可能面对类似问题，给出类似的学说阐发与制度安排。需要研究不同方案在该国实践中有着怎样的功能与弱点，以及各自重视的因素，进而思考我国行政法更需要考虑哪些因素，更适合引入哪种解决方法，来开展

1　［德］K.茨威格特、H.克茨：《比较法总论》，潘汉典等译，法律出版社2003年版，第28页。

2　［德］K.茨威格特、H.克茨：《比较法总论》，潘汉典等译，法律出版社2003年版，第47页。

3　UK Medicines Act 1968, Section 63.

4　［德］马蒂亚斯・赖曼、莱因哈德・齐默尔曼编：《牛津比较法手册》，高鸿钧等译，北京大学出版社2019年版，第1247页。

“有区分的选择”。[1]此种方法论意义的考虑，对我国药品管理立法比较研究也不乏启示意义。

## （二）药品管理立法比较研究的旨趣

药品立法一方面具有高度专业性和技术性，一方面又是行政法学和政府监管原理的生动运用。诚如美国学者所言：“食品和药品法研究是一个迷人的专门领域，而今已发展成为一个实体法律的版图……这个领域涵盖了宪法和行政法中的重要基础性问题，这个开阔的领域吸引了执业律师、政府官员和法学教授的关注”。[2]由于中国法学院的培养模式及法学学术传统，药品法研究和法律、科学技术、公共政策之间的多重关联性，相关的高质量药品法研究成果尚不多见。为此，更有必要通过关注国外制度、学说和判例，通过比较与借鉴，推动中国药品法的学术研究和制度改革。

适应时代需求的药品立法，特别是一部体例成熟、结构合理、内容合理的药品基本法，和公众健康权益的保障、医药产业的发展休戚相关。药品立法针对的客体是药品，相当一部分内容是技术规范的法律化，同时，随着市场、产品和贸易的全球化，药品的研究开发、生产、经营、使用、监管等活动已经超出了国家的范围，在行政法和监管全球化的背景下，各国药品立法的结构、框架和内容方面呈现出诸多趋同化的趋势。[3]

在1984年9月20日通过的《药品管理法》，2001年2月28日对《药

1 ［德］大木雅夫：《比较法》，范愉译，法律出版社1999年版，第102页。

2 Peter Button Hutt, The Transformation of United States Food and Drug Law, 60 *J. Ass'n Food & Drug Officials* 9 (1996).

3 陈永法：《西方发达国家的药事法规体系研究》，中国药科大学硕士论文，1999年6月，第2页。

品管理法》的第一次修订，2019年8月26日对《药品管理法》的第二次修订中，都可以看到外国法的身影。从我国《药品生产质量管理规范》（GMP）、《药品经营质量管理规范》（GSP）、《药物非临床研究质量管理规范》（GLP）、《药物临床试验质量管理规范》（GCP）等规范的形成，到药物临床试验、药品审评程序、药品上市许可、药品上市后管理、药品分类管理、药品广告、药品储备和供应的规范，到药品、新药、假药、劣药等概念的界定，再到监督检查、药品生产变更、风险管理、行业禁入、法人两罚等等，这些制度的设计、修正及实施过程都从国外的药品立法和药品监管实践中汲取了有益的经验。

美英等发达国家有着较为丰富的以法律监管药品的经验。例如，美国于1906年6月30日即通过《纯食品和药品法》；[1]在1937年磺胺酏剂事件后，美国于1938年6月25日最终通过了《食品、药品与化妆品法》，[2]引入了药品安全监管；之后，在1962年通过了《基福弗-哈里斯法案》，引入了药品有效性监管。[3]英国先后颁布了1868年《药房法》、1941年《药房和药品法》、1968年《药品法》和2012年《人用药品条例》。他山之石，可以攻玉，国外行之有效的法律制度，不一定能为我国直接所用，但可以开阔我们的视野，为我们的制度改革、制度设计和制度实施提供有益的借鉴。

在各个时期的药品立法中，我国都注重汲取国外药品立法的经验。例如，在1984年首部药品管理法的制定过程中，卫生部根据国务院关于药政要立法的决定，报经世界卫生组织（WHO）拨专款10万美元，派出

1　宋华琳：《美国药品监管的肇始》，《中国处方药》2007年第1期。

2　宋华琳：《危机时刻与规制变迁——公共议程的设定与美国1938年〈食品、药品和化妆品法〉的形成史》，载傅蔚冈、宋华琳主编：《规制研究》，格致出版社、上海人民出版社2008年版，第157—161页。

3　［英］约翰·亚伯拉罕：《渐进式变迁——美英两国药品政府规制的百年演进》，宋华琳译，载《北大法律评论》第4卷第2辑，法律出版社2002年版，第606—607页。

中国药政药检考察团，赴英国、美国、瑞士、瑞典、加拿大、日本以及日内瓦世界卫生组织本部考察药政药检工作，历时两个月，为起草我国《药品管理法》提供了参考依据。[1]国务院1980年9月17日批转卫生部、公安部、国家工商行政管理局、国家医药管理局《关于加强药政管理禁止制售伪劣药品的报告》，也指出要“总结国内外经验……拟定‘药政法’”。时任卫生部副部长的谭云鹤在1984年7月4日向第六届全国人民代表大会常务委员会第六次会议做关于药政法草案的说明时指出，这部法案“并参考了一些外国的药政法规制订的”。[2]在法律通过后，供职于全国人大法工委的黄建初也撰文指出，1984年《药品管理法》借鉴了“外国药政管理立法”。[3]

2001年2月28日第九届全国人民代表大会常务委员会第二十次会议修订通过了《药品管理法》，在修订过程中，组织人力对日本、新加坡等国药品法进行了编译，对相关国家的制度进行了整理和考察，修订后的药品法对《药品生产质量管理规范》《药品经营质量管理规范》的规定，对药品检验收费制度的改革，都部分借鉴了国际经验。[4]

2009年后，国务院药品监督管理部门一直在谋求健全与完善药品管理立法，探求修订《药品管理法》的契机，为此，国家药品监督管理局在2009年开展了一系列药品管理法修改研究课题，其中委托笔者主持了“外国药品管理法律制度比较研究”课题，对各国药品管理立法的结构和框架进行比较，对各国药品法调整的重点加以勾勒，研究成果得到

---

1 杨光主编：《北京卫生史料：药政篇》，北京科学技术出版社1996年版，第47、502页。根据该材料，时任北京市卫生局药政处副处长的杨光、北京市药品检验所副所长的林明美参加了考察团，杨光继而参加了药品管理法的部分起草工作。

2 《谭云鹤向六届全国人大常委会第六次会议作关于药政法草案的说明》，《人民日报》1984年7月5日第4版。

3 黄建初：《人民用药安全有了法律保障》，《法学》1985年第2期。

4 《关于〈中华人民共和国药品管理法修正案（草案）〉的说明》，2000年8月21日，第九届全国人民代表大会常务委员会第十七次会议。

国家药品监督管理局领导的积极评价，其内容也构成了本书的雏形。

在2019年修订的《药品管理法》及2020年颁布的《药品注册管理办法》等规章中，[1]比较法以“隐而不显”的方式发挥了重要作用，这或许体现于《药品管理法》关于药品上市许可持有人、药品附条件批准、药品上市后风险管理、药品生产过程变更、药品储备和供应、监督检查、行政处罚的规定中，也体现于《药品注册管理办法》关于突破性治疗药物程序、附条件批准程序、优先审评审批程序、特别审批程序的规定中。

比较法在药品管理立法中发挥着重要作用，这在某种意义上也是强力式政策扩散、道义型政策扩散、学习型政策扩散等政策扩散机制的体现。[2]（1）强力式政策扩散体现为，我国在药品管理法律制度设计过程中，其议程及内容实际上受到了世界卫生组织、人用药品注册技术要求国际协调会（ICH）的影响，也受到了美国、日本、欧盟等国家和地区直接或间接的影响。（2）道义型政策扩散体现为，通过采取与其他国家类似的药品监管法律制度，有助于促进法律规则的趋同化，减少药品监管执法成本和行政相对人守法成本，也推进了我国药品监管法律制度的全球化进程。（3）学习型政策扩散体现了“他山之石，可以攻玉”，比较行政法发挥了政策实验室的作用，外国已有的经验教训可以帮助我国药品立法和药品监管少走不必要的弯路，外国药品立法和药品监管制度有可能构成有力的“论据”，为我国药品立法和药品监管制度改革提供备选方案。[3]

在开展以法律改革为目的的药品立法研究过程中，应对域外典型国家和地区的药品法律规范加以述评，尽量按照外国法的原样去理解，

1　《药品注册管理办法》，国家市场监督管理总局令第27号，2020年1月22日公布，2020年7月1日起施行。

2　参见宋华琳：《中国的比较行政法研究：回顾与展望》，《中国社会科学评价》2020年第3期。

3　参见刘伟：《国际公共政策的扩散机制与路径研究》，《世界经济与政治》2012年第4期。

对其结构和框架加以梳理，对其总体的布局和具体的制度设计加以探研，探寻其中的制度逻辑，探寻中国药品监管中的现实问题和对应制度，在外国法是通过什么方式来处理的，从而为立法和解释法律积累资料与见解，为我国药品法结构、框架和内容的设计，为我国药品法的解释与适用，提供一些不同的思路和选项。

虽然说比较法研究不仅仅是“比较立法研究”，应去社会生活中理解“活法”，去探求同立法相关的制度安排、法律文化、利益格局、社会背景，但首要的研究起点和基础仍是对国外药品法典的研读与评介。此外，更要谨防“淮南为橘，淮北为枳”的现象，药品法的比较和借鉴要受到监管体制、法律文化、卫生政策、社会心理等诸多方面的制约，因此应尽量有一分材料说一分话，“大胆假设，小心求证”，慎言“拿来”。为此，在本项药品立法结构和框架的比较研究中，笔者及研究团队在精读域外典型国家和地区药品法律规范，梳理各国药品监管法律制度，并撰写分国别研究报告的基础上，试图探求各国药品立法中的公约数，对域外药品法的立法技术、法律结构和框架、制度设计的重心和方向，给出简要的概括与勾勒，以期为我国药品法律规范体系的健全与完善提供镜鉴。[1]

## 二、总　则

各国药品立法的第一章多题为“一般规定”“导论”“序章”“目标

1　由笔者带领的以南开大学法学院教师和研究生为主的研究团队，曾于2009年对德国、日本、美国、英国、澳大利亚、新加坡、爱沙尼亚、拉脱维亚、丹麦、冰岛、芬兰的药品法加以评介和整理。笔者将印度1940年《药品和化妆品法》、新加坡《药品法》独译为中文，并整理了韩国、新西兰、克罗地亚、牙买加、不丹药品法的框架，形成了22万字的分研究报告。此外，还搜集了法国、菲律宾、柬埔寨、肯尼亚、立陶宛、马耳他、马来西亚、缅甸、南非、尼泊尔、坦桑尼亚、土耳其、叙利亚、赞比亚、直布罗陀等15个国家和地区的药品法典以备参考。

与架构”等，规定了法律的简称、适用范围，规定了该法和其他法的关系，并对相关名词加以解释。

## （一）法律的简称

在国外，对于名称较为冗长的法律，为了方便表述和援引，可在法律条文中规定其简称。多个国家药品法的开篇规定了该法律的简称（short title）。例如，澳大利亚《治疗用品法》第1条规定该法可被简称为“1989年治疗用品法”，新加坡《药品法》第1条规定该法可被简称为“药品法”，印度1940年《药品和化妆品法》第1条规定该法可被简称为“1940年药品和化妆品法”。也有少数国家在药品法较为靠后的位置规定该法律的简称，例如英国1968年《药品法》第136条第1款规定该法可被简称为“1968年药品法”。我国目前包括《药品管理法》在内的各项立法中，都没有对法律简称或缩写的表述，实践中多将《中华人民共和国药品管理法》简称为《药品管理法》。

## （二）立法目的

耶林曾谓“目的是所有法律的创造者”。[1]探求立法目的，实则是探求立法者意欲通过规则实现什么，其究竟要保护何种法益或利益。[2]绝大多数国家药品法典的总则部分都有规定立法目的条款，立法目的条款反映了该国药品立法与药品监管的主旨和重心，也构成了药品法律解释的起点和基础。立法者一方面确定药品法律规范所追求的目的，

1 ［美］E.博登海默：《法理学——法律哲学与法律方法》，邓正来译，中国政法大学出版社2004年版，第115页。

2 ［德］托马斯·M.J.默勒斯：《法学方法论》（第4版），杜志浩译，北京大学出版社2022年版，第253页。

另一方面也确定为实现这一目的所采取的法律手段是否具有适当性和均衡性。药品立法目的可以构成药品法律解释的目标，这有助于提高解释结论的合理性。[1]

1. 安全性、有效性与质量可控性

在世界各国药物史上，忽视药品的安全性和有效性而导致危害消费者健康的药害事件不乏其例，如1937年美国的磺胺酏剂事件、1962年席卷欧洲的“反应停”药害事件、20世纪60年代日本使用氯碘喹造成350人死亡的“思蒙”事件。因此，绝大多数国家的药品法典都将立法目的聚焦于药品的安全性、有效性和质量可控性。例如，日本《药事法》第1条规定“本法旨在确保药品、准药品、化妆品和医疗器械的品质、有效性和安全性而进行必要的规制”，德国《药品法》第1条也规定该法旨在保障药品的质量、安全性与有效性。

我国《药品管理法》第3条规定药品管理应保障“药品的安全、有效”，第1条则提及“保证药品质量，保障公众用药安全”。药品安全主要指不存在不合理的危险或不可接受的风险；药品有效是指能实现有效预防、治疗、诊断疾病的预期目的。[2]药品质量则涉及药品的成分、强度、效力、稳定性、无菌性、纯度、生物负载、设计、结构和性能特征等。[3]基于确保药品安全性、有效性与质量可控性的立法目的，药品上市许可持有人依法对药品研制、生产、经营、使用全过程中的药品的安全性、有效性与质量可控性负责。[4]

---

1 ［德］托马斯·M. J.默勒斯：《法学方法论》(第4版)，杜志浩译，北京大学出版社2022年版，第257—258页。

2 参见国家药品监督管理局编：《药品管理法　疫苗管理法读本》，法律出版社2021年版，第4页。

3 Australian Therapeutic Goods Act 1989, Section 3.

4 参见《药品管理法》第6条。

2. 药品的可及性

1977年世界卫生组织的基本药物政策项目提及药品的可及性，认为药品可及性是指人人有可承担价格的药品，能安全地、切实地获得适当的、高质量的以及文化上可接受的药品，并方便地获得合理使用药品相关信息的机会。[1]若干国家药品立法规定立法目的时都涉及药品的可及性或可获得性。例如，澳大利亚《治疗用品法》第4条（1）（b）款中规定立法目的之一是提供一个一以贯之的框架，来保障药品的可及性（availability）和可获得性（acessibility），德国、芬兰、冰岛等国的药品法也有类似规定。

"社会正义"是一种实质平等的表现，不应因性别、阶层、城乡、收入、年龄、健康状况、疾病严重程度等先天、后天差异，在获得药品方面产生"事实上的不平等"。药品管理的法律制度与公共政策设计，应致力于缩减、调和乃至消除"事实上不平等"的状态，协助每个人能在立足点相同的基础上，平等地享有获得药品的机会。[2]《中华人民共和国基本医疗卫生与健康促进法》（以下简称《基本医疗卫生与健康促进法》）第58条规定，国家完善药品供应保障制度，建立工作协调机制，保障药品可及；《基本医疗卫生与健康促进法》第59条第4款规定，国家提高基本药物的供给能力，确保基本药物公平可及、合理使用。[3]

我国2019年修订的《药品管理法》第3条新增规定，药品管理目的之一为保障药品可及。药品可及主要针对"药品有无"而言，影响因素有药品充足度、药品价格以及药品研制、生产、供应体系，医疗卫生服

1　席晓宇、符一男、褚淑贞：《健康公平性视角下的中国药品可及性探讨》，《药品评价》2010年第18期。

2　参见宋华琳：《权利保障视角下的基本医疗卫生立法》，《求是学刊》2020年第1期。

3　《基本医疗卫生与健康促进法》，2019年12月28日第十三届全国人民代表大会常务委员会第十五次会议通过，自2020年6月1日起施行。

务水平，医保支付能力等。[1]我国目前正在开展仿制药质量和疗效一致性评价，推进质量疗效一致、临床可替代的仿制药发展，是保障药品可及的重要途径。[2]《药品管理法》第23条规定了临床试验药物的拓展使用，第26条规定了药品附条件批准制度;《药品管理法》第9章题为"药品储备和供应"，规定了药品储备制度、基本药物制度、药品供求监测体系、短缺药品清单管理制度，规定了短缺药品管理优先审评审批制度和药品短缺干预措施，为药品上市许可持有人、药品生产企业、药品经营企业设定了供应保障义务。这些规定构成了针对药品可及立法目的的重要制度安排。

## （三）法律的适用范围

可以从两个角度考察药品法的适用范围。一个角度是考察药品法作为规制健康产品的立法，规制的健康产品涵盖怎样的范围，是否涵盖食品、化妆品、医疗器械、兽药等。这涉及特定法律的名称为何，规制范围如何，对药品的定义宽或窄。另一个角度是从药品管理全生命周期出发，考察立法涵盖的药品活动环节。药品法总则一般会对该法规范的药品活动环节加以列举式的规定，从中可以归纳出药品法的适用范围。

### 1. 单行立法抑或统一立法

药品立法涉及单行立法与统一立法，前者指针对药品此种健康产品单独立法，后者指考虑到药品与食品、化妆品、医疗器械等健康产品具有一定共性，将健康产品统一立法。目前，颁布药品单行立法的国家

---

1　参见国家药品监督管理局编:《药品管理法　疫苗管理法读本》，法律出版社2021年版，第5页。

2　参见《药品注册管理办法》第18条。

有英国、新西兰、新加坡、德国、日本、韩国、芬兰、丹麦、冰岛、马耳他、爱沙尼亚、拉脱维亚、立陶宛等；为药品、食品统一立法的有加拿大、牙买加、赞比亚等国家；为药品、化妆品统一立法的有印度等国家；为药品、医疗器械统一立法的有克罗地亚等国家；为药品、食品和化妆品统一立法的有美国、菲律宾、坦桑尼亚等国家。

总体而言，大多数国家针对药品进行单行立法。在对药品和食品、化妆品或医疗器械统一立法的法典中，药品往往和食品、化妆品监管的条文比例相当。统一立法的优点是节约立法资源，相对更好地考虑健康产品监管的共性，有助于减少健康产品单行立法之间的冲突与不一致，但缺点是可能未能全面回应药品监管的个性化问题。我国目前已经颁布了《中华人民共和国食品安全法》(以下简称《食品安全法》)、《医疗器械监督管理条例》[1]和《化妆品监督管理条例》[2]，我国已经选择了健康产品单行立法的模式，而且在食品、医疗器械、化妆品等领域也形成了各自相对较为完备的法律规范体系，加之我国自1984年以来即颁布了药品管理单行立法，未来延续药品管理单行立法体例，逐步健全完善由法律、法规、规章、指南、标准等组成的药品法律规范体系，是更为可行的现实选择。

2. 人用药品与兽药监管的分立

各国药品法典都普遍规定药品是作用于人或动物身体的物质，或规定药品“诊断、治疗或预防人或动物疾病”，借此对人用药品和兽药予以统一的管理。而我国历次修订的《药品管理法》都将药品限定为人用药品。《药品管理法》第2条第2款将“药品”界定为“预防、治疗、诊断人的疾病”，“有目的地调节人的生理机能”的物质。因此，在我

1 《医疗器械监督管理条例》，国务院令第739号，2020年12月21日国务院第119次常务会议修订通过，2021年2月9日公布，自2021年6月1日起施行。

2 《化妆品监督管理条例》，国务院令第727号，2020年1月3日国务院第77次常务会议通过，2020年6月16日公布，自2021年1月1日起施行。

国,“兽药”不属于《药品管理法》调整的“药品”,各级兽医行政管理部门依据《兽医管理条例》的规定,负责本行政区域内的兽药监督管理工作。[1]

目前,农业农村行政部门承担了“兽医行政管理部门”的角色,农业农村部畜牧兽医局负责全国兽药监管。在我国,药品、兽药监管分立的格局或许还将长期存续。但要防止将人用药品用于动物,也要防止将兽药应用于人;药品经营企业不得经营兽药,兽药经营企业也不得经营人用药品。在人用药品和兽药交错的模糊地带,应加强药品监管部门与农业农村部门的监管协作,加大监管信息共享与联合执法力度。

3. 药品法调整的相关活动

各国药品法所调整的相关活动主要包括被监管者的活动和监管者的活动。一般而言,被监管者的活动主要指药品的研究开发、制造、分装、销售、促销、进出口、运输、贮存、召回等;监管者的活动包括药品标准制定,药品许可的发放、延续、中止和撤销,以及行政收费、行政检查、政府信息公开、行政处罚、行政强制等,还涉及约谈、信用治理等新型行政监管工具的适用。

有些国家药品法对调整范围的规定较为简略,例如,韩国《药事法》第1条载明:“本法规定和药品相关的事务。”有些国家药品立法中对此的规定较为详尽,例如,爱沙尼亚《药品法》第1条第1款规定本法“规制药品的处理、药品处方的开具、药品上市许可的授予、药物临床试验、药品广告、药品监督以及药品领域的法律责任”。

我国《药品管理法》第2条第1款规定,在中华人民共和国境内从事药品研制、生产、经营、使用和监督管理活动,适用本法。境外企业取

---

1 《兽药管理条例》,中华人民共和国国务院令第404号,2004年4月9日公布,2014年7月29日第一次修订,2016年2月6日第二次修订,2020年3月27日第三次修订。

得药品注册证书后，与境内持有人一样，对药品安全性、有效性和质量可控性依法承担主体责任。但其应指定在中国境内的企业法人履行药品上市许可持有人义务，与药品上市许可持有人承担连带责任。[1]

## （四）名词术语的解释

一切法律规范都必须以法律语句的形式表现出来，而同一词语可能具有不同的含义。药品法所涉及的名词术语多为行政法学意义上的不确定法律概念，这包括“经验概念”“规范概念”，经验概念涉及可以把握、理解或凭特定经验理解的状况或事件，例如，《药品管理法》中出现的“药品”“假药”“劣药”“违法所得”等概念；“规范概念”又被称为“须填补价值的概念”，如《药品管理法》中出现的“社会公共利益”“严重危及生命”“具备相应条件”等，这些概念涉及法律适用者的评价和价值判断。[2]药品法中的不同价值取向和利益诉求，会被掩饰于专业知识的面纱之下，为此，更应对其中涉及调整范围、事实认定、法律适用等的诸多关键性名词术语，给予更为精确的定义和解释。

大多数国家药品立法都以相当篇幅、专门条款对所涉及主要名词术语予以详尽解释，药品法律规范总则或附则章节多以专条对名词术语加以解释。例如，美国《联邦食品、药品与化妆品法》第201条对“药品”“新药”“假冒药”“抗生素药品”“州际贸易”“标签”“贴标签”“简略药品申请”“非正式听证”“明知或知道”等50个名词术语加以界定；澳大利亚《治疗用品法》第3条题为“解释”，对“药品”“质量”“伦理

---

1　参见《药品管理法》第38条。

2　参见宋华琳、牛佳蕊：《论解释性规则的法治化——以药品监管为例证》，《学术交流》2020年第5期。

委员会”“登记产品”“标准”“标签”“生产”“生产场所”“容器”“供应”“医疗从业人员”“治疗用途”“广告”“展示”“产品信息”“工作日”等130个名词术语加以界定。

统观主要国家药品立法，在名词术语的界定中，对“药品”的界定成为重中之重，因为这涉及药品法所调整的范围，也涉及药品监督管理部门的职责权限，是判断药品监督管理活动合法性的重要依据。[1]各国药品立法中对药品的界定有如下几个特点：（1）美国、日本、韩国等国家对药品的定义都包括了收录于本国药典和其他药品标准中的药品。（2）多国药品法规定，药品包括意在用于诊断、治愈、缓解、治疗或预防疾病的物质，以及意在影响人体结构或功能的物质。英国、新加坡、澳大利亚等国的药品法则规定药品是基于医疗目的或治疗用途使用的物质，然后在法律中再对“医疗目的”或“治疗用途”加以界定。（3）大多数国家的药品法都不仅以正面列举的方式规定了药品的内涵与特征，还多以反面排除的方式明确了不属于药品的种类。例如，德国《药品法》将化妆品排除于药品法所调整的范围之外，德国、英国、新加坡药品法都将医疗器械排除于药品的范围之外。

我国《药品管理法》第2条第2款给出了“药品”的定义，指出其特征包括“预防、治疗、诊断人的疾病”“有目的地调节人的生理机能”，且要求“规定有适应症或者功能主治、用法和用量”，但未能以列举的方式规定“药品”涵盖的种类，未能阐明“药品”与被收录于药品标准中品种的关系。

此外，《食品安全法》第38条规定“生产经营的食品中不得添加药品”；《医疗器械监督管理条例》第103条为“医疗器械”给出了定义，其与药品的区别关键在于“其效用主要通过物理等方式获得，不是通过药

1 ［美］凯斯·R.森斯坦：《烟草是药吗？——作为普通法法院的行政机关》，宋华琳译，《法大评论》第2卷，中国政法大学出版社2003年版，第316页。

理学、免疫学或者代谢的方式获得，或者虽然有这些方式参与但是只起辅助作用”；《化妆品监督管理条例》第3条虽规定了“化妆品”的定义，强调其是“以清洁、保护、美化、修饰为目的的日用化学工业产品”。尽管有以上规定，但从中仍无法洞悉“药品”与“化妆品”的区别。

参考国外的立法例，在定义“药品”时，或可以列举方式说明药品的特征与范围，以反面排除的方式将特定健康产品排除于药品之外，并规定被视为药品加以管理的情形，笔者在此试拟我国“药品”定义如下：

> 药品是指：（1）国务院药品监督管理部门颁布的《中华人民共和国药典》和药品标准收录的品种，以及国务院药品监督管理部门或省、自治区、直辖市药品监督管理部门制定的炮制规范中收录的品种；（2）未被药品标准收录，但用于预防、治疗、诊断人的疾病的物质；（3）有目的地调节人的生理机能并规定有适应症或者功能主治、用法、用量的物质；（4）国务院药品监督管理部门规定属于药品的物质。
>
> 以下物质不属于药品：（1）《中华人民共和国食品安全法》所规定的食品（以治疗为目的的除外），以及主要基于食欲、味觉、色、香或营养目的而消费的产品；（2）声称并具有特定保健功能的食品；（3）化妆品；（4）医疗器械；（5）国务院药品监督管理部门规定不属于药品的物质。
>
> 任何物质，如宣称能预防、诊断、治疗人的疾病，或宣称能调节或意图调节人的生理功能，则被视为药品。

除了“药品”，各国药品法所界定的名词术语各不相同。我国《药品管理法》的名词解释散落于相关条款之中，《药品管理法》第2条第2款规定了对“药品”的定义，《药品管理法》第25条第3款规定了“辅料”的定义,《药品管理法》第30条第1款规定了“药品上市许可持有人”的定义。我国药品法律中的名词解释相对偏少。

现行《药品管理法实施条例》第83条对“药品合格证明和其他标识”“新药”“处方药”“非处方药”“医疗机构制剂”“药品认证”“药品经营方式”“药品经营范围”“药品批发企业”“药品零售企业”这十个名词术语加以解释。《药品注册管理办法》对“药品注册”“药物临床试验”“药品注册核查”“标准复核”“样品复核”这五个名词术语加以解释。[1]《药品生产监督管理办法》对“许可事项”“登记事项”“场地管理文件”“告诫信”这四个名词术语加以解释。[2]

在我国《药品管理法》修订不久,正在着力修订《药品管理法实施条例》之际,建议在修订后的《药品管理法实施条例》中,以专门的一条或几条,对药品监管实践中经常运用的不确定法律概念加以解释,包括对现有若干药品法规、规章中相关名词术语的解释加以吸纳与整合,并对国外立法例予以必要借鉴。建议对“药品”“药品注册”“药物非临床研究”“药物临床试验”“伦理委员会”“受试者”“临床试验方案”“药品标准”“国家药品标准”“炮制规范”“药品注册标准”“药品生产”“委托生产”“委托协议”“年度报告”“药品经营”“药品零售连锁经营”“药品网络交易第三方平台”“医疗机构”“药品上市后风险管理计划”“药品上市后研究”“不良反应”“疑似不良反应”“严重不良反应”“其他安全隐患”“上市后评价”“药品广告”“药品储备”“抽查检验”“抽样”“样品”“药品检查员”等名词术语加以解释,对“中药”“化学药”“生物制品”“儿童用药品”“麻醉药品”“精神药品”“医疗用毒性药品”“放射性药品”“药品类易制毒化学品”“血液制品”“短缺药品”等不同类别的

---

1 参见《药品注册管理办法》第3、20、45、51条。

2 参见《药品生产监督管理办法》(国家市场监督管理总局令第28号,2020年1月22日公布,自2020年7月1日起施行)第15、74、75条。

药品的概念加以界定。

## （五）药品法与其他法律的关系

法律之间难免存在差异和冲突，立法通过一种概念法学来界定概念或准则，以至于达到了“枯燥的逻辑极端”，由此使得大概和相对的事物变得确定化和绝对化。[1]同时，数个法律规范可能都对同一个法律事实加以规范，并赋予了不同的法律效果，从而造成了所谓的“规范矛盾”。[2]

在单行药品立法同其他相关法律之间，存在着错综复杂的联系，这也涉及特别法与一般法、新法与旧法的关系问题。部分国家的药品法典直面此问题，并对此予以专门规定。这主要体现为对其他法律的适用，以及对相关法律的修改或废止。

1. 对适用其他相关法律的规定

（1）相关特别法的适用

特别法优越于一般法的原理，可以成为解决法律规范之间不一致问题的有力工具，因为可将特别的规则视为一般规则的例外，特别规则作为更为具体的规则，往往构成了对一般规则的补充。从法学方法的角度看，只有当两个法律规范的事实构成存在包容与被包容的关系，且其法律效果相互排斥时，一般与特殊的关系才成立。包容的法律规范为特别法，被包容的法律规范为一般法。[3]

某些国家的药品法典规定针对某些特殊药品的监管或特定药品管

1　雷磊：《法律规范冲突的含义、类型与思考方式》，载《法律方法》第7卷，山东人民出版社2008年版。

2　黄茂荣：《法学方法与现代民法》，中国政法大学出版社2001年版，第312页。

3　杨登峰：《选择适用一般法与特别法的几个问题》，《宁夏社会科学》2008年第3期。

理活动，要适用其他特别法的特别规定。例如，印度《药品和化妆品法》第2条规定了对《危险药品法》的适用，芬兰《药品法》第7条规定了对《麻醉品法》《酒精法》《国家药品管理局法》《药品储备供应义务法》的适用。我国《药品管理法》第91条规定了与《价格法》《广告法》衔接的条款，“药品价格和广告，本法未作规定的，适用《中华人民共和国价格法》《中华人民共和国反垄断法》《中华人民共和国反不正当竞争法》《中华人民共和国广告法》等的规定”。

（2）一般行政法规范的适用

各国药品法中最为主要的内容是药品监管的内容。无论法律是否有明文规定，药品监管机构在单行药品法律规范没有规定时，都应适用一般行政法规范的要求。例如，美国《联邦食品、药品与化妆品法》第627条规定，咨询委员会提交给卫生与人类服务部部长（以下简称“卫生部长”）的任何报告、建议、基础数据和理由，都可以根据《联邦行政程序法》的规定，构成听证记录的一部分。此外，除了美国药品立法中对咨询委员会的规定，咨询委员会还应遵守《联邦咨询委员会法》的规定。

我国药品管理立法未直接规定对一般行政法律规范的适用，但这应构成法治行政的题中之义。第一，《药品管理法》设定了药品注册证书、药品生产许可证、药品经营许可证等行政许可制度，[1]药品行政许可的申请、受理、审查、决定、变更、延续、撤销、注销等，应适用《中华人民共和国行政许可法》（以下简称《行政许可法》）的规定。[2]

第二，《药品管理法》和《中华人民共和国疫苗管理法》（以下简称《疫苗管理法》）[3]设定了作为声誉罚的警告，作为财产罚的罚款、没收违

1　参见《药品管理法》第24、41、51条。

2　《行政许可法》，2003年8月27日第十届全国人民代表大会常务委员会第四次会议通过，2019年4月23日修正。

3　《疫苗管理法》，2019年6月29日第十三届全国人民代表大会常务委员会第十一次会议通过，自2019年12月1日起施行。

法所得、没收非法财物，作为资格罚的吊销许可证件、责令停产停业、责令关闭、限制从业，作为人身罚的行政拘留。药品行政处罚的设定与实施，应适用《中华人民共和国行政处罚法》（以下简称《行政处罚法》）关于行政处罚的一般规定，适用行政处罚普通程序与简易程序。[1]

第三，《药品管理法》第100条第2款规定了药品监督管理部门“对有证据证明可能危害人体健康的药品及其有关材料”，可以查封、扣押。根据《中华人民共和国行政强制法》（以下简称《行政强制法》）第9条的规定，行政强制措施的种类包括查封、扣押。[2]药品监督管理部门实施查封、扣押等行政强制措施时，应遵守《行政强制法》所设定的实体与程序要求。

第四，当公民、法人或者其他组织认为药品监管部门的行政行为侵犯其合法权益时，可以依照《中华人民共和国行政复议法》（以下简称《行政复议法》）的规定提出行政复议申请，[3]依照《中华人民共和国行政诉讼法》（以下简称《行政诉讼法》）的规定向人民法院提起行政诉讼。[4]

（3）刑法和刑事诉讼法的适用

行政处罚是中国行政法学和行政法中的特有概念，而我国药品管

1　《行政处罚法》，1996年3月17日第八届全国人民代表大会常务委员会第四次会议通过，2009年8月27日第一次修正，2017年9月1日第二次修正，2021年1月22日第十三届全国人民代表大会常务委员会第二十五次会议修订。

2　《行政强制法》，2011年6月30日第十一届全国人民代表大会常务委员会第二十一次会议通过，自2012年1月1日起施行。

3　《行政复议法》，1999年4月29日第九届全国人民代表大会常务委员会第九次会议通过，2009年8月27日第一次修正，2017年9月1日第二次修正。此外，2022年10月27日，第十三届全国人民代表大会常务委员会第三十七次会议首次审议《中华人民共和国行政复议法（修订草案）》。

4　《行政诉讼法》，1989年4月4日第七届全国人民代表大会常务委员会第二次会议通过，2014年11月1日修正，2017年6月27日第二次修正。

理法所设定的行政处罚，往往对应外国药品法中所规定的违法乃至犯罪行为，多国药品法规定了对刑法典和刑事诉讼法典的适用。例如，澳大利亚《治疗用品法》第5A条规定，《刑法典》第2章适用于本法的所有违法行为；德国《药品法》第98条规定，对没收行为适用《德国刑法典》的规定；印度《药品和化妆品法》第36A条规定，依据《刑事诉讼法》规定，对特定犯罪行为适用简易判决。

《中华人民共和国刑法》(以下简称《刑法》)第6条第1款规定，凡在中华人民共和国领域内犯罪的，除法律有特别规定的以外，都适用本法。2020年12月26日通过的《中华人民共和国刑法修正案(十一)》对涉药犯罪的罪名和内容进行了修正，将原《刑法》第141条规定的“生产、销售假药罪”调整为“生产、销售、提供假药罪”，将原《刑法》第142条规定的“生产、销售劣药罪”调整为“生产、销售、提供劣药罪”，《刑法》第142条则新设了“妨害药品管理罪”。因此，在涉药犯罪时，不仅要适用《刑法》的实体规定，还需适用《中华人民共和国刑事诉讼法》(以下简称《刑事诉讼法》)中关于刑事诉讼程序的规定。[1]

2. 相关法律的修改和废止

药品法与之前制定的相关法律可能存在冲突和不协调之处，为了消除这种不协调，有些国家在药品法中规定了对相关法律的集中修改。例如，在爱沙尼亚《药品法》中，第117、118、119条分别规定了对《麻醉药与精神药物法》《广告法》《政府收费法》的修正。这样的修改不仅展现了纯熟的立法技术，也有助于维护法制统一性，有利于法律的适用。

法律的生效往往伴着此前药品立法的修订或废止。例如，美国《联邦食品、药品与化妆品法》第9章“杂项”第902条规定了相关法律的废

1 《刑事诉讼法》，1979年7月1日第五届全国人民代表大会常务委员会第二次会议通过，1996年3月17日第一次修正，2012年3月14日第二次修正，2018年10月26日第三次修正。

止，新西兰《药品法》第112、113条规定了对1967年《消费者信息法》、1975年《督察专员法》的修正。我国未来修改药品法律时，可考虑在“附则”中规定：“本法施行前有关药品管理的规定不符合本法规定的，制定机关应当按照本法规定予以清理和修订；不符合本法规定的，自本法施行之日起停止执行”，或规定“本法自某年某月某日起施行，《中华人民共和国××法》《中华人民共和国××条例》同时废止”。

3. 小结

法律是药品行政法律规范中最为重要、最为基础的表现形式，它不仅包括单行的药品基本法，也包括散见于其他法律中的药品管理法律规范。作为我国药品法体系中的基本法，《药品管理法》已逐渐为人熟知。其他法律虽然和《药品管理法》一样同为全国人民代表大会常务委员会通过的法律，法律位阶相同，但其中关于药品管理的规定，相对较少引起人们的关注与重视。

例如，《刑法》第141、142、142-1条对“生产、销售、提供假药罪”“生产、销售、提供劣药罪”“妨害药品管理罪”分别加以规定；《中华人民共和国民事诉讼法》（以下简称《民事诉讼法》）第58条规定了药品领域的公益诉讼，人民检察院在履行职责中，发现药品安全领域侵害众多消费者合法权益等损害社会公共利益的行为，可以向人民法院提起诉讼；[1]《中华人民共和国医师法》（以下简称《医师法》）第29条规定医师应遵循药品临床应用指导原则、临床诊疗指南和药品说明书等合理用药，规定了超药品说明书用药的情形；[2]《中华人民共和国广告法》（以下简称《广告法》）第15条规定了对特定类型药品广告的禁止，第16条

1　《民事诉讼法》，1991年4月9日第七届全国人民代表大会常务委员会第四次会议通过，2007年10月28日第一次修正，2012年8月31日第二次修正，2017年6月27日第三次修正，2021年12月24日第四次修正。

2　《医师法》，2021年8月20日第十三届全国人民代表大会常务委员会第三十次会议通过，自2022年3月1日起施行。

规定药品广告不得含有的内容和应显著标明的内容，第41条禁止在针对未成年人的大众传播媒介上发布药品广告，第46条规定了药品广告审查制度；[1]《食品安全法》第38条规定生产经营的食品中不得添加药品。如何处理《药品管理法》和这些零散的药品管理法律规范之间的关系，目前尚未见系统的思考。

### （六）法律的生效

我国的立法往往在最后一条规定“本法自××年××月××日起施行”或“本法自公布之日起施行”。在某些国家，法律的生效日期规定于总则部分，例如，澳大利亚《治疗用品法》第2条规定了该法生效日期。但亦有一些国家在相对靠后的“杂项”章节规定药品法的生效日期，例如，美国《联邦食品、药品与化妆品法》在第10章“杂项”第902条中规定了该法的生效日期。我国现行《药品管理法》于2019年8月26日第二次修订，该法第155条规定“本法自2019年12月1日起施行”。

## 三、药品管理的组织架构

各国药品法典多在法律的第一章或第二章中，以专门的章节或相对集中的系列条文对药品管理机构加以规定。例如，英国《人用药品条例》第1章题为“通则”，该条例第6条规定了许可机关和卫生大臣的职责；该条例第二部分题为“管理”，其中规定了人用药品委员会、英国药

1 《广告法》，1994年10月27日第八届全国人民代表大会常务委员会第十次会议通过，2015年4月24日第十二届全国人民代表大会常务委员会第十四次会议修订，2018年10月26日第一次修正，2021年4月29日第二次修正。

典委员会和专家咨询团体的职责。印度《药品和化妆品法》第2章规定了药品技术咨询委员会、中央药品实验室和药品顾问委员会的角色。一般而言，药品管理的组织架构涉及药品监督管理部门与药品专业技术机构的设置与职责，涉及药品咨询委员会的设置、组成、咨询程序和利益冲突。

## （一）药品管理部门

1. 机构与法律

药品监管是对高风险健康产品的预防性监管，相对于一般行政管理领域而言，药品监管要求监管者具有医学、药学、生物学、法学、经济学、公共政策等多方面的知识背景，积累丰富的监管经验，对科学、法律和政策问题加以处理。因此，域外药品法典中多规定有专门的药品监管机构。例如，欧盟发布的《关于许可程序、人用药品监督和设立欧洲药品局的条例》第4部分题为“欧洲药品局的职责和行政架构”，下设第1章、第2章、第3章，分别题为“欧洲药品局的任务”、“财务规定”与“一般规定”。[1]德国《药品法》第77条第1款规定了联邦药品与医疗器械研究所的药品监管机构地位。

我国《药品管理法》第8条第1款规定了国务院药品监督管理部门的法律地位，第8条第2款规定了省、自治区、直辖市人民政府药品监督管理部门的法律地位。《药品管理法》第8条第2款还规定，设区的市级、县级人民政府承担药品监督管理职责的部门角色，但这些部门实则为市县级市场监管部门，其承担的药品监管工作常常被市场监管工作稀释。建议在修改后的《药品管理法实施条例》中，明确规定市县级市场监管部门承担的药品监管职责，包括负责药品零售的许可、检查和处

1　Regulation (EC) No 726/2004.

罚，以及药品使用环节质量的检查和处罚。

另外，在2018年机构改革后，我国面临着省级药品监管力量与监管任务不匹配、市县级药品专业监管人员流动性增加、基层药品日常监管难以落实等难题。目前，各省、自治区、直辖市结合自身实际设置了专门的药品监管派出机构，如江苏省药品监督管理局在各地设置了13个检查分局，[1]广东省药品监督管理局设置了粤东、粤西、粤北、广州、深圳五个药品稽查办公室，[2]天津市药品监督管理局则下设了第一至第五药品监督管理办公室五个派驻片区药品监管机构。[3]建议未来修法时，明确药品监管派出机构的法律地位，规定省、自治区、直辖市人民政府药品监督管理部门根据履行职责的需要，经本级人民政府批准，应当可以在监督管理范围内设立派出机构，按照授权负责药品监督管理相关工作，履行监督管理职责，进行监督检查，实施行政处罚。

2. 药品监管部门的职责

目前，我国药品监督管理部门的职能配置、内设机构和人员编制是由机构编制部门公布的规定所确定的，实践中将其称为定职能、定内设机构、定编制的"三定"方案。例如，2018年9月10日，中央机构编制委员会办公室公布《国家药品监督管理局职能配置、内设机构和人员编制规定》，该"三定"方案不仅规定了国家药品监督管理局的职能配置、内设机构和人员编制，还对药品监管部门的职能转变提出了要求，明确了国家药品监督管理局与国家市场监督管理总局、国家卫生健康委员会、商务部、公安部等的有关职责分工。[4]某种意义上，"三定"规定也有助于行政机关在职能明确、分工合理、机构精简的条件下履行职能，构

1 "派出机构"，江苏省药品监督管理局官网。

2 "机构职能"，广东省药品监督管理局官网。

3 蒋红瑜：《天津设置派驻片区药品监管机构》，《中国医药报》2019年1月25日。

4 《国家药品监督管理局职能配置、内设机构和人员编制规定》，国家药品监督管理局官网。

成了有关事务管辖权、内设机构和人员编制的“个别-具体”的组织规范，可以构成行政机关履行职责的依据，也可用以判断行政行为的职责边界。[1]

但“三定”方案与法律相比，属性、效力都有很大差距。它未经严格的立法程序，体例、语言技术远不及法律细致入微，并不能概括药品监管活动的全部内容，也不能为相应的活动提供必要的法律依据。[2]在“完善行政组织和行政程序法律制度，推进机构、职能、权限、程序、责任法定化……推进各级政府事权规范化、法律化”的背景下，还是应尽量恪守行政组织法定主义的原理。[3]在未来完善我国药品管理法律法规时，或可以专门条文对药品监管部门的事务管辖权加以规定，尽可能以列举的方式详尽规定药品监管部门职责，并在法律规范中规定其他监管部门履行的相关药品管理职责，明确部门之间监管权力的边界。

3. 政府部门之间的协作

早在1966年，美国参议员汉弗莱提交了一份长达270页的题为“药品管理行政机构间的协调”的报告，强调美国食品药品管理局（FDA）与其他行政机构之间职能的协调。[4]1997年美国《食品和药品管理局现代化法》又进一步规定“部长应该执行方针政策，以促进食品药品管理局与国立卫生研究院及以科学为导向的联邦机构的协作”。德国《药品法》第68条规定负责该法实施的联邦主管部门与州主管部门、各管理机构之间，应当对所发现的违法行为予以相互通报，并协助调查。

---

1　参见李德旺：《“三定”规定的性质与效力》，《法治现代化研究》2022年第6期。

2　参见顾家麒：《从机构改革到行政体制改革的实践与思考》，中国发展出版社1997年版，第277页。

3　《中共中央关于深化党和国家机构改革的决定》，2018年2月28日中国共产党第十九届中央委员会第三次会议通过。

4　Sheila R. Shulman, Peg Hewitt, Michael Manocchia, Studies and Inquiries into the FDA Regulatory Process: A Historical Review, 129 *Drug Information Journal* 401(1995).

任何监管机构都是政府管理体系的一部分。尽管专门药品监管机构在药品监管中居于核心的地位，但其他政府部门仍承担相关药品管理之责。例如，卫生健康主管部门承担医疗机构药事管理、加强合理用药等职责；工业和信息化主管部门承担医药行业管理工作，制定行业发展规划和产业政策，承担药品储备管理工作；市场监督管理部门负责药品广告管理、药品价格监督检查；医疗保障行政部门制定并实施药品招标采购政策；专利行政部门负责药品专利管理工作。各部门应在药品监督管理中相互予以协助，应当建立工作协调机制。近年来，打击生产销售假药部际协调联席会议制度的运行，也为行政机关之间的相互协作提供了丰富的现实素材。

此外，政府信息共享能有效弥合行政分权原则造成的职能分立和冲突，促进行政一体性原则的实现。它可以提高政府监管的业务水平，实现各行政机关之间的业务协同，有效加强行政机关之间的联动监管。为此，应在法条中对药品监管信息共享制度予以原则性规定，通过相互通报获知的药品安全信息和违反药品监督管理法律法规的行为，通过在行业发展规划、企业经营发展和信用状况、企业市场准入基本信息和监督检查执法信息等方面相互交流，实现信息共享，促进组织间合作，形成相互依存的治理网络，来应对模糊、复杂且处于边缘地带的问题，从而确保药品安全。[1]

## （二）药品专业技术机构

药品监管侧重于对药品安全性、有效性和质量可控性的监管，而药品审评、检验、核查、监测与评价机构在药品监管中发挥着重要的技术支撑作用。例如，美国《联邦食品、药品与化妆品法》规定了药品审评

1 参见宋华琳：《建构部门协调的行政法理》，《中国法律评论》2015年第2期。

与研究中心（CDER）、生物制品审评与研究中心（CBER）的法律地位；德国《药品法》界定了联邦药品与医疗器械研究所、联邦血清与疫苗管理局的法律地位；印度《药品和化妆品法》第6、12条规定了中央药品实验室的地位与职责。[1]

我国《药品管理法》第11条规定："药品监督管理部门设置或者指定的药品专业技术机构，承担依法实施药品监督管理所需的审评、检验、核查、监测与评价工作。"目前，国家药品监督管理局药品审评中心负责药物临床试验、药品上市许可申请的受理和技术审评，协调药品审评相关检查、检验等工作；中国食品药品检定研究院及各地药检所承担药品相关检验检测工作；国家药品监督管理局食品药品审核查验中心及各级审核查验中心承担研制、注册、生产、经营等环节的现场检查、有因检查等工作；国家药品监督管理局药品评价中心及各级药品评价中心主要负责药品不良反应监测、上市后安全性评价等工作。

未来，药品专业技术机构应强化能力建设，强化技术审评能力、检查体系、检验检测体系、监督评价体系建设，以更好地承担依法实施药品监督管理所需的审评、检验、核查、监测与评价等工作。药品专业技术机构应秉承专业性，通过开展专业活动，逐步形成稳定协调的科学网络与专业机制，累积可靠的技术专长和专业知识。药品专业技术机构应成为药品专业技术知识的集散地，从而对药品监管的专业问题做出及时、准确的判断，为药品监管提供技术支撑。[2]

关键或许在于推进事业单位法人治理改革，以更好地履行法律、法规、规章授予的职责。应当将药品专业技术机构定位为以提供公共服务为目的，根据公法或特别法规定设立，且具有相对独立性的行政组织。药品专业技术机构在开展或参与审评、检验、核查、监测、评价、标

1　英国《1968年药品法》附表3的1（2）项及正文第115条的规定。

2　宋华琳：《疾病预防控制机构法律地位的反思与重构》，《探索与争鸣》2020年第4期。

准制定等活动时，也需恪守透明、公开等行政程序法原理的要求。[1]基于民主原则的要求，药品专业技术机构应当以公益为依归，接受行政机关监督和来自外部的法律课责。通过建构行政机关与药品专业技术机构之间合理的"一臂之隔"，让药品专业技术机构推行自我决定式、公益取向式的治理，以更好地处理行政机关和专业技术机构自治之间的关系，更好地在合作监管体系中发挥作用。[2]

此外，引入第三方技术机构作为药品专业技术机构，有助于降低监管成本，提高监管的专业性，发展出更为稳定、持续的合作监管方略，从而为药品监管提供准确、公正的第三方技术支撑。建议在修改后的《药品管理法实施条例》中规定："国务院和省、自治区、直辖市人民政府的药品监督管理部门可以根据需要，指定符合条件的药品专业技术机构承担依法实施药品监督管理所需的审评、检验、核查、监测与评价等工作。药品专业技术机构的资质认定条件和工作规范，由国务院药品监督管理部门规定。"

## （三）专家咨询委员会制度

随着行政专业化与技术化趋势的增强，面对药品监管此类具有高度技术性、政策性的风险监管事务，需要引入具有专业知识的专家加以协助，专家咨询程序和专家咨询意见因此具有重要意义。[3]药品监管涉及政策形成中需考量的因素，涉及对相应行为的事实认定，需要以科学为决策基础。以专家咨询委员会（advisory committee）会议展开

---

1 参见李洪雷：《依法分类推进事业单位改革　努力建设服务型政府》，《法制日报》2007年11月11日。

2 宋华琳：《疾病预防控制机构法律地位的反思与重构》，《探索与争鸣》2020年第4期。

3 黄源铭：《对"专家学者组成委员所为决定之司法审查"——以委员会之运作与资讯审查》，《政大法学评论》2012年总第129期。

的行政程序制度，相当程度上具有“同行评议”的色彩，具有“普遍性”（universalism）、“共同性”（communism）、“无私利性”（disinterestedness）与“有组织的怀疑主义”（organized skepticism）等特性，相对容易形成稳固、可信的，能被行政监管所采纳的科学证据。[1]

药品监管是以科学技术为导向的、高度专业性的领域。尽管药品监管官员具有药学、医学、化学、生物学、法学、管理学等专业知识背景，并积累了较为丰富的监管经验，但对于更加专业性的药品审评、药品标准、药品分类管理等事项而言，仍需倚重对特定领域关注更持久、积累更丰富的外部专家。

专家在药品监管中发挥作用的主要装置即咨询委员会。主要国家在药品法典中，都以相当篇幅规定了咨询委员会制度。例如，美国《联邦食品、药品与化妆品法》第712条对咨询委员会成员的任命、成员的利益冲突、会议记录的公开、向国会的年度报告做了规定；英国《人用药品条例》第二部分规定了人用药品委员会、英国药典委员会等咨询委员会的职责和程序，规定了专家咨询团体的授权与运作；德国《药品法》第53条第1款规定，听取专家意见的装置为专家委员会；日本《药事法》规定了地方药事审议会制度。

一般而言，各国药品法都规定了依法设立咨询委员会，并规定咨询委员会在药品审评、药品评价、药品分类管理、药品不良反应处理、药品广告监管等领域的法定作用，多国药品法典都强调咨询委员会是药品行政许可、风险监管的法定环节，还规定了咨询委员会的委员构成、人数上下限、会议程序，规定了咨询委员会会议记录的公开。

我国《药品管理法》仅在第27条对“药品审评审批工作制度”的规定中，提及了健全专家咨询机制。应进一步强化专家在药品审评、药品

---

1　施佳良、杜文苓：《环境管制行政的科学技术框架与决策僵局：六轻工安事件环评过程析论》，《公共行政学报》2017年总第52期。

上市后管理、药品监管政策形成中的作用，建议在未来修法时，对药品监管中专家咨询制度和专家咨询委员会的运用做出整齐划一的规定，规定“药品监督管理部门和药品审评中心等药品专业技术机构根据工作需要建立专家咨询制度，成立专家咨询委员会，在审评、检验、核查、监测与评价、分类管理、通用名称核准及重大行政决策形成等过程中，听取专家意见，为药品监督工作提供咨询、评估、论证等技术支撑”。此外，应就药品监管领域咨询委员会委员的基本条件、聘任方式、任职期限、权利、义务加以规定，对日常咨询、咨询会议的程序、咨询记录公开等加以规范，规定咨询委员会委员违反利益冲突规定、泄露商业秘密和技术秘密、未履行法定职责时的责任机制。

## 四、药品上市许可

在各国药品法典的规定和药品监管实践中，药品上市许可制度都居于核心的地位。药品用之得当，可以防病治病；如安全性、有效性或质量有所欠缺，则可能危及公众的健康权益。在专业化程度较高的药品领域，药品消费者和企业之间存在着高度的信息不对称。为此，有必要通过事先许可制度，通过设定许可条件，通过行政机关对许可申请的审查，评估药品的风险和收益，尽量将药品风险降至最低。

在各国药品法典中，药品上市许可都占有极其重要的地位。例如，英国《人用药品条例》第5部分题为“上市许可”，对上市许可的申请、许可审查的考量、上市许可的效力及上市许可的撤销、变更与中止加以规定，并对上市许可持有人设定了上市后义务。有学者指出，“在英国每一个药品都必须有许可证，许可制度构成了英国药品管理的核心”。[1]

1 Jason Payne-James, Peter Dean & Ian Wall, *Medicolegal Essentials in Healthcare*, Churchill Livingstone 135(1996).

类似地，新加坡《药品法》第2章题为"与药品相关的许可证和证书"，该章规定了药品许可的申请程序，规定了决定许可申请的相关因素，就许可的有效期、延展、撤销、变更、中止等加以规定。德国《药品法》第4章题为"药品上市许可"，澳大利亚《治疗用品法》第3章第2节题为"治疗用品的登记和列表"。

我国《药品管理法》第2章题为"药品研制和注册"，对药品研制活动提出了总体要求，规定了开展药物非临床研究的条件和要求，就药物临床试验中的试验审批、临床试验机构管理、伦理审查、知情同意、受试者保护、拓展使用临床试验药物等加以规范，就药品上市许可的申请与审查加以规定。

## (一) 非临床研究

药物的研究开发要经历非临床安全性评价研究、临床试验等多个阶段。涉及理化、生物学、微生物学、药理毒理评价的非临床研究完成，是申请药物临床试验的必备前提条件；而符合要求的、质量较高的非临床研究数据，将有助于临床试验申请的批准。例如，欧盟《人用药品临床试验条例》第11条规定，研究人用新药的卷宗中，必须包含非临床药理和毒理数据概要。[1]克罗地亚《药品和医疗器械法》第2条第27款对非临床研究涉及的"药物的药理和毒理测试"加以定义，将其界定为"通过动物模型和其他适宜模型，来检测药物的药效学、药物代谢动力学和毒理性质"。

此外，各国药品法和药品监管实践都要求药物非临床研究应遵守《药物非临床研究质量管理规范》(GLP)，GLP是药物进行临床前安全评价试验的质量管理和保证体系。例如，欧盟药品立法明确规定非临

1　The Medicines for Human Use (Clinical Trials) Regulations 2004, Section 11.

床研究即药理、毒理研究的实施，应以符合GLP为前提。我国《药品管理法》第17条以及《药品管理法实施条例》第28条规定了GLP制度，《药品管理法》第103条规定了未遵守GLP的法律责任。《药品管理法》第18条进而设定了药物非临床研究的条件和要求，包括符合国家有关规定，有与研究项目相适应的人员、场地、设备、仪器和管理制度，保证有关数据、资料和样品的真实性。

建议在未来修法时，进一步细化对药物非临床研究活动的要求。要求研究机构建立完善的组织管理体系，配备机构负责人和相应的工作人员，制定与其业务相适应的标准操作规程。设立独立的质量保证部门，确保质量保证工作的独立性。

## （二）临床试验

在各国药品法典中，药物临床试验的开展是获得上市许可的必备条件。各国药品法典多以专门章节对药物临床试验给予完备规定。例如，德国《药品法》第6章题为"人体临床试验受试者的保护"。一般而言，各国为药物临床试验设置了事先的许可、审批或备案制度，规定了《药物临床试验质量管理规范》的法律地位，规定了伦理委员会制度和知情同意制度，规定了药物临床试验监管的法律责任，引入了药物责任险制度。

1. 对相关名词术语的定义

多国药品法律规范对相关名词术语进行了定义。例如，新加坡《药品法》第2条对"临床试验"加以界定，认为其旨在证实该性状的药品是否对患者或者可能的患者确有疗效，有效程度为何，以及是否有其他的疗效或者副作用。欧盟《人用药品临床试验条例》第2条则对"临床试验""临床研究""试验用药品""伦理委员会""申办者""主要研究者""无行为能力的受试者""知情同意""研究方案""研究者手册""药物临床试验质量管理规范”等名词术语加以解释。[1]

2. 药物临床试验许可

在进行药物临床试验之前，申办者应按照规定的形式和方式，向许可机关提交包括临床试验方案在内的信息、文件、样品和其他资料，许可部门在审查申请时，要特别对临床试验可能带来的风险加以考虑，许可部门可以做出批准或拒绝的决定。这也为美国联邦《食品、药品与化妆品法》第505条(i)款等规定所佐证。我国《药品管理法》第19条规定了药物临床试验审批管理制度，要求开展药物临床试验，应当按照国务院药品监督管理部门的规定如实报送研制方法、质量指标、药理及毒理试验结果等有关数据、资料和样品，经国务院药品监督管理部门批准。

3. 伦理委员会

伦理委员会在药物临床试验中承担着审议试验方案、监督临床试验实施、保障受试者权益的重要职责。美国、英国、德国、日本、韩国等国家的药品立法都规定了药物临床试验中的伦理委员会制度，这些立法大多规定了伦理委员会的构成和职责，要求伦理委员会应考虑患者或患者组织的见解；规定了伦理委员会对药物临床试验方案的审批权限、审查要点，伦理委员会应当对受试者知情同意的情况加以监督。

我国法律已建立了药物临床试验伦理审查制度，规定开展药物临床试验，要以符合伦理原则，且经伦理委员会审查同意为前提。伦理委员会应当建立伦理审查工作制度，保证伦理审查过程独立、客观、公正，监督规范开展药物临床试验，保障受试者合法权益，维护社会公共利益。[2]建议在修法时增加如下内容：

1　The Medicines for Human Use (Clinical Trials) Regulations 2004, Section 2.

2　参见《药品管理法》第20条。

（1）明确伦理委员会的人员组成。伦理委员会至少应由五人组成，至少有一人来自其他单位，伦理委员会成员应接受有关生物医学研究的伦理道德和相关知识的培训，伦理委员会的组成和工作不受任何参与试验者的影响。

（2）明确伦理委员会的职责权限。规定在药物临床试验期间，药物临床试验方案的任何重要修改均应经伦理委员会认可；试验中如发生严重不良事件，应及时向伦理委员会报告。

（3）明确伦理委员会对药物临床试验方案的审查要点，其审查应着重于对临床试验的科学性、伦理性及研究者资格等事项的审查。

（4）当药物临床试验未按相关要求实施，或者受试者出现非预期严重损害的时候，伦理委员会有权暂停、终止相关药物临床试验。

4. 受试者的知情同意

在纽伦堡审判后，有关人体试验伦理纲领的《纽伦堡准则》于1947年面世，规定"受试者的自发同意是绝对必需条件"，强调对"受试者进行充分说明，让其在理解的基础上做出判断，对于有关联的各处，必须给予受试者足够的知识并让他们充分理解"。[1]《欧盟基本权利宪章》也要求未经相关人员自由状态下做出知情同意的表示之前，不得在生物医学领域采取任何干预措施。美国、英国、德国、韩国、日本等国的药品法都对知情同意制度予以高度重视。域外药品立法中的常见规定包括：取得受试者书面知情同意书是进行药物临床试验的必备前提；研究者应向受试者说明药物临床试验方案的详细内容和实施程序；研究

1　参见［日］植木哲：《医疗法律学》，冷罗生、陶芸、江涛等译，法律出版社2006年版，第310页。

者应以受试者可理解的方式说明相应内容；受试者自愿参与，受试者可以随时退出药物临床试验。

2019年修订后的《药品管理法》第21条增设了药物临床试验中受试者知情同意和受试者保护的规定，要求实施药物临床试验，应当向受试者或者监护人如实说明和解释临床试验的目的和风险等详细情况，取得受试者或者其监护人自愿签署的知情同意书，并采取有效措施保护受试者合法权益。

建议在修订后的《药品管理法实施条例》中，细化向受试者或者监护人说明和解释的内容，规定“向受试者或其法定监护人清晰说明试验的性质与目的、试验的过程与期限、受试者预期可能的收益和风险、可能的替代治疗方案、与试验相关损害的治疗和补偿、个人信息保护情况等相关信息”，并规定“受试者应自愿参加临床试验，并有权在试验的任何阶段随时退出试验，其权益不会受到影响”。

5. 药物临床责任险

药物临床试验存在着固有的风险，而受试者对研究者提出民事索赔时，又往往拘囿于举证责任、因果关系的证明等问题，使得寻求损害赔偿的过程困难重重。而保险作为“精巧社会的稳定器”，可将风险分散给整个社会承担，从而达到损害赔偿社会化的目的。

药物临床试验责任险的被保险人是药物临床试验申办者，这是药物临床试验申办者的试验导致受试者发生与试验相关的损害或死亡时，要求保险公司为其行为后果承担责任的一种赔偿机制。例如，德国《药品法》第40条第1款第8项规定，在临床试验中，如果受试者死亡或身体受损害，即使没有任何人为此承担损害赔偿责任，也应通过保险政策提供扶助。所提供保险的幅度应同药物临床风险的程度相称，保证对因药物临床试验致死或永久性身体伤害的每例受试者至少补偿50万欧元。

我国《药品管理法》未对药物临床责任险制度加以规定，现行GCP第39条规定，申办者应当向研究者和临床试验机构提供与临床试验相关的法律上、经济上的保险或者保证，并与临床试验的风险性质和风险程度相适应。[1]但现行GCP仅为规范性文件，无权创设新的强制保险险种。根据《中华人民共和国保险法》(以下简称《保险法》)第135条的规定，关系社会公众利益的保险险种、依法实行强制保险的险种等保险条款和保险费率，应当报国务院保险监督管理机构批准。国务院保险监督管理机构审批时，应当遵循保护社会公共利益和防止不正当竞争的原则。[2]建议在法律法规中明确规定药物临床强制责任险的法定地位；同时，为了更好地保护受试者合法权益，规定“药物临床试验的过程中，申办者应对受试者发生的与试验相关的损害或死亡承担合理的治疗费用，并支付相应的经济补偿”。

6. 为药物临床试验设定法律责任

英国、德国、韩国等国药品法律规范均为药物临床试验设定了法律责任，规定当临床试验申请中的内容虚假或不完整，或申办者、试验用药品实质性违反临床试验许可方案，或临床试验方案未按批准的方案进行，或批准的方案不再成立，或认定临床试验风险大于收益时，许可机关可以决定中止、吊销或变更临床试验许可。此外，韩国、芬兰等国药品法规范还为违反药物临床试验法定要求的行为，设定了罚金刑和有期徒刑。

我国《药品管理法》第123条针对提供虚假的证明、数据、资料、样品或者采取其他手段骗取临床试验许可设定了法律责任；《药品管理法》第125条针对未经批准开展药品临床试验的行为设定了法律责任；《药品管理法》第126条为未遵守《药品临床试验质量管理规范》的行

1 《国家药监局　国家卫生健康委关于发布药物临床试验质量管理规范的公告》(2020年第57号)，2020年4月23日发布，自2020年7月1日起施行。

2 《保险法》，1995年6月30日第八届全国人民代表大会常务委员会第十四次会议通过，2002年10月28日第一次修正，2009年2月28日第十一届全国人民代表大会常务委员会第七次会议修订，2014年8月31日第二次修正，2015年4月24日第三次修正。

为设定了法律责任;《药品管理法》第127条对“未及时调整临床试验方案、暂停或者终止临床试验”的行为设定了法律责任。这建立了起行为规范与法律责任之间的关联性,有助于加强药物临床试验监管。

## (三)上市许可

各国药品法典都对上市许可予以规定,规定申请人应依照要求提交申请信息,规定专家咨询在药品审评中的作用,规定上市许可审查时考虑的因素,规定对特殊类型药物适用加速审评程序,规定许可的期限届满与延续,规定上市许可的中止与撤销。

1. 申请人依照要求提交申请信息

申请人提交申请信息是上市许可的启动程序与初始环节,也是相对方获得许可的前提条件。例如,新加坡《药品法》第11条第1款规定:“本部分规定的所有许可授权的申请,应该向许可当局提出,并且应该包括许可当局指定的方式和格式,或者附有许可当局需要的信息、文件、样品和其他指定的材料。”德国《药品法》第22条明确规定了上市许可申请人应当提交的文件信息。[1]

我国《药品管理法》第24条第2款亦规定:“申请药品注册,应当提供真实、充分、可靠的数据、资料和样品,证明药品的安全性、有效性和质量可控性。”《药品注册管理办法》第4条第5款则规定,由国家药

1　德国《药品法》第22条规定,申请人应当在申请文件中附加申请人和生产者的名称或商号及地址、药品名称、药物成分的类型及数量、药物剂型、药效、适应症、禁忌指示、副作用、与其他药品的交叉反应、用量、药品生产信息、用法、包装规格、储存方法、质量控制方法等信息,还应提供分析实验结果及方法、药理毒理实验结果、临床试验结果、关于欧盟外进行的临床试验符合欧盟2001/20/EC指令规定伦理要求的陈述、药物警戒的详细描述(如果可能,还包括申请人即将使用的风险管理体系)、申请人具有有资质人员的证明、罕见病药品名称的文字说明等信息。

品监督管理局根据注册药品的产品特性、创新程度和审评管理需要，组织制定中药、化学药、生物制品等药品的细化分类和相应的申报资料要求。申请人有如实提交有关材料和反映真实情况的义务。[1]药品监管部门对药品注册申请人提交的申请材料进行审查，审查步骤包括形式审查与实质审查。[2]

2. 规定专家咨询机制在上市许可中的作用

在世界各国，对药品上市的许可都同科学审评关系密切。例如，美国《联邦食品、药品与化妆品法》对“新药”的界定即强调由专家来评审药品的安全性和有效性。药品上市许可具有极强的专业性，因此，药品审评不可能单由药品监管部门完成，而应引入药品咨询委员会的机制，聘请处于科学前沿的专家，对申请人的申请资料及其间的科学问题进行研究和讨论。[3]德国《药品法》第25条第5款规定，在许可决定过程中，联邦主管部门应当邀请独立专家对申请文件加以审查，并基于专家评估结果来决定是否批准上市许可。

我国现行《药品注册管理办法》第17条规定：“药品审评中心等专业技术机构根据工作需要建立专家咨询制度，成立专家咨询委员会，在审评、核查、检验、通用名称核准等过程中就重大问题听取专家意见，充分发挥专家的技术支撑作用。”原国家食品药品监督管理总局于2017年3月曾颁布《药品注册审评专家咨询委员会管理办法（试行）》，规定了专家咨询委员会的设立、管理与职责，规定了专家咨询委员会委员的基本条件、聘任方式、权利与义务，指出专家咨询委员会的工作方式分为日常咨询、专家咨询会和专家公开论证会三种方式，并规定了三种工

1 参见《行政许可法》第31条。

2 参见《行政许可法》第34条。

3 Philip G. Walters, Use of FDA Advisory Committees: Present and Future, 29 *Food Drug Cosm.L.J.* 349–350(1974).

作方式的运行程序。[1]建议未来汲取如上行之有效的规定与做法，以行政法规或规章的形式，规定药品审评专家咨询委员会的组织架构、运行程序，规定专家咨询委员会委员的权利、义务与责任。

3. 规定上市许可审查时的考虑因素

在药品上市许可中，药品监管部门有着相当的裁量权。因此，英国、新加坡、德国等国药品法规定了上市许可审查时应考虑的因素。例如，英国《人用药品条例》第58条规定了对申请审查时的考虑因素，包括药品疗效、药品疗效与风险的权衡、申请材料的内容、药品的定性与定量构成等。新加坡《药品法》第12条第1款规定，进行上市许可审查时，应考虑和申请有关的药品安全性性征、预期疗效及有关药品质量的各项性征。我国《药品管理法》第25条也规定了上市许可的审查要点，即药品的安全性、有效性与质量可控性，以及申请人的质量管理、风险防控和责任赔偿等能力。

4. 药品加快上市注册制度的建构

药品加快上市注册制度的建构，有助于医药产业结构调整和技术创新，让更多新药、好药尽快上市，以满足公众医疗需要。美国《联邦食品、药品与化妆品法》针对不同类型的药品审评，设计了快速通道程序、优先审评程序、加速许可程序与突破性治疗程序四种药品审评加快上市程序。我国《药品管理法》第16条规定了支持以临床价值为导向的药物创新，《药品管理法》第26条规定了附条件批准制度，《药品管理法》第96条规定了对“临床急需的短缺药品、防治重大传染病和罕见病等疾病的新药”的优先审评审批制度。作为部门规章的《药品注册管理办法》相对系统地规定了药品加快上市注册制度，对突破性治疗药物程序、附条件批准程序、优先审评程序、特别审批程序四种药品加快上

1　《总局关于发布药品注册审评专家咨询委员会管理办法（试行）》，国家食品药品监督管理总局第27号公告，2017年3月2日。

市注册制度予以系统规定。国家药品监督管理局继而颁布了《突破性治疗药物审评工作程序(试行)》《药品附条件批准上市申请审评审批工作程序》《药品上市许可优先审评审批工作程序》。[1]但药品加快上市注册程序关系医药产业创新,关系行政相对人程序性权利及公平竞争权的保护,可能更适合以法律或行政法规的形式,而非规章或规范性文件的形式,对加快上市注册程序加以系统规定。

建议在修订后的《药品管理法实施条例》中,对药品加快上市注册制度做出整齐划一的规定,规定国务院药品监督管理部门建立突破性治疗药物、附条件批准上市、优先审评审批及特别审批制度,鼓励药物研发创新,缩短药物研发和审评进程,支持符合条件的药品加快上市。建议在法律规范中明确适用不同加快上市注册制度的适用范围、适用条件,规定相应的申请、审核、公示纳入及终止程序,规定相应的政策支持内容、沟通交流方式、审评时限及上市后要求等后续监管措施。

5. 紧急使用授权

药品紧急使用授权(Emergency Use Authorization, 简称EUA)制度是指在实际或潜在的突发事件应急状态下对未获批准的药品、已上市产品未曾获准的适应症/用途的使用授权。该制度的目的是在出现特定紧急情况时,保护公众免受传染病、化学污染和辐射污染等导致的疾病威胁和伤害,保障公众用药的安全性和可及性,有效应对公共卫生危机,是应对紧急突发状态的必要手段。美国《联邦食品、药品与化妆品法》第564条规定了药品紧急使用授权的适用条件、适用范围和适用程序。澳大利亚《治疗用品法》第18条也规定,为应对公共卫生紧急状态,特定药品可豁免于上市许可的要求。

我国尚未建立药品产品紧急使用授权制度,现有的特别审评审批

1 《国家药监局关于发布〈突破性治疗药物审评工作程序(试行)〉等三个文件的公告》,国家药品监督管理局2020年第82号公告,2020年7月7日。

制度在制度理念、基本定位和运行机制等层面与紧急使用授权制度有着本质区别。两者的目标、评价标准和程序、启动与终止期限、运行与具体实施机制不同。药品紧急使用授权制度是突发事件应急状态下的药品及医疗器械的使用授权；特别审评审批则是对产品的上市许可。药品紧急使用授权制度是基于应急状态下的临时应急使用，评估的程序可适当简化，评估的标准可适当调整；特别审评审批则基于上市许可的标准，程序不减少、相应的标准不降低。

我国《药品管理法》第26条规定了附条件批准药品上市制度，但这依然有别于药品紧急使用授权。虽然《疫苗管理法》第20条第2款规定了疫苗的紧急使用授权制度，但我国仍未建立药品紧急使用授权制度的一般框架。因此，在修订后的《药品管理法实施条例》中，可尝试对药品紧急使用授权制度予以系统架构，对药品紧急使用授权的适用情形、授权程序、注销程序和后续处置程序加以规定。

应在法律规范中规定药品紧急使用授权的程序，可规定“当出现特别重大突发公共卫生事件或者其他严重威胁公众健康的紧急事件时，国务院卫生健康主管部门根据传染病预防、控制需要提出紧急使用药品的建议，国务院药品监督管理部门负责组织论证，论证中应考虑风险和收益的权衡，论证同意后，国务院药品监督管理部门可以授权在一定范围和期限内紧急使用药品，并向社会发布公告”。

应在法律规范中规定注销药品紧急使用授权的情形，规定当突发公共卫生事件或其他严重威胁公众健康的紧急事件得到缓解时；当紧急使用授权药品证明疗效不确切，或者存在质量问题或其他安全隐患时；当与紧急使用授权药品相同或类似的药品获批药品注册证书时，国务院药品监督管理部门经组织论证后，应做出注销药品紧急使用授权的决定，并发布公告。

6. 上市许可的期限届满与药品再注册

我国《行政许可法》第50条规定了许可有效期届满和延续，规定被许可人需要延续依法取得的行政许可的有效期的，应当在该行政许可有效期届满30日前向做出行政许可决定的行政机关提出申请。就药品上市许可而言，许可有效期届满的延展申请是以药品再注册形式展开的，药品再注册制度是指在新药上市后的一定期限之后，根据该药在实际医疗应用中以及与多种药物联合应用的实际情况，重新确认该新药审批时承认的有效性和安全性。

各国药品法也多为药品上市许可设定了有效期，并规定了上市许可期限届满后的再注册制度。欧盟《人用药品指令》第24条即规定，药品上市许可的有效期为五年，有效期届满后，由授予许可的成员国主管部门以对产品的风险收益平衡的再评估为基础，对上市许可给予延续，要求许可持有人在有效期届满前九个月内提交延续申请。一旦许可获延展，上市许可的有效期将不再有时限限制。

我国《药品管理法》未明文规定上市许可的期限届满与延续，也未明文规定药品再注册制度。现行《药品管理法实施条例》第41条规定了药品再注册制度，但未能对药品再注册的申请程序、审查重点、审查条件、后续监管加以规定。药品再注册制度相关规定主要见于作为部门规章的《药品注册管理办法》中。《药品注册管理办法》第12条规定了药品注册证书有效期为五年，持有人应在有效期届满前六个月内申请药品再注册。再注册申请审查的重点包括持有人开展药品上市后评价和不良反应监测情况，按照药品批准证明文件和药品监督管理部门要求开展相关工作情况，药品批准证明文件载明信息变化情况等。符合规定的，予以再注册；不符合规定的，不予再注册。[1]

《药品注册管理办法》第84条规定了五种不予再注册的情形，有效期届满未提出再申请的；持有人不能履行持续考察药品质量、疗效和不良反应责任的；未在规定时限内完成药品批准证明文件和药品监督管

1 《药品注册管理办法》第83条。

理部门要求的研究工作且无合理理由的；经上市后评价，属于疗效不确切、不良反应大或者因其他原因危害人体健康的；法律、行政规定的其他不予再注册情形。当做出不予再注册的决定时，应在药品注册证书有效期届满时，注销药品注册证书。

建议在修订后的《药品管理法实施条例》中，以专节对“药品再注册”加以规范，规定药品再注册的适用条件、申请资料内容、申请程序、审查要点，厘定不予再注册的情形，明确后续的监管措施。

7. 上市许可的撤销与注销

《行政许可法》规定了行政许可的撤销与注销。撤销行政许可是行政机关撤销有瑕疵的行政许可，这些行政许可在实施过程中存在违法因素，属于无效行政许可。《行政许可法》第69条规定了撤销行政许可的情形，包括对不具备申请资格或不符合法定条件的申请人准予行政许可的，可以根据利害关系人请求或者依据职权撤销行政许可；被许可人以欺骗、贿赂等不正当手段取得行政许可的，应当予以撤销。相较而言，注销行政许可的事由不仅包括行政许可实施中具有违法因素的情形，也包括其他使得被许可人从事行政许可事项的活动终止的情形。《行政许可法》第70条规定了行政机关应当依法办理有关行政许可注销手续的情形。

欧盟《人用药品指令》第116条规定，如果主管部门认定药品有害，或有结论表明药品缺乏疗效，或风险收益平衡导致不利结果，或药品的定性或定量组成与宣称不符，那么主管部门可以撤销、变更或中止许可。[1]德国《药品法》第30条规定，如果事后发现批准许可时即存在不予批准许可的事由，应当撤回上市许可；如果事后出现相关事由，也应撤销上市许可。

《行政许可法》第7条规定了公民、法人或者其他组织对行政机关

1　Directive 2001/83/EC, Section 116.

实施行政许可，享有陈述、申辩权。一般而言，上市许可的撤销与注销剥夺了许可持有人在市场上生产、经营相应药品的权利，限制了行政相对人的经营自由，属于对已有受益决定的终止，属于不利行政行为。因此，在做出撤销与注销上市许可决定前，除非存在必须即刻撤销与终止上市许可的理由，否则应当听取上市许可人的陈述和申辩。在撤销或注销许可后，应禁止该药品上市。药品监管部门应公布有关上市许可撤销与注销的情况。

## 五、药品生产

药品生产是药品生命周期中重要的环节，药品生产与药品安全和质量休戚相关。世界各国药品法典多以专章或专节对药品生产加以规定。例如，欧盟《人用药品指令》第4章题为“生产和进口”，德国《药品法》第3章题为“药品生产”，澳大利亚《治疗用品法》第3章第3-3部分题为“治疗产品的生产”，韩国《药事法》第5章题为“生产和进口”，我国《药品管理法》第4章题为“药品生产”。以下将就药品生产监管的法律要点加以比较和评介。

### （一）药品生产许可

各国药品法大多设定了药品生产许可制度。例如，欧盟《人用药品指令》第22a条规定，药品的全部生产、部分生产、分装、包装或改变外观等操作均需获得生产许可。[1]德国《药品法》第13条规定，药品生产须以获得生产场所所在州主管部门的许可为前提。我国《药品管理法》第41条规定了药品生产许可证制度，由申请企业所在地省、自治区、直

1 Directive 2001/83/EC, Section 40(2).

辖市药品监督管理部门经审查后，发放药品生产许可证。

## （二）生产许可的条件

从比较法的角度观察，药品法律规范往往直接规定药品生产许可应符合的条件，并授予药品监管部门对生产许可条件加以细化的权力。[1]生产许可的申请人应当提交详尽的材料，以证明符合下列生产许可的基本要求：指明拟生产的药品、剂型及生产、控制地点；证明有能支配的、适当的、充足的厂房、技术设备和控制设施，符合药品生产、控制、贮存的法定要求；有具备专业知识和实践经验的产品管理者或质量控制人员。[2]药品法律规范还会对不同类别药品的生产场所提出不同要求。

我国《药品管理法》第42条规定了从事药品生产活动应具备的条件：应具有依法经过资格认定的药学技术人员、工程技术人员及相应的技术工人；有与药品生产相适应的厂房、设施和卫生环境；有能对所生产药品进行质量管理和质量检验的机构、人员及必要的仪器设备；有保证药品质量的规章制度，并符合国务院药品监督管理部门依据本法制定的《药品生产质量管理规范》要求。《中华人民共和国疫苗管理法》（以下简称《疫苗管理法》）第22条规定了从事疫苗生产活动还应具备的其他条件。《药品生产监督管理办法》第6条对从事药品生产的条件加以细化。药品监管部门对药品生产许可条件的细化，构成了药品监管部门审查药品生产许可申请时的基准，有助于监管部门更为公正地行使行政裁量权，提高行政过程的透明度。[3]

---

1　German Medicinal Products Act, Section 54; Korea Pharmaceutical Affairs Act, Article 31.

2　Directive 2001/83/EC, Section 41; German Medicinal Products Act, Section 14(1).

3　参见［日］室井力、芝池义一、浜川清主编：《行政程序法逐条注释》，朱芒译，上海三联书店2009年版，第73页。

## （三）对生产许可申请的处理

1. 授予许可

欧盟《人用药品指令》第42条规定，只有许可机关进行检查，核准生产企业提供申请信息的准确性，并确定其符合申请生产许可的要求后，才能发放生产许可。在许可发放时，可以为药品生产商设定附加的条件或义务。药品生产许可只限于生产许可申请中指定的场所、药品及剂型。[1]

在我国，药品检查的类型包括许可检查，即药品监督管理部门在开展药品生产许可申请审查过程中，对申请人是否具备从事药品生产活动条件开展检查。[2]首次申请《药品生产许可证》的，按照GMP有关内容开展现场检查，并在实施现场检查前，制订现场检查工作方案。[3]申请《药品生产许可证》重新发放的，结合企业遵守药品管理法律法规、GMP的情况，以及企业质量体系运行情况，根据风险原则进行审查，必要时可以开展GMP符合性审查。[4]

我国药品生产许可证载明事项分为许可事项和登记事项，许可事项是指生产地址和生产范围等，登记事项是指企业名称、住所（经营场所）、法定代表人、企业负责人、生产负责人、质量负责人、质量受权人等。未经批准，不得擅自变更许可事项。[5]

建议未来在药品法律或行政法规中，规定药品生产许可的现场检

1 Directive 2001/83/EC, Section 42.

2 参见《药品检查管理办法（试行）》（国家药品监督管理局，国药监药管〔2021〕31号，2021年5月24日发布）第7条。

3 参见《药品检查管理办法（试行）》第33、34条。

4 参见《药品检查管理办法（试行）》第34条。

5 参见《药品生产监督管理办法》第15、16条。

查和书面审查的适用情形，规定检查程序与审查要点，规定药品生产许可证应载明的法定事项。

2. 拒绝授予许可

澳大利亚《治疗用品法》第38条规定，当拒绝发放生产许可时，必须以书面方式告知申请人，并说明理由。[1]根据我国《药品生产监督管理办法》的规定，当发证机关做出不予批准、不予变更、不予重新延展许可的决定时，都应以书面形式做出决定，并说明理由。[2]

3. 时限

欧盟《人用药品指令》规定了生产许可的许可时限，自许可机关收到申请之日起算，发放生产许可的流程所用时间不超过90日。[3]如果许可机关要求申请者提供申请生产许可的补充信息或质量受权人的进一步信息时，则从申请人接到信息提供要求到提交申请信息的时限，将被扣除在许可期限之外。[4]我国药品生产许可时限为，自受理之日起30日内做出决定，当做出批准决定时，在书面批准决定做出之日起10日内颁发药品生产许可证。[5]

## （四）生产许可的撤销与中止

结合欧盟、德国、澳大利亚等药品立法的规定，当有如下情形时，药品生产许可机关可依法撤销或中止药品生产许可：（1）生产许可申请中陈述的事项是虚假的或者严重不完整的；（2）生产许可申请中陈述的某一事项已经发生了重大改变；（3）生产许可持有人未遵守许可

1 Australian Therapeutic Goods Act 1989, 38(3)(4).

2 参见《药品生产监督管理办法》第9、16、19条。

3 Directive 2001/83/EC, Section 43.

4 Directive 2001/83/EC, Section 45.

5 参见《药品生产监督管理办法》第9条。

条件；(4) 许可持有人在无合理理由的情况下，未履行法定的信息提交义务；(5) 许可持有人制造、分装或贮存该药品的场所不适当；(6) 许可持有人不具备可用于实施生产或分装工艺的必要设备；(7) 许可持有人未能对药品、辅料实施控制；(8) 许可持有人未能对药品生产过程的中间环节加以控制，未遵守生产许可条件；(9) 未遵守生产许可的持有人义务；(10) 有违反药品法律的犯罪行为或应受行政处罚的行为；(11) 持有人书面申请撤销或中止行政许可；(12) 持有人停止从事药品生产。[1]

## 六、药品经营

各国药品法大多对药品经营内容做了专门规定。例如，欧盟《人用药品指令》第7章题为“药品的批发分销与经纪”，德国《药品法》第7章题为“药品销售”，韩国《药事法》第5章第3节题为“药品的分销业务”。我国《药品管理法》第5章题为“药品经营”，规定了药品经营许可，设定了从事药品经营活动的条件和基本要求。下文将对药品批发、药品零售加以比较和评介。

### （一）药品批发

多数国家在药品经营方面侧重对药品批发商的许可制度。在美国从事药品批发业务，须由州药房理事会（State Board of Pharmacy）授予经营许可。德国《药品法》第52a条规定，药品批发贸易一般须经药品批发商所在州主管部门批准；新加坡《药品法》第6条规定了批发商许

1　参见欧盟《人用药品指令》第112条，德国《药品法》第18条，澳大利亚《药品法》第41条。

可制度。我国《药品管理法》第51条规定了药品经营许可制度，规定由省、自治区、直辖市人民政府药品监督管理部门就药品批发活动发放药品经营许可证。

欧盟《人用药品指令》第79条规定了批发商许可的条件：有适宜和足够的场所、设施和装置，以确保适当地保存和批发药品；有符合法定要求的雇员，尤其是有适格的质量受权人；申请人还必须书面承诺满足法律中为批发商设定的义务。[1]我国现行《药品经营许可证管理办法》规定了开办药品批发企业的设置标准，申请人需向所在地的省、自治区、直辖市药品监督管理部门提出申请，并提交材料。[2]

欧盟《人用药品指令》第80条规定了批发商许可持有人需满足的最低要求，包括：(1) 批发商许可持有人的场所、设施和装置随时接受行政检查；(2) 只能从拥有分销许可或豁免于分销许可的人处购入药品；(3) 必须仅向拥有分销许可的人销售药品；(4) 检验购入药品是否为假药；(5) 设有能对任何药品实施有效召回的应急计划；(6) 保存药品购销记录，记录内容包括日期、药品名称、购销数量、供应商和承销商的名称和地址，对于载有安全重点特征信息的药品，还需注明药品批号；(7) 行政检查时，能对其五年以内的购销记录进行检查；(8) 必须遵守《药品经营质量管理规范》；(9) 建立药品质量管理体系。[3]

在我国从事药品批发活动，应符合如下条件：(1) 有与所经营药品相适应的质量管理机构和人员，企业法定代表人、主要负责人、质量负责人、质量管理部门负责人等符合规定的条件；(2) 有依法经过资格认定的药师或者其他药学技术人员；(3) 有与其经营品种和规模相适应的仓库、营业场所和设备，仓库具备实现药品入库、传送、分拣、上架、出

1 Directive 2001/83/EC, Article 79.

2 《药品经营许可证管理办法》，国家食品药品监督管理局第6号令，2004年2月4日公布，2017年11月7日修正。

3 Directive 2001/83/EC, Article 80.

库等操作的现代物流设施设备；（4）有保证药品质量的规章制度；有保证药品质量的质量管理制度以及覆盖药品经营、质量控制和追溯全过程的信息管理系统，并符合《药品经营质量管理规范》要求。[1]

## （二）药品零售

1. 从事药品零售业务的人员

从比较法的角度来看，零售企业应配备责任药师，应在零售场所的显著位置展示药师的名字和执业证书。当零售企业为合伙经营企业时，多要求有一名或一名以上合伙人为药师。[2]对于法人经营的零售企业而言，其责任人应为药师，责任人要向药品管理部门提交一份由他本人和法人代表签署的陈述，说明其不在其他零售药店中担任类似的职务。[3]

2. 零售企业许可的申请

应依法提出零售企业申请，申请者需符合的条件包括：（1）场所面积足以运营相关的业务；（2）有用于贮存、配制药品的适当设备和装置；（3）人员具有从事零售企业业务的其他资质。[4]药品管理部门如果认为零售企业申请符合法定条件，则对药店进行登记；如认为不符合法定条件，则告知申请人，并为其提供陈述或申辩的机会。[5]

在我国，药品监督管理部门应自受理申请之日起20日内，做出决定。药品监督管理部门按照药品经营质量管理规范及其现场检查指导

1 参见《药品经营和使用质量监督管理办法》（征求意见稿），国家药品监督管理局官网，2021年11月12日。

2 参见英国《药品法》第70条。

3 参见英国《药品法》第71条。

4 参见英国《药品法》第75条第2款。

5 参见英国《药品法》第75条第4、5款。

原则、检查细则等有关规定组织开展申报资料技术审查、现场检查。经材料审查和现场检查，符合条件的，予以批准，并颁发药品经营许可证；不符合条件的，做出不予批准的书面决定，并说明理由。

3. 零售企业的义务

一般而言，零售企业应保存药品购销记录。[1]零售企业不得出售掺假药、假冒药和标签错误的药品，不得出售不符合药品标准的药品。[2]我国《药品管理法》第56条规定了药品经营企业的进货检查验收义务。《药品管理法》第57条规定了药品经营企业购销药品记录应当注明的内容，要求应当有真实、完整的购销记录。《药品管理法》第58条为药品零售企业系统设定了义务，包括：零售药品应当准确无误；正确说明用法、用量和注意事项；应核对调配处方，不得擅自更改或代用处方所列药品；应标明中药材。

4. 对药店和药师名称的限制

除了获批准的零售药店和医院药房，与药品销售相关的任何人，不得使用"药店"或"（医院、学校）药房"等表述。除了被批准的注册药师，其他人不得使用诸如药师、调剂师、配药师之类的称谓。除了被批准的药师，其他任何人不得出于药品销售的目的，使用任何称谓、描述或标识以暗示自己具有本不具有的从事药品销售、生产等活动的资格。[3]

## （三）对自助式售药的限制

德国、英国等国的药品法对自助式售药都有规定。德国《药品法》

1　参见德国《药品法》第47a条。

2　参见英国《药品法》第64、65条。

3　参见新加坡《药品法》第39条。

第52条规定，禁止以自动售货机或其他自助式形式售药，但避孕药、外用消毒剂、氧气除外。在英国，除非药品属于“一般销售清单”(general sale list)中可在自动售货机销售的药品类别，否则不得以自动售货机销售药品。

### （四）小结

建议尽快颁布《药品经营和使用质量监督管理办法》，对零售连锁经营企业进行规范，明确药品零售企业和批发企业许可条件，规定许可证载明内容，规定药品经营许可证载明事项分为许可事项和登记事项，规范许可变更。应强化对销售行为、采购行为的管理，规范委托储存运输、药品经营企业跨管辖区域设置仓库的管理。

## 七、药品进口和出口

在现代社会，在市场、技术和产品全球化的背景下，药品的进口和出口贸易也日益普遍。2022年1月至9月，我国医药产品进出口贸易额达1 715.23亿美元，其中进口额697.43亿美元，出口额1 017.8亿美元。以立法的形式对药品进出口活动进行监管，有助于确保进口药品、出口药品的质量与安全，有助于促进药品的可及性，保障患者用药的合法权益。

各国药品法典多以专章或专节规范药品进出口活动。例如，美国《联邦食品、药品与化妆品法》第8章题为“进口与出口”；欧盟《人用药品指令》第4部分题为“生产和进口”；德国《药品法》第13章题为“进口与出口”；印度《药品和化妆品法》第3章题为“药品和化妆品的进口”。我国《药品管理法》第64、65、66、67、68、97条对药品进口和出口活动加以规范，但规范的重心仍在药品进口监管。

## (一)进口

### 1. 规定药品进口许可制度

若干药品法典都为药品进口设定了许可制度。例如,美国《联邦食品、药品与化妆品法》第801条、韩国《药事法》第42条、德国《药品法》第72条、新加坡《药品法》第10条都设定了进口药品注册制度。澳大利亚《治疗用品法》第19条第1款则规定了对特定用途药品的特别批准程序,规定对于未在澳大利亚获注册或登记,也未被纳入豁免范围的药品,出于治疗特定人群之需,或是仅用于人体临床试验目的时,局长可以书面形式批准进口、出口或使用。[1]

我国《药品管理法实施条例》规定了药品进口许可制度,规定进口药品需经国务院药品监督管理部门审查批准;药品生产企业生产药品所使用的原料药,必须具有国务院药品监督管理部门核发的进口药品注册证书,进口药品注册证书的有效期为五年。[2]《药品管理法》第65条则设定了医疗机构因临床急需进口少量药品的许可制度,《药品管理法》第66条针对麻醉药品和国家规定范围内的精神药品设定了进口准许证制度。

我国《药品管理法》第98条第4款规定,"禁止未取得药品批准证明文件生产、进口药品"。《药品管理法》第124条针对未取得药品批准证明文件进口药品、使用采取欺骗手段取得的药品批准证明文件进口药品的违法行为,设定了相应的法律责任。

### 2. 设定进口许可的条件

各国药品法典大多规定了取得进口许可应符合的条件。例如,德国《药品法》第72a条规定,从非欧盟成员国、非欧洲经济区协议缔约

1　Therapeutic Goods Act 1989, 19(1).

2　参见《药品管理法实施条例》第9、29、41条。

国进口药品时，必须有生产国药品监管当局颁发的证书，证明药品或活性物质的生产，依据了欧洲共同体、世界卫生组织或《药品检查公约》（Pharmaceutical Inspection Convention）所采用的《药品生产质量管理规范》和质量控制措施；并由生产国药品监管当局证实，前述要求已经在药品生产中得到遵守。

我国《药品管理法实施条例》第35条规定了进口药品的条件，要求药品需在生产国家或地区获得上市许可。对于未在生产国家或者地区获得上市许可的，进口时需以国务院药品监督管理部门确认该品种安全、有效且临床需要为前提。

进口药品注册适用《药品注册管理办法》的规定，境外生产药品的注册申请，按照《药品注册管理办法》规定的药品细化分类和相应的申报资料要求。[1]申请进口药品注册时，应当提供真实、充分、可靠的数据、资料和样品，证明药品的安全性、有效性和质量可控性。使用境外研究资料和数据支持药品注册的，其来源、研究机构或者实验室条件、质量体系要求及其他管理条件等应当符合国际人用药品注册技术要求协调会通行原则，并符合我国药品注册管理的要求。[2]

3. 进口许可的豁免

在英国，如果没有已获上市许可的药品能满足患者特别需求，则可以考虑进口已在原产国获许可的相关药品，并豁免于进口许可。[3]我国《药品管理法》第65条第1款规定了医疗机构因临床急需进口少量药品的程序，此种情况下仍需行政许可，需经国务院药品监督管理部门或者国务院授权的省、自治区、直辖市人民政府批准，但可以免于适用《药品注册管理办法》设定的上市许可程序。《药品管理法》第65条第2款则

1 参见《药品注册管理办法》第4条第6款。

2 参见《药品注册管理办法》第10条第3款。

3 Human Medicines Regulations 2012, Section 167.

规定，个人可以携带少量自用药品。但进出境人员随身携带的个人自用的少量药品，应当以自用、合理为限，并接受海关监管。[1]

4. 禁止特定药品的进口

澳大利亚《治疗用品法》第2章规定了禁止药品进口的情形。印度《药品和化妆品法》第10A条规定，如果中央政府确信任何药品的使用，可能涉及对人或动物的任何风险，或者任何药品没有它宣称的治疗效果，或者所含有的成分及含量缺少治疗学上的正当化根据，为了公共利益的需要，政府可以在官方公报上发布公告，禁止此类药品的进口。

我国《药品管理法》第67条规定，"禁止进口疗效不确切、不良反应大或者因其他原因危害人体健康的药品"。"疗效不确切"是指药品未经临床试验，或者虽经临床试验，但由于设计不合理、操作不规范或者数据统计不当等，而未能得出可靠结论的药品。"不良反应大"是指药品给人体带来严重危害，导致其他疾病或致人死亡。[2]

## （二）出口

1. 出口许可制度

新加坡设立了药品出口商证书制度（Certificates of Exporters of Medicinal Products）。新加坡《药品法》第22条规定，对于任何药品出口的申请者，当许可当局认为适当时，可以发放药品出口商证书，并为此附加适宜的条件。

按照国际通行的做法，主要由进口国对出口药品的质量与安全进行监管。我国《药品管理法》的制度设计基本参照了国际规则，实行

1　参见《进口药品管理办法》（2003年8月18日国家食品药品监督管理局、国家海关总署第4号令公布，2012年8月24日修正）第39条第3款。

2　参见袁杰、王振江、刘红亮、刘沛主编：《〈中华人民共和国药品管理法〉释义》，中国民主法制出版社2019年版，第138页。

“严进宽出”，未对出口药品加以非常严格的监管。《药品管理法》第66条针对麻醉药品和国家规定范围内的精神药品，设定了出口准许证制度。此外，根据《反兴奋剂条例》《蛋白同化制剂和肽类激素进出口管理办法》等法规、规章的规定，对依法列入兴奋剂目录的蛋白同化制剂、肽类激素等供医疗使用及教学、科研需要的兴奋剂，实施出口许可证管理。

国务院药品监督管理部门对部分出口药品实施目录管理，对九类原料药及制剂实施目录管理，该目录包括硫酸庆大霉素、阿托伐他汀及其盐、西地那非及其盐、奥司他韦及其盐、头孢哌酮、头孢曲松及其盐、甘油、肝素及其盐、青蒿素及其衍生物，适应症或功能主治为勃起功能障碍或增强性功能的中药制剂，生产以上目录内出口药品的企业，出口前应按规定申请《药品销售证书》。[1]

我国目前的确存在部分化工企业生产用于出口的原料药，部分药品出口企业未能实现专业经营和规模经营等现象。建议未来考虑对药品出口企业实施资质认定，规定从事药品出口活动需满足的最基本要求。

2. 对未批准药品或质量低劣药品的出口

美国《联邦食品、药品与化妆品法》第802条规定，对在美国未获得批准的药品，如果该药品符合出口国的法律，获得出口国主管部门的有效上市许可，在外包装上标明拟用于进口，且不在国内贸易中销售，并满足卫生部长提出的某些法定要求或规制要求时，方可向该国出口。出口商在首次出口上述药品时，须向卫生部长呈报简短通告，说明相应情况。

3. 规定禁止或者限制药品出口的情形

可在药品法典中列举禁止或者限制药品出口的情形。例如，美国《联邦食品、药品与化妆品法》规定，当有如下情形之一时，禁止药品出口：（1）药品生产、加工、包装和储存严重不符合GMP的要求；（2）药

1 《国家食品药品监督管理局关于对部分出口药品和医疗器械生产实施目录管理的通告》，国家食品药品监督管理局，国食药监办〔2008〕595号，2008年10月17日。

品掺假；（3）不符合药品出口的基本要求；（4）药品的出口可能危害美国或进口国的公共健康与安全，避免这一危害的唯一措施是禁止药品出口；（5）药品标签不符合进口国的使用要求和条件，或不符合进口国所指定的语言和剂量单位要求；（6）药品促销宣传内容与药品标签、说明书承载的信息不一致。

我国《药品管理法》第97条规定，对短缺药品，国务院可以限制或者禁止出口，此种限制或者禁止旨在防止药品短缺，缓解我国部分药品临床供应紧张。建议在修改后的《药品管理法实施条例》中，授权国务院药品监督管理部门在特定情形下，可对药品的出口予以必要的禁止或限制，这包括药品生产不符合GMP、不符合药品出口基本要求、药品标签与说明书不符合进口国要求的情形，药品出口可能危害进口国和我国公共健康与安全的情形，以及药品促销宣传内容与药品批准证明文件、药品标签、药品说明书内容不一致的情形。

## 八、药品管理

本部分主要讨论药品管理中的专门管理制度，包括执业药师制度、药品分类制度、特殊药品管理、罕见病用药管理。

### （一）执业药师制度

许多国家都对从事药品活动的人员进行较为严格的管理，设置了执业药师资格（licensed pharmacist）制度，凡资格考试合格者应去政府主管部门登记注册，由政府发给资格证书。许多国家有单行的药师法，各国药品法典也多对药师制度有所规定或涉及。例如，韩国《药事法》第2条对“药师”“韩药师”加以界定，韩国《药事法》第2章题为“药师和韩药师”，其中，第1节（第3条至第10条）规定了药师和韩药师的资质条件、许可的颁发与登记、药师考试制度，第2节（第11条至第17条）规定了药师协会和韩药师协会作为自治组织，制定自治章程、处理药师事务、建立职业伦理、进行教育培训、贯彻药品政策的职能。[1]英国《人用药品条例》第2条也对“药师”概念加以界定。

在我国，执业药师是经全国统一考试合格，取得《执业药师资格证书》，并经注册登记，在药品生产、经营、使用单位执业的药学技术人员。执业药师资格考试实行全国统一大纲、统一考试、统一注册、统一管理、分类执业。这项制度有利于对医药专业技术人员的职业准入控制，有利于对药品生产、经营等环节的规范。

但我国《药品管理法》尚未明确规定执业药师制度，《药品管理法》第42条规定，从事药品生产活动，应当“有依法经过资格认定的药学技术人员”，但此处的“药学技术人员”是依照国家有关规定，取得有关药师、工程师等专业技术职称，具有有关药学专业知识的人员，还无法将其与“执业药师”画等号。《药品管理法》第58条第3款规定了“依法经过资格认定的药师”在药品经营企业中的角色，其职责包括“负责本企业的药品管理、处方审核和调配、合理用药指导等工作”，可将此规定视为执业药师制度的法律依据，但第58条第3款还规定，在药品经营企业中，可以由“其他药学技术人员”承担与“依法经过资格认定的药师”相同的职能，因此，执业药师尚未成为一项强制推行的资格资质制度。执业药师制度法律依据的欠缺，使得药学技术人员职称制度与执业药师资格准入制度相混淆，使得在药品使用环节推行执业药师制度步履维艰，也影响了执业药师制度的实效性。

根据《行政许可法》第12、14条的规定，对“提供公众服务并且直接关系公共利益的职业、行业，需要确定具备特殊信誉、特殊条件或者

---

1　笔者根据韩国《药事法》英文版整理，辽宁大学法学院全姬老师协助以韩国《药事法》韩文版原文做了核对，在此谨致谢忱。

特殊技能等资格、资质的事项”，法律可以设定许可；尚未制定法律的，行政法规可以设定行政许可。亟须由法律或行政法规明确执业药师资格制度的地位。目前，国家卫生健康委员会正在牵头起草《药师法》，期待统一药师立法中将现行的执业药师和卫生系统的药剂师职称系列相整合，建构统一的执业药师注册制度，规范执业药师考试制度，规定执业药师履行药学专业技术服务的职责，规定执业药师的权利与义务。建议在修订后的《药品管理法实施条例》中，规定在药品生产、经营、使用活动中必须配备执业药师的岗位或其他依法经资格认定的药学技术人员。

### （二）药品分类制度

药品分类管理是国际通行的药品管理模式，药品分类管理按照药品安全有效、使用方便的原则，依照品种、规格、适应症、剂量及给药途径的不同，对药品分别按照处方药和非处方药管理。药品分类管理有助于医疗卫生资源的合理配置，也是增强人们自我药疗、自我保健意识的重要举措。各国药品法典多对处方药和非处方药分类管理予以明文规定，例如，欧盟《人用药品指令》第6部分题为“药品分类”，德国《药品法》在第7章“药品销售”部分的第48、50条分别对处方药管理、非处方药零售加以规定。

各国药品分类管理法律制度的主要内容包括：

1. 界定药品应属于处方药的情形。一般而言，此种情形包括：药品没有医师监督，即使正确使用，也有可能直接或间接产生危险；药品很大程度上不能被正确使用，乃至给人体健康带来直接或间接威胁；药品的作用方式和不良反应有待进一步确证；药品为注射剂。以上情形下，药品被纳入处方药之列。[1]

---

1　Directive 2001/83/EC, Article 71.

2. 规定由相关部门认定处方药和非处方药分类的权力。英国《药品法》第58条、新加坡《药品法》第29条都规定了药品管理部门认定处方药分类的权力。

3. 只有根据适格医师的处方才能零售或供应处方药，开处方者应签名，并向患者告知相关信息，提供用药指导。

4. 对处方药广告的发布载体、发布对象等内容加以规范。原则上不得发布面向公众的处方药广告，例如，丹麦《药品法》第66条规定，不得对医生、药剂师、护士、药物经济学者及相关领域研究者之外的公众发布处方药广告。

5. 规定处方药向非处方药的转换制度，例如，德国《药品法》第48条规定了处方药向非处方药的转换及其条件。

我国《药品管理法》第54条规定“国家对药品实行处方药与非处方药分类管理制度，具体办法由国务院药品监督管理部门会同国务院卫生健康主管部门制定”，《药品管理法》第49条第3款要求非处方药的标签、说明书印有规定的标志。《药品管理法》未能为处方药与非处方药分类管理设定基本的制度框架，现行处方药与非处方药分类管理规定客观上已无法满足现实药品管理与医药行业发展的需求。[1]

建议在修改后的《药品管理法实施条例》中，在“药品管理”一章中专设“药品分类”一节。第一，规定国家实行处方药和非处方药药品分类管理制度，具体办法由国务院卫生行政部门与国务院药品监督管理部门制定；第二，授权国务院药品监督管理部门负责非处方药目录的遴选、审批、发布和调整工作，规定处方药分为甲类和乙类处方药；第三，规定对非处方药标签和说明书的要求，规定“非处方药说明书应当使用容易理解的文字表述，以便消费者自行判断、选择和使用，非处方

1 《处方药与非处方药分类管理办法》，国家药品监督管理局第10号令，1999年6月18日。

药标签必须印有‘请仔细阅读说明书并按说明使用，或在药师指导下购买和使用’的忠告语，标签内容不得超出说明书的内容范围”；第四，以《药品管理法》第60条第2款的规定为基础，对处方药广告发布载体、发布对象加以规定；第五，规定处方药与非处方药的双向转化，规定“国务院药品监督管理部门对处方药转换评价为非处方药的申请进行审查，并定期公布处方药转换为非处方药的品种名单及其说明书。国务院药品监督管理部门组织对已批准为非处方药品种的监测和评价工作，将存在隐患或不适宜按非处方药管理的品种及时转换为处方药”。

## （三）特殊药品管理

特殊药品管理主要包括麻醉药品、精神药品、毒性药品、放射性药品以及药品类易制毒化学品的管理。这些药品用之得当，可治疗疾病；但如用之不当或滥用，或将给人造成药物依赖性，或将给人的心理或生理状态造成较一般药物更为严重的危害，因此，应对这些特殊药品加以特殊监管。

从比较法的角度来看，特殊药品立法有如下共性：第一，有相当一部分国家对特殊药品有专门立法，并在药品法典中，以专门条文说明药品法典和单行立法之间的关系。例如，韩国《药事法》第55条规定，应由单独立法来规制成瘾性药品。[1]第二，印度、冰岛等国家的药品法典赋予了国家药品管理部门针对特殊药品管理的规则制定权。第三，某些国家药品法典对相关名词术语进行了定义，例如，德国《药品法》第4条第8款对“放射性药品”予以界定。第四，某些国家药品法典为特殊药品的生产、经营或进出口设定了许可制度。第五，禁止对麻醉药品、精

1 Korea Pharmaceutical Affairs Act, Section 55.

神药品等特殊药品做广告。[1]

我国《药品管理法》第35、112条不仅授予了国务院针对特殊药品的规则制定权，还秉承特别法优于一般法的原则，规定国务院对麻醉药品、精神药品、医疗用毒性药品、放射性药品、药品类易制毒化学品等有其他特殊管理规定的，依照规定管理。《药品管理法》第32条第4款禁止特殊药品的委托生产；《药品管理法》第49条第3款规定，特殊药品应当印有规定的标志；《药品管理法》第61条第2款规定，国家实行特殊管理的药品不得在网络上销售；《药品管理法》第66条规定了进口、出口麻醉药品和国家规定范围内的精神药品的进出口准许证制度。建议在修改《药品管理法实施条例》时，考虑为"特殊药品管理"单设专章或专节，并对麻醉药品、精神药品、医疗用毒性药品、放射性药品等名词术语加以解释。

### （四）罕见病用药管理

在国外，罕见病用药被称为"孤儿药"(orphan drug)。因为罕见病患者人数较少，药品上市之后可预期的收入往往很难覆盖巨额的药品研究开发费用，很难找到"父母"(制药企业或研发机构)去从事罕见病药品的研发，所以被喻为"孤儿"。出于保护罕见病患者健康权益的需要，多国或出台专门的罕见病用药立法，或在药品法中对罕见病用药的管理机构、药品认定、审评程序、政策扶持等加以规定。

美国、欧盟、韩国、日本等域外药品法对罕见病用药加以规定。例如，美国《联邦食品、药品与化妆品法》第5章B节对罕见病用药的认定、罕见病用药的临床研究加以规定，并为罕见病用药赋予了为期七年的市场独占权；韩国《药事法》第72-12、72-13条规定创建有独立法人

1 Directive 2001/83/EC, Article 88.

地位的韩国罕见病用药中心，以搜集罕见病用药信息，供应罕见病用药，履行韩国食品药品管理局赋予其的职能。许多国家和地区还颁布了罕见病用药的单行立法，就罕见病药品研制、生产、上市、定价、数据保护、筹资等方面设定了一系列激励政策。

我国近期发布的《中国罕见病定义研究报告2021》首次提出了“中国罕见病2021年版定义”，将新生儿发病率小于万分之一、患病率小于万分之一或患病人数小于14万的疾病列入罕见病。在我国实践中，罕见病发病率低、症状严重，且具有治疗方法和治疗药物不可替代的特点，而因为治疗罕见病的药物研发难度大、研发成本高昂、市场容量小、投资回报率低，企业往往不愿将其作为研发重点，甚至放弃研发。就医药卫生资源提供和机会获得而言，罕见病患者群体可能会处于相对不平等的地位。

《中华人民共和国宪法》(以下简称《宪法》)第33条第2款规定，中华人民共和国公民在法律面前一律平等。《宪法》第33条第3款规定，国家尊重和保障人权。《基本医疗卫生与健康促进法》第4条第1款规定，国家和社会尊重、保护公民的健康权。从法理维度出发，“社会正义”是一种实质平等的表现，不应因健康状况、疾病严重程度等先天、后天差异，让罕见病患者在获得健康资源、医疗服务和药品保障的范围与水平等方面面临“事实上的不平等”。

我国也应借鉴国际经验，适时制定《罕见病法》，以立法对罕见病诊治、罕见病药品审评审批、罕见病费用筹资等内容加以规定，以更好地实现对罕见病患者合法权益的平等保护。

在立法尚不成熟的情况下，可考虑以国务院颁布行政法规的形式，制定《罕见病管理条例》。《罕见病管理条例》可包括如下内容：(1) 明确立法目的为保障罕见病患者权益，保障罕见病治疗的可及性与可负担性；(2) 界定各级政府以及卫生、财政、医疗保障、药品监督管理、价格、科技等部门在罕见病防治中的职责；(3) 对罕见病、罕见病患者、罕见病产品、罕见病药物给出定义，明确罕见病的认定标准和认定程序；（4）规定罕见病药物和医疗器械的注册审评程序；（5）激励罕见病药物研发和生产，如为获得认定的罕见病用药提供适当期限的市场排他性保护，通过重大新药创制、科学基金等为罕见病用药研发项目提供资助，为罕见病用药研发提供税收方面的减免；（6）完善医疗保险、医疗救助等渠道，保障罕见病用药的可及性；（7）建立罕见病诊断与治疗临床路径；（8）为罕见病患者组织、罕见病患者参与罕见病政策形成设定程序机制。[1]

近期建议考虑以国务院文件或国务院办公厅文件形式，就罕见病防治和管理做出系统规定，这有助于打破“部门丛林”，以系统回应罕见病患者的需求，促进罕见病患者权益保障，进而推动我国社会政策的法治化、规范化水平。

## 九、药品上市后监管

### （一）药品风险

药品作为一种特殊商品，存在固有的风险：其一，在药品设计、研制、生产、经营、使用等环节，都可能存在风险；其二，有时很难判断药品风险发生的时间或阶段；其三，不存在“零风险”的药品，药品风险只能被削减，而无法被完全消除；其四，药品风险有可能和其他安全、健康风险叠加，构成复合风险；其五，药品风险有可能超越国界，构成全球公共健康风险；其六，药品风险有时会带来严重的、不可逆的损害后果；其七，公众有时难以理性认知药品风险，有可能高估或低估药品风险。

1　参见宋华琳：《给她们的孩子一个吃药的合法途径》，澎湃新闻“法治的细节”栏目，2022年1月6日。

美国《联邦食品、药品与化妆品法》第901条规定了“风险评估与降低策略”(Risk Evaluation and Mitigation Strategy)。德国《药品法》第10章题为“药品风险的监测、收集与评估”,它规定了联邦政府、联邦主管部门、制药企业及许可持有人在风险规制中的角色。

我国《药品管理法》第3条和《疫苗管理法》第3条都规定了风险管理的原则。风险监管体现于《药品管理法》第26、78条规定的附条件批准制度,《药品管理法》第12条第2款规定的药物警戒制度,《药品管理法》第99条第2款规定的重点监督检查制度,《药品管理法》第79条根据风险程度对药品上市后变更的分类管理,《药品管理法》第107条规定的药品安全信息统一公布制度和药品安全风险警示制度。

我国未来可在法规中对“药品风险”“风险收益衡量”“风险管理体系”“药品上市后风险管理计划”加以界定,进一步厘定药品风险管理的原则,厘定药品上市许可持有人、药品生产企业、药品经营企业、医疗机构在药品风险管理中的职责,对药品上市后风险管理、药品上市后不良反应监测、药品不良反应报告、药品再评价制度加以规范。

1. 风险评估

风险评估是风险管理中相对更具专业性的问题。它侧重于对药品所带来科学风险的客观度量。[1]美国《联邦食品、药品与化妆品法》第505-1条规定了风险评估和降低风险策略。建议在我国修订后的《药品管理法实施条例》中,规定“国家建立药品安全风险监测制度、药品安全风险评估制度,具体制度由国务院药品监督管理部门规定”。国家应系统地收集、整理、分析和评估与药品安全相关的危险因素,应使得药品安全监管建立在更为科学、扎实的基础之上。还应依法建立药品安全风险评估专家咨询委员会制度和专家咨询机制,从而更好地汲取

1 参见[美]史蒂芬·布雷耶:《打破恶性循环:政府如何有效规制风险》,宋华琳译,法律出版社2009年版,第8页。

专业知识,凝聚科学共识。

2. 市场主体的风险控制义务

控制药品风险的责任,首先是在市场主体而非政府,因此,政府在药品上市后风险控制中,更重要的是扮演监管者的角色。国务院药品监督管理部门可借鉴美国和欧盟等国家和地区实施的药品风险最小化行动计划、药品风险评估与降低策略,适时出台相关技术指南,为企业、医疗机构的药品上市后风险控制活动设定最低要求,鼓励和引导药品企业、医疗机构开展药品上市后风险控制,并依法进行监管。建议依法规定:"药品生产、经营、使用机构应当完善质量管理,强化风险控制体系建设"。

3. 风险交流

风险交流在风险管理中具有重要的意义。风险交流可以传递或转化风险信息,让不同的利益相关方能了解风险信息,了解彼此的立场,增加风险监管决定的可接受性。美国《联邦食品、药品与化妆品法》第567条题为"风险交流",规定部长应建立风险交流咨询委员会,委员会成员应由风险交流专家、相关风险领域专家、患者代表、消费者代表、医疗从业人员代表组成,委员会针对药品的风险和收益同公众交流,给出建议。

在我国,应在法律规范中将药品安全风险交流机制法定化,可考虑借鉴国外经验,规定设立药品安全风险交流咨询委员会,委员会成员可包括来自医药、生物、化学、法律、政策和新闻学领域的专家,委员会可以作为政府与公众之间的桥梁,承担相应的风险交流工作。

## (二)药品再评价

药品的许可本身实质也是监管部门对药品风险和收益的衡量,不存在零风险的药品,而且对药品风险和收益的衡量也要受当时医药科学发展水平等诸因素的制约,许多药品风险、副作用和不良反应是在使用若干年之后才逐渐呈现出来的,同时也需要更多的试验资料、临床数据来支持基于科学的推理,因此药品再评价显得十分重要。

再评价(reevaluation)制度是"向后看"的制度,是以确保药品安全性和有效性为目的,根据医药学的最新学术水平,对已经批准上市的药品进行分析评价,根据评价结论采取相应措施的制度。日本《药事法》第14条、韩国《药事法》第33条等条款规定了药品再评价制度。根据日本《药事法》第14-6条的规定,如果再评价的药品有效性未得到证实;或者有着更为显著的有害作用,而使用价值不明显;或者药品的性状、质量明显不合格时,有关部门可撤销它的生产、销售和使用。韩国《药事法》第33条规定,当韩国食品药品管理局局长认为有必要对药品效用、安全性、有效性进行检视,或对药品的生物等效性进行确证时,可对药品进行再评价,韩国食品药品管理局局长有权就再评价方法、程序等事项加以规定。美国也曾于1966年对1938—1962年上市的所有药品进行再评价,开展药品有效性研究(drug efficacy study),在再评价的4 000种药品中,有600种被禁止销售。[1]

我国《药品管理法》第83条规定了药品上市后评价制度,规定药品上市许可持有人应当定期开展药品上市后评价;国务院药品监督管理部门可以责令上市许可持有人开展药品上市后评价;国务院药品监督管理部门可以直接组织开展药品上市后评价。经评价,对疗效不确切、不良反应大或者其他原因危害人体健康的药品,应当注销药品注册证书。现行《药品管理法实施条例》第40条规定"国务院药品监督管理部门对已批准生产、销售的药品进行再评价",根据药品再评价结果,可以采取责令修改药品说明书,暂停生产、销售和使用的措施,乃至撤销药品批准证明文件。

1 参见[英]约翰·亚伯拉罕:《渐进式变迁——美英两国药品政府规制的百年演进》,宋华琳译,载《北大法律评论》第4卷第2辑,法律出版社2002年版,第607页。

建议在修改《药品管理法实施条例》时，对药品再评价制度做出更为整齐划一的规定。对“药品再评价”的概念加以界定，授权国务院药品监督管理部门就药品再评价的方法、程序等事项制定规则；应在法律规范中明确开展再评价的原因、内容、结果的运用，规定对再评价中违法、违规行为的监管。法律规范还应规定药品再评价的内容要素，包括对已上市药品的有效性评价、药品不良反应评价、药物经济学评价和药品质量评价。

## （三）药品不良反应管理

药品不良反应（adverse drug reaction, 简称ADR）监测包括药品不良反应发现、报告、评价和控制的过程。药品不良反应监测通过建立和完善药品不良反应监测体系，实现对上市后药品不良事件的报告、评价和控制，从而达到降低用药风险，保障公众用药安全的目的。

1. 相关概念的界定

域外药品法典中往往对不良反应（adverse reaction）、严重不良反应（serious adverse reaction）等概念加以界定，例如，欧盟《人用药品指令》第1条将“不良反应”界定为“用药后出现的非预期的有害反应”，将“严重不良反应”界定为“能够引起死亡或致人有生命危险、住院或住院时间延长、人体永久或显著伤残、先天畸形或出生缺陷的不良反应”。

2. 不良反应的报告义务人

各国药品法典关于药品不良反应的规定都规定了报告义务人。例如，欧盟《人用药品指令》第102条规定，鼓励患者、医生、药师和其他医疗专业人员向药品主管部门报告疑似不良反应。

3. 不良反应的报告时限

各国药品法典多有关于不良反应报告时限的规定。例如，德国《药品法》第62条规定，上市许可持有人对严重可疑不良反应的报告时限为15日，对其他疑似不良反应的报告时限为90日。

4. 对不良反应报告信息的处理

各国药品法均规定了药监部门对于不良反应报告应当采取的必要措施。例如，日本《药事法》第77-4-2规定，对于报告有不良反应的药品，厚生劳动省可停止生产、销售、使用这些药品；或改变药品适应症或剂量；或限制药品的零售，规定只能供处方使用；或修改药品注意事项、说明书和广告宣传的内容；紧急公布该药品的不良反应，对其动物试验、临床试验资料进行考察，对药品相关文件进行查阅。

5. 小结

《药品管理法》第80条规定药品上市许可持有人应当开展药品不良反应监测；《药品管理法》第81条为药品上市许可持有人、药品生产企业、药品经营企业和医疗机构设定了经常考察药品不良反应、报告疑似不良反应的义务，规定了药品监督管理部门对已确认发生严重不良反应的药品采取紧急控制措施的权力；《药品管理法》第134条则针对未按照规定开展药品不良反应监测、未按照规定报告疑似药品不良反应的行为，设定了相应的行政处罚。

2011年，卫生部以部门规章形式颁布了《药品不良反应报告和监测管理办法》，该办法共8章67条，规定了立法目的、部门职责、药品不良反应报告与处置、评价与控制、信息管理及法律责任。[1]但此规范层级相对较低，未来，应在法律或行政法规中界定“药品不良反应”“严重药品不良反应”“新的药品不良反应”“药品群体不良事件”等概念，明确不良反应报告和监测的基本要求，规定对个例药品不良反应、药品群体不良事件、境外发生的严重药品不良反应定期更新安全性报告的制度。

1　《药品不良反应报告和监测管理办法》，卫生部令第81号，2011年5月4日公布，自2011年7月1日起施行。

## （四）药品召回

药品召回是指药品生产企业按照规定的程序收回已上市销售的存在安全隐患的药品。药品召回制度旨在保护药品消费者的健康和安全，旨在通过召回产品，以最小的社会成本，最大限度地维护消费者的合法权益。这也是国际上通行的做法，欧盟《人用药品指令》、澳大利亚《治疗用品法》及丹麦《药品法》等法律都明文规定了药品召回制度。

1. 药品召回的条件

例如，澳大利亚《治疗用品法》第30EA条规定了药品召回制度的法定条件：注册或列表的药品不符合标准；注册或列表的药品不符合生产规范；注册或列表的药品属于豁免用品，但不符合相关标准；注册或列表的药品属于豁免用品，但不符合生产规范；违法进口、出口、生产和提供药品；注册或列表的药品生产者无许可证；药品已被撤销。

2. 召回义务人

澳大利亚《治疗用品法》第30EA条以列表的形式，针对不同类型的药品，规定了不同的召回义务人。召回义务人不仅限于药品的生产商，在特定情形下还可以是药品的供应商、进口商等。

3. 召回的分类与分级

可将召回分为药品生产、经营、进口主体的主动召回，以及药品监督管理部门的责令召回。例如，在美国，生产者和销售者可自行决定在何种情形下召回其已销售出去的产品；当广泛流通的药品造成疾病或伤害的风险，或造成欺诈时，当市场主体没有对该产品启动召回时，当FDA认为为保护公众健康和福利所需时，其可以责令公司启动召回。

此外，可根据对人体可能造成的危害程度，对药品召回加以分级。例如，FDA将召回分为三级：一级是指服用某药品或暴露于该药品之下会造成危害健康的严重后果或死亡；二级是指该药品会造成暂时的、可逆的危害健康的后果，或造成危害的可能性较小；三级是指一般不会引起健康损害。[1]

4. 召回义务的内容

召回义务的内容除从市场中收回药品之外，还包括公告和通报，以及对召回药品的处理。

第一，召回义务要求召回义务人召回已投放市场的药品。例如，澳大利亚《治疗用品法》第30EA条要求，召回义务人应在规定的合理时间内，按照规定的方式和步骤，召回已经投放市场的治疗用品；并授权澳大利亚药品管理部门颁布规章，规定召回的时间、方式和程序。

第二，召回义务人还需就召回行为在一定范围内履行公告和通报义务。例如，澳大利亚《治疗用品法》第30EA条要求，在召回药品时，应在规定的合理时间内，以合理的方式告知公众或受影响的特定人群，并公布该药品的生产和销售情况。

第三，应对召回药品加以处理。例如，《爱沙尼亚药品法》第35条第2、3款和第36条规定，召回药品的储存应与其他货物相分离，并以清晰、易识别的方式对召回药品做出标记。储存方式要能防止召回药品再次流入市场，防止召回用品用于其他使用目的。当召回药品被认定为有害废弃物质时，应予以销毁。

5. 小结

药品召回，是指药品上市许可持有人按照规定的程序收回已上市的存在质量问题或者其他安全隐患的药品，并采取相应措施，及时控制风险、消除隐患的活动。《药品管理法》第82条系统规定了药品召回制度。药品召回包括主动召回和责令召回，药品存在质量问题或者其他安全隐患的，药品上市许可持有人应当召回已销售的药品，及时公开召

---

1 郭春镇、张薇薇：《从注脚到蓝本——美国的药品召回制度及启示》，《中国处方药》2007年第11期。

回信息；药品上市许可持有人依法应当召回药品而未召回的，省、自治区、直辖市人民政府药品监督管理部门应当责令其召回。

国家药品监督管理局于2022年，以公告的形式颁布了《药品召回管理办法》，对“可能存在的质量问题或者其他安全隐患”的调查和评估做了相关规定，[1]将药品召回分为一级、二级、三级召回，规定了主动召回和责令召回程序。建议在修订后的《药品管理法实施条例》中，系统规定药品召回的分级、调查和评估、召回计划、召回程序。

## 十、药品包装、标签和说明书

各国药品法多以专章、专节或连续专门条款对药品容器、包装及标签、说明书加以规定。例如，新加坡《药品法》第4部分题为“药品的容器、包装和标识”；韩国《药事法》第6章第2节中第56条至第64条规定了容器、外包装、说明书、标签上应载有的和不应载有的事项。我国《药品管理法》第4章“药品生产”中，第48条对药品包装加以规范，第49条对药品标签、说明书加以规范。

### （一）药品包装材料和容器

对药品包装材料和容器的材料、性能、规格的要求，涉及制药工程和装备方面的专业知识，为此多国在药品法典中，对相关名词术语加以解释，授权药品监督管理部门就药品包装和容器的材料、性能和规格制定规则。例如，欧盟《人用药品指令》对“直接接触药品的包装”“外包装”等名词术语加以解释；印度《药品和化妆品法》第46条授权部长就

1　参见《药品召回管理办法》(国家药品监督管理局2022年第92号公告，2022年10月24日)第3条。

药品容器的强度、材料、外形或式样做出特别规定；新加坡《药品法》第44条授权部长认为必要或便宜时，可以就容器的强度、材料、外形和式样等加以规定。

我国《药品管理法》第25条第2款规定了药品审批时的关联审评，即对直接接触药品的包装材料和容器一并审评。《药品管理法》第46条规定，直接接触药品的包装材料和容器，应当符合药用要求，符合保障人体健康、安全的标准。《药品管理法》第48条规定了药品包装的要求，规定了对中药材包装的特别要求，《药品管理法》第49条第1款规定了药品包装必须贴有标签并附有说明书。应在修改后的法律法规中，授权国务院药品监督管理部门制定关于直接接触药品的包装材料和容器的规则，就管理办法、产品目录、药用要求和标准加以规定；授权国务院药品监督管理部门规定容器和包装上应记载和不应记载的事项，允许或禁止使用特定的容器和包装。

## （二）药品标签和说明书

药品的正确合理使用，离不开标签和说明书内容的完整与规范。药品生产、经营者为了引导消费者去进行药品消费，以药品标签、说明书为载体，就自己生产经营的药品提供相应信息，而消费者需要药品标签和说明书作为选择或购买的依据。[1]但如果政府对药品标签和说明书的事项撒手不管，企业很可能会本能地在标签、说明书上“报喜不报忧”，其内容未必完全真实准确，乃至会误导消费者的选择。因此，对标签和说明书内容与事项的监管，成为各国药品法和药品监管的重要内

1　［日］铃木深雪：《消费生活论——消费者政策》，张倩、高重迎译，中国社会科学出版社2004年版，第116—117页。

容之一。[1]

各国药品法大多规定了标签和说明书上的记载事项。例如，德国《药品法》第10条规定了药品标签应记载的事项，德国《药品法》第11条规定了药品内页说明书应当包含的内容。日本、美国等国家还对标签和说明书上禁止登载的事项加以规定。例如，日本《药事法》第54条规定，标签和说明书禁止记载的事项包括有关该药品的虚假或可能造成误导的事项；未依法获得承认的效能、效果；在医疗保健上危险的用法、用量、使用期限。

许多国家都规定，禁止生产、销售、分发标签错误的药品，以此概念为基础，来界定标签和说明书上禁止登载的事项，以及与标签、说明书有关的被禁止行为。例如，美国《联邦食品、药品与化妆品法》第502条规定了被认定为标签错误药品的14种情形。印度《药品和化妆品法》第9、17条规定当药品未按照规定的方式贴标签，当药品标签、容器所附的陈述、设计或装置中对药品有任何虚假宣称，或者在任何具体细节上有虚假或误导信息时，则被认定为标签错误药品。各国药品法典还规定了违反标签、说明书相关规定的法律责任。

我国《药品管理法》第25条第2款规定了药品审批时的关联审评，即对直接接触药品的包装材料和容器一并审评。《药品管理法》第49条第2款规定了标签或者说明书必须注明的事项，第49条第3款规定了麻醉药品、精神药品、医疗用毒性药品、放射性药品、外用药品和非处方药的标签与说明书，应当印有规定的标志。《药品管理法》第125条为“使用未经核准的标签、说明书”的行为设定了法律责任。国家食品药品监督管理局于2006年3月公布了《药品说明书和标签管理规定》，该规章规定了对药品说明书、药品内标签、药品外标签的

1 宋华琳：《药品不良反应与政府监管制度改革》，《法学》2006年第9期。

要求。[1]

建议以法律或行政法规的形式，为药品标签和说明书管理设定如下要求：（1）规定药品说明书、外标签、内标签需载明的不同事项；（2）规定在药品标签和说明书中，要对药品的危险予以充分警示，说明药品的禁忌、不良反应、注意事项，引起用药者对药品本身潜藏危险的注意；（3）规定药品企业的上市后警示义务，规定企业应主动跟踪药品上市后的安全性、有效性情况，及时提出修改药品说明书的申请；（4）列举与药品标签、说明书相关的违法行为，特别规定禁止在标签和说明书上发布虚假的、误导的信息。

## 十一、药品广告与促销

我国《药品管理法》第8章题为“药品价格和广告”，药品广告和促销管理不仅要符合《药品管理法》的要求，还要适用《广告法》和《中华人民共和国反不正当竞争法》（以下简称《反不正当竞争法》）等的规定。

### （一）药品广告

“广告”（advertisement）一词一说来自拉丁文“advertere”，指“转变方向，加以注意”，另一说来自法文“advertir”，意指“提醒、注意”。在我国，药品作为一种面向公众的必需消费品，每一品种又有诸多国内外企业进行生产、销售，药品经营者、医疗机构和患者对用药的品种和厂家具有一定的选择权。因此，企业也会选择通过大众或专业传播媒介，

1　《药品说明书和标签管理规定》，国家食品药品监督管理局令第24号，2006年3月15日公布，自2006年6月1日起施行。

通过药品广告传递相应信息，从而达到“广而告之”的目的。有必要对药品广告加以监管，防止夸大的、虚假的宣传。

各国药品法多以专章、专节或专门条款对药品广告加以规定。例如，日本《药事法》第7章以专章对药品广告加以规定，澳大利亚《治疗用品法》第5章题为“药品广告、假冒治疗用品和产品篡改”，其中第5-1部分题为“广告和一般信息”，对药品广告加以规定，规定了药品广告的限制性描述和禁止性描述。

1. 药品广告的事先批准制度

多部域外药品法典规定了药品广告的事先批准制度。例如，美国《联邦食品、药品与化妆品法》第503B条规定，应在发布药品电视广告的46日之前，提交电视广告脚本以及完整或粗略的视频，提请事先审查；澳大利亚《治疗用品法》第42DE、42DF条规定，当广告中使用限制性陈述时，需向部长提交书面申请材料，获批准后方可使用。

2. 对处方药广告的限制

各国药品法典多对处方药广告的发布对象和发布载体加以限制。一般而言，处方药广告不得以公众为对象，不得面向医生、药师、护士以及医药学者之外的群体进行处方药广告宣传。同时，处方药广告发布载体多以学术性医疗刊物为限。

3. 限制或禁止对用于特殊疾病的药品做广告

为保证针对某些特殊疾病或特殊适应症的合理用药，部分国家在药品法中规定了对用于特殊疾病的药品广告的限制或禁止。例如，英国禁止面向公众发布麻醉药品、精神药品、堕胎药广告。[1]

4. 对药品广告内容的禁止性规定

尽管药品广告发布的动机是出于商业利益，但各国药品法中关于广告监管的关键点，仍是要求披露真实的信息，禁止夸大宣传，禁止发

1 Human Medicines Regulations 2012, Section 283, 284, 285.

布虚假或误导的信息，以确保广告受众可以获得客观和充分的药品信息。药品广告不得有虚假陈述；不得对药品的种类、质量、用途或疗效作可能产生误导的描述；不得使用不当的、令人惊恐的或误导性的言辞及图示；不得宣称药效有保障，没有任何副作用，或者药效优于或等同于其他药品或其他治疗方式；不能使用科学家、医疗人士、名人等的名义或形象，为药品广告做推荐、证明。[1]

5. 小结

我国《药品管理法》第89条规定了药品广告审查制度，《药品管理法》第90条第1款正面规定了药品广告的内容，广告内容应真实、合法，以药品说明书为准，不得含有虚假的内容。《药品管理法》第90条第2款对药品广告内容设定了禁止性要求，《药品管理法》第90条第3款规定非药品广告不得有涉及药品的宣传。此外，《广告法》第15条规定了对特定类型药品广告的禁止和限制，《广告法》第16条规定了药品广告不得含有的内容。

建议借鉴欧盟、英国、澳大利亚等立法例，在法律或行政法规中进一步明确药品广告的必需性内容、限制性内容和禁止性内容，对《药品、医疗器械、保健食品、特殊医学用途配方食品广告审查管理暂行办法》加以修订，进一步细化药品广告的审查基准。[2]

## （二）药品促销

英国《人用药品条例》第7条将药品促销活动纳入药品广告范围之列。药品促销包括医药代表对有处方权者、适格供应者及消费者的拜

---

1　Directive 2001/83/EC, Article 90.

2　《药品、医疗器械、保健食品、特殊医学用途配方食品广告审查管理暂行办法》，国家市场监督管理总局令第21号，2019年12月24日公布，自2020年3月1日起施行。

访，提供样品，为开具处方或供应药品提供金钱或实物形式的激励，赞助有处方权者或适格供应者参加促销会议、学术会议，并支付参会差旅费和食宿费用等。[1]在向有资格开处方或供应药品的人促销药品时，不得给予、提供或承诺提供任何法律上禁止的礼物、金钱、利益或招待。[2]

我国《药品管理法》第88条对药品购销领域商业贿赂加以规范，禁止药品上市许可持有人、药品生产企业、药品经营企业或者代理人以任何名义给予使用其药品的医疗机构的负责人、药品采购人员、医师、药师等有关人员财物或其他不正当利益。在我国药品促销实践中，给予财物属于商业贿赂行为。但药品生产经营者邀请医疗机构负责人、医师、药师参加促销会议、科学大会，并为其支付参会的差旅费和食宿费用，实践中所在多有，这些促销活动是否构成“其他手段”，是否涉及给予“其他不正当利益”，是否属于商业贿赂行为，还有待进一步厘清。

建议国家市场监督管理总局、国家卫生健康委员会、国家药品监督管理局、国家医疗保障局等部门，针对相关药品广告与促销活动的监管，联合颁布规章或规范性文件，有关部门可以考虑出台“药品广告和药品经营活动合规指引”，明确药品促销活动中的管理要点和禁止性要求，厘定相应的不正当竞争行为和商业贿赂行为，将商业贿赂与合法促销相区别。

## 十二、药品监督管理

### （一）药品标准

“标准”是“对重复性事物和概念所做的统一规定。它以科学、技

1 Human Medicines Regulations 2012, Section 7(2).

2 Human Medicines Regulations 2012, Section 300.

术和实践经验的综合成果为基础，经有关方面协商一致，由主管机构批准，以特定形式发布，作为共同遵守的准则和依据"。在药品的生产、经营、使用等环节，通过遵从药品标准，来保证药品质量可控，保障人民的用药安全；在药品监管过程中，通过适用药品标准，来认定案件事实是否存在，情节轻重与否，从而为正确适用药品法律规范做出行政行为提供基础。药品标准被视为保证药品质量的法定技术依据。[1]

各国药品法典多以专门的章节条款对药品标准予以集中规定。例如澳大利亚《治疗用品法》第3章第3-1部分题为"标准"，德国《药品法》第55条第1至8款对药典加以规定。

1. 对药品标准与药典的界定

各国药品法多对药品标准和/或药典（pharmacopeia）加以定义。一般而言，药品法会规定本国通行的药典和处方集等作为药品标准。例如在美国，官方药品标准包括《美国药典》《美国顺势疗法药典》《美国国家处方集》或相应的增补本。德国《药品法》第55条第1款规定，药典作为联邦卫生部公布的标准，是关于药品质量、检验、储存、分发和设计的通行药品规则的汇编，也包括了关于容器与外包装状况的要求。日本《药事法》规定《日本药局方》为本国的药品标准。韩国《药事法》第51条规定了《韩国药典》的法律地位，《韩国药典》分为一部和二部，一部收录常用原料药和制剂，二部收录复方制剂和一部未列入的药品。

《美国药典》《英国药典》《欧洲药典》等还可能成为他国的药品标准和执法依据。例如，澳大利亚《治疗用品法》第3条规定，《英国药典》《美国药典》《美国国家处方集》相应专论设定的标准，辅之对应国家或

1　参见宋华琳：《中国药品标准法律制度的发展与完善》，《中国处方药》2008年第7期；宋华琳：《论行政规则对司法的规范效应——以技术标准为中心的初步观察》，《中国法学》2006年第6期。

地区药典的通则部分,可构成澳大利亚药品适用的标准。

多国药品法典还规定除药典等特定出版物外,有权机关可制定其他标准,这些也属于法定的药品标准。例如,日本《药事法》第42条规定,对于保健卫生上需要特别注意的药品,厚生劳动大臣可在听取药事・食品卫生审议会的意见后,就其制造方法、性状、质量、储存方法等设置必要的基准。韩国《药事法》第62条规定了韩国药品标准的法律地位,韩国药品标准收录未被《韩国药典》收录的其他品种。

2. 规定标准的制定主体和制定程序

澳大利亚《治疗用品法》第13条规定了部长制定药品标准的权力;德国《药品法》第10条规定,由德国药典委员会制定和修改《德国药典》;英国《人用药品条例》第317、319条分别规定了英国药典委员会制定《英国药典》和其他标准出版物的权力。各国药品立法多要求在政府公报、官方网站等载体上公布药典和其他药品标准全文。

域外诸多药品立法还规定了药品标准的制定程序。在各国药品标准的制定过程中,咨询委员会装置都发挥着重要的作用。例如,德国《药品法》第55条规定了德国药典委员会的设置、产生及运行程序。韩国《药事法》第52条题为"医药品等的基准",规定韩国药品管理部门对生物制剂及《韩国药典》未列入的医药品,可听取中央药事审议会的意见,规定其性质、状态、品质及储存方法等其他必要的基准。

3. 小结

我国在现行《药品管理法》的制度框架下,形成了以国家药品标准为主轴,以药品注册标准、地方标准为补充的药品标准格局。(1)《药品管理法》第28条第1、2款规定,药品应当符合国家药品标准,国务院药品监督管理部门颁布的《中华人民共和国药典》和药品标准为国家药品标准。(2)《药品管理法》第28条第1款新增"经国务院药品监督管理部门核准的药品质量标准",即指"药品注册标准"。《药品管理法》第25条第2款规定，国务院药品监督管理部门在审批药品时，对药品的质量标准一并核准。或可将药品注册标准视为经国家药品监督管理部门核准的企业标准，认为其具有国家标准和企业标准的双重属性。（3）根据《药品管理法》第44条第2款的规定，省、自治区、直辖市人民政府药品监督管理部门制定的中药饮片炮制规范为法定的地方药品标准。未来，宜在药品法律、行政法规中，进一步理清药品标准的法律性质与类型，将相关规定予以体系化，进一步明确药品注册标准的地位、性质和内容。

应完善药品标准的制定、修订程序。需要指出，在各国药品标准制定过程中，委员会发挥了重要作用。《药品管理法》第28条第3款规定："国务院药品监督管理部门会同国务院卫生健康主管部门组织药典委员会，负责国家药品标准的制定和修订。"不同于其他"专家委员会"的咨询性质，药典委员会属于药品标准工作中的技术决策机构，与普通专家相比，药典委员的职能更为特殊、作用更加重要，管理也应当更加规范。[1]应在法律规范中，明确药典委员会委员的遴选机制、利益冲突回避机制、任期、权利、义务与责任，明确药典委员会的内设机构、会议程序、会议记录公开等事宜。

应依法建立重大突发事件中的药品标准加快制修订程序机制。但在国家药品标准加快制修订程序中，应恪守程序的内在正当性，并保证国家药品标准制定或修订质量。药典委员会审核、征求公众意见等程序不能省略，以确保最低限度的程序正义以及药品标准的科学性和规范性。应根据突发事件的严重程度、药品标准问题的难易水平、药品标准制修订牵涉的利益范围，以及错误概率等多种因素，来缩短各项流程的时限。

1　参见《〈药典委员管理办法〉起草说明》，国家药典委员会官网。

## （二）规章与指导性文件的制定

在现代风险社会和行政国家背景下，应赋予风险监管机构制定规章和指导性文件的权力。就药品监管而言，国务院有权授权相关部门制定药品规章、规范性文件，这有助于将药品法律法规的概括性规定予以细化和具体化，规范药事活动，维护人民健康权益；同时，有助于发挥政府监管机构的专业背景、专业知识和积累的监管经验，对不断发展的现实状况做出及时应答。[1]

1. 制定规章

各国药品立法普遍明确授予了药品监管机构的规则制定权。例如，美国《联邦食品、药品与化妆品法》第701条规定了药品监管规章制定权，并规定了规章制定中的通告评论程序和听证程序。实践中，FDA制定大量规章，将法律的规定转化为可操作性的、指导性的要求。新加坡《药品法》第74条第1款规定："部长基于本法的授权或需要，为了使本法的目的和规定得到普遍性的贯彻，可以制定相应的规章。"

根据《中华人民共和国立法法》第80条的规定，国务院各部和具有行政管理职能的直属机构，可以根据法律和国务院的行政法规、决定、命令，在本部门的权限范围内，制定规章。[2]2018年，我国组建了由国家市场监督管理总局管理的国家药品监督管理局，国家药品监督管理局作为国务院部门管理的国家局，没有部门规章制定权。2018年之后颁布的药品监管规章，都是由国家药品监督管理局起草，之后由国家市场

---

1 蒋朝阳：《论部委规章制定权的授予、行使和监督》，《行政法论丛》第1卷，法律出版社1998年版，第107页。

2 《中华人民共和国立法法》，2000年3月15日第九届全国人民代表大会常务委员会第三次会议通过，2015年3月15日修正。

监督管理总局经由规章制定程序，以国家市场监督管理总局局长令形式颁布，典型的例证如《药品生产监督管理办法》《药品注册管理办法》《药品网络销售监督管理办法》。[1]

在未来的机构改革中，国家药品监督管理局如能成为国务院直属机构，则可以有独立的部门规章制定权，这将有助于提升监管部门的治理能力，形成更为整备协调的药品监管法律规范体系。未来，如果国家药品监督管理局仍为国务院部门管理的国家局，那么应强化国务院部门与国家药品监督管理局之间的协调，努力推进药品规章立项和起草工作，令药品规章及时进入国务院主管部门的年度规章制定工作计划。[2]

2. 制定指导性文件

国外药品法典亦规定药品监管机构有制定指导性文件的权力。例如，美国《联邦食品、药品与化妆品法》第701条（h）款对指导性文件的形式、法律效果、拘束力、制定与公布程序以及法律救济机制做了原则性规定。在美国行政实践中，指导性文件的形式包括指南、咨询意见、通告、公告、备忘录、解释性信函、执法手册、情况说明、常见问答、要点等。[3]美国联邦管理与预算办公室于2007年颁布了适用于各行政机关的《关于行政机关良好指导实践的最终公告》，规定了指导性文件的定义、基本要求、公众参与和反馈、通告评论和司法审查。

在美国，指导性文件"尽管代表了部长对食品药品管理局管辖权范

1　《药品网络销售监督管理办法》，国家市场监督管理总局令第58号，2022年8月3日公布，自2022年12月1日起施行。

2　参见《规章制定程序条例》，国务院令第322号，2001年11月16日公布，2017年12月22日修订。

3　Nicholas R. Parrillo, Federal Agency Guidance and the Power to Bind: An Empirical Study of Agencies and Industries, 36 *Yale J. on Reg.* 167(2019).

围事务的见解，但不得为任何人创造或限制任何权利”。[1]部长应确保食品药品管理局人员在没有适宜正当化根据时，不得背离指导性文件的规定。[2]应当保证指导性文件制定过程中公众参与机制的实现，同时，“所有的指导性文件都应当公开”，不仅通过网络发布，而且定期在联邦公报上发布。指导性文件应当遵循统一规范的格式和命名规定，应当定期对这些指导性文件加以审查，及时加以修订。[3]

在我国药品监管实践中，监管部门颁布了相当数量的指导性文件，来规范药品研制、注册、生产、经营、上市后管理、监督检查等活动。特别地，药品审评部门就药品审评一般原则及化学药物、中药天然药物、生物制品审评，颁布了诸多药品技术指导原则。作为与药品有关的技术规范、指导原则、技术指南和要求，这些技术指导原则对公民、法人和其他组织的药品研制、生产、经营、使用等行为进行指导，虽不具有强制性，但在药品研发和注册中发挥重要作用。建议在修改后的《药品管理法实施条例》中，明确药品技术指导原则的法律地位，规定国务院药品监督管理部门根据科学技术发展及我国药品研发情况，参照国际通行的药学研究、药物非临床研究、药物临床试验等活动的技术要求，组织制定药品研制、审评、核查、标准制定、检验等相关技术规范和指导原则。

应在法律法规中规定国务院药品监督管理部门发布指导性文件的一般性权力，为制定指导性文件的程序设置共通要求。进而让多元利益主体能在信息充分、参与机会平等、决策程序公平的条件下，对相应药品监管规则进行公开讨论，让不同的声音都能进入政策的竞技场，让

1 FD&CA, Section 701(h)(1)(A).

2 FD&CA, Section 701(h)(1)(B).

3 宋华琳、尹宏俊、邵蓉：《美国药品指导质量管理规范评介和启示》，《药学进展》2000年第4期。

不同利益考量都能得到应有的衡量。[1]

## （三）行政检查

行政监管机构无论是制定一般性政策，维系日常的运作，还是针对行政相对人采取必要的监管措施，都要以从行政相对人一方获取常规信息或特定事件信息为前提。"情报是燃料，没有它行政机器就无法发动。"[2]信息的获取构成了行政监管的前提，这有赖于行政检查的展开。

域外药品法典多以专章、专节或专门条款规定了药品监管部门的行政检查权，并对检查、拍照、取样、查封和扣押等具体举措加以规定。例如，美国《联邦食品、药品与化妆品法》第7章"一般职权"中的第702、704条分别为检查和调查、对工厂的检查，德国《药品法》第11章"监督"中的第64、65条分别对监督和取样加以规定。我国可在法律或行政法规中专设"检查"一节，对行政检查权、使用视听技术的权力、取样、查封和扣押加以规定，并规定相对人的协助义务。

1. 对行政检查权的规定

各国药品法典会规定药品监督管理部门进入相关场所进行行政检查的权利，即所谓"进入的权利"（right of entry）。例如，美国《联邦食品、药品与化妆品法》第704条题为"工厂检查"，该条规定：为了执行该法，官员或由部长指定的人员在出示执法证件，发出书面通知后，有权在合理的时间，进入任何制造、加工、包装或为运输而持有药品的工厂、仓库、机构、设施和运输工具进行检查；德国《药品法》第64条第4款第1项规定，为了预防发生对公共秩序和安全造成威胁的重大危险，

---

1 参见宋华琳、牛佳蕊：《指导性文件是如何制定和演进的——对新冠肺炎七版诊疗方案的跟踪研究》，《公共行政评论》2020年第3期。

2 ［美］伯纳德·施瓦茨：《行政法》，徐炳译，群众出版社1986年版，第82页。

监管官员有权在正常营业时间进入并检查地产、办公场所、操作车间、运输工具以及从事相关活动的住宅。

我国《药品管理法》第99条第1款规定了药品监督管理部门对药品研制、生产、经营和药品使用单位的检查权，第99条第2款规定了对为之提供产品或者服务的单位和个人进行延伸检查，第99条第3款规定了对有可能存在安全隐患的后续监督管理措施。建议未来在法律或行政法规中，可对药品行政检查制度完善如下：

第一，规定派出机构的检查权，可规定：省、自治区、直辖市人民政府药品监督管理部门依法设立的派出机构，可以以自己的名义实施监督检查。

第二，可以规定药品监督管理部门会同卫生健康、生产监督管理、公安等部门开展联合检查的权力。

第三，可以考虑借鉴《食品安全法实施条例》第59条的立法例，引入对药品活动的随机监督检查和异地监督检查。规定“设区的市级以上人民政府药品监督管理部门根据监督管理工作需要，可以对由下级人民政府药品监督管理部门负责日常监督管理的药品生产经营者实施随机监督检查，也可以组织下级人民政府药品监督管理部门对药品生产经营者实施异地监督检查”。

第四，规定根据检查性质和目的，将行政检查分为许可检查、常规检查、有因检查和其他检查，并对不同类型的检查的制度要点加以规定。

第五，规定行政检查的一般程序，对现场检查、陈述申辩、做出检查结论、采取后续监管措施等程序加以规定。

第六，规定在开展药品行政检查时可采取的监督管理措施，如进入涉嫌违法行为发生场所调查取证，询问当事人和与被调查事件有关的单位和个人，查阅、复制与被调查事件有关的药品文件和资料。

2. 视听技术的使用

在行政检查过程中，可以通过现代视听技术，利用拍摄、录音、录像等方式记录调查过程，有利于记录发现、收集和保全证据，用以辨认或确定行政相对人、查找物证和控制违法现场等活动，也可用以固定、记录行政相对人有关的合同、发票、账册、电子文件以及其他资料，还可以对易损物证进行拍摄保全。[1]

FDA《调查执法手册》（Investigational Operation Manual）第5章第523节规定了在监督检查时拍摄方式的使用，认为对于药品的掺假、污染而言，拍摄可获得最为有效和有用的证据。FDA官员认为，拍摄是监督检查的内在部分，拍摄为被检查工厂的现况提供了最为准确的记录。[2] 在1981年的Jamieson-McKames制药公司案[3]和1985年的Gel Spice公司案中，[4]法院判决都认为视听技术的采用是FDA监督检查权的内在部分，是履行法定检查职责的合理方式。与之类似，澳大利亚《治疗用品法》第48C条题为“在场所对电子设备的使用”，规定被授权的人如果认为电子设备的使用不会给场所设备带来损害，出于获得证据材料的目的，可以使用电子设备。

在我国药品监督执法中，视听技术事实上已经得到日渐广泛的运用。可在药品法律规范中明确规定行政检查中视听技术方式的使用。

3. 抽样

药品监督检查时，往往要抽样以备检验。德国、英国、印度、新加坡等国药品法对药品抽样的程序和方式进行了规定。抽样的方式可以是免费抽取样品，也可以是购买样品。检查员可以表明抽样的目的，并将

---

1　吴清海、韩毅、夏鸣主编：《视听技术在行政执法中的应用》，凤凰出版传媒集团、江苏科学技术出版社2007年版，第10页。

2　转引自Neal D. Fortin, Is a Picture Worth More Than 1000 Words? The Fourth Amendment and the FDA's Authority to Take Photographs Under the Federal Food, Drug and Cosmetic Act, 1 *J. Food L. & Policy* 239, 243(2005)。

3　*United States v. Jamieson-McKames Pharmaceutical, Inc.*, 651 F.2d 532 (8th Cir. 1981).

4　*United States v. Gel Spice Co., Inc.*, 601 F. Supp. 1214 (E.D.N.Y. 1985).

抽取的样品分为三份或四份，并有效密封，加以适宜的标记，可以将一份样品返还被取样人，将一份样品用于检验分析，另保留一份药品以备诉讼时提交法院。[1]

我国《药品管理法》第100条规定了药品质量抽查检验制度，这是实施监督检查的重要手段，也是后续行政执法的基础。抽查检验应当按照规定取样，购买样品，不得收取任何费用。《药品管理法实施条例》第57条规定药品抽样必须由两名以上药品监督检查人员实施，并按照国务院药监部门的规定进行抽样，被抽检方不得拒绝提供抽检样品。《药品注册管理办法》第58条规定了在药品审评、核查过程中，可以抽取样品进行样品检验的情形。未来，应在法律法规中进一步界定抽样情形，细化抽样程序，例如可明确规定样品应一分为三，一份返还原所有人，一份留作比较，一份送检。这有利于抽检的推行和相对人权利的保障。

4. 行政相对人的协助义务

在药品监督管理部门进行监督检查时，作为被检查对象的行政相对人有协助义务，相对人应提供相关的资料和数据，如实回答监督检查者的询问。例如，德国《药品法》第64条第4款第3项规定自然人、法人等组织应提供药品开发、生产、检验、临床试验、样品残留、购买、储存、保障、销售、广告等方面的信息。德国《药品法》第66条规定，被监管者应容忍监督检查措施，并有支持监管人员履行职责的义务。韩国《药事法》第64条规定，被检查人应依要求提供必要的文件和其他资料。

我国《药品管理法》第99条规定，有关单位和个人对药品监督管理部门的监督检查“应当予以配合，不得拒绝和隐瞒”。未来，应进一步

---

1 India Drugs and Cosmetics Act 1940, Section 23; UK Human Medicines Regulations 2012, Section 329(5).

细化当事人的配合义务，规定应如实提供与检查有关的材料和信息；知晓有关情况的公民、法人或者其他组织应当协助行政机关的调查。[1]

5. 查封和扣押

《行政强制法》第9条将“查封场所、设施或者财物”和“扣押财物”都归入“行政强制措施”之列。行政强制措施的设定和实施，旨在制止违法行为、防止证据损毁、避免危害发生、控制危险扩大。[2]在药品监管中，查封是指药品监管部门对生产、经营、储存涉嫌违法药品或可能危害人体健康药品的场所、设备、资料等予以就地加封、封存，待后续行为做出后加以处理；扣押是指药品监管部门对涉嫌违法或可能危害人体健康的药品及原辅材料、包装材料、生产设备、相关资料予以扣押，限制所有人对之占有、处分，待后续行为做出后再加以处理。

美国《联邦食品、药品与化妆品法》第702条、新加坡《药品法》第57条等条文都规定了查封和扣押的条件、程序和具体措施。一般而言，当依法行使行政检查权的官员有合理理由相信相应药品涉嫌违反药品法的规定，认为相应物品和文件可作为行政执法或诉讼中的证据时，有权予以查封或扣押。应将查封或扣押决定告知行政相对人，如果最终发现药品并未违反规定，应即刻解除查封或扣押决定，返还查封或扣押的物品和文件。印度在《药品和化妆品法》第22条中，还规定扣押留置的时间不超过20日。

我国《药品管理法》第100条第2款规定，药品监督管理部门对有证据证明可能危害人体健康的药品及其有关材料，可以查封、扣押，并在7日内做出行政处理决定；药品需要检验的，必须自检验报告书发出之日起15日内做出行政处理决定。可考虑在修改后的《药品管理法实

1　参见《湖南省行政程序规定》（湖南省人民政府令第222号，2009年4月17日公布，2018年7月10日修正）第67条。

2　参见《行政强制法》第2条第2款。

施条例》中，进一步规定查封、扣押文书的制作和管理，查封、扣押物品的管理，查封、扣押解除后物品的管理等内容。

### （四）保密义务

当药品监管部门制作或获取的政府信息涉及市场主体商业秘密，而商业秘密公开后会对第三方合法权益造成损害时，药品监管部门不得公开此类信息。政府信息公开的商业秘密例外旨在保护信息提供者和政府机关的利益，使得企业能够放心地向政府机关提供准确、可靠的信息，避免企业的竞争者经由政府信息公开制度，获得竞争对手的商业、财务信息。商业秘密包括企业的计划、配方、工艺、设计、营销计划、成本、利润以及其他从企业获得的商业秘密。实践中，诸如销售统计、研究数据、技术设计、客户与供应商名单、盈亏数据、人头费与运营成本、财务状况等信息，都被视为商业信息加以保护。[1]

《反不正当竞争法》第9条规定："商业秘密，是指不为公众所知悉、具有商业价值并经权利人采取相应保密措施的技术信息、经营信息等商业信息。"根据《政府信息公开条例》第15条的规定，行政机关不得公开涉及商业秘密的政府信息，但是，如第三方同意公开，或者行政机关认为不公开可能对公共利益造成重大影响，可以予以公开。商业秘密属于政府信息公开中的非强制性例外，体现了在保护社会公众知情权利益和保护商业秘密权利人的私人利益之间的平衡。

药品监管部门在行政许可、行政检查及日常管理过程中，从相对人处获取了大量具有商业价值的信息，涉及具有商业价值的特定工艺、技术、流程和试验数据，为此，监管部门应担负相应的保密义务。多国药品法典规定了药品监管部门对生产秘密和商业秘密有保密义务，不得

1 参见周汉华：《美国政府信息公开制度》，《环球法律评论》2002年秋季号。

向第三人泄露。例如，德国《药品法》第77a条第2款规定，政府在公开信息时，应保护生产秘密和商业秘密；新加坡《药品法》第19A条规定，应保护涉及创新药物的支持性秘密信息，药品监管部门对商业秘密信息以及披露后会导致商业价值减损的信息予以保密，且不得用申请人提交的支持性秘密信息，来确定是否给予其他申请人许可，保护期为五年。

我国《药品管理法》第27条规定了对审评审批中知悉的商业秘密应当保密，《药品管理法》第99条规定了对监督检查中知悉的商业秘密应当保密。现行《药品管理法实施条例》第34条则规定了药品监管部门的数据保护义务，药品监管部门不得披露未披露试验数据和其他数据。

现实中，药品监管部门及相关事业单位，以及相应的主管人员和直接负责人员，接触大量具有商业价值的商业信息，强化对保密义务的规定具有很强的现实意义。建议在法律规范中，规定药品监督管理部门、药品审评机构、药品检验机构及相关履行药品监督管理职能的机构，以及相应的主管人员、直接责任人和专业人员，对在行政许可、行政检查及日常管理中获得的商业秘密、技术秘密、业务秘密和试验数据，负有保密义务。

## 十三、法律责任

### （一）对假劣药品等的禁止

药品监管的核心在于保障药品安全、有效和质量可控。假劣药品问题至今依然是全球性的问题。世界各国药品法典多对药品掺假、低劣、质量不符标准、标签错误等违法行为加以界定，对相应的生产、销售、分发、储存行为予以禁止，并规定以处罚。

各国药品法典对假劣药品所做的禁止性规定模式大致有两种：一种模式是对“掺假药”“错标药”“假冒药”等概念加以界定，继而规定对相应药品的禁止；另一种模式是避免给出假劣药品的定义，而是列举违法药品的情形，继而规定不得生产、销售、进口、展示此类药品。

1. 对相关假劣药品概念的界定

美国将相关假劣药品分为假冒药、掺假药和错标药。假冒药主要是指药品实际的生产者、加工者、包装者或分销者与所宣称或标明的不相符，药品存在着固有的安全性问题；掺假药主要涉及药品内在质量方面的问题；错标药主要包括药品本身无问题但标签有问题的药品。

《联邦食品、药品与化妆品法》第201(g)(2)款规定，“假冒药”是指“一个药品或其包装或标签中，未经授权，载有某一药品制造商、加工商、包装商或分销商的商标、商号，其他可识别标志、印迹或其他类似标识，但这样的宣示或陈述是虚假的。实际上，真正的生产、加工、包装或分装者却另有其人”。

《联邦食品、药品与化妆品法》第501条规定了掺假药的8种情形：(1)药品全部或部分含有污物、腐败物或腐烂物；(2)药品的制备、包装或存放条件不卫生；(3)药品以及制造、加工、包装或储存药品时不符合GMP规定；(4)药品容器全部或部分由有毒或有害物质组成；(5)药品中含有不安全的色素添加剂；(6)药品质量或纯度低于法典规定的标准；(7)药品强度、质量或纯度低于自行声称或宣示的强度、质量或纯度；(8)药品全部或部分被其他物质替代。

《联邦食品、药品与化妆品法》第502条规定了被认定为“错标药”的16种情形：标签错误、标签容易引人误解或迷惑、包装标签不符合要求、未能在标签上以醒目形式标明法定要求信息、标签未列出通用名、药品统一标准名称字体小于商品名的二分之一、标签未能提供充分警示和使用指南、标签与标准规定不符、标签未说明如何预防药品变质、药品容器引人误解、标签标注给药方式或频率可能危害患者、着色剂包装和标签不符合要求、处方药标签未能标注每种成分含量、药品企业未获注册、非处方药标签未标注地址或电话、未遵守风险评估与降低策略约束以及违反上市后研究等要求。

与美国对“掺假药”的定义类似，英国《药品法》第63条题为“药品的掺假”，该条款下的掺假药品主要是指：（1）在药品中加入或取出任何物质，而对药品的成分有所损害，并意图在这种状态下出售或供应这种药品；（2）出售、供应，或为出售、供应而陈列或占有由于加入或取出了某种物质而成分受到损害的药品。新加坡《药品法》第31条也对掺假药品做了类似规定。印度在《药品和化妆品法》中，则将相关药品分为假冒药、掺假药和错标药。

2. 对禁止的药品加以列举

德国、日本、韩国等国的药品法典未直接界定假劣药品的概念，但对禁止的药品加以列举。例如，德国《药品法》第8条规定，以下药品将被禁止生产或上市：（1）背离公认的药品原则，质量有明显减损；（2）标签未能正确标明药品的性状或来源；（3）声称某种药品会有它并不具有的治疗效果或效用；（4）使人产生服用该药不会产生有害影响的错误印象；（5）药品的名称、规格或宣称将会使他人对药品质量产生误解；（6）药品名称、规格或宣称方面的其他误导；（7）过期药品。

3. 小结

在各国药品法中，无论是给出假冒药品、掺假药品和标签错误药品的定义，还是避免定义，直接规定禁止生产、销售、进口违反特定药品质量要求的药品，都为所规定的禁止性行为设定了相应的法律责任。我国2019年修订《药品管理法》时，删除了“按假药论处”“按劣药论处”的分类，主要以药品质量功效为分类标准，让假劣药回归本来面目，并设定了生产、销售、使用假劣药品的法律责任。《药品管理法》第98条第1款规定了禁止生产、销售、使用假劣药，第98条第2款规定了被认定为假药的四种情形，第98条第3款规定了被认定为劣药的七种情形。

《药品管理法》第98条第4款规定，禁止未取得药品批准证明文件生产、进口药品，禁止使用未按照规定审评、审批的原料药、包装材料和容器生产药品。在药品法律法规中，可考虑以成文法化的方式，直接更为具体地列出其他应被禁止的、有违药品管理秩序的行为，并为其设定相应的法律责任。

## （二）建立行为规范与法律责任规定之间的关联

各国在药品法典中，非常重视为相应的行为规范设定法律责任。例如，英国《人用药品条例》、新加坡《药品法》每一主要章节的最后一条大致题为“本部分下的犯罪行为”；在澳大利亚《治疗用品法》中，每出现一条界定禁止性行为、违法行为或犯罪行为的条款，即在该条或该款的最后部分规定相应的处罚种类与幅度。

德国、日本、韩国等国药品立法都设有题为“罚则”之类名称的专章。例如，德国《药品法》第16章题为“刑罚和行政处罚”；韩国《药事法》第9章题为“罚则”。一般而言，其每一条款都对应一类处罚幅度，并会罗列该类处罚幅度对应的该法相应条文所处的条、款、项。各国药品法典中的法律责任条款，基本对应和涵盖了大多数所意欲调整和规范的药品各环节的行为。

在我国药品法律、法规修改过程中，建议无疏漏地为保留的义务性行为规范设定相应的法律责任，对新增的义务性行为规范条款设定相应的法律责任。法律法规宜设“法律责任”专章，其中每一条或设小标题，明确该条为“违反 × × 条/制度的法律责任”，或在每一条开篇规定“违反本法第 × × 条规定，……”，继而在该条中具体规定违法的行为和处罚的幅度。

## （三）警告信制度

在《论语 · 尧曰》中，孔子即云“不教而杀谓之虐”。世界各国在药品法典和药品监管实践中，多设立了警告信（warning letter）制度，意在通过警告信制度，对有潜在违法可能的相对人给予预警提示，对轻微违法行为予以告诫规劝，旨在通过合作式监管，来降低监管成本，提高监管绩效，规范和引导被监管产业发展。

在美国，药品监管警告信是FDA在监管过程中对存在重大违规行为的检查对象发出的劝告性通知。食品药品管理局对违规者发出警示，告知其有重大违规行为，应避免相同或类似违规行为再次发生的处罚形式。FDA官网上对外公布警告信，对被警告者的声誉或信誉产生不利影响。警告信构成了FDA督促违规者自愿遵守《联邦食品、药品与化妆品法》等法规的主要手段。

我国《药品生产监督管理办法》中首次提出“告诫信”的概念，告诫信是药品监督管理部门在药品监督管理活动中，对有证据证明可能存在安全隐患的，依法发出的信函。告诫信应当载明存在缺陷、问题和整改要求。[1]国务院药品监督管理部门和省、自治区、直辖市药品监督管理部门通过监督检查发现药品生产管理或者疫苗储存、运输管理存在缺陷，有证据证明可能存在安全隐患的，应当依法发布告诫信。

监管部门发布告诫信，还可以伴之以其他监管手段。当被监管者基本符合《药品生产质量管理规范》要求，但需要整改的，在发出告诫信的同时，还应依据风险程度，采取告诫、约谈、限期整改等措施。当药品存在质量问题或者其他安全隐患的，在发出告诫信的同时，药品监管部门还应依据风险程度，采取暂停生产、销售、使用、进口等控制措施。[2]

《药品生产监督管理办法》并未对告诫信的适用条件、适用程序、文本格式等问题做出更为细致的规定。未来，可以域外药品监管警告信制度为借镜，系统建构我国药品监管告诫信制度，将告诫信适用于对我

1　参见《药品生产监督管理办法》第75条。

2　参见《药品生产监督管理办法》第59条。

国药品研制、生产、经营、使用等环节的监管，明确我国颁发药品监管告诫信的主体和程序，厘清告诫与前期监督检查、后续监管的关系，为被告诫对象设定整改要求，设定解除告诫信和告诫的条件与程序。

## （四）对累犯处罚的加重

责罚相当原则要求行政处罚的处罚方式和处罚幅度需结合违法者的“痛觉”空间和承受能力而定，因此有必要设置从重处罚。相当一部分国家的药品法典将“再次犯有此前违法行为”作为从重处罚的要件。例如美国《联邦食品、药品与化妆品法》第303条规定了对累犯的从重处罚及其幅度；印度《药品和化妆品法》第13、30、33J条中都规定了对再次违法行为的从重处罚及其幅度。

我国现行《药品管理法》第137条规定了“在本法规定的处罚幅度内从重处罚”的六种情况，其中第五种情况为“生产、销售假药、劣药，经处理后再犯”。违法行为人生产销售假劣药，受处罚后，应当对相关法律规定和自己的违法行为有充分的认识。如经处理后再犯，则具有明显的主观恶意，相对于首次违法，应对其科处更严厉的处罚。这体现了处罚的逐步递进原则和实际的累加效果，增强了行政处罚本身的威慑力。

## （五）罚款或罚金

大多数国家的药品法典都设定了罚款或罚金制度。设定的模式和特色大致有以下几点。

第一，若干国家的药品法典设置了罚款或罚金的上限。例如，美国《联邦食品、药品与化妆品法》第307条“民事处罚”中，规定为第306条所禁止从事药品申请活动的个人在被禁止期间，为其他人的药品申请活动提供服务时，被禁入的个人为此要被科以25万美元以下的罚款，令其提供服务者要被科以100万美元以下的罚款。

第二，有些国家在药品法典中，对罚款或罚金选择了其他某一可量度的值为基准，通过某种计算方法来确定罚款或罚金数额。例如，澳大利亚《治疗用品法》以处罚单位（penalty units）计算罚款数额，联邦、各州以及领地对每个处罚单位的数值都有不同的规定。财政部长负责每年审查处罚单位的数值，从而保证罚款金额不受通货膨胀的影响。

第三，规定行使罚款裁量权时所应考虑的要素。例如，澳门特别行政区1995年7月10日发布的第30/95/M号法令规定，罚款时应考虑违法者的经济财政状况、违法者的过错、违法者对公共卫生造成的危险。

我国《药品管理法》既规定了"数值间距式"的罚款，也规定了"倍率式"的罚款。对于数值间距式的罚款设定而言，要考虑罚款上限和下限的设定适应社会变动和经济发展的要求；对倍率式的罚款而言，其罚款幅度下限至少应以不低于违法所得金额为宜。同时还可规定行政处罚裁量权行使时所考虑的因素，这也与行政处罚裁量基准制度的总体要求相吻合。

### （六）针对单位违法的"双罚制"

国外药品法典针对法人违法的，多规定了适用"两罚"方法，即不仅处罚法人，还处罚法人中负有责任的主管人员和直接责任人员。例如新加坡《药品法》第67条规定，当法人犯有本法中的犯罪行为时，如果证实该罪行是在局长、经理、干事或其他类似的高级职员的同意、默许下，或因其疏忽大意而造成的，则这些人员与法人一样也被认为有罪，并接受相应的诉讼和刑事处罚。

在药品活动中，从事相关生产、经营等活动须以单位名义获得行政许可，大部分违法行为也是由成员和单位结合完成的，因此，药品领域诸多违法行为属于纯正的单位违法，成员的违法行为依附于单位。[1]药品监管中单位违法“双罚制”的构成要件在于：第一，以单位违法为前提。第二，责任人有主观过错。第三，责任人未尽管理和防止义务，导致单位违反行政法上的义务。实践中，应结合具体个案情形，根据违法单位规模、组织架构、药品管理法规的内容、药品活动的风险程度、管理可能性等因素，确定责任人应尽的管理和防止义务。[2]

我国药品管理法律规范不仅明确了单位的整体法律责任，而且对单位内部实施严重违法行为的责任人进行处罚。针对单位违法行为，法律对单位的法定代表人或者主要负责人、直接负责的主管人员和其他直接责任人员分别设定了没收收入、罚款、吊销执业证书、行政拘留等处罚形式，乃至对相关人员设定处以十年直至终身禁业的处罚。[3]药品监管双罚制中，应受处罚的成员包括“法定代表人、主要负责人、直接负责的主管人员和其他责任人员”。

## （七）从业限制

1992年，美国国会通过了《仿制药品执行法案》（Generic Drug Enforcment Act），授权FDA可以对任何严重违反药品法规的个人或团体发布禁入命令，禁止其参与同美国药品上市有关的医药行业的任何活动。美国《联邦食品、药品与化妆品法》第306条题为“禁入、暂停审批和中止”，规定了行业禁入（debar）制度：（1）关于强制性禁入的规定。公司、合伙企业和社团如果在简化药品申请中犯有联邦法中的重

1 参见谭冰霖：《单位行政违法双罚制的规范建构》，《法学》2020年第8期。

2 参见杨东升：《单位行政违法双罚制实证分析——以〈医疗器械监督管理条例〉为例》，《东北农业大学学报（社会科学版）》2022年第2期。

3 参见《药品管理法》第118、119、122、123、124、125、126、135、138、141条及《疫苗管理法》第80、81、82、85、86条等。

罪（felony），那么应禁止其再提交或帮助提交此类申请，禁入期为一至十年，在此期间如再次犯有导致此类禁止的行为，那么将构成终身禁入。个人在任何药品许可申请中犯有联邦法中的重罪，将被终身禁止申请药品许可。（2）关于非强制性禁入的规定。公司、合伙企业和社团在简化药品申请中如犯有联邦法上的轻罪（misdemeanor）或州法上的重罪，个人在简化药品申请中如犯有联邦法上的轻罪、州法上的重罪或有受贿、违法馈赠、欺诈、伪证、虚假声明、敲诈、勒索、强取、篡改记录、阻碍调查或刑事起诉等行为，可禁止其申请药品，禁入期限为五年以下。

美国《联邦食品、药品与化妆品法》还规定了确定禁入时限时考虑的因素。[1]当FDA对违法当事人实施禁入措施时，要向当事人发出告知书，告知禁入决定，并给予当事人听证权利。收到禁入决定的当事人可以在收到禁入决定60日内，向哥伦比亚特区巡回上诉法院或居住地巡回法院提出申请，请求修正或撤销此禁入决定，由法院对禁入决定进行司法审查。

我国药品监管中设定从业限制的意义有三：第一，促使行政处罚功能的有效发挥；第二，从业限制不仅对行政法义务的违反者科以资格罚，还更好地发挥了处罚的威慑功能；第三，行政相对人曾有严重违法行为，或有事实证明相对人不具备从事药品活动所需的资质、能力和信誉，通过禁止其未来从事特定药品生产、经营、管理业务或活动，防止可能的违法者通过生产经营不合格药品等行为来损害公共利益，以保护消费者的生命权、财产权和健康权等基本权利。[2]

相较于此前的立法，2019年修订后的现行《药品管理法》对限制从

---

1 FD &CA, Section 306(c)(3).

2 参见宋华琳：《禁入的法律性质及设定之道》，《华东政法大学学报》2020年第4期；李桥：《论药品监管领域限制从业制度的困境与出路》，《中国药事》2022年第3期。

业制度的适用对象、构成要件和适用期限均有所扩展和补充。在未来设定限制从业期限时，建议期限限制应明确、合理，限制从业期限应与违法行为的严重性相当；尽量为限制从业期限设定阶次幅度，而非固定期限，"一刀切"地规定固定限制从业期限，无法充分体现过罚相当原则。国务院药品监督管理部门还可适时出台关于从业限制管理的规范性文件，规定针对个案设定从业限制时限长短时应考虑哪些因素，并对药品监管领域限制从业的限制范围、限制对象、实施主体加以规定，对限制从业程序加以规范，特别是对限制从业的告知、陈述和申辩、听证、记录、说明理由及限制从业文书格式等加以规定。[1]

### （八）妨碍药品行政执法的法律责任

行政相对人有协助药品监管部门执法的义务。各国药品法规范多规定了妨碍药品行政执法的法律责任。例如，新加坡《药品法》第58条规定，任何人阻碍执法人员活动、不遵守执法人员合理要求、无合理理由拒不提供必要协助与信息的，将被处以2 000新加坡元以下的罚金；如果向执法人员做出虚假陈述，将被处以不高于5 000新加坡元的罚金，或两年以下的监禁，或两者合并适用。美国《联邦食品、药品与化妆品法》第307条、印度《药品和化妆品法》第22条也规定了妨碍药品行政执法的法律责任。

我国《药品管理法》第99条规定，在药品监督管理部门进行监督检查时，有关单位和个人有予以配合的义务，不得拒绝和隐瞒。如有妨碍行政执法的情形，则可视为《药品管理法》第137条规定的"拒绝、逃避监督检查"，对此应在《药品管理法》规定的处罚幅度内从重处罚。

1　参见宋华琳：《禁入的法律性质及设定之道》，《华东政法大学学报》2020年第4期。

## （九）获得救济的权利

“有权利必有救济。”美国《联邦食品、药品与化妆品法》第303条第g款规定对违法广告给予处罚时，被处罚人可提起司法审查；第307条规定了对禁入行为的司法审查。澳大利亚《治疗用品法》第60条题为“对决定的审查”，规定了对药品监管行政决定的行政复议。

我国《药品管理法》未对行政相对人申请行政复议、提起行政诉讼的权利加以规定，但根据《行政复议法》《行政诉讼法》的规定，在药品管理活动中，当公民、法人或者其他组织认为药品监管部门以及依据法律、法规、规章授权的组织，做出的行政行为侵犯其合法权益时，可依法向行政机关提出行政复议申请，也有权依法向人民法院提起行政诉讼。

# 第二章

# 欧盟药品法述评

欧盟已颁布多部关于人用药品管理的指令、法规以及配套的技术指南，以欧盟《人用药品指令》为基石，形成了较为完备的药品法律规范体系。欧盟药品立法旨在通过设定统一规则，捍卫公众健康，促进药品在欧盟内部的自由流通。为了促进部分急需药品在欧盟全境上市，特别设置了上市许可的集中程序；为了让药品能尽快在多个成员国上市，设置了上市许可的非集中程序和互认程序。

欧盟药品法涵盖了从药品临床试验、上市许可、生产、进口、批发、远程销售、广告到药物警戒等各个环节，规范了对药品从研发、上市到上市后风险监控的全过程管理，它先进的立法理念和精良的制度设计，对我国药品监管的制度改革亦有裨益。

## 一、欧盟药品管理机构与药品法律规范概述

### （一）欧盟药品管理机构

欧盟委员会是欧盟的立法机关，也是欧盟药品上市许可集中程序的许可机关，欧洲药品局是欧盟主要的药品监管机构，欧洲药品局科学

委员会则负责对药品的科学评估。欧盟委员会主要依据科学委员会的意见，依照集中程序颁发上市许可，或在欧盟范围内采取协调一致的行动。

1. 欧盟委员会

基于欧洲药品局的科学评估，对于通过集中程序提交的药品上市许可申请，欧盟委员会可能决定授予、拒绝、变更或中止许可。当确证获得欧盟某一成员国许可的药品出现安全性问题时，根据欧洲药品局药物警戒风险评估委员会的评估，欧盟委员会将在欧盟范围内采取行动，在所有成员国采取协调一致的监管措施。

欧盟委员会还负责与药品监管相关的其他事务：提议制定新的药品立法，或修订现行药品法；实施监管措施，并监督欧盟药品法的正确适用；确保与相关国际伙伴的适当协调，并推动欧盟药品监管体系的全球化。[1]

2. 欧洲药品局

欧洲药品局（European Medicines Agency，简称EMA）的前身为欧洲药品评价局（European Medicine Evaluation Agency，简称EMEA），于1995年正式成立，同年2月1日正式投入运转，总部原位于英国伦敦，后搬迁至荷兰阿姆斯特丹。2020年3月2日，欧洲药品局改组，以确保尽可能有效运行，为公众和动物健康提供高质量的服务。主要的改变包括：将人用药品领域的运行职能整合为人用药品司（Human Medicines Division），并设立了三个任务工作组，为人用药品和兽药监管提供支持。[2]

欧洲药品局的主要职责是，通过对人用药品和兽药的评估与监督，来保护和促进公众与动物的健康。它的内设机构包括管理委员会（Management Board）、人用药品司、兽药司（Veterinary Medicines

---

1　EMA, *The European Regulatory System for Medicines*, 3 (2016).

2　Who we are，欧洲药品局官网。

Division)、利益相关者和沟通司(Stakeholders and Communication)、信息管理司(Information Management Division)、行政和机构管理司(Administration and Corporate Management Division)。

(1)管理委员会

欧洲药品局内设的管理委员会是对欧洲药品局综合性事务进行治理的内设机构。管理委员会负责药品监管的规划、预算等事项,负责监督欧洲药品局的绩效,介入局长的任命。管理委员会成员的任命,要考虑成员在管理方面的专业知识,并适当考虑他们在人用药或兽药管理领域的经验。在遴选管理委员会委员时,要保证委员具有最高水准的专家资质、广泛的相关专业知识,委员要尽可能广泛地分布于欧盟各成员国。

欧洲药品管理局管理委员会成员来源为:每个欧盟成员国应当在委员会中有一名代表,欧洲委员会有两名代表,欧洲议会有两名代表;患者组织有两名代表,医师组织、兽医组织各有一名代表。[1]

(2)人用药品司

欧洲药品局人用药品司对人用药品进行全生命周期监管。这包括制定关于药品研发、上市许可程序、药品安全监控期间的指南和建议。它也致力于保护欧盟患者的权益,为药品的获取和最优使用提供便利。人用药品司为欧洲药品监管网络的工作提供支持,生成以患者为中心的高质量科学评价,并确保遵守药品质量管理规范。它领导欧洲药品局的药物警戒体系。[2]人用药品司下设治疗领域处、科学证据产生处、药品质量和安全处、委员会管理和质量保证处。[3]

(3)任务工作组

欧洲药品局有三个任务工作组,它们支持人用药品部和兽药部,整

1 Management Board,欧洲药品局官网。

2 Human Medicines,欧洲药品局官网。

3 Human Medicines Division,欧洲药品局官网。

合专业技术知识，以驱动欧洲药品局工作中的高优先级领域的变革。

数字业务转型工作组（Digital Business Transformation Task Force）驱动复杂的数字转型项目，影响欧洲药品局的监管策略和运行架构，也影响着欧洲药品监管网络、合作伙伴和利益相关者的运作。这包括调整欧洲药品局的运营，以适应立法项目、数字技术和全球趋势带来的根本性改变，满足利益相关者的需求和预期。

数据分析与方法工作组（Data Analytics and Methods Task Force）支持欧洲临床试验转型的战略，为正在开发的产品提供专业的科学咨询建议，强化对上市许可评估的支持；对上市产品提供方法学上的专家咨询及数据分析。此工作组借此提升欧洲药品局及欧洲药品监管网络的监管能力，为基于风险收益的药品决策提供有力的临床证据。

监管科学与创新工作组（Regulatory Science and Innovation Task Force）通过发展欧洲药品局的监管科学战略、规划和治理，应对关键的科学和技术趋势，使得欧洲药品局和欧洲药品监管网络有能力保证药品是"未来适用的"。它寻求为开发者，特别是为中小企业和学术界提供更好的服务。[1]

3. 欧洲药品局科学委员会

欧洲药品局由七个科学委员会进行药品的科学评估，包括人用药品委员会（CHMP）、药物警戒风险评估委员会（PRAC）、罕见病药物委员会（COMP）、兽药委员会（CVMP）、草药委员会（HMPC）、先进疗法委员会（CAT）、儿科委员会（PDCO）。这些委员会的作用包括：第一，向研发新药的公司提供科学咨询建议；第二，制定科学指南和监管指南，以有助于药品公司准备上市许可申请；第三，推动欧盟和国际层面的药品监管协调。

欧洲药品局的各委员会都有自己的程序规则。为了进行科学评估，委员会通常会任命一名报告员（rapporteur）来编写评估报告。各科

1 Task Forces，欧洲药品局官网。

学委员会最终将审议并通过报告员撰写的这些评估报告，并将其作为科学意见或建议的一部分。对于特定的评估程序而言，也可能另设其他的“共同报告员”（co-rapporteur），独立于指定的报告员之外，撰写独立的评估报告。科学委员会设立评估团队（assessment team），以必要的专业知识和资源，对报告员和共同报告员加以支持。欧洲药品局秘书处为每项评估提供科学技术和行政层面的支持。[1]

同行评议程序为特定的药品科学评估提供了质量保证。欧洲药品局的各科学委员会尽可能以协商一致的方式得出结论，如无法达成一致，科学委员会将投票表决。欧洲药品局出台了关于处理科学委员会成员和专家的利益冲突政策，当专家因在药品或医疗器械行业存在利益时，有可能被限制参加或被排除在欧洲药品局的活动之外。[2]委员会专家应签署利益冲突声明。

## （二）欧盟药品管理法规体系

1. 欧盟药品管理法规体系概述

1965年1月26日，欧盟理事会颁布了第65/65/EEC号指令，其主题为“与药品相关的法律、法规或行政行为”，此后欧盟理事会、欧盟委员会已颁布多部关于人用药品管理的指令、法规及配套的技术指南，从而形成了较为完备的法规体系。

欧盟《人用药品指令》（Directive 2001/83/EC）作为欧盟药品管理的基本法，构建了欧盟药品管理的基本制度框架。该指令涵盖了药品从上市、生产、流通到上市后风险监控的全过程。欧盟《人用药品指令》包括定义、适用范围、上市许可、生产和进口、标签和包装插页说明书、

1 How the Committees Work，欧洲药品局官网。

2 Handling Competing Interests，欧洲药品局官网。

药品的分类、药品批发和交易（远程销售），以及信息与广告、药物警戒、源自人体血液和血浆制品的特别规定、监督和处罚、常任委员会、一般性规定和附则，共14部分130条。

欧盟还有针对药品管理某个环节的特定法规，如，《人用药品临床试验法规》[1]、《药品许可、监督程序及欧洲药品局的设立法规》[2]和《人用药品警戒收费法规》[3]等。欧盟药品法规中还有针对特定类型药品的法规，如《儿科药品法规》[4]、《罕见病药品法规》[5]和《先进疗法药品法规》[6]等。

此外，欧盟发布了多部与药品管理相关的技术指南，这些指南涉及药物非临床试验、药物临床试验、药品注册申请、药品生产质量管理、药物警戒、最高残留量限值等内容。[7]以欧盟《药品生产质量管理规范指南》为例，该指南自1989年首次颁布以来，历经1992年、2004年、2005年、2010年、2011年等多次更新，该指南包括药品的基本要求、对于作为起始材料的活性物质的基本要求、与GMP相关的文件等三部分，并包含若干附件。[8]

2. 欧盟《人用药品指令》的立法目的

欧盟《人用药品指令》的首要立法目的是捍卫公众健康，促进药品在欧盟内部的自由流通。各成员国国内法关于药品的规定不一致，直接影响了欧盟统一市场的运行。为减少现有的不一致规定，应当就药品的控制设定统一规则，并明确成员国主管部门的职责。此外，为确保

---

1 Regulation (EU) No 536/2014, 16 April 2014.

2 Regulation (EC) No 726/2004, 31 March 2004.

3 Regulation (EU) No 658/2014, 15 May 2014.

4 Regulation (EC) No 1901/2006, 12 December 2006.

5 Regulation (EC) No 141/2000, 16 December 1999.

6 Regulation (EC) No 1394/2007, 13 November 2007.

7 EudraLex — EU Legislation，欧洲委员会官网之公共卫生网页。

8 EudraLex-Volume 4-Good Manufacturing Practice (GMP) guidelines，欧洲委员会官网之公共卫生网页。

药品在适当的条件下得到储存、运输和处理，有必要适用统一规则来控制药品的整个供应链。统一的规则也将为召回缺陷药品提供便利。[1]

3. 欧盟《人用药品指令》的适用范围

欧盟《人用药品指令》适用于打算投入成员国市场的，并在工业过程中通过产业化方式生产的人用药品。[2]欧盟立法所调整的“药品”范围是：具有治疗和预防人体疾病功能的一切物质或物质组合；或通过发挥药理、免疫或新陈代谢作用，或做出医疗诊断的方式，用于人体，以恢复、矫正或缓解生理机能的一切物质或物质组合。[3]

不适用欧盟《人用药品指令》的情形包括：(1）在药店中依据针对特定患者的医师处方制备的药品；(2）在药店中制备的，旨在直接提供给该药店所服务的患者的药品；(3）试验用药品；(4）尚需被获批准生产者进一步加工的中间体，使用密封放射源的放射性核素；(5）来自人的全血、血浆或血细胞，但不包括经工业化生产方法处理过的血浆；(6）先进治疗药品。[4]

## 二、药物非临床研究和药物临床研究

### （一）药物非临床研究

非临床研究意在表明，为验证新化学或新生物实体的健康或环境安全性，相关工作必须依据GLP原则。GLP原则对药物的实验室阶段研究加以规范，包括对规划、实施、监督、记录、报告、归档的规范，包括对体外和体内药物试验的规范。欧盟《人用药品指令》明确要求，药

1 Directive 2001/83/EC, Preface.

2 Directive 2001/83/EC, Article 2.

3 Directive 2001/83/EC, Article 1.

4 Directive 2001/83/EC, Article 3.

理、毒理等非临床研究应遵守GLP的规定。[1]

欧洲经济区所有进行的动物试验都必须遵守《欧盟保护实验动物指令》的要求。[2]《欧盟保护试验动物指令》的要义在于，认识到在科学研究和安全测试中持续改善动物使用状况的必要性，在维持高水准研究的同时，又致力于动物实验替代方法的研究和应用，并落实动物使用的“3R”原则，即“替代、削减和优化”（Replace, Reduce and Refine）。[3]

## （二）药物临床研究

药物临床研究必须遵守国际通用的《药物临床试验质量管理规范》原则，必须遵守《赫尔辛基宣言》的要求。欧盟《人用药品临床试验法规》对药物临床研究加以全面规范，该法规共19章76条，第1章题为“通则”，第2章题为“临床试验的批准程序”，第3章题为“临床试验实质性修正的批准程序”，第4章题为“申请材料”，第5章题为“受试者保护与知情同意”，第6章题为“临床试验的开始、结束、暂停和提前终止”，第7章题为“临床试验语境下的安全报告”，第8章题为“临床试验实施、申办者监督、培训和经验、辅助药品”，第9章题为“试验用药品及辅助药品的生产和进口”，第10章题为“标签”，第11章题为“申办者和研究者”，第12章题为“损害赔偿”，第13章题为“成员国监督、欧盟视察和控制”，第14章题为“信息基础设施”，第15章题为“成员国之间的合作”，第16章题为“费用”，第17章题为“执行立法和授权立法”，第

1　Directive 2001/83/EC, Annex I.

2　Directive 2010/63/EU.

3　Richard Kingham, *The Life Sciences Law Review*, Law Business Research Ltd., 109 (2013).

18章题为“杂项规定”,第19章题为“最后条款”。[1]

欧盟《人用药品临床试验法规》旨在在欧盟范围内,让支配临床试验的规定趋于简化和协调一致。为了简化临床试验申请文件卷宗,应避免多次提交绝大多数内容都相同的信息,替代方式是通过单一资料提交入口,将一份申请卷宗提交给所有成员国。临床试验应以获得事先批准为前提。为了避免临床试验的启动遭遇行政迟延,应有充分的时间去审评申请临床试验的卷宗文件,同时要确保能迅速获得新的、创新性的治疗方法,确保欧盟能成为有吸引力的开展临床试验之地。对于严重损害身体健康且常常是危及生命的疾病,当治疗手段受限制或不存在治疗手段时,应当对相应临床试验进行快速但依然深入的审评。

欧盟《人用药品临床试验法规》第2条为名词解释,为“临床研究”、“临床试验”、“低干预度的临床试验”、“非干预性研究”、“试验用药品”、“辅助药品”(auxiliary medicinal product)、“已许可的试验用药品”、“伦理委员会”、“相关成员国”、“实质性修正”(substantial modification)、“申办者”(sponsor)、“研究者”(investigator)、“主要研究者”(principal investigator)、“受试者”、“知情同意”(informed consent)、“方案”(protocol)等给出了定义。而《药物临床试验质量管理规范》是指,对于临床试验方案的设计、进行、实施、监查、稽查、记录、分析和报告,所设定的一系列具体的伦理和科学质量要求,以保证受试者的权利、安全和福祉得到保护,临床试验中生成的数据具有可信性和稳健性。

在临床试验中,受试者的权利、安全、尊严和福祉,应得到保护。所生成的数据,应是可信且稳健的。[2]受试者的利益应始终优先于其他所

1 Regulation (EU) No 536/2014, 16 April 2014.

2 Regulation (EU) No 536/2014, Article 3.

有利益，因此，应着重保护受试者知情权。为获得受试者知情同意，向受试者提供的信息，应当确保受试者或其法定代理人了解临床试验的性质、目的、利益、意蕴、风险和不便；了解受试者的权利以及对其权利的保护；了解临床试验进行的条件，预计参与临床试验的持续时间；了解可能的替代治疗方案。受试者有权拒绝参与临床试验，也有权随时退出临床试验，且无须提供任何理由。应当给受试者或其法定代理人充足的时间，以考虑是否参加临床试验。受试者应以书面方式签署知情同意书，知情同意书应当存档。[1]

成员国应确保建立受试者的损害赔偿体系，以保险、保证或有同等目标的类似安排的形式，对受试者因在本国领土内参与临床试验导致的损害进行赔偿，赔偿额度应与风险的性质和程度相适应。[2]

## 三、药品上市许可程序

欧盟的药品上市许可程序包括集中程序（centralized procedure）、非集中程序（decentralized procedure）、互认程序（mutual recognized procedure）和成员国程序（independent national procedure）。药品如既未获得成员国药品主管部门授予的上市许可，也未获得欧盟委员会授予的上市许可，则不得在成员国境内销售。[3]

### （一）集中程序

部分特定药品必须通过集中程序向欧洲药品局提出上市许可申

1 Regulation (EU) No 536/2014, Article 29.

2 Regulation (EU) No 536/2014, Article 76.

3 Directive 2001/83/EC, Article 6.

请,并获得批准,才能在欧盟各国上市。

1. 集中程序的适用范围

集中程序主要适用于:(1)通过特定生物技术工艺生产的药品,这些工艺包括重组DNA技术,编码生物活性蛋白的基因在原核生物和真核生物中的受控表达,杂交瘤细胞单克隆抗体;(2)先进治疗药品;(3)用于治疗艾滋病、癌症、神经退化性疾病、糖尿病、自身免疫性疾病、病毒性疾病,且含有未获批准新活性物质的药品;(4)罕见病用药。[1]上述药品如果未经集中程序授予许可,将不得在欧盟境内上市。[2]

2. 人用药品委员会的角色

欧洲药品局下设的人用药品委员会负责依据集中程序,审查许可申请文件是否符合要求,就药品上市许可的授予、变更或撤销为欧洲药品局提供意见。人用药品委员会还根据药物警戒风险评估委员会的科学评估和建议,批准风险管理体系,并监控此体系是否能有效履行药物警戒职责。[3]

3. 集中许可程序

在适用集中程序时,申请人应向欧盟委员会提出上市许可申请。欧洲药品局应确保人用药品委员会在收到有效申请后210日内提供意见。除非审查员和共同审查员宣称他们此前已经完成了评估,否则对上市许可申请相关卷宗中科学数据分析的期限不得短于80日。[4]欧盟委员会在认为必要时,可以要求对申请人的药品生产地点进行特别检查,可以未经告知即展开检查,检查员应具有适当的资质,并可由人用药品委员会任命的审查员或专家随行。[5]

1 Regulation (EC) No 726/2004, Annex I.
2 Regulation (EC) No 726/2004, Article 3(1).
3 Regulation (EC) No 726/2004, Article 5(2).
4 Regulation (EC) No 726/2004, Article 6(3).
5 Regulation (EC) No 726/2004, Article 8(2).

欧洲药品局应当在人用药品委员会形成最终意见后15日内，将该意见递交给欧盟委员会、成员国和申请人，并附有药品审评报告，且对结论给出理由说明。[1]欧盟委员会将在收到上述意见后15日内，准备审评决定的初稿，如果审评决定与欧洲药品局的意见不同，还应为不同意见给出详尽的理由说明。应将审评决定的初稿送达给成员国和申请人。欧盟委员会将在收到人用药品委员会的意见后15日内，做出是否授予该药品上市许可的最终决定。[2]

集中程序授予的上市许可在欧盟全境内有效。上市许可公告将公布在《欧盟公报》（*Official Journal of the European Union*）上。在获得上市许可后，上市许可持有人应告知欧洲药品局该药品在各成员国实际上市的时间。[3]

## （二）非集中程序

非集中程序是指，尚未在任何欧盟成员国获得上市许可且不适用集中程序的药品，申请人在两个以上欧盟成员国同时申请上市许可时适用的程序。[4]

申请人应当将一个成员国列为"参照成员国"（reference member state），将其他成员国列为"相关成员国"，并基于一份完全相同的档案资料，向两个以上成员国提交上市许可申请。申请人应当请求参照成员国提供关于药品审评报告、产品特征概要、标签及说明书的初稿。[5]

参照国应在收到有效申请后120日内，准备上述初稿，并递送给相

1　Regulation (EC) No 726/2004, Article 9(3).

2　Regulation (EC) No 726/2004, Article 10.

3　Regulation (EC) No 726/2004, Article 13.

4　参见陈永法主编：《国际药事法规》，中国医药科技出版社2011年版，第132—133页。

5　Directive 2001/83/EC, Article 28(1)(3).

关成员国和申请人。[1]相关成员国应在收到初稿后90日内，批准药品审评报告、产品特征概要、标签及说明书，并通知参照成员国。参照成员国应当记录各方的协议，终结审评程序并告知相应的申请人。[2]收到上述申请的成员国，在收到各方协议之日起30日内，应当根据经批准的药品审评报告、产品特征概要、标签及说明书，做出决定。[3]

### （三）互认程序

互认程序是指，药品已经在一个欧盟成员国获得上市许可，通过相互认可，在其他成员国申请上市许可时适用的程序。[4]

如果一种药品已经在一个欧盟成员国获得上市许可，即可以将该国作为“参照成员国”，其他成员国应当承认该国授予的上市许可。为此，上市许可持有人需申请参照成员国制作一份药品审评报告，或更新原有的审评报告。参照成员国应当在收到有效申请后90日内，制作或更新审评报告，并将审评报告和经批准的产品特征概要、标签及说明书递送给相关成员国和申请人。[5]

相关成员国应在收到材料后90日内，批准药品审评报告、产品特征概要、标签及说明书，并通知参照成员国。参照成员国应当记录各方的协议，终结审评程序并告知相应的申请人。[6]收到上述申请的成员国，在收到各方协议之日起30日内，应当根据经批准的药品审评报告、产品特

1 Directive 2001/83/EC, Article 28(3).

2 Directive 2001/83/EC, Article 28(4).

3 Directive 2001/83/EC, Article 28(5).

4 参见陈永法主编：《国际药事法规》，中国医药科技出版社2011年版，第133页。

5 Directive 2001/83/EC, Article 28(2).

6 Directive 2001/83/EC, Article 28(3).

征概要、标签及说明书，做出决定。[1]

## (四)成员国程序

成员国程序是指，欧盟成员国各国的药品监管机构根据本国的药品管理法规和技术要求，对药品进行上市许可申请审评。成员国程序适用于不需要通过集中程序审评的药品。[2]申请人如要将药品在某个成员国境内上市，则应向该国的药品主管部门提出上市许可申请。[3]上市许可仅能授予在欧盟境内设立的申请人。[4]

1. 上市许可申请材料

申请人在提交上市许可申请时应一并提交以下材料，并附相关文件：[5](1)申请人的姓名或公司名称，以及申请人的永久地址，如有可能也提供生产者的相应信息；(2)药品名称；(3)药品所有组成成分的定性与定量资料，注明药品的国际非专利药品名称(INN)或相关化学名称；(4)对药品潜在环境风险的评估；(5)生产方法的描述；(6)治疗适应症、禁忌症以及药物不良反应；(7)剂量、药物剂型、给药途径和方法以及预计保质期；(8)药品贮存时、患者服用时、对废弃产品处理时，须采取某种预防性措施和安全措施的原因，以及药品有可能对环境带来潜在风险的征兆；(9)对生产者所使用控制方法的描述；(10)药品生产者的书面确认书，确认通过检查已经核实，活性物质的生产者遵守《药品生产质量管理规范》的原则和指南；(11)药学(物理化学、生物学或微生物学)试验、临床前试验(毒理学和药理学)以及临床试验的

1　Directive 2001/83/EC, Article 28(4).

2　参见陈永法主编：《国际药事法规》，中国医药科技出版社2011年版，第132页。

3　Directive 2001/83/EC, Article 8(1).

4　Directive 2001/83/EC, Article 8(2).

5　Directive 2001/83/EC, Article 8(3).

结果;（12）申请人对药物警戒体系的概述;（13）在欧盟外进行的临床试验,符合欧盟对伦理要求的声明;（14）产品特征概要,符合要求的包装和插页说明书;（15）证明生产者在其本国获生产药品许可的文件;（16）相关文件副本,包括安全数据概述、产品特征概要、插页说明书等。

2. 审评时限

成员国应采取一切适当措施,确保在收到有效申请后210日内,完成药品上市许可程序。[1]主管部门必须确证支持申请的详细资料是否符合规定,并检查其是否符合上市许可的条件。在适当时,主管部门可要求申请人提交补充信息,此时审评时限应中止,直至提交所需补充信息后,再继续计算时限。同样,在适当时可以要求申请人进行口头或书面的解释,在解释期间,审评时限也应中止。[2]

3. 附条件上市许可

附条件许可构成了行政行为附款理论的例证。附条件行政行为具有状况适合性功能,使行政机关在依法行政的同时,能够兼顾个案差异,适当平衡相对人利益、公共利益和第三人利益。[3]在申请人符合以下一个或多个条件的情况下,可给予附条件药品上市许可:（1）采取特定举措,以确保药品的安全使用纳入风险管理系统;（2）开展上市后安全研究;（3）遵守比欧盟《人用药品指令》相关规定更严格的义务,对可疑不良反应予以记录或报告;（4）关于药品安全和有效使用的任何其他条件或限制;（5）拥有完备的药物警戒体系;（6）进行上市后药品有效性研究,因为只有在药品上市后,才能对药品疗效方面的某些问题加以确证和解决。在必要时,主管部门应在附条件上市许可批件中,为这

1 Directive 2001/83/EC, Article 17.

2 Directive 2001/83/EC, Article 19.

3 参见赵宏:《法治国下的目的性创设:德国行政行为理论与制度实践研究》,法律出版社2012年版,第378页。

些条件的满足设定最后期限。[1]

4. 成员国主管当局的公布程序

对于每一种获得许可的药品，成员国主管部门应立即让公众及时获知上市许可的批准，同时向公众公布插页说明书、产品特征概要。对于附条件许可而言，则还需公布所附条件与满足这些条件的最后期限。主管部门还应向公众公布该药品的评估报告，并说明形成评估意见的原因。这份评估报告中应包括一份易于公众理解的书面概要，其中应特别包括关于药品使用条件的内容。[2]

向公众公布的产品特征概要应依次包括以下信息：(1) 药品名称与强度；(2) 药品中活性物质的定性和定量组成以及辅料的构成，为合理用药所必需的信息，药品使用的通用名称或化学成分描述；(3) 药品剂型；(4) 临床特性；(5) 药理学特性；(6) 药品的详细信息；(7) 上市许可持有人；(8) 上市许可编号；(9) 初次许可日期或许可延续的日期；(10) 文本修订日期；(11) 放射性药品的辐射剂量测定细节，以及关于临时制备和质量控制的额外详细说明。[3]

5. 上市许可的有效期

上市许可的有效期为五年。有效期届满后，由授予许可的成员国主管部门以对产品的风险收益平衡的再评估为基础，对上市许可给予延续。为此，许可持有人至少应在上市许可失效前九个月前提交相关信息。一旦许可获得延续，上市许可的有效期将不再有时限限制。[4]

任何获得上市许可的药品，如果在被许可后三年内未实际将药品投放市场，那么，该上市许可将失效。如果一种药品此前曾在获得上市许可的成员国市场上流通，但现在实际上已有三年未在市场上流通，该

1 Directive 2001/83/EC, Article 21a.

2 Directive 2001/83/EC, Article 21.

3 Directive 2001/83/EC, Article 11.

4 Directive 2001/83/EC, Article 24.

许可也将失效。[1]

6. 上市许可持有人的义务

上市许可持有人应对上市药品负责，即使上市许可持有人指定了代理人，也不能免除上市许可持有人的法律责任。[2]上市许可持有人的义务主要包括上市与中止流通的通知义务，更新生产和控制方法、产品信息的义务，向主管部门提供相关信息、数据和文件的义务，进行上市后研究的义务。

（1）通知

在获得上市许可后，上市许可持有人应就在该成员国实际投放市场的日期，通知做出许可的成员国主管部门。如果产品中止在某成员国市场上流通，上市许可持有人也应通知该国的主管部门，并说明中止流通的原因。[3]

（2）更新

在授予上市许可后，上市许可持有人应当考虑科学和技术进步的因素，对药品的生产和控制方法做出任何必要的改进，使得能以普遍接受的方法来生产药品，并对药品进行检查。上市许可持有人须确保产品信息与当前的科学知识保持同步更新，这些产品信息包括通过欧洲药品门户网站公布的评估结论和建议。[4]

（3）提供信息、数据和文件

当出现某种新的信息，可能导致需要修正与上市许可相关的详细信息或文件时，上市许可持有人应立即将这些信息报呈成员国主管部门。特别是，当批准该药品上市的任何成员国主管部门施加了任何禁止或限制时，或出现任何其他影响评估相关药品收益和风险的新信息

1 Directive 2001/83/EC, Article 24.

2 Directive 2001/83/EC, Article 6(1a).

3 Directive 2001/83/EC, Article 23a.

4 Directive 2001/83/EC, Article 23.

时，上市许可持有人应立即报呈成员国主管部门。[1]

成员国主管部门可随时要求上市许可持有人提供数据，以对风险收益予以持续评估，确保风险收益平衡始终处于有利地位；可随时要求许可持有人提交药物警戒系统主文件的副本；[2]在药物警戒的背景下，可要求许可持有人提供有关药品销售量的数据，以及所掌握的与开具处方量有关的任何数据。上市许可持有人须充分、及时地回应这些要求。[3]

（4）上市后研究

在授予上市许可后，如果担心被许可药品存在风险，或当对疾病或临床方法学的理解表明，可能必须对此前的有效性评估进行显著的修正时，监管部门可以为上市许可持有人设定上市后研究的义务。[4]

## 四、药品生产

在成员国境内生产的药品，均需获得生产许可。许可持有人应履行法定义务，并确保质量受权人履行职责。质量受权人应具备相应的资质和实践经验，并适当履行职责。

### （一）生产许可

1. 适用范围

成员国应采取一定的措施，确保在管辖区域内的药品生产以获得生产许可为前提。药品的全部生产、部分生产、分装、包装或改变外观

1 Directive 2001/83/EC, Article 23.

2 Directive 2001/83/EC, Article 23.

3 Directive 2001/83/EC, Article 23a.

4 Directive 2001/83/EC, Article 22a.

均需以获生产许可为前提。从第三国进口到成员国的药品也需要获得生产许可。对于仅为零售供应之需，由药房药剂师或成员国依法授权者进行的配制、分装、包装或改变外观活动，则无须获得生产许可。[1]

2. 对申请者的要求

申请人在申请生产许可时，应提供详细资料，以证明其至少满足下列要求：（1）详细描述拟生产或进口的药品、剂型，并说明生产场所、控制场所的地址；（2）为进行上述生产或进口，申请人有能由自己支配的、适宜且完备的厂房、技术设备和控制设备，并符合关于药品生产、控制、贮存的法定要求；（3）可让至少一名质量受权人从事相关服务。[2]

3. 对申请的处理

成员国主管部门只有进行调查，核准生产企业提供生产许可申请信息的准确性，并确定其符合许可要求后，才能发放生产许可。[3]成员国的主管部门应当在收到申请之日起90日内，做出是否发放生产许可的决定。[4]

## （二）生产许可持有人的义务

生产许可持有人至少应履行下列义务：[5]（1）具有可供其使用的，在生产和质量控制方面都符合相关成员国法定要求的人员；（2）依据相关成员国法律的要求，只生产已获得许可的药品；（3）在拟变更申请生产许可时提供任何具体信息内容时，应预先通知主管部门；如果因不可预期的原因更换了质量受权人，应立即通知主管部门；（4）允许主管

1 Directive 2001/83/EC, Article 40(2).

2 Directive 2001/83/EC, Article 41.

3 Directive 2001/83/EC, Article 42.

4 Directive 2001/83/EC, Article 43.

5 Directive 2001/83/EC, Article 46.

部门的代表随时检查其场所；（5）确保质量受权人能履行责任；（6）遵守《药品生产质量管理规范》的原则和指南，只使用根据《药品生产质量管理规范》《药品流通质量管理规范》生产和销售的活性物质，并通过确定何为适宜的生产质量管理规范，来确保药品中辅料的适用性；（7）如果获知在其生产许可范围内的药品是假冒的或是疑似假冒的，无论是通过合法的供应链还是用非法渠道销售，都应立即通知主管部门；（8）生产许可持有人从生产商、进口商或销售商获得活性物质时，应确证供应商已在其所在的成员国主管当局登记；[1]（9）确证活性物质和辅料的真伪与质量。

## （三）质量受权人

1. 质量受权人的资格条件

质量受权人应有适当的资质。[2]质量受权人大学专业应为药学、医学、化学、药物化学与技术、生物学等，应完成大学课程学习，或者就由相关成员国认可的具有同等效力的课程，完成至少为期四年的理论和实践学习，并持有文凭、证书或其他正式资格证明。[3]质量受权人所修习的课程至少应包括以下科目的理论和实践学习：实验物理学、普通与无机化学、有机化学、分析化学、药物化学、药物分析、普通与应用生物化学、生理学、微生物学、药物学、制药技术、毒理学、生药学等。[4]

质量受权人应具备两年以上在一个或多个药品生产企业工作的实践经验，曾从事药品定性分析、活性物质定量分析，为保证药品质量而

---

1 位于欧盟内的活性物质进口者、生产者和销售者，应就其活动向所在成员国的主管当局登记。详见 Directive 2001/83/EC, Article 52a。

2 Directive 2001/83/EC, Article 49(1).

3 Directive 2001/83/EC, Article 49(2).

4 Directive 2001/83/EC, Article 49(2).

开展过检验和核查。如果大学课程学习至少为五年，实践经验的最低年限要求可以削减至一年；如果大学课程学习至少为六年，实践经验的最低年限要求可以削减至半年。[1]

2. 质量受权人的职责

质量受权人应负责保障下列合规要求的实施：[2]

第一，在相关成员国生产的药品，每批药品的生产和核查都应符合该成员国现行法律规定，且符合上市许可的要求。

第二，来自第三国的药品，无论是否在欧盟生产，每个生产批次都要在某一成员国做过完整的定性分析，至少对所有活性物质进行定量分析，并开展所有其他必要的分析和检查，保证药品质量符合上市许可的要求；对于意欲在欧盟上市的药品，应确保"安全防护特征"已被贴在药品外包装上。

第三，在任何情况下，尤其是在药品被放行用于销售时，质量受权人必须在为该目的提供的记录或与其功能等同的文件中，证明每个生产批次都符合规定；在运营过程中必须保持对此文件的不断更新，且在有关成员国规定的时限内，至少在五年内，主管部门的代表可以对此记录或文件予以处置。

## 五、药品标签和插页说明书

在药品的外包装和直接接触药品的包装上，均应清晰载明药品名称、有效期、批号等必要信息。应当根据产品特征概要来制作药品插页说明书（leaflet），并依次载明药品名称、浓度和剂型、适应症、禁忌症、合理用药说明、有效期等详细信息。

---

1 Directive 2001/83/EC, Article 49(3).

2 Directive 2001/83/EC, Article 51.

## (一) 药品外包装

药品的外包装应当标明下列信息，如果没有外包装，则应在直接接触药品的包装上标明：(1) 药品名称及其效价、剂型，当药品包含三种以上活性物质时，应标注药品的国际非专利药名；(2) 定性和定量地表述每单位剂量的活性物质，或者根据特定的给药形式，说明其单位体积或重量，使用其通用名；(3) 药品剂型和按产品重量、体积或剂量计算的成分；(4) 辅料清单；(5) 给药方法，在必要时说明给药途径，尽可能说明剂量；(6) 对于特定药品而言，标注必须放置于儿童接触不到的地方及其视线范围之外的特别警示；(7) 必要时，对特定药品标注其他特别警示；(8) 清楚的有效期，具体标明到年月；(9) 标注特别的贮存注意事项；(10) 关于未使用药品或从药品衍生出废弃物处置的特殊注意事项，如有可能，应说明哪里有适宜的废弃物处理系统；(11) 上市许可持有人的名称和地址；(12) 药品上市许可号；(13) 生产者的生产批号；(14) 说明非处方药的使用方法；(15) 对于处方药，应标明安全特征，让批发商和有资格向公众供应药品的人能辨别药品的真伪，还应对单个包装加以验明，并配置一个可以验证外包装是否已被篡改的装置。[1]

## (二) 直接接触药品的包装

直接接触药品的包装上至少应标明药品名称、上市许可持有人的名称、有效期和批号。[2]作为直接接触药品的最小包装单位，在包装上应至少载有药品名称及给药途径、给药方式、有效期、批号，以及按重量、

1 Directive 2001/83/EC, Article 54.

2 Directive 2001/83/EC, Article 55.

体积或单位计算的药品含量。[1]

### （三）插页说明书

应当根据产品特征概要来制作插页说明书，按照以下顺序载明相关信息：[2]（1）为了确证药品特性，载明药品名称及其强度、剂型，如有可能，说明药品是用于婴儿、儿童还是成人，并以易于患者理解的方式，说明药理治疗组别或治疗机理；（2）适应症；（3）在服用药品前必须知悉的信息，包括禁忌症、注意事项、药物相互作用形式，以及因与酒精、烟草、食品等相互作用，而有可能影响药品功效的形式，还包括特别警示；（4）关于合理用药的必要和一般性说明，特别是剂量、给药方式、给药频率、服用持续期间、停药风险等信息；（5）在药品正常使用的情况下可能发生药品不良反应的说明，必要时说明在此情况下应当采取的措施；（6）载明药品有效期，载明对在超出有效期后使用药品的警示；（7）载明储存应注意的特别事项；（8）载明活性物质和辅料中的各种成分，载明活性物质中不同成分的含量；（9）对每件药品，都标示出药品剂型和每一单位的重量、体积或剂量；（10）上市许可持有人及在特定成员国指定代理人的名称和地址，生产商的名称和地址；（11）如果药品在相关成员国以不同的名称获得许可，应载明在不同成员国被许可的名称；（12）说明书修正的最后日期。

## 六、药品分类

主管部门在批准上市许可后，应当明确该药品的分类，明确特定药

1 Directive 2001/83/EC, Article 55.

2 Directive 2001/83/EC, Article 59.

品属于处方药还是非处方药；它还可以进一步确定处方药的子类别，如特殊处方药、受限制的处方药等。[1]主管部门应拟定处方药目录，可能时还要写明子类别，并每年更新这份目录；[2]主管部门还应关注新的现实情况，并适时对药品分类予以修订。[3]

欧盟处方药与非处方药的分类标准有三：

第一个标准是，在正确用药的情况下，出现安全性问题的可能性。处方药安全性相对较低，出现直接或间接风险的可能性相对较高。非处方药是患者能够做出准确判断，排除类似适应症，且在无医师指导时可以使用的药品，要求其风险为“一般毒性低，无相关的生殖毒性、遗传毒性和致癌性；一般人群中，严重不良反应风险较低或极低；与常用药物无相互作用，不产生不良反应”。[4]

第二个标准是用药错误的频率和范围。已知某一药品的错误使用，可能导致产品限制或供应分类的变化，例如易与酒精作用的药品使用风险较高，则不应考虑将其归为非处方药。

第三个标准是药品中某一物质或成分的安全性。若该物质或成分获得批准时间短，临床经验有限，或者出于其他原因需要进一步研究，应被归为处方药。

## （一）处方药

在欧盟，药品有如下情形之一时，被定义为处方药：第一，某种药品在没有医务人员监督时，即使正确使用，也可能直接或间接产生危

1 Directive 2001/83/EC, Article 70.

2 Directive 2001/83/EC, Article 73.

3 Directive 2001/83/EC, Article 74.

4 参见刘靖杰、杨悦：《欧盟处方药与非处方药分类管理》，《中国药物警戒》2014年第8期。

险；第二，某种药品经常性地、极为广泛地被错误使用，很可能对人体健康产生直接或间接的威胁；第三，需对某种药品所含物质或制剂的作用方式、不良反应展开进一步调查；第四，通常由医师开具的胃肠外给药。[1]

### （二）特殊处方药

成员国主管部门如将某种药品列为特殊处方药（special medical description），则需考虑如下因素：第一，某种药品含有麻醉药品物质或精神药品物质的量，超过了国际公约规定的豁免剂量；第二，若不正确使用，很可能会实质性导致药物滥用的风险，从而导致成瘾，或非法目的的滥用；第三，某种药品包含的某种物质具有新颖性或属性，需要对其采取某种预防措施。[2]

### （三）受限制的处方药

成员国主管部门可将某种药品界定为受限制的处方药（restricted prescription），主要需考虑如下因素：第一，由于某种药品的性状、新颖性或公共健康的需要，只能供医院使用；第二，某种药品虽可在医院之外使用，但必须经由医院或有足够诊疗设施的机构诊断，才能用于治疗；第三，虽然药品可用于门诊病人，但其使用过程中可能引起非常严重的不良反应，因而需要由专业人士开具处方，并在整个治疗过程中对患者进行特别监护。[3]

---

1 Directive 2001/83/EC, Article 71(1).

2 Directive 2001/83/EC, Article 71(2).

3 Directive 2001/83/EC, Article 71(3).

## 七、药品的批发和交易

药品经营者应获得经营许可或授权，且仅可经营已获得上市许可的药品，并持续履行许可持有人的法定义务，遵守《药品经营质量管理规范》的原则和指南。从事药品网络销售的药品经营者也应获得必要的许可或授权。欧盟和成员国均应建立相关网站，公示网络销售药品的相关信息。

### （一）药品经营许可

成员国应确保在国内流通的药品是根据欧盟法律获得上市许可的药品，[1]确保由持有有效许可的批发商供应药品。被许可或授权向公众供应药品者，应当获得药品经营许可。成员国主管部门应确保在收到申请90日内，做出是否颁发药品经营许可的决定。[2]成员国在授予药品经营许可后，有义务对从事批发经营的许可持有人进行监督，对其经营场所实施检查；当许可持有人不再满足许可条件时，应中止或撤销许可。[3]

1. 对经营许可申请人的最低要求

申请人如欲获得经营许可，应当满足下列最低要求：[4]必须有适宜、完备的场所、设施和装置，以确保能以适当的方式来贮存和经营药品；必须有雇员，指定的负责人务必符合资质要求，且符合相关成员国立法的要求；申请人必须承诺履行经营许可持有人的义务。

---

1　Directive 2001/83/EC, Article 76.

2　Directive 2001/83/EC, Article 78.

3　Directive 2001/83/EC, Article 77.

4　Directive 2001/83/EC, Article 79.

2. 经营许可持有人的义务

经营许可持有人必须履行下列义务:(1)准许检查人员随时进入其场所,检查其设施和设备;(2)药品供应必须来自拥有经营许可或依据规定豁免于经营许可之人;(3)只能向拥有经营许可的人,或向获得相关成员国许可或授权向公众供应药品的人供应药品;(4)检查药品外包装上的安全特征,来验证收到的药品并非假冒药品;(5)制定应急预案,确保根据主管部门的要求,或者与生产者、上市许可持有人协作,对某种药品实施有效召回;(6)对于任何购进、发出或经纪交易的药品,都应保存关于日期、药品名称、交易数量、供应商或收货人地址、药品批号等相关信息的购买/销售发票、计算机或任何其他形式的记录,并保证在五年内,主管部门出于检查之目的,可以获得上述记录;(7)遵守《药品经营质量管理规范》的原则和指南;(8)建立并运营质量管理体系,规定相关职责、过程和风险管理措施;(9)当确证收到或提供的药品是假冒药品或疑似假冒药品时,必须立即通知主管部门,在可能的情况下应告知药品上市许可持有人。[1]

批发许可持有人在供应药品时,必须在附随的文件中载明日期、药品名称和剂型、供应量、供应商和发货人名称及地址、药品批号等信息。[2]

## (二)药品网络销售

成员国以保护公众健康为正当理由,为在其管辖范围内的远程药品零售(sale at a distance)设定条件。[3]成员国应确保从事网络远程销售

1 Directive 2001/83/EC, Article 80.

2 Directive 2001/83/EC, Article 82.

3 Directive 2001/83/EC, Article 85c(2).

药品的法人或自然人已获得必要的许可或授权，并让未获得许可或授权而从事网络远程销售者受到有效、合比例与劝诫性的惩罚。[1]

1. 远程销售药品的条件

在不影响成员国国内远程销售处方药立法的情况下，成员国应确保以网络远程销售的药品符合下列规定：

第一，被授权向公众供应和远程供应药品的法人或自然人，应符合设立该自然人或法人的成员国的立法规定。

第二，远程销售者应向所处的成员国至少提供以下信息，并对这些信息加以适时更新：姓名或公司名称，以及从事药品供应活动的固定地址；从事远程销售药品活动的开始日期；用于此目的的网站网址，以及确证此网站的所有相关必要信息；药品的类型，如是否为处方药。

第三，药品应符合目的国立法关于上市许可的规定。

第四，远程销售药品的网站应载明药品主管部门的详细联系方式，附有成员国设立远程药品销售信息发布网站的链接。[2]

第五，远程售药网站上每个网页都清晰展示欧盟境内的统一标识（common logo），可以此来确认哪些成员国可远程销售药品。为协调统一标识的功能，欧盟委员会应设计验证通用标识真实性的技术、电子和加密要求。统一标识应包含一个超链接，点击链接能进入相关网站，获得从事远程药品销售活动的名单及网站地址。[3]

2. 官方网站

每个成员国应建立一个网站，提供与远程销售药品相关的必要信息。这些信息包括：（1）对于通过网络远程销售药品的行为，提供不同成员国的相应立法信息，说明不同成员国之间药品分类、药品供应条件

1 Directive 2001/83/EC, Article 85c(6).

2 Directive 2001/83/EC, Article 85c(1).

3 Directive 2001/83/EC, Article 85c(3).

存在差别的事实信息；（2）与统一标识要求相关的信息；（3）符合法定条件的，通过网络从事远程销售药品者的名单以及网站网址；（4）通过网络向公众非法提供药品，所带来相关风险的背景信息。[1]

3. 欧洲药品局网站

欧洲药品局应建立一个网站，提供关于统一标识的信息，载明关于通过网络非法提供药品带来风险的背景信息，载明欧盟立法关于假冒药品的规定，给出各成员国远程销售药品相关官方网站的超链接。欧洲药品局的网站应明确说明，相关成员国官方网站应载有被许可或授权从事网络远程销售药品的人员信息。[2]

## 八、药品广告

依据受众的不同，可将药品广告分为面向普通公众的药品广告和面向有处方权者或提供处方者的药品广告。面向有处方权者的广告活动可能包括拜访、提供样品、馈赠礼物、资助参加会议等多种形式。欧盟药品立法针对面向普通公众的药品广告内容，设置了详尽的必要内容要求和禁止性规定；对有处方权者的广告监管，要求则相对概括和宽松。

### （一）药品广告

1. 药品广告的内涵

药品广告包括旨在促进药品的处方、供应、销售或消费的，任何形式的上门推销、招揽或诱导活动。药品广告包括：（1）面向普通公众的

1 Directive 2001/83/EC, Article 85c(4).

2 Directive 2001/83/EC, Article 85c(5).

药品广告；（2）面向有处方权者或提供处方的人的广告；（3）药品销售代表对有处方权者的拜访；（4）免费提供样品；（5）以金钱或实物的形式，向有处方权者或提供处方的人馈赠礼物，或者提供或承诺提供任何利益或津贴，但礼品价值极小时除外；（6）资助有处方权者或提供处方的人参加促销会议；（7）资助有处方权者或提供处方的人参加的学术会议，并负担这些人的交通费用和食宿费用。[1]

2. 药品广告的必要内容

药品广告的所有内容，必须符合产品特征概要列出的各项细节。[2]药品广告应当以客观的、不夸大描述其性征的方式，来鼓励合理用药。药品广告不得有误导性。[3]

3. 准许和禁止做广告的药品

基于药品的成分及用途，对于无须执业医师出于诊断、开处方或监测治疗之目的而干预即可使用的药品，虽然在必要时需要药师的建议，仍可面向公众发布药品广告。[4]成员国应当禁止就未批准上市的药品发布广告，[5]应当禁止处方药、麻醉药品和精神药品的广告，有权禁止面向公众宣称药品可报销的广告。[6]

## （二）面向公众的药品广告

1. 必要内容

当面向公众做药品广告时，应让公众明确知道此信息是广告，明确

1 Directive 2001/83/EC, Article 86.

2 Directive 2001/83/EC, Article 87(2).

3 Directive 2001/83/EC, Article 87(3).

4 Directive 2001/83/EC, Article 88(2).

5 Directive 2001/83/EC, Article 87(1).

6 Directive 2001/83/EC, Article 88(1)(3).

说明此产品是药品。这些广告至少应当列明以下信息:(1)药品名称,如果该药品只包含一种活性物质,还应列出其通用名称;(2)正确使用药品所必需的信息;(3)明确、清晰的要求,要求请仔细阅读包装插页说明书或外包装说明。[1]

2. 不应包含的内容

面向公众的药品广告不应包含以下内容:(1)给人们留下无须进行医疗诊疗或外科手术的印象,尤其不应通过邮件提供诊断或治疗建议;(2)宣称药效有保障,没有任何副作用,或者药效优于或等同于其他药品或其他治疗方式;(3)宣称患者服药后,健康状况可有所改善;(4)宣称患者不服此药,健康状况就会受到影响;(5)宣称药品为儿童专用或主要用于儿童;(6)引用科学家、医疗专业人士或其他知名人士的推荐建议,以期提高药品的销量;(7)宣称药品是食品、化妆品或其他消费品;(8)宣称因为药品是天然的,所以安全、有效;(9)通过对病例历史的记述或详尽描绘,有可能导致消费者做出错误的自我诊疗;(10)以不当的、令人惊恐的或误导性的言辞,来说明索赔主张(claims of recovery);(11)以不当的、令人惊恐的或误导性的言辞及图示,来展示因疾病或受伤所致的身体变化,或展示药品给人体或某人体部位带来的功效。[2]

## (三)面向有处方权者或提供处方者的药品广告

面向有处方权者或提供处方者的广告应包括与产品特征概要相一致的基本信息,并说明所供应药品的分类。成员国还可能要求广告内容包括不同包装药品的销售价格或参考价格,说明医疗保障机构的报

1 Directive 2001/83/EC, Article 89.

2 Directive 2001/83/EC, Article 90.

销条件。[1]

## 九、药物警戒

每个成员国应指定特定主管部门执行药物警戒任务。成员国应建立药物警戒体系以履行药物警戒任务，参与欧盟的药物警戒活动；[2]应通过药物警戒体系，科学评估所有的信息，选择和采取风险最小化措施、预防措施，或在必要时采取有关上市许可的监管行动；应对本国的药物警戒体系进行常规稽核，每两年向欧盟委员会报告一次稽核结果。[3]欧盟委员会可以在欧洲药品局的协调下，要求各成员国参与药物警戒技术措施的国际协调，促进技术措施的标准化。[4]

### （一）药物警戒体系概述

1. 药物警戒体系

药物警戒体系用以收集药品给患者或公共卫生造成风险的信息。这些信息应特别指出，药品不良反应哪些是在上市许可限度范围内使用药品所致，哪些是在上市许可限定范围外使用药品所致，哪些是职业暴露所致。[5]

2. 成员国的义务

在药物警戒领域，各成员国的义务包括：

第一，采取一切适当措施，鼓励患者、医师、药师和其他医疗专业人

1 Directive 2001/83/EC, Article 90.
2 Directive 2001/83/EC, Article 101(1).
3 Directive 2001/83/EC, Article 101(2).
4 Directive 2001/83/EC, Article 101(4).
5 Directive 2001/83/EC, Article 101(1).

员向国家主管部门报告可疑不良反应，代表消费者、患者和医疗专业人员的组织在适宜时也可参与其中。

第二，除了网络形式，还提供其他可选择的报告形式，方便患者报告不良反应。

第三，采取一切适当措施，获得准确的和可核查的数据，对可疑不良反应报告进行科学评估。

第四，确保公众可以通过门户网站或其他方式，及时获得有关药品使用的重要药物警戒信息。

第五，确保通过信息收集，在必要时通过跟踪可疑不良反应报告，确保采取一切适当的措施，来明确识别在其境内开具处方、配置或销售的，可能导致发生可疑不良反应的任何生物制品，并查明其名称和批号。

第六，采取有效措施，确保未能履行药物警戒义务的上市许可持有人，受到有效、合比例、劝诫性的处罚。[1]

3. 上市许可持有人的义务

上市许可持有人应建立药物警戒体系，以完成药物警戒任务。上市许可持有人通过药物警戒体系，科学评估所有信息，对风险最小化措施、预防措施的备选方案予以考量，并在必要情况下采取相应的措施。上市许可持有人对药物警戒体系进行常规稽核，将稽核中发现的问题记录在药物警戒体系主文件中，根据稽核结果，准备并实施适当的纠正措施计划，一旦纠正措施得以充分实施，则可以删除相关记录。[2]

作为药物警戒体系的一部分，上市许可持有人应确定一位适当的、有资质的人，来持续、固定地负责药物警戒工作。上市许可持有人应维护并按要求提供药物警戒体系主文件。上市许可持有人应当为每种药

---

1 Directive 2001/83/EC, Article 102.

2 Directive 2001/83/EC, Article 104(2).

品建立一份风险管理计划，对风险管理计划中包括风险最小化措施在内的结果进行监测。上市许可持有人应更新风险管理体系，监测药物警戒数据，以确定是否产生新的风险，或风险是否有变化，或药品的风险收益平衡是否改变。[1]

## （二）药物警戒数据的记录、报告和评估

1. 上市许可持有人的报告和监测义务

上市许可持有人应当记录引发关注的药品可疑不良反应，无论其是在欧盟还是在第三国发生，是由患者或医疗专业人员自发报告的，还是在上市后研究的背景下出现的。上市许可持有人应确保在欧盟境内任何地点，都可以获取这些不良反应报告。[2]对于患者或医疗专业人员通过电子化或其他适当方式提交的药品可疑不良反应报告，上市许可持有人收到后，不得不予理会。[3]

对所有发生在欧盟或第三国的严重可疑不良反应，上市许可持有人应在获悉信息后的15日内，以电子化方式向欧盟药物警戒数据库（Eudravigilance Database）提交信息；对所有发生在欧盟或第三国的非严重可疑不良反应，应在获悉信息后的90日内，以电子化方式向欧盟药物警戒数据库提交信息。[4]

上市许可持有人应设定程序来获得准确、可确证的数据，用以对可疑不良反应报告进行科学评估；应搜集不良反应报告的后续信息，并向欧盟药物警戒数据库提交更新信息；[5]应与欧洲药品局和成员国开展合

1　Directive 2001/83/EC, Article 104(3).

2　Directive 2001/83/EC, Article 107(1).

3　Directive 2001/83/EC, Article 107(2).

4　Directive 2001/83/EC, Article 107(3).

5　Directive 2001/83/EC, Article 107(4).

作，对于疑似不良反应报告的重复发生予以监测。[1]

2. 定期安全性更新报告

上市许可持有人应向欧洲药品局提交定期安全性更新报告，报告应当包括下列内容：第一，与药品风险和收益相关的数据概要，包括所有研究的结论，并附有对上市许可造成潜在影响的考量；第二，以所有可用数据为基础，对药品风险收益衡量的科学评估；第三，关于药品销售的所有数据，以及上市许可持有人拥有的关于处方量的所有数据，包括对使用药品人数的估算。[2]

### （三）对上市后安全研究的监督

上市许可持有人可自愿或根据法定义务，开展非干预性的上市后安全研究。成员国药品主管部门可以要求上市许可持有人提交进行上市后研究的方案和进展报告。上市许可持有人应该在数据收集完毕后的12个月内提交最终报告。在研究的进行过程中，上市许可持有人应对生成的数据进行监测，并分析其对相关药品的风险收益平衡所产生的影响。任何可能影响评估药品风险收益平衡的新信息，都应呈送给该药品上市许可的批准部门。[3]

## 十、监督和制裁

成员国主管部门应当与欧洲药品局合作，通过检查和必要的检验，来监督药品生产经营者是否持续遵守与药品管理相关的法定要求，并

1 Directive 2001/83/EC, Article 107(5).

2 Directive 2001/83/EC, Article 107b.

3 Directive 2001/83/EC, Article 107m.

将检查结果录入欧盟数据库。如果检查结果表明药品有害或缺乏疗效，或许可持有人未能遵守法定要求，导致药品存在缺陷或有害健康，相关成员国应采取中止、撤销、变更上市许可、退市、召回等方式，确保停止问题药品的销售，并应确保责任者受到有效、适当和劝诫性的处罚。

## （一）检查

相关成员国主管部门应当与欧洲药品局合作，共享检查信息，并通过检查，以及适当时请官方药物控制实验室对样品进行检验，确保与药品管理相关的法定要求得到遵守。成员国主管部门与欧洲药品局还应就在第三国境内的检查展开协调合作。[1]

1. 行政检查权

成员国主管部门应当建立监控体系，以风险为基础，对境内的活性物质生产商、进口商或经销商的生产经营场所，以适当频率进行检查，并开展有效的后续行动。[2]如果成员国主管部门有理由怀疑上述生产商、进口商或经销商不符合欧盟《人用药品指令》的法定要求，怀疑不符合《药品生产质量管理规范》《药品经营质量管理规范》的原则和指南，主管部门可以对位于第三方国家的活性物质生产商或销售商的场所进行检查，也可以对辅料生产商或进口商的场所进行检查。[3]

成员国主管部门可以对位于欧盟或第三国的药品生产商或批发销售商进行多次检查；可以检查上市许可持有人和药品代理人的场所；可以在生产商的特别请求下，对起始原料的生产商进行检查。[4]

1　Directive 2001/83/EC, Article 111(1).

2　Directive 2001/83/EC, Article 111(1b).

3　Directive 2001/83/EC, Article 111(1b).

4　Directive 2001/83/EC, Article 107(1a)(1d)(1f).

2. 检查员的权力

当检查员代表主管部门实施检查时，他们将有权：（1）检查药品、活性物质或辅料生产商的生产设施或商业设施，检查由上市许可持有人用以开展质量监督的任何实验室；（2）抽样，包括在官方控制实验室或由成员国指定的实验室中进行独立检验；（3）审查与检查对象有关的任何文件；（4）对于上市许可持有人或由其雇用的从事药物警戒活动的任何公司，检查其场所、记录、文档和药物警戒体系主文件。[1]

3. 检查结果报告及其处理

检查完成后，主管部门应报告被检查单位是否遵守了《药品生产质量管理规范》《药品经营质量管理规范》的原则和指南，或上市许可持有人是否履行了法定义务。实施检查的主管部门应就报告与被检查单位进行沟通。在形成报告定稿之前，主管部门应当给予被检查单位提交意见的机会。[2]

如果检查结果表明，被检查单位遵守了《药品生产质量管理规范》《药品经营质量管理规范》的原则和指南，则监管机构应向被检查单位签发符合管理规范的证明文件，并将签发证明录入欧盟数据库。[3]如果检查结果表明，被检查单位不符合法定要求，未遵守《药品生产质量管理规范》《药品经营质量管理规范》的原则和指南，则主管部门应当将检查结果录入欧盟数据库。[4]

如果检查结果表明，上市许可持有人未遵守药物警戒系统主文件以及药物警戒系统的相关规定，则主管部门应将此缺陷告知上市许可持有人。在此情况下，相关成员国应当通知其他成员国、欧洲药品局和欧盟委员会。如有必要，相关成员国应采取所有可能的措施，确保上市

1 Directive 2001/83/EC, Article 111(1g).

2 Directive 2001/83/EC, Article 111(3).

3 Directive 2001/83/EC, Article 111(5)(6).

4 Directive 2001/83/EC, Article 111(7).

许可持有人受到有效、合比例与劝诫性的处罚。[1]

## （二）上市许可的中止、撤销或变更

如果主管部门认定药品有害，或有结论表明药品缺乏疗效，或风险收益平衡导致不利结果，或药品的定性或定量组成与其宣称不符，那么主管部门可以中止、撤销或变更上市许可。[2]

当某类制剂或所有制剂不能满足生产许可的全部要求时，主管部门应中止或撤销上市许可。当生产许可持有人不能履行法定义务，质量受权人不能履行职责，药品生产过程未能得到必要控制时，主管部门可以中止生产，或中止从第三国的进口，或中止或撤销上市许可。[3]

## （三）退市

除了前述关于中止、撤销或变更上市许可的措施，如果成员国认为药品有害或缺乏疗效，或风险收益平衡导向不利的结果，或药品的定性或定量组成与其宣称不符，或未能实施对药品和/或药品成分的控制，或未能实施对生产过程中间环节的控制，或未能履行批准生产许可时相关的某些要求或义务，那么成员国应采取一切适宜步骤，确保禁止供应该药品，保证该药品退市。[4]

对于存在争议的产品批次，主管部门可以限制或禁止其供应，或令其退市。[5]对于前述禁止供应或退市的药品，在特殊情形下，主管部门可

---

1 Directive 2001/83/EC, Article 111(8).

2 Directive 2001/83/EC, Article 116.

3 Directive 2001/83/EC, Article 118.

4 Directive 2001/83/EC, Article 117(1).

5 Directive 2001/83/EC, Article 117(2).

允许在过渡期内，将药品供应给正在使用该药品进行治疗的患者。[1]

## （四）召回

1. 问题药品处理体系

成员国应建立一个专门的问题药品处理体系，防止有可能危及健康的药品流通至患者。该体系应包括接收并处理有关疑似假冒药品、疑似质量缺陷药品的通知。这一体系还包括上市许可持有人对药品的召回，或国家主管部门要求供应链上的所有相关主体，在通常工作时间之内或之外，将药品退市。该体系要求尽可能将相关药品从患者处召回，必要时还需医疗专业人员的帮助。[2]

2. 紧急召回

如果怀疑药品可能给公共安全造成严重的威胁，那么最先发现该问题药品的成员国主管部门应及时向所有成员国及该成员国内此药供应链中的所有参与者传送一份快速警报通知。如果这一药品已送抵患者，那么应在24小时内发布紧急公告，以从患者手中召回药品，公告需包含关于疑似质量缺陷、假冒产品或相关风险的充分信息。[3]

# 十一、启　示

欧盟《人用药品指令》作为欧盟药品管理的基本法，构建了欧盟药品管理的基本制度框架，它的规定涵盖了从药品上市许可、生产和进口、批发和交易、远程销售、广告到药物警戒的所有环节，规范了对药品

1 Directive 2001/83/EC, Article 117(3).

2 Directive 2001/83/EC, Article 117a.

3 Directive 2001/83/EC, Article 117a.

从上市到上市后风险监控的全过程管理，并为确保该指令的遵守设定了监督和处罚制度，它先进的立法理念和精良的制度设计，都为我国药品监管制度改革提供了重要的借鉴和启示。

## （一）明确上市许可持有人的变更义务

药品上市后需要根据科技进步、产业发展、监管要求等进行适时变更，以持续改进升级，不断提高药品质量控制水平，以确保药品安全、有效和质量可控。我国《药品管理法》第79条对药品生产过程中的变更加以规定，按照变更事项对药品安全性、有效性和质量可控性的风险和产生影响的程度实行分类管理；并要求药品上市许可持有人应当按照国务院药品监督管理部门的规定，全面评估、验证变更事项对药品安全性、有效性和质量可控性的影响。

欧盟《人用药品指令》第23条规定，上市许可持有人应当考虑科学和技术进步的因素，引入任何可能需要的变化，使得能够以普遍接受的方法来生产药品。[1]我国目前对上市后变更的要求，更多体现于《药品注册管理办法》《药品生产监督管理办法》的相关规定中。《药品注册管理办法》第11条规定了变更原药品注册批准证明文件及其附件载明事项或内容的程序。《药品注册管理办法》第5章题为“药品上市后变更和注册”，其中第1节题为“药品上市后研究和变更”，根据风险程度的高低，将变更分为审批类变更、备案类变更和报告类变更。《药品生产监督管理办法》第16条规定了药品生产许可证许可事项的变更，第43条规定了生产工艺的变更。

建议汲取欧盟立法的经验，在修订后的《药品管理法实施条例》中，明确规定上市许可持有人的上市后变更管理义务，要求其建立上市

1 Directive 2001/83/EC, Article 23.

后变更控制体系，确保变更前后产品质量持续符合法定要求。建议将审批类变更、备案类变更、报告类变更的适用条件、变更程序写入修订后的《药品管理法实施条例》。

## （二）完善药品网络销售监管的公示制度

2022年8月，国家市场监督管理总局以部门规章的形式，发布了《药品网络销售监督管理办法》，该办法第11条规定了药品网络销售企业向药品监督管理部门的报告义务，报告内容包括企业名称、网站名称、应用程序名称、IP地址、域名、药品生产许可证或者药品经营许可证等信息。该办法第18条规定了第三方平台的信息备案义务，省级药品监督管理部门应当将平台备案信息公示。该办法第19条则为第三方平台设定了公示义务。

欧盟《人用药品指令》第7A部分题为“远程销售”，规定了药品网络销售的条件，要求每个成员国药品监管部门建立网站，公示与药品网络销售相关的必要信息，载明药品网络销售者的名单和相应网站网址；要求欧洲药品局建立相关网站，载明关于统一标识的信息，载明网络非法售药的风险，载明欧盟立法关于假冒药品的规定。

我国或可借鉴欧盟网络药品销售立法和监管的经验，在修订后的《药品管理法实施条例》中，规定由国务院药品监督管理部门建立药品网络销售监管平台，建立各级药品监管部门的网络销售监管信息共享制度，并在统一的药品网络销售监管平台上，公示企业名称、网站名称、应用程序名称、IP地址、域名、药品生产许可证或者药品经营许可证、药品网络销售方式与销售范围等信息。[1]

---

1 Directive 2001/83/EC, Article 85c(4).

### (三)明确注销药品注册证书的情形

欧盟《人用药品指令》第117条规定了将药品撤出市场的情形，包括有害药品、药品缺乏疗效、药品风险收益衡量结果不佳、药品定性或定量组成成分与宣称不符、未能控制药品成分或药品生产过程中间环节、未能履行生产许可要求的义务等。这也是落实药品全生命周期质量管理的体现。

我国《药品管理法》第83条规定了药品上市后评价制度及对药品上市后评价结果的处理，“经评价，对疗效不确切、不良反应大或者因其他原因危害人体健康的，应当注销药品注册证书”。《药品管理法实施条例》第41条、《药品注册管理办法》第110条规定了注销药品注册证书的情形。但何为“疗效不确切”、“不良反应大”或“出于其他原因危害人体健康”尚不明确，建议未来在修订药品法律法规时，借鉴欧盟药品法中的相关规定，对这些不确定的法律概念加以细化，从而使注销药品注册证书的条件更为明确，给药品市场主体相对更为稳定的法律预期，并更好地捍卫公众用药安全。

# 第三章
# 英国药品法述评

## 一、英国药品监管体制概述

在英国，主要由药品和医疗服务产品监管局（Medicines and Healthcare Products Regulatory Agency，简称“英国药品监管局”）及相关的咨询委员会来进行药品监管。

### （一）药品监管机构

英国药品监管局履行1968年《药品法》中规定的“许可机关”、“卫生大臣”或“主管当局”之责。它是在2003年由药品控制局（Medicines Control Agency，简称MCA）与医疗器械局（Medical Devices Agency，简称MDA）合并而成，是英国卫生与社会保障部（Department of Health and Social Care）[1]的执行机构之一，其经费来自制药企业缴纳的

1　2017年，英国卫生部（Department of Health）扩展行政职能，并更名为英国卫生与社会保障部（Department of Health and Social Care），在原有药品监管、医疗卫生事务管理的基础上，增加了社会保障职能。

费用。

英国药品监管局下设机构理事会（Agency Board）和执行理事会（Executive Board），执行理事会下设11个工作部门，分别管理各项事务。英国药品监管局负责药品和医疗器械的监管，与药品监管职能相关的内设部门包括许可司、药品安全风险管理司、检查执法与标准司、信息管理司等。

英国药品监管局与药品相关的职能包括：（1）确保药品的安全性、有效性与质量可控性；（2）确保药品和血液制品的供应链合理、可靠；（3）促进标准国际化和协调，以保证生物药品的有效性与安全；（4）就药品、血液制品的风险与收益，对公众和医疗专业人士加以教育，从而使其更为完全、有效地使用药品；（5）支持有助于公共健康的药品研究、开放与创新；（6）影响英国、欧盟和国际监管框架，使之与风险相称，并有效地保护公众健康。

## （二）咨询机构

卫生大臣依据1968年《药品法》设立了药品委员会、药品安全委员会、英国药典委员会、草药咨询委员会等咨询机构，它们为许可机关提供药品监管方面的建议。此外，为了适应欧盟机构和法规的变化，英国于2005年对各咨询机构进行了改组，由人用药品委员会（Commission on Human Medicines，简称CHM）承担此前药品委员会（Medicine Commission）和药品安全委员会（Committee on Safety of Medicine，简称CSM）的职能，另外新设草药咨询委员会（Herbal Medicines Advisory Committee，简称HMAC）。卫生大臣在与苏格兰部长协商之后，方能任命上述委员会的委员，委员会至少有八名成员，卫生大臣必须任命一名委员会成员担任委员会主席。

咨询机构经许可机关批准，可组建一个或多个分委员会（subcommittees)，这些分委员会又被称为专家咨询组(expert advisory groups)。许可机关可以要求咨询机构去组建专家咨询组，就特定事项提供咨询意见。专家咨询组成员可以是咨询机构成员之外的人员，咨询机构须指定一位专家咨询组成员担任专家咨询小组主席。可以出于特定咨询的目的，在特定专家咨询会议上邀请常任专家之外的其他人员作为专家参与咨询，但该成员在会议结束后，即不再具有咨询专家身份。[1]除了根据《人用药品条例》明细表11和《临床试验条例》，要求许可机关向咨询机构咨询的情况，咨询机构可以将其任何职能委托给专家咨询组。咨询机构必须每年向卫生大臣提交咨询机构及其任命的专家咨询组的履职报告。

咨询委员会委员的职责包括：第一，提出对英国和欧洲任何有关药品监管事务的可得知识和可行理解；第二，全程参加委员会所有预定的和临时性的会议；第三，利用委员个人的专业知识和判断，对所有会议议题进行审议、评论并有所助益，并协助委员会在其职权范围内，向英国药品监管局提出明确和清晰的建议；第四，委员提前就会议议题加以准备，并在会议上就一系列相关问题发言，发言不限于他们自己的专业领域；第五，在闭会期间，向英国药品监管局提供正式与非正式的咨询建议；第六，促进并确保咨询委员会的建议能在更广范围内对风险收益加以考量，特别是考虑患者、照护者和其他公众成员的看法。

1. 人用药品委员会

人用药品委员会人数不少于八人，由卫生大臣任命。在委员会认为适当时，或卫生大臣提出要求时，人用药品委员会就《人用药品条例》(Human Medicines Regulations)或《人用药品(临床试验)条例》(The Medicines for Human Use (Clinical Trials) Regulations)设定的职责或赋予的权力，或者就与药品有关的其他事项，向卫生大臣提出建议。建议

1 Human Medicines Regulations 2012, Section 12.

涉及药品的安全性、质量和有效性，以及如何促进药品不良反应信息的收集和调查。[1]此外，人用药品委员会还可为英国药品监管局提供咨询建议。[2]

2. 草药咨询委员会

草药咨询委员会于2005年成立，成立的依据是1968年《药品法》第4条颁布的《2005年草药咨询委员会命令》（SI 2005/2791）。在2012年11月，草药咨询委员会由咨询性的非政府公共机构（ANDPB）改为英国药品监管局下属的专家委员会。[3]

草药咨询委员会的主要职责是，对符合欧盟2004/24/EC指令中简化注册的草药以及无须注册的草药，就安全、质量和效用提供咨询建议。委员会咨询事项主要还是与安全和质量有关的问题，因为对于注册的传统草药或未注册草药而言，英国没有单独要求证明其效用。[4]

3. 顺势疗法药品注册咨询委员会

顺势疗法药品注册咨询委员会（Advisory Board for the Registration of Homoeopathic Products）的成立依据是1968年《药品法》第4条颁布的1994年《药品（顺势疗法药品注册咨询委员会）命令》（SI 1994/102），此命令被2006年《药品（顺势疗法药品注册咨询委员会）命令》（SI 2006/2386）所修订。该委员会的主要职责是为顺势疗法人用药品注册提供建议，以保证顺势疗法人用药品的安全性和有效性。

4. 数据库研究独立科学咨询委员会

数据库研究独立科学咨询委员会（Independent Scientific Advisory Committee for MHRA Database Research）是英国药品监管局下属的一

---

1　Human Medicines Regulations 2012, Section 10(3).

2　Human Medicines Regulations 2012, Section 10(4).

3　Advisory Board on the Registration of Homeopathic Products, Herbal Medicines Advisory Committee, Annual Report 13(2020).

4　Herbal Medicines Advisory Committee，英国药品监管局官网。

个非法定专家咨询机构，旨在为从临床实践研究数据链（CPRD）获取数据的研究申请提供建议。

5. 医药产业联络组

医药产业联络组（Medicines Industry Liaison Group）通过每季度召开会议，为医药产业与英国药品监管局之间的接触、讨论，提出建设性意见，提供论坛，确保行业利益相关者参与英国药品监管局监管政策的制定和评估，以支持英国药品监管局实现其战略目标。具体而言，包括就影响制药行业的监管事务分享意见和提供咨询，并就监管要求提出建议，以求公共卫生风险和收益之间的平衡；为行业提供机会，提出任何问题或关注事项，并要求英国药品监管局就承诺做出解释；考虑程序和信息技术变化对英国药品监管局业务的影响；力图削减监管给产业界带来的负担；评估英国药品监管局指南等。

医药产业联络组主席为英国药品监管局政策部主任，政府部门成员来自英国药品监管局的沟通联络司、检查执法与标准司、许可司、运营和财务司、政策司、药物警戒风险管理司，产业界成员来自英国制药工业协会（ABPI）、英国顺势疗法药品生产商协会（BAHM）、英国仿制药生产商协会（BGMA）、生物医药协会（BIA）、英国药剂师联合会（CCA）、伦理药产业团体（EMIG）、草药论坛、大不列颠专有药协会（PAGB）等。

6. 血液咨询委员会

血液咨询委员会（Blood Consultative Committee）与国家血液行政管理机构合作，就血库、血液设施和血液流程的监管提出建议。委员会的职责包括：第一，向利益相关方提供有关输血和血液成分收集、检测、加工、储存、分配和使用的建议和信息；第二，提供交流平台，就实施事务方面引发的拟议监管变迁，展开磋商与双向的讨论；第三，提供交流平台，就战略问题提出建议，并采取行动。

血液咨询委员会每年至少召开一次会议，要讨论的问题包括：第一，关于血液质量与安全的监管事务；第二，血液监测系统的运行和运营；第三，主管当局对良好操作规范原则的解释；第四，血库和血液机构的良好实践合规趋势；第五，根据新出现的科学证据来实施变革。

## （三）英国药品法规体系概述

英国药品监管的主要法律依据是1968年《药品法》。英国还有多部管理特殊药品的立法，如1920年《危险药物法》、1971年《药物滥用法》、1972年《有毒药品法》、《药房法》等。

目前，英国人用药品监管的依据主要是2012年《人用药品条例》、2004年《人用药品（临床试验）条例》、2016年《人用药品收费条例》[ The Medicines (Products for Human Use) Fees Regulations 2016 ]等，上述法规均经过了多次修订。

目前，2012年《人用药品条例》将欧盟《人用药品指令》和大多数其他欧盟药品立法的内容整合入英国法律之中，还将英国大部分药品立法整合其间，也涵盖了1968年《药品法》的大部分内容，对药品的许可、生产、进口、分销、广告、销售和供应加以全面规制。然而，1968年《药品法》仍然对某些方面进行监管，如药店和配药。这些立法为药品生产、销售、供应或使用时的安全性、质量和有效性提供了监管框架。

欧洲一体化进程对英国药品监管法律体系产生了深刻的影响。欧盟立法的效力高于各成员国药品相关法规和命令，现行药品相关立法主要是遵照欧盟《人用药品指令》和欧盟《关于许可程序、人用药品监督和设立欧洲药品局的条例》[ Regulation (EC) No 726/2004 ]等指令和法规要求制定，上述欧盟法规已经由2012年《人用药品条例》等转化成英国本国法律。英国正式脱欧后，上述法规依然是英国药品监管的基础。最新的2020年第1488号修正案也分别对上述法规再次修订，以适应脱欧后的药品监管需求。

1. 1968年《药品法》

1968年《药品法》是英国第一部全面的药品监管立法，该法正文共8章136条，附录包括9个明细表。国会在1972年、1975年、1977年、1983年、1992年、1993年、1994年、1995年分别通过了该法的数个修正案。这些修正案的大部分内容是依据欧盟指令制定的，它们体现了欧洲一体化进程对英国药品监管法律体系的影响。

正文的8章分为：(1) 管理；(2) 关于药品的许可和执照；(3) 关于药品经营的进一步规定；(4) 药店；(5) 药品的容器、包装和说明书；(6) 药品促销；(7)《英国药典》和其他出版物；(8) 杂项和其他补充规定。需要说明的是，英国药品法的适用范围包括人用药品、兽药和含药动物饲料，在此略去对兽药、含药动物饲料内容的评介。

2. 2012年《人用药品条例》

英国将药品立法合并成一套新的法规，即2012年《人用药品条例》，其涵盖了1968年《药品法》的大部分内容。该法共17部分349条，附录包括35个明细表，就药品的许可、制造、销售和供应、标签和广告以及药物警戒等进行了全面的规定。第1、2章为通则、管理，第3章为生产和批发交易，第4章为对许可的要求，第5章至第8章为上市许可、顺势疗法药品的登记、传统草药登记和第126a条的许可，第9章为边界产品，第10章为上市许可等要求的例外，第11章为药物警戒，第12章为药品交易，第13章为包装和插页说明书，第14章为广告，第15章为英国药典，第16章为实施，第17章为与犯罪相关的规定。

《人用药品条例》适用的人用药品，是某些物质或物质的组合，用于预防或治疗疾病；或用于疾病诊断；或通过发挥免疫、药理或代谢作用，用于恢复、纠正或改善生理功能。[1]《人用药品条例》不适用于全血、

1 Human Medicines Regulations 2012, Section 2(1).

血液成分，但用工业方法制备的血浆除外。[1]

3. 2004年《人用药品（临床试验）条例》

《人用药品（临床试验）条例》根据欧盟《关于药物临床试验的指令》（Directive 2001/20/EC）制定，后根据欧盟《人用药品临床试验法规》修订。《人用药品（临床试验）条例》是英国规范药物临床试验的专门法规，内容包括导章、伦理委员会、临床试验与伦理委员会意见的认可、良好临床实践和临床试验的展开、药物警戒、研究用药物的审查和进口、研究用药物的贴签、执法及相关规定、杂项共九章。[2]

4. 2016年《人用药品收费条例》

2016年《人用药品收费条例》[3]是规范人用药品相关收费的专门法规，主要涉及药品批准、登记、许可或证书的收费和年费，对批准、登记、许可或证书变更、延续的收费，药品标签与说明书评审收费，药品检查收费。

## 二、药物临床试验

申办者开展药物临床试验的条件是，获得伦理委员会对临床试验的支持意见，且获得许可机关的许可。在满足上述条件时，方可启动和进行临床试验，招募个人作为受试者，为招募受试者发布广告。[4]

### （一）伦理委员会的审查

临床试验的主要研究者（chief investigator）应就临床试验向伦理

1 Human Medicines Regulations 2012, Section 2(2).

2 The Medicines for Human Use (Clinical Trials) Regulations 2004.

3 The Medicines (Products for Human Use) (Fees) Regulations 2016.

4 The Medicines for Human Use (Clinical Trials) Regulations 2004, Section 12.

委员会提出申请；如果有多个试验地点，只需向一个伦理委员会提出申请。[1]申请应为书面形式，由提出申请的主要研究者签名，并符合相关具体细节和文件的法定要求。[2]主要研究者应在医疗机构、诊所或其他设施中，专业地开展临床试验。[3]

伦理委员会在审查临床试验申请时，应考虑下列事项：(1) 临床试验与其设计的相关性；(2) 预期风险收益分析的评价是否令人满意，结论是否有正当化根据；(3) 研究计划；(4) 研究者和支持人员的适当性；(5) 研究者手册；(6) 试验用设施的质量；(7) 为获得受试者的知情同意，所提供书面信息的充分性和完整性，以及遵循的程序；(8) 在临床试验造成伤害或死亡时提供的赔偿；(9) 涵盖研究者或申办者责任的保险或赔偿；(10) 对研究者和受试者的奖励或补偿的金额及相关安排；(11) 申办者与试验地点的所有人或占用者之间的协议；(12) 招募受试者的安排。[4]伦理委员会对临床试验申请给出意见时，应公布意见的摘要。[5]

如果伦理委员会就临床试验申请给出不利的意见，申请人应在收到意见后90日内，通告英国伦理委员会管理局(United Kingdom Ethics Committees Authority)，告知拟就该意见提出申诉的意愿，并就该意见做出陈述。[6]英国伦理委员会管理局在收到通知后，可能指定另一个伦理委员会来考虑这份意见，或者任命一个上诉小组，并把意见转给这个小组。[7]

---

1 The Medicines for Human Use (Clinical Trials) Regulations 2004, Section 14(1)(2).
2 The Medicines for Human Use (Clinical Trials) Regulations 2004, Section 14(6).
3 The Medicines for Human Use (Clinical Trials) Regulations 2004, Section 14(8).
4 The Medicines for Human Use (Clinical Trials) Regulations 2004, Section 15(5).
5 The Medicines for Human Use (Clinical Trials) Regulations 2004, Section 15(9).
6 The Medicines for Human Use (Clinical Trials) Regulations 2004, Section 16(1)(3).
7 The Medicines for Human Use (Clinical Trials) Regulations 2004, Schedule 4, 1(1).

如果指定另一个伦理委员会来考虑这份意见，那么提出不支持意见的伦理委员会应当将申请和主要研究者提交的其他信息转给被指定的伦理委员会，后者应考虑就这份申请提出意见。[1]

上诉小组可能应主要研究者的要求举行听证，以考虑这份意见，主要研究者可能需在听证中做口头陈述。[2]除非英国伦理委员会管理局另行延长时间，上诉小组通常应在收到转来意见后的30日内，就此有异议的意见做出决定。[3]

## （二）临床试验申请的处理

应以规定的形式和方式，向许可机关提出临床试验申请，申请应包含或附随规定的信息、文件、样本和其他材料，并支付申请费。[4]临床试验许可申请的内容主要包括：（1）申办者的姓名和地址，在多个地点开展的临床试验，应说明负责人的姓名和地址，以及他们各自负责的试验地点；（2）每个试验场所的地址，以及在该场所进行试验的研究者的姓名和地址；（3）伦理委员会对临床试验意见的副本；（4）对临床试验所需试验用药品的描述；（5）负责生产或进口试验用药品者的名称和地址，以及持有许可的详情；（6）对拟进行临床试验的描述；（7）拟议试验方案；（8）用于受试者的试验用药品标签内容；（9）试验用药品的卷宗，包括对试验用药品潜在风险和收益的评估摘要。[5]

许可机关应在收到有效申请之日起30日内，书面告知申办者，这可

1 The Medicines for Human Use (Clinical Trials) Regulations 2004, Schedule 4, 2.

2 The Medicines for Human Use (Clinical Trials) Regulations 2004, Schedule 4, 4(3).

3 The Medicines for Human Use (Clinical Trials) Regulations 2004, Schedule 4, 4(4).

4 The Medicines for Human Use (Clinical Trials) Regulations 2004, Section 17.

5 The Medicines for Human Use (Clinical Trials) Regulations 2004, Schedule 3, Part 2.

分为如下几种情况：(1) 说明接受临床试验申请；(2) 说明接受临床试验申请，但以书面形式附加特定条件；(3) 说明拒绝临床试验申请的理由。如果许可机关未发出书面通知，那么将视为接受申请。[1]

## (三) 临床试验的中止或终止

如果许可机关有客观依据认为，临床试验存在下列情形之一时，许可机关需以书面通知形式，要求中止或终止临床试验：(1) 临床试验不再符合相应条件、约束和限制的要求，这些条件、约束和限制可能是申请临床试验时所提交的材料和文件中载明的，也可能是许可机关施加的；(2) 许可机关获得的信息引发了其对临床试验安全性或科学有效性的担忧，或者对在特定场所开展临床试验的担忧。[2]

当中止或终止整个临床试验时，应通知申办者或每个场所的研究者；当中止或终止仅适用于特定试验场所时，应通知申办者或该场所的研究者。[3]通知应载明下列内容：(1) 中止或终止的通知是适用于整个试验，还是适用于某个或多个试验场所；(2) 通知是否要求中止或终止临床试验；(3) 如果通知要求中止试验，中止期限是截至收到许可机关进一步重启临床试验的通知之时，还是在通知中即明确中止期限，还是针对特定地点的特定临床试验，规定如满足特定条件，即可重启临床试验；(4) 终止或中止的通知是通知后立即生效，还是在通知中规定的日期之后生效。[4]

在发出通知至少一周前，许可机关应当书面通知申办者或研究者，告知许可机关打算发出中止或终止临床试验的通知，并说明理由；并建

1 The Medicines for Human Use (Clinical Trials) Regulations 2004, Section 18.
2 The Medicines for Human Use (Clinical Trials) Regulations 2004, Section 31(1).
3 The Medicines for Human Use (Clinical Trials) Regulations 2004, Section 31(2).
4 The Medicines for Human Use (Clinical Trials) Regulations 2004, Section 31(3).

议申办者或研究者在收到这份通知之日起一周内，就是否应中止或终止临床试验，向许可机关提交书面陈述。[1]但许可机关认为受试者的健康或安全存在即将发生的风险时，不受上述要求的限制。[2]

## （四）受试者保护

无论是申办者本人，还是与申办者签署协议行事的人，都必须根据《药物临床试验质量管理规范》的原则和条件开展临床试验，都必须履行临床试验申办者的职责。[3]临床试验的申办者应当确保受试者免费使用试验用药品和用于给药的设施；申办者应当做出适当安排，以确保试验始终满足《药物临床试验质量管理规范》的原则和条件。[4]如果临床试验在一个以上场所进行，则临床试验许可要明确规定，在其他场所进行的试验，应由申办者之外的特定人履行申办者的职责。[5]

开展临床试验应遵守研究计划，遵守临床试验许可的要求，接受伦理委员会关于临床试验申请的意见，并遵守临床试验方案之外的任何具体要求和附加文件，还应遵守许可机关对临床试验许可附加的条件。[6]

申办者或研究者可能采取适当的紧急安全措施，以保护临床试验受试者免于健康或安全的即刻危险。申办者通常应当在采取措施后不晚于三日内，就采取的措施和之所以采取这些措施的理由，书面告知许可机关和相关的伦理委员会。当疾病为流行病，且对公众健康有严重

1 The Medicines for Human Use (Clinical Trials) Regulations 2004, Section 31(5).

2 The Medicines for Human Use (Clinical Trials) Regulations 2004, Section 31(6).

3 The Medicines for Human Use (Clinical Trials) Regulations 2004, Section 28(1).

4 The Medicines for Human Use (Clinical Trials) Regulations 2004, Section 28(2)(3).

5 The Medicines for Human Use (Clinical Trials) Regulations 2004, Section 28(5).

6 The Medicines for Human Use (Clinical Trials) Regulations 2004, Section 29.

风险或潜在严重风险时，则应尽快书面告知许可机关和相关的伦理委员会。[1]

## 三、上市许可

英国药品监管局作为许可机关，负责药品许可的授予、更新、变更、中止和撤回。[2]如果药品未获得上市许可或注册证书，则不得销售或供应。[3]

### （一）上市许可的申请和授予

1. 上市许可申请

上市许可申请应为书面形式，由申请人或其代表签名，并交纳申请费。[4]申请需说明拟申请药品类别，说明药品究竟是处方药，或是仅可从药房购买的药品，还是可以一般销售的药品。[5]申请应说明许可内容是否涉及药品的销售或供应方式，许可内容是否会对药品的使用或促销施加限制，如果会施加限制，那么限制的内容是什么。[6]

2. 对申请的考量

许可机关应当采取合理步骤，以确保在收到许可申请之日起210日内，做出授予或拒绝上市许可的决定。[7]如果许可机关要求申请人进

1 The Medicines for Human Use (Clinical Trials) Regulations 2004, Section 30.
2 Human Medicines Regulations 2012, Section 6.
3 Human Medicines Regulations 2012, Section 46(1)(2).
4 Human Medicines Regulations 2012, Section 49(4).
5 Human Medicines Regulations 2012, Section 49(7).
6 Human Medicines Regulations 2012, Section 49(8).
7 Human Medicines Regulations 2012, Section 58(1).

一步提供信息或材料，或要求申请人对申请做出口头或书面解释，那么申请人准备和提供信息、材料、解释的期间，将不计算在210日的期限内。[1]

许可机关在考虑申请人的申请并审查申请材料后，如果认为符合如下条件，则可以颁发许可：(1) 申请人已经对申请有关的药品疗效加以确证；(2) 药品的实证疗效超过了药品给患者或公众健康带来的风险；(3) 申请材料符合法定要求；(4) 产品的定性和定量组成与申请材料的描述相符。[2]

3. 附条件许可

许可机关可以为上市许可附加一个或多个条件：(1) 采取适当措施确保药品的安全使用，将其纳入风险管理计划；(2) 进行上市后安全研究；(3) 对疑似不良反应履行更为严格的记录或报告义务；(4) 对药品安全和有效使用设定任何其他条件或限制；(5) 存在充分的药物警戒体系；(6) 当药品有效性的某些方面有待确证，且仅在上市后才能解决时，进行上市后有效性研究。[3]必要时，在颁发的上市许可中应附有满足附加条件的最后期限。[4]上市许可持有人应将上市许可中附随的条件纳入药品的风险管理体系。[5]

4. 上市后义务

在授予上市许可后，许可机关可对许可持有人科以上市后义务；如果担心已许可药品的风险，则应科以上市后安全研究义务；[6]如果对疾病或临床方法的理解表明，不得不对此前的药品有效性评估加以重大修

1 Human Medicines Regulations 2012, Section 58(2)(3).

2 Human Medicines Regulations 2012, Section 58(4).

3 Human Medicines Regulations 2012, Section 59(1)(2).

4 Human Medicines Regulations 2012, Section 59(4).

5 Human Medicines Regulations 2012, Section 59(6).

6 Human Medicines Regulations 2012, Section 61(1)(2)(4).

正，则应科以许可持有人相应的上市后有效性研究义务。[1]如果多种获许可药品有风险，许可机关在向药物警戒风险评估委员会咨询后，可鼓励相关的上市许可持有人联合开展药品上市后安全研究。[2]

许可机关拟科以上市后研究义务时，应当毫不迟延地书面通知许可持有人如下内容：（1）所科处的义务；（2）科处义务的正当化根据；（3）开展研究的目标和提交研究结果的时间表；（4）提交书面意见的机会和时限。[3]

许可持有人自收到通知起30日内，可以要求向许可机关提出书面意见，许可机关应在通知规定的期限内，给予许可持有人提交书面意见的机会。许可机关应基于许可持有人提交的书面意见，在合理可行的情况下，尽快决定是撤回还是确认所科处的上市后研究义务。[4]如果许可持有人并未对许可机关的上市后研究要求提出书面意见，或许可机关确认了所科处的义务，那么许可机关应将其科以的上市后研究义务作为许可条件的一部分，并将其纳入药品风险管理体系之中。[5]

5. 评价与公布

如果许可机关决定授予许可，应将批准的产品特征概要告知许可持有人，许可持有人应确保产品特征概要与批准的内容相一致，产品特征概要的变更需经许可机关批准。授予许可后，在合理可行的情况下，许可机关应尽快公布上市许可、包装插页说明书、产品特征概要、附条件许可的条件及满足条件的最后期限等信息。[6]

对于与许可相关的药品试验、临床前试验、临床试验、风险管理体

---

1 Human Medicines Regulations 2012, Section 61(1)(3)(5).

2 Human Medicines Regulations 2012, Section 61(6).

3 Human Medicines Regulations 2012, Section 61(8).

4 Human Medicines Regulations 2012, Section 61(9)(10).

5 Human Medicines Regulations 2012, Section 61(11)(12)(13).

6 Human Medicines Regulations 2012, Section 64(4).

系和药物警戒体系相关的文件，许可机关必须撰写审评报告，并做出评价。[1]在获得对评价药品质量、安全性或有效性具有重要意义的新信息时，许可机关应修正审评报告，在完成或修正审评报告后，许可机关应在合理可行的时间内，尽快公布该审评报告，并在报告中提供一份以公众可理解方式撰写的摘要，其中应当有专门部分述及药品的使用条件。[2]许可机关应当针对药品的每个适应症进行单独的评审。[3]

## （二）确定上市许可的类别

许可机关颁发的上市许可必须载明批准药品的类别，即许可的药品仅为处方药，还是药房销售的药品，还是可以一般销售的药品。[4]在确定许可类别时，许可机关必须考虑药品的单次剂量上限、每日剂量上限、效价、剂型、包装，以及许可机关认为与药品使用相关的其他情形。[5]

1. 处方药

如果许可机关认为某药品符合如下条件之一，可将其明确界定为处方药：(1) 如果没有医生或牙医的监督，即使在正确使用的情形下，药品也很可能对人体健康造成直接或间接的风险；(2) 药品经常极大范围地被错误使用，因此可能对人体健康造成直接或间接的风险；(3) 药品含有的物质或制剂存在副作用，需要对其展开进一步研究；或者(4) 通常由医生或牙医开具的经胃肠道外给药。[6]

在确定一种药品是否为处方药时，许可机关还必须考虑如下因素：

---

1 Human Medicines Regulations 2012, Section 64(5).

2 Human Medicines Regulations 2012, Section 64(6).

3 Human Medicines Regulations 2012, Section 64(7).

4 Human Medicines Regulations 2012, Section 62(1).

5 Human Medicines Regulations 2012, Section 62(2).

6 Human Medicines Regulations 2012, Section 62(3).

（1）药品是否含有被列为麻醉药品或精神药品的物质；（2）药品的不正确使用是否可能带来药物滥用的实质性风险，是否会导致成瘾，是否被用于非法目的；（3）药品所含物质是否因其新颖性或某些特性，可能导致滥用、成瘾或非法使用，但尚无可用的充分信息对此加以充分确证；（4）出于药品的药学特性或新颖性，或为公众健康之需，药品是否仅用于在医院内治疗；（5）用于治疗之需，只能在医院或研究机构，辅之以特定诊断设备，用以诊疗的药品（但给药和后续监督可以在其他场所进行）；（6）意在用于门诊患者，但可能导致严重副作用的药品，要求专业人士开具处方，并在治疗过程中给予特别监督。[1]

2. 一般销售药品和药房药品

当许可机关认为药品的销售或供应有合理的安全性时，上市许可中可明确该药品为一般销售药品，否则应要求该药品为药房药品，需由药师出售、供应或监督。[2]

## （三）上市许可的延续、撤销、变更和中止

1. 上市许可的延续

首次授予的上市许可有效期为五年，如果此后许可有效期被依法延续，则延续后的有效期不再有期限限制。[3]在申请许可延续但许可机关还未就此做出决定期间，许可有效。[4]

对于首次申请许可延续的，许可机关批准许可延续时，有可能基于药物警戒体系的考量，认为使用此药品的患者数量不足，要求持有人在满足患者数量要求时，再就许可延续提出下一次申请。在这种情况下，

1 Human Medicines Regulations 2012, Section 62(4).
2 Human Medicines Regulations 2012, Section 62(5).
3 Human Medicines Regulations 2012, Section 65(1).
4 Human Medicines Regulations 2012, Section 65(4).

此次许可延续有效期为五年，五年后申请第二次许可延续，如获批延续，则之后该药品上市许可有效期不再有期限限制。[1]

许可持有人应在上市许可有效期满九个月前，[2]以书面形式提出许可延续的申请，由申请人或其代表签字，并缴纳申请费。[3]持有人必须提交一份整合版本的文件，其中包括药品质量、安全和有效性资料，包括对疑似不良反应报告和定期安全更新报告中数据的评估，以及自获得上市许可以来对药品做出的全部变更。[4]许可机关在对申请和附件材料加以审查、进行考量之后，如果认为药品疗效胜过药品给患者或公众带来的健康风险，可以批准许可延续。[5]

2. 上市许可的撤销、变更和中止

满足下列条件之一时，许可机关可以做出撤销（revocation）、变更（variation）或中止（suspension）上市许可的决定：（1）判定许可的药品是有害的；（2）药品的疗效低于它给患者健康或公众健康带来的风险；（3）药品缺少治疗效果；（4）药品的定性或定量组成与许可申请材料中的描述不一致；[6]（5）申请或提供的材料存在错误；[7]（6）违反关于包装和插页说明书的要求；[8]（7）不符合上市许可的一般要求和例外规定，或未能履行上市后研究义务；[9]（8）许可持有人未能遵守提供上市后变更信息、临床试验信息、超范围用药信息、风险收益信息等信息的要求；[10]

1 Human Medicines Regulations 2012, Section 65(2)(3).

2 Human Medicines Regulations 2012, Section 66(5).

3 Human Medicines Regulations 2012, Section 66(3).

4 Human Medicines Regulations 2012, Section 66(6).

5 Human Medicines Regulations 2012, Section 66(7).

6 Human Medicines Regulations 2012, Section 68(2).

7 Human Medicines Regulations 2012, Section 68(3).

8 Human Medicines Regulations 2012, Section 68(4).

9 Human Medicines Regulations 2012, Section 68(5).

10 Human Medicines Regulations 2012, Section 68(6), 75.

(9) 许可持有人未能遵守关于生产或分装的法定要求，未能适当履行法定义务。[1]

3. 中止相关药品的使用

满足下列条件之一时，许可机关可以决定中止已上市许可药品的使用、销售和供应：(1) 判定许可的药品是有害的；(2) 药品的疗效低于给患者健康或公众健康带来的风险；(3) 药品缺少治疗效果；(4) 药品的定性或定量组成与许可申请材料中的描述不一致；[2](5) 许可机关认为许可持有人未能按要求提供生产过程控制的证据；[3](6) 违反关于包装和插页说明书的要求；[4](7) 许可机关撤销、中止或变更了药品上市许可。[5]

中止药品使用可能只是中止特定批次药品的使用。[6]许可机关必须就中止药品使用发布书面通知，在通知中说明中止是立即生效，还是在通知确定的日期后生效，说明中止的起止日期。[7]许可机关决定中止使用某一药品时，可以就此规定例外情形，并设定过渡期，准许向已使用该药品的患者继续供应该药品。[8]

4. 退出市场

当许可机关撤销或中止上市许可，或暂停特定上市许可药品的使用、销售或供应时，应书面通知许可持有人，要求许可持有人采取合理可行的步骤，向批发商、零售商、医疗从业者、患者和其他拥有该药品的人，告知许可被撤销或暂停的信息，并说明理由，告知应采取怎样的行

1 Human Medicines Regulations 2012, Section 68(8).
2 Human Medicines Regulations 2012, Section 69(2).
3 Human Medicines Regulations 2012, Section 69(3).
4 Human Medicines Regulations 2012, Section 69(4).
5 Human Medicines Regulations 2012, Section 69(5).
6 Human Medicines Regulations 2012, Section 69(6).
7 Human Medicines Regulations 2012, Section 69(7)(8).
8 Human Medicines Regulations 2012, Section 69(9).

动，以限制或防止进一步使用、销售、供应特定药品。许可持有人应采取合理可行的步骤，在通知确定的时间内，将药品退出市场，或将通知中载明批次的药品退市。[1]

## （四）上市许可持有人的义务

1. 上市和退市告知义务

在获得许可的药品上市后两个月内，上市许可持有人应告知许可机关该药品上市的日期。[2]除非有无法做到的合理原因，否则，在已许可药品拟临时或永久退市之前，许可持有人应尽可能提前就此告知许可机关，最迟也需在退市之日两个月前就此告知许可机关。[3]

许可机关可以要求许可持有人提供关于药品销量的信息，或提供持有人掌握的该药品处方量信息。持有人应在许可机关书面通知中规定的时间内，或者在收到通知后合理可行的时间内，尽快提供这些信息。[4]

2. 考虑科学和技术进步的义务

许可持有人必须考虑科学和技术进步的因素，对药品生产工艺和控制方法予以持续更新。许可持有人在理解了考虑科学和技术进步因素的必要性后，在合理可行的情况下，应尽快申请变更上市许可，以改变药品生产工艺和控制方法，使得所采用的工艺和方法始终是公认的科学方法。[5]许可持有人应确保药品的产品信息与最新的科学知识保持

1　Human Medicines Regulations 2012, Section 71.

2　Human Medicines Regulations 2012, Section 73(1)(2).

3　Human Medicines Regulations 2012, Section 73(3)(4)(5).

4　Human Medicines Regulations 2012, Section 73(6)(7).

5　Human Medicines Regulations 2012, Section 74.

同步。[1]

3. 提供安全性相关信息的义务

许可持有人应当在知悉如下信息后，在合理可行的情况下，应尽快向许可机关提供可能导致许可变更的新信息：(1) 其他国家主管部门对该上市药品施加的任何禁止或限制信息；(2) 针对药品的所有适应症和用药人群，临床试验或其他研究得出的正面或负面的结果；(3) 超出上市许可范围使用药品的相关数据；(4) 持有人认为可能影响药品风险收益评估的其他任何信息。[2]

许可机关可能要求许可持有人提供特定信息，并证明药品的疗效超过了对患者或公众健康带来的风险，这些信息包括：[3](1) 在欧洲经济区以外的国家使用该药品的信息；(2) 在上市许可范围之外使用该药品的信息，包括临床试验中超范围用药的信息。[4]如果许可持有人提供的上述信息可能导致许可的变更，那么持有人应当在知悉这些信息后，在合理可行的情形下，尽快向许可机关申请变更上市许可。[5]许可机关可以要求许可持有人提供药品生产商所采用控制方法的证据。[6]许可持有人应当在许可机关书面通知所要求的时间内，或在接到通知后合理可行的期限内，尽快提供相关信息。[7]

4. 保存记录的义务

许可持有人应保存与药品销售和供应相关的文件或信息，从而为药品退市或召回提供便利。[8]

1 Human Medicines Regulations 2012, Section 76.

2 Human Medicines Regulations 2012, Section 75(1)(2)(3).

3 Human Medicines Regulations 2012, Section 75(4).

4 Human Medicines Regulations 2012, Section 75(4)(5).

5 Human Medicines Regulations 2012, Section 75(6).

6 Human Medicines Regulations 2012, Section 75(7).

7 Human Medicines Regulations 2012, Section 75(8).

8 Human Medicines Regulations 2012, Section 77.

5. 确保适当和持续供应的义务

许可持有人必须采取合理措施，以确保能向被准许供应药品的药房和人员，适当和持续地供应获得许可的药品，以满足患者需要。[1]

## (五) 上市许可的豁免

1. 为满足特定患者需要而供应未经许可药品

英国《人用药品条例》第167条规定，对特别药品（special medicinal product）可以豁免药品上市许可。英国这一规定源自欧盟2001/83/EC指令第5条第1款的规定："成员国可根据现行立法，并为满足特殊需要，将根据善意的自发请求提供的，由经授权的医疗专业人员制备的、由患者直接自负其责任使用的药品，排除在本指令的规定之外。"应当将此规定视为不得已的权宜之计，不应将其视为长期供应未经许可药品的理由。如果无法获得或不存在相应的已许可药品，可供应未经许可的特别药品，以满足个别患者的个别需要。但如在合理时间内，可从正常销售渠道获得已许可的相关药品，则可认为有可供使用的已许可药品。在这些情况下，如果已许可药品能投入市场使用，则应在可行的情况下，尽快停止供应"特别药品"。[2]

英国药品监管局在2014年发布的指南中，指出了何时使用未经许可药品的决策层级：(1) 在英国，如有已获许可药品可满足患者特别需求，即不应使用未经许可的药品；(2) 如果英国已获许可药品能在"超说明书用药"（off-label）的情形下满足患者特别需求，也应使用已获许可药品，而非使用未经许可的药品；(3) 如果英国没有已获许可药品能

1　Human Medicines Regulations 2012, Section 78.

2　The Supply of Unlicensed Medicinal Products ("Specials"), MHRA Guidance Note 14, 2014.

满足患者特别需求，可以考虑进口在原产国已许可的相关药品；（4）如果以上选项都不可行，那么可以使用未获英国许可的药品，例如，在英国“特别”生产的药品仍要在符合《药品生产质量管理规范》检查要求的厂房中制造此药品；（5）最后，尤其不能考虑使用进口那些在原产国未获许可的产品，这些药品在原产国可能并未按照药品《药品生产质量管理规范》的要求生产。[1]

使用未经许可的药品，需要满足如下三个条件：（1）患者对此药品的使用有自发请求；（2）药品的生产和分装依据了医生、牙医以及有处方权的护士、药剂师等人士的具体要求；（3）该药品供患者使用，患者对用药自负其责，以满足患者的具体需要。[2]

使用未经许可药品的条件还包括：（1）由医生、牙医、有处方权的护士、药剂师等供应此药品，并在药房、医院或健康中心的药师监督下使用；[3]（2）药品的生产和分装在药师监督下进行，且采取了预防措施，足以确保药品符合医生、牙医、护士、药师等专业人士的专门要求；[4]（3）保存了药品生产或分装的书面记录，许可机关或执法机关可以获得这些记录；[5]（4）当药品的生产或分装在英国境内进行，或由欧洲经济区之外的国家进口到英国时，由生产许可持有人进行生产或分装；[6]（5）由批发商许可的持有人来批发分销相应药品；[7]（6）不得发布此类药品的广告。[8]

---

1 The Supply of Unlicensed Medicinal Products (“Specials”), MHRA Guidance Note 14, 2014.

2 Human Medicines Regulations 2012, Section 167(1).

3 Human Medicines Regulations 2012, Section 167(2).

4 Human Medicines Regulations 2012, Section 167(4).

5 Human Medicines Regulations 2012, Section 167(5).

6 Human Medicines Regulations 2012, Section 167(6).

7 Human Medicines Regulations 2012, Section 167(8).

8 Human Medicines Regulations 2012, Section 167(3).

2. 使用非处方药而豁免上市许可要求的情形

医疗卫生从业者在执业活动中使用非处方药时，当符合下列条件时，可豁免于上市许可的要求：[1]（1）医疗从业人员在执业活动中，使用此药品的目标是为了给药而非出售；[2]（2）药品的生产和分装遵循了医疗从业人员的要求，用以满足患者的特殊需要，患者对用药自负其责；[3]（3）药品的出售或供应是为了回应患者主动的请求；[4]（4）由生产许可持有人在英国生产或分装此药品，且该生产许可与特定药品的生产、分装直接相关；[5]（5）由批发商许可持有人来出售或供应此药品；[6]（6）未发布过该药品的广告。[7]

3. 保存记录的要求

在前述豁免上市许可的情形下，药品的销售或供应者必须将相关记录保留五年以上，记录内容应包括：（1）药品的来源和到货日期；（2）何日、向谁出售或供应药品；（3）出售或供应的数量；（4）药品的批号；（5）知悉或后来知悉的，所出售或供应药品造成的疑似药品不良反应的细节。[8]当许可机关进行检查时，药品的销售或供应者应当提供以上记录。[9]药品的销售或供应者必须将药品严重不良反应告知许可机关。[10]

1 Human Medicines Regulations 2012, Section 168(1)(2).
2 Human Medicines Regulations 2012, Section 168(3).
3 Human Medicines Regulations 2012, Section 168(4).
4 Human Medicines Regulations 2012, Section 168(7).
5 Human Medicines Regulations 2012, Section 168(8).
6 Human Medicines Regulations 2012, Section 168(5).
7 Human Medicines Regulations 2012, Section 168(6).
8 Human Medicines Regulations 2012, Section 170(1).
9 Human Medicines Regulations 2012, Section 170(2).
10 Human Medicines Regulations 2012, Section 170(3).

## 四、生产许可和批发商许可

药品的生产或分装[1]者必须获生产许可。[2]如果生产或分装者知道或有合理理由认为，有可能要供应或销售未获上市许可的药品时，则不得生产或分装此类药品，也不得促成此类药品的销售、供应、生产或分装。[3]

药品批发经营者[4]以及以批发方式分销药品[5]者必须获得批发商许可。批发商仅在持有许可时，方可以批发方式分销药品或为批发而占有药品，且批发商从事分销业务或占有药品，应在批发商许可载明的场所进行。[6]但药品生产许可持有人不受上述限制，试验用药品也不受上述限制。[7]批发商许可持有人经营的药品仍需是获得许可或注册的药品。[8]

### （一）许可的申请和授予

1. 许可的申请

申请生产许可或批发商许可时，须以规定的形式向许可机关提交

---

1　就药品而言，"分装"意味着在出售或供应之前，把药品（单独或与同种药品一起）装在一个贴有标签的容器中，或者当药品已经被装在它将被出售或供应的容器中时，为该容器贴上标签。

2　Human Medicines Regulations 2012, Section 31.

3　Human Medicines Regulations 2012, Section 46(4)(5).

4　"批发经营者"，包括把药品出售给以出售或以供应该药品为目的之人，以及将药品出售给医疗诊所的从业人员，其购买此药的目的是给患者使用。

5　"以批发方式分销药品"，指的是向某个人出售或供应药品，或为出售或供应而设法获得、持有或出口药品，接受药品的人的目的是在从业过程中出售或供应药品，对一个人或多个人给药或者促成对一个人或多个人给药。

6　Human Medicines Regulations 2012, Section 18(1)(3).

7　Human Medicines Regulations 2012, Section 18(4)(5).

8　Human Medicines Regulations 2012, Section 18(9).

相关信息、文件、样本和其他材料，并应说明相关药品的特征，或者说明药品所属的分类。[1]

英国药品监管局在审查生产许可申请时，必须特别考虑的因素包括：(1) 拟在许可项下展开的生产经营活动；(2) 活动场所；(3) 场所内可用的设备；(4) 监督生产经营活动的人员资质；(5) 为在许可项下生产或分装的药品做出安排，以确保妥善保管生产经营记录，并维护完好。[2]

英国药品监管局在审查批发许可申请时，必须特别考虑的因素包括：(1) 申请涉及的特定类别药品将被储存的场所；(2) 储存场所中可用的设备；(3) 从这些场所分销药品可用的设备和设施；(4) 为储存或分销的药品做出安排，确保妥善保管分销记录，并维护完好。[3]

许可持有人打算对从事许可活动的场所、设施进行重大变更时，或打算变更适格人员、质量控制负责人时，必须告知许可机关。[4]

2. 许可的授予

许可机关可以在认为适当时授予许可，也可在其认为必要或适当的情况下，拒绝颁发许可。[5]许可机关应在收到申请后90日内决定授予或拒绝授予许可。[6]当许可机关拒绝授予许可，或许可机关授予的许可与申请并不完全一致，且申请人要求其说明理由时，许可机关应当向申请人说明决定的理由。[7]

授予的许可证始终有效，除非许可证由许可机关撤销，或许可证持

---

1 Human Medicines Regulations 2012, Section 21.

2 Human Medicines Regulations 2012, Section 22(1).

3 Human Medicines Regulations 2012, Section 22(2).

4 Human Medicines Regulations 2012, Section 39.

5 Human Medicines Regulations 2012, Section 23(1).

6 Human Medicines Regulations 2012, Section 23(2).

7 Human Medicines Regulations 2012, Section 23(6).

有人交出许可。[1]

## （二）许可的中止、撤销和变更

对生产、批发商许可的中止或撤销可能是整体性的中止或撤销，也可能限于一种或多种药品，或限于在特定场所或特定场所的特定部分，所生产、分装或储存的药品。[2]

1. 中止、撤销或变更许可的原因

中止、撤销或变更生产许可或批发商许可，可能基于如下原因：（1）申请人提交了伪造的或不完整的信息，来获取许可；（2）申请中所述事项的相关情形发生了实质性改变；（3）持有人实质性违反关于许可的规定；（4）在许可机关依法提出要求时，持有人在无合理理由的情况下，未能向许可机关提供与药品相关的信息；[3]（5）生产许可持有人根据上市许可持有人的要求生产或分装药品，但经常性地未能遵守许可要求；（6）持有人没有适当的设施，无法实施许可所要求的生产或分装过程；[4]（7）持有人可用的储存或分销设备和设施，不足以维持与许可相关的一种或多种药品的质量。[5]

2. 中止、撤销或变更许可的程序

许可机关应至少在中止、撤销或变更生效的28日之前，书面通知许可持有人拟做出的中止、撤销或变更许可决定，并告知理由，告知中止、撤销或变更拟生效的日期。[6]许可持有人可在通知指定的日期之前，就

1 Human Medicines Regulations 2012, Section 25.
2 Human Medicines Regulations 2012, Section 26(2).
3 Human Medicines Regulations 2012, Section 26(4).
4 Human Medicines Regulations 2012, Section 26(5).
5 Human Medicines Regulations 2012, Section 26(6).
6 Human Medicines Regulations 2012, Section 27(2).

该提议向许可机关做出书面陈述，许可机关在做出决定前，必须考虑许可持有人的书面陈述。[1]如果许可持有人告知许可机关，希望就提议展开口头陈述，对该提议加以审查，许可机关则应组织听证。[2]如果许可机关决定依法中止、撤销或变更许可，必须通知许可持有人，在通知中说明中止、撤销或变更的具体细节以及做出决定的理由。[3]

在紧急情况下，许可机关出于安全考虑，认为有必要立即中止许可的，可以中止许可，中止期限最长不超过三个月。[4]许可机关如果认为有必要，在紧急中止期满后，可以再次中止许可，每次中止期限不超过三个月。[5]

3. 持有人申请变更许可的程序

持有人提交的变更许可申请应为书面形式，应说明请求变更的内容，由申请人签名，附有许可机关对该申请加以考量时可能需要的信息，并缴纳申请费。[6]申请变更许可可能涉及已许可的药品类型的变更，根据许可实施的工艺变更，以及与许可相关的场所、设备或设施变更。[7]许可机关认为需要检查与许可相关的场所时，许可审查时限为收到申请之日起90日；如果许可机关无须对场所进行审查，则审查时限为收到申请之日起30日。[8]许可机关应在审查期限届满之前，决定同意或拒绝变更许可。[9]

---

1 Human Medicines Regulations 2012, Section 27(3)(4).

2 听证程序详见Human Medicines Regulations 2012, Schedule 5。

3 Human Medicines Regulations 2012, Section 27(6)(7).

4 Human Medicines Regulations 2012, Section 28(1).

5 Human Medicines Regulations 2012, Section 28(5).

6 Human Medicines Regulations 2012, Section 29(2).

7 Human Medicines Regulations 2012, Section 29(5).

8 Human Medicines Regulations 2012, Section 29(6).

9 Human Medicines Regulations 2012, Section 29(4).

## （三）许可的豁免

1. 对医生、牙医、护士、助产士的豁免

当医生或牙医特别制备或专门进口某种药品，用于特定的患者时，可豁免许可。医生和牙医从事与其指导下临床试验相关的药品出售、供应、进口等行为，均应豁免关于临床试验许可的限制。[1]

如果医生或牙医制备或分装药品，或护士、助产士在执业活动中分装药品，在治疗过程中提供给患者，或提供给同一医疗机构中其他患者，而且既未开展大规模制造或分装，也未投入工业化生产，则无须获得生产许可。[2]

2. 已登记药店、医院或健康中心的许可豁免

在已登记的药店、医院或健康中心内，某些活动可以纳入药品生产许可的豁免范围，这些活动包括：根据从业者的处方制备或配制药品；在已登记的药店内分装药品，且不就此药品做广告。[3]

当在药师监督下，根据产品销售或供应的对象提供的规格，在已注册药房内配制药品，且将药品供应给所照护的特定对象时，可以适用生产许可的豁免。[4]在已登记的药店中，患者或其代表到药店要求制备或配制药品，药师根据自己对治疗需要的判断，来制备或配制将用于该患者的药品，可以适用生产许可的豁免。[5]需要指出，这些豁免许可的行为均须由药师完成，或在药师的监督下进行。

1 Human Medicines Regulations 2012, Section 223.

2 Human Medicines Regulations 2012, Section 3(1)(4)(5)(8)(9).

3 Medicines Act 1968, Section 10(1).

4 Medicines Act 1968, Section 10(3).

5 Medicines Act 1968, Section 10(4).

## （四）生产许可

1. 生产许可

在许可持有人提出请求时，或持有人生产或分装药品的出口商要求时，或欧洲经济区之外国家主管机关对生产或分装药品的持有人有此要求时，许可机关必须发放生产许可。[1]在提出发放生产许可的请求时，许可持有人应向许可机关提交与产品相关的药品上市许可证书、登记证书或传统草药登记证明，或提交一份声明，说明无法提交相关材料的理由。[2]

生产许可必须包括：（1）足以确认生产许可持有人的信息；（2）在许可项下生产或分装药品的详细信息；（3）许可机关认为适合纳入的与持有人、药品或许可相关的其他信息，包括与临床试验相关的信息。[3]如果与生产许可相关的药品已有生效的上市许可或注册证书，许可证还应附有该药品的产品特征概要。[4]

2. 生产许可持有人的义务

生产许可持有人的义务包括：（1）必须遵守《药品生产质量管理规范》中规定的原则和指南；（2）只有依据《药品生产质量管理规范》的原则和指南，对活性物质进行生产或分装时，才能将活性物质作为原材料；[5]（3）必须根据生产许可、上市许可或注册证书，维持必要的员工、场所、设备和设施，用于生产、分装、处理、控制、储存和分销许可项下的药

1　Human Medicines Regulations 2012, Section 31(1).
2　Human Medicines Regulations 2012, Section 31(5).
3　Human Medicines Regulations 2012, Section 31(2).
4　Human Medicines Regulations 2012, Section 31(3).
5　Human Medicines Regulations 2012, Section 37(2).

品，以维持药品的质量；[1]（4）必须确保为药品处理、控制、储存和分销做出的安排，足以维持药品的质量；[2]（5）不得生产或分装许可证上未载明的药品或药品类别；[3]（6）不得在许可机关批准的许可场所之外生产、分装、处理、控制、储存或分销药品；[4]（7）在对许可项下使用的场所或设施，或这些场所或设施使用的目标，进行实质性变更之前，必须通知许可机关；[5]（8）在拟改变适格人员或许可证载明的质量控制负责人之前，必须通知许可机关；[6]（9）为使许可机关确定是否存在中止、撤销或变更许可的理由，必须准许许可机关书面授权的人员完成许可机关应该完成的工作，以核实变更许可申请中的陈述；[7]（10）在许可机关要求时，应提供所采用控制方法的证据。[8]

## （五）批发商许可

1. 批发商许可持有人的义务

批发商许可持有人的义务包括：（1）必须遵守欧洲委员会颁布的《药品经营质量管理规范指南》；（2）在持有人职责范围内，对药房和其他以合法零售形式供应药品的人，确保药品的持续供应，以满足英国患者的需求；[9]（3）应提供和维持必要的人员、场所、设备和设施，以处理、

1 Human Medicines Regulations 2012, Section 37(4), 39(2).
2 Human Medicines Regulations 2012, Section 39(3).
3 Human Medicines Regulations 2012, Section 37(5).
4 Human Medicines Regulations 2012, Section 37(6), 39(4).
5 Human Medicines Regulations 2012, Section 39(5).
6 Human Medicines Regulations 2012, Section 39(6).
7 Human Medicines Regulations 2012, Section 39(7).
8 Human Medicines Regulations 2012, Section 40.
9 Human Medicines Regulations 2012, Section 43(1)(2).

储存和分销获许可的药品，从而维持药品的质量，并确保适当的分销；[1]（4）拟对许可相关的场所进行某种结构性改变，或中止使用该场所时，必须通知许可机关；[2]（5）销售或供应的药品应有生效的上市许可或注册证书，且销售或供应需与上市许可或注册证书相符；[3]（6）应保留与药品销售或供应相关的文件，以便为可能发生的退市或召回提供便利；（7）应建立应急计划，当许可机关责令召回，或与药品的生产商或上市许可持有人、注册证书持有人共同实施召回时，确保对某种药品有效地实施召回；（8）保存与药品购销相关的记录，包括发货日期、收货日期、药品的名称、发货或收货的数量、收货人或发货人的名称和地址。[4]

为使许可机关能决定是否存在中止、撤销或变更许可的理由，许可持有人必须允许获得许可机关书面授权的检查人员进入设施，来进行鉴定、检查、抽样、查验副本等。[5]

2. 对交易对象和交易记录的要求

批发商许可持有人购入的药品，可来自生产许可持有人或相关药品的批发商许可持有人；也可来自持有其他欧洲经济区国家授予的许可，来生产或以批发方式分销此类药品之人。[6]

批发商许可持有人以批发方式分销药品的对象限于：（1）相关药品的批发商许可持有人；（2）持有欧洲经济区其他国家发放的批发商许可者；（3）以零售形式合法销售这些药品的人；（4）合法使用这些药品的人。[7]

当向药品零售者供应药品时，批发商许可持有人必须附随一份文

1　Human Medicines Regulations 2012, Section 43(3).
2　Human Medicines Regulations 2012, Section 43(4).
3　Human Medicines Regulations 2012, Section 43(5).
4　Human Medicines Regulations 2012, Section 43(7).
5　Human Medicines Regulations 2012, Section 43(9).
6　Human Medicines Regulations 2012, Section 44(1).
7　Human Medicines Regulations 2012, Section 44(2).

件，载明供应的日期、药品的名称和剂型、供应药品的数量，以及许可持有人的名称和地址。[1]批发商许可持有人保留上述信息记录的时限应至少为五年，并应确保许可机关进行检查时可以调取这些记录。[2]

3. 对负责人的要求

批发商许可持有人必须确保在任何时间都有至少一名负责人（responsible person）。在许可机关看来，这位负责人应对许可项下的程序和活动有充分的了解、充分的经验，足以履行职责。[3]负责人的职责包括：（1）确保批发商始终符合许可条件；（2）确保许可持有人手中药品的质量符合上市许可、注册证书、草药登记的要求；[4]（3）许可持有人改变负责人，必须告知许可机关，并告知拟变更负责人的姓名、地址、资质和经验。在向许可机关告知拟变更的负责人之前，许可持有人不得准许许可指定人之外的任何人担任负责人。[5]如果在为许可持有人和拟任负责人提供陈述的机会后，许可机关仍然认为，该负责人未能满足资质或经验的要求，或无法充分履行职责，那么许可机关应书面告知持有人，不准许拟任负责人出任负责人。[6]

## 五、药品经营

### （一）零售药店的经营者

从事零售药店业务的人应当是合法从事该业务的人，可以是药师

1 Human Medicines Regulations 2012, Section 44(3).
2 Human Medicines Regulations 2012, Section 44(4).
3 Human Medicines Regulations 2012, Section 45(1).
4 Human Medicines Regulations 2012, Section 45(2).
5 Human Medicines Regulations 2012, Section 45(3)(4).
6 Human Medicines Regulations 2012, Section 45(5)(6).

个人、法人或药师的代理人。[1]从事零售药店业务的场所应当是建筑物中单独或可区分的独立场所。[2]

1. 个人或合伙经营

从事零售药店业务者应满足的条件是：（1）在已登记的场所零售这些药品时，无论药品是否在一般销售清单之内，都应由负责的药师在该场所负责业务；（2）在显著位置展示负责的药师姓名和注册证书编号，说明他在该场所实际负责相应业务的事实；（3）负责的药师必须是开展药品销售业务之人，或是专门在药店服务的药师，在合伙经营零售药店的情形下，合伙人之一应当为执业药师。[3]

2. 法人经营

法人经营零售药店，保管、制备药品，应当在符合要求的责任药师（responsible pharmacist）管理之下进行，药品零售应在负责人或责任药师亲自控制下进行，且应该在显著位置展示责任药师姓名和注册证书编号。责任药师应向主管登记的官员提交一份由负责人和法人代表签署的书面陈述，陈述中载明药师姓名，并表明其是否为董事会成员，说明该药师未在其他法人机构担任类似的职务。如果主管该零售药店业务的负责人不再担任相关零售药房业务的主管，除因死亡外，负责人必须在其停止管理该业务之日起的28日内，书面通知主管登记的官员。[4]

3. 代理人经营

当经营零售药店的药师死亡，或失去从事业务的行为能力，或被判决破产，或与其债权人达成协议时，可由其代理人经营药店。由代理人经营药店，应将代理人的姓名和地址、被代理的药师姓名告知登记主管

1 Medicines Act 1968, Section 69(1).

2 Medicines Act 1968, Section 69(2).

3 Medicines Act 1968, Section 70.

4 Medicines Act 1968, Section 71.

官员。[1]

4. 责任药师

在零售药店中，责任药师的职责是，在开展药品零售及相关供应活动时，确保特定场所的药店业务能安全有效运行。一位药师通常只能在一个零售药店执业。责任药师必须建立、维持和维护审查程序，以确保药品零售业务的安全有效运行。责任药师必须记录，在该场所某天、某时谁是责任药师，该记录应保存于药店所在场所，并得到完好保存，且保存期限至少以规章规定的期限为限。[2]

## （二）不同类别药品零售的限制

1. 处方药的销售与供应

除非以适格医疗从业者开具的处方为依据，否则不能销售、供应处方药。[3]只有给药者是适格从业者，或根据适格从业者的指示操作，才能采用非胃肠道途径施用处方药。[4]适格从业者包括医生、牙医、有处方权的护士和药师，以及其他有处方权的人。[5]医生或牙医向自己的患者销售或供应处方药，不受以上限制。[6]

2. 药房药品的销售或供应

除非合法经营零售药店业务的人在已登记药房的场所地址，在药师的监督之下亲自开展交易活动，否则任何人不得销售或供应药房药

1 Medicines Act 1968, Section 72.

2 Medicines Act 1968, Section 72A.

3 Human Medicines Regulations 2012, Section 214(1).

4 Human Medicines Regulations 2012, Section 214(2).

5 Human Medicines Regulations 2012, Section 214(3).

6 Human Medicines Regulations 2012, Section 223(1).

品。代理人为药师或在药师监督下行事的，也可进行此销售和供应。[1]

3. 一般销售药品的销售或供应

通常不得在已登记药店之外的场所销售或供应一般销售的药品（General Sale Medicines）。[2]例外的情形是，在拟销售或供应的地点之外，对药品进行直接包装和外包装，而且包装后药品并未打开，并在该场所进行直接销售。[3]

对于含有阿洛普令、阿司匹林、对乙酰氨基酚及这些物质中组分的药品，对于布洛芬，当符合法规中规定的剂型、剂量等要求时，必须以单独包装出售，包装中所含产品片数不得超过条文中规定的数量。[4]不得通过自动售货机来销售一般销售清单之外的药品。[5]

## （三）药品经营限制的豁免

1. 适格人员的豁免

医生或牙医向自己的患者或照护的患者出售或供应药品；在医院或健康中心根据医生、牙医或其他有处方权的人的指令为给药而出售或供应药品；已注册的助产士在执业活动中出售或供应药品，均豁免适用关于药品经营的限制。[6]

2. 特定情形的豁免

上市许可或注册证书的持有人不得向医疗专业人士之外的人，以

1 Human Medicines Regulations 2012, Section 62(5), 220.

2 Human Medicines Regulations 2012, Section 221(1).

3 Human Medicines Regulations 2012, Section 221(3).

4 Human Medicines Regulations 2012, Schedule 15.

5 Human Medicines Regulations 2012, Section 222.

6 Human Medicines Regulations 2012, Section 223.

批发方式向其出售处方药或药房药品。[1]个人在从事药品生产或以批发方式出售药品业务的过程中，不得向医疗专业人士之外的人出售处方药或药房药品。[2]

任何人可以通过批发经营的方式，向经营该业务的人出售药房药品，用于其在业务活动中给患者用药。[3]对于一般销售清单药品之外的药房药品，任何人可以通过批发方式，将其出售给任何凭借该豁免可以零售该药房药品的人；或者，可以根据零售的需要供应此药品，而无须药师监督。[4]

有如下情形之一的，可以豁免关于药品经营的限制：(1) 出于教育或研究目的，向大学、其他高等教育机构或研究机构出售或供应处方药；(2) 向依据1990年《食品安全法》第27条任命的公共检验师，依据1990年《食品安全法》第5条第6款指定的官员、抽样官员、检查官员出售或供应处方药，以满足其履行法定职责之需；(3) 向依法设立的，负责检验药品质量、核查药品数量的机构和相应人员出售或供应处方药，以满足其履行法定职责之需。[5]

## (四) 药店登记程序

1. 申请与办理

申请人应以法定的方式提出药店登记申请，详述申请场所及其他法定情况。在申请时，申请人需证实已合理满足下列条件：(1) 在申请药店登记期间，申请人是依法可以从事零售药店业务的人；(2) 如果该

1 Human Medicines Regulations 2012, Section 249(1), Schedule 22.

2 Human Medicines Regulations 2012, Section 249(3), Schedule 22.

3 Human Medicines Regulations 2012, Section 250(2).

4 Human Medicines Regulations 2012, Section 250(3).

5 Human Medicines Regulations 2012, Schedule 17, Part 1.

药店获得许可，申请人则可开始在该批准场所从事零售药店业务。

登记主管官员应将申请呈送给适格的许可机关，除非得到许可机关的同意，否则在申请之日起两个月期满前不得登记。如果许可机关认为有关场所的材料不符合现行有效的相关规章要求，认为的确不适合在这些场所开办药店，则应通知申请人，说明其建议和理由，并将通知副本抄送登记主管官员；登记主管官员在收到通知副本之后，除非出现法定情况，否则不得对该场所进行登记。

申请人在接到拟拒绝申请的通知后28日内，可以提出听证或书面陈述请求，特殊情况下，申请请求的时限还可以比28日更长。许可机关在做出是否批准药店登记的决定之前，应当为申请人提供听证或考虑其书面陈述的机会。当许可机关认为此申请场所不适合办药店，决定不予登记时，应告知申请人和登记主管官员，登记主管官员应将此情形记录在册。反之，如果许可机关决定颁发登记证书，则应将登记证书交给登记主管官员，并通知申请人，并可应申请人请求，说明决定给予登记证书的理由。[1]

2. 运营年费

当某一场所获准药店登记后，从事零售药店业务者每年要缴纳相应规定金额的运营年费（retention fee）。在缴纳了规定年费之后，登记主管官员有保留和维护此药店登记的义务。由登记主管官员签署的，表明特定场所在特定时间获准登记的证明书，在任何程序中均可作为证据，证明这些场所的登记情况与缴费情况。

如果从事零售药店业务者在接到缴纳年费要求之日起两个月内，未能缴纳该年费，有关部门则可以指示登记主管官员取消此药店场所的登记；但如果在应缴纳年费的一年结束之前，或在有关部门准许的更长期限内，从事零售药店业务者缴纳了年费，并缴纳了可能的滞纳金，

1　Medicines Act 1968, Section 75.

则登记主管部门应恢复该场所的登记，恢复登记的效力应起于取消登记之日。[1]

3. 零售药店的所有权变化

当零售药店的所有权发生变化时，如果变化的发生缘于所有权人死亡，或在合伙经营情况下，合伙人之一死亡，那么该药店的场所登记应在相关人员死亡之日起三个月后失效；在其他情况下，药店的场所登记应在所有权变化发生之日起28日后失效。在药店的场所登记因药店所有权变化而失效后，因所有权变更而成为药店所有者的人，可以申请恢复药店的场所登记，此申请人须满足的条件与初次申请登记的申请人条件相近，且须缴纳年费。[2]

## （五）关于使用特定头衔、描述和标记的限定

1. 特定头衔的使用条件

除非满足如下法定条件，否则任何人不得使用各种“药师”头衔，也不得将“药师”身份与药品零售及相关供应相联系：（1）就个人而言，此人应单独或作为合伙人之一合法经营零售药店业务，而且除了在登记药店之外，没有在其他任何场所以“药师”身份开展药品零售及相关供应活动。（2）就法人而言，该法人合法经营零售药店业务，而且除了在登记药店之外，没有在其他任何场所以“药师”身份开展药品零售及相关供应活动；且与业务相关的药师是1968年英国《药品法》第71条第1款规定的主管人员（superintendent），也是该法人的董事会成员。[3]

---

1 Medicines Act 1968, Section 76.

2 Medicines Act 1968, Section 76.

3 Medicines Act 1968, Section 78.

2. 不得使用的情形

任何人均不得在已登记药店、医院或卫生保健中心药房之外的场所，使用“药店”这一名称来进行药品销售与供应。任何并非药师的人不得使用“药师”、“药师协会会员”和“药师协会资深会员”等头衔，也不得在已登记药店、医院或卫生保健中心药房之外的场所，以这些身份开展药品销售、供应等活动。

在从业过程中，任何人不得使用任何名称、描述和标记，来暗示他拥有实际上并不拥有的有关药品销售、生产或分装的任何资质；也不得暗示受雇者拥有实际上并不拥有的此类资质。对于在其他场所从事的业务，不得使用“药店”这一描述，从而给人错误的暗示，让人误以为从业者是一名药师，或者误以为药师在管理该场所的业务。[1]

## （六）禁止性规定

1. 禁止出售、供应掺假药

任何人不得在药品中添加某种物质，或从药品中抽取出某种物质，以至于对药品的组分产生有害影响，并打算以此种状态来出售或供应此药品；不得出售、供应、提供或占有此类因添加或抽取某种物质而对药品组分造成有害影响的药品。[2]

2. 不得销售、供应不符合标准的药品

如果药品的特定名称在药品标准的相关专论（monograph）中出现，但该产品不符合该专论规定的标准，则任何人不得根据购买者的要求或根据执业者的处方，来销售或供应此药品。当药品中某有效活性成分不符合相关专论中规定的标准，则认为该药品不符合规定的标准。

1　Medicines Act 1968, Section 78.

2　Medicines Act 1968, Section 63.

作为标准依据的"出版物"包括《英国药典》《欧洲药典》《英国副药典》及其他处方集。[1]

3. 不得销售给买方带来不利影响的药品

除基于分析或检查目的外，任何人不得销售不符合买方所要求性质或质量的药品。如果药品中包含某种杂质，但可以证明这种杂质的存在是该药品生产工艺所造成的不可避免之结果，则不属于给买方带来不利影响的情况。如果可以证明并非恶意向药品中添加或抽取某种物质，而且这样的添加或抽取并未对药品组分造成有害影响，且在销售该药品时，在容器或包装中附有足够大小、印刷清晰的告示，说明已添加或抽取的物质，那么，此种做法不构成违法。当根据医务人员开具的处方销售或供应药品时，任何人销售或供应的药品需与处方中规定的药品性质或质量一致，以防止给用药者带来不利影响。[2]

4. 禁止销售、供应或出口特定药品

卫生大臣认为，出于安全性的考虑，有必要发布禁令，禁止特定类型药品或特定药品的销售、供应或出口。禁令可以完全禁止特定药品的销售、供应或出口，也可以为禁止设定例外情形。除非卫生大臣认为必须让禁令即时生效，以防止严重的健康风险，否则，在颁布禁令前应向适当的咨询委员会咨询。

未经事先咨询程序而设定的禁令，其禁止期限最长只能为禁令生效之日起三个月。但对此类禁令而言，在三个月期满后，还可发布下一条禁令。如果制定禁令时，未咨询适当的咨询委员会，[3]或禁令与委员会的建议相悖，那么在该禁令中应当陈述这一事实。[4]

当占有药品的人违反依法设定的禁令，去非法销售、供应或进口药

---

1 Human Medicines Regulations 2012, Section 251.

2 Medicines Act 1968, Section 64.

3 "适当的咨询委员会"指人用药品委员会，或由卫生大臣单独任命的咨询委员会。

4 Medicines Act 1968, Section 62.

品时，如果他知道或有合理原因怀疑该药品的销售、供应或进口违反禁令，除非他这样做是为了履行法律所赋予的职责或权力，否则将因其违反禁令的行为而获罪。循简易程序定罪，可处以不超过400英镑的罚金；如循公诉程序定罪，可处以罚金，或处以两年以下监禁，或者两者合并适用。[1]

## （七）剥夺资格

1. 剥夺任何人使用药店场所的资格

当任何人被判定有违反零售药店的记录保存要求，并构成犯罪时，如果符合以下条件，法院可以判定剥夺该人使用药店营业场所的资格，剥夺资格的期限不超过两年：[2]（1）犯罪行为发生于零售药店；（2）剥夺资格的期限与该场所作为零售药店营业地址的用途有关；（3）执法机关请求法院做出剥夺资格的裁定；（4）法院做出剥夺资格决定时，要考虑该人所犯罪行的严重程度，考虑药店场所令人不满意的程度，考虑该人此前是否有过违反记录保存要求的犯罪行为；[3]（5）执法机关在请求法院做出剥夺资格的裁定之前，应当提前14日就此告知该人。[4]当剥夺该人使用药店场所资格的裁定生效后，如果该人仍在这些场所从事零售药店业务，将遵循简易程序对该人加以定罪，处以不超过400英镑的罚金。[5]

自剥夺资格的裁定生效之日起六个月内，该人可以向法院申请撤

1 Medicines Act 1968, Section 67.

2 Human Medicines Regulations 2012, Section 256(1).

3 Human Medicines Regulations 2012, Section 256(5).

4 Human Medicines Regulations 2012, Section 256(6).

5 Medicines Act 1968, Scction 67; Human Medicines Regulations 2012, Section 256(7).

回裁定，或通过请求变更裁定，来缩短剥夺资格的时间。[1]法院会对所有相关情形都加以考虑，包括考虑与剥夺资格裁定有关的申请人行为，以及申请人改善药店场所状况的努力，在法院认为适当时，可以撤销或变更剥夺资格的裁定；但如果法院拒绝撤销或变更剥夺资格的裁定，申请人在被拒绝之日起三个月内，不得再度提出撤回或变更剥夺资格裁定的申请。[2]接受申请的法院有权要求申请人支付申请的全部或部分费用。[3]

2. 剥夺法人零售药店经营资格

当法人经营零售药店时，若出现如下情形之一，则惩戒委员会在调查之后，可以指示剥夺该法人经营零售药店的资格：（1）该法人因违反相关药品法律而获罪；（2）该法人的任何董事会成员、职员或雇用的工作人员被定罪，或被判有不当行为，若相关人员为药师，惩戒委员会认为这种违法或不当行为使得其不适合再做药师；（3）法人开展业务不符合相关法律规定的标准。[4]

当相关惩戒委员会确证发生了下述一种或多种事实，且在它看来，法人的董事会对该犯罪行为或不当行为负有责任时，它可能做出剥夺该法人经营零售药店资格的指令，相关事实包括：（1）法人董事会的成员、职员或雇用的工作人员，在此次犯罪行为或不当行为发生之日前12个月内，有类似的犯罪行为或不当行为，且法人董事会应当知悉，或者在履行合理注意义务的情况下，应知悉此前的犯罪行为或不当行为；（2）如果该犯罪行为或不当行为是持续性的行为，且董事会或其代表已经知道，或者在履行合理注意义务的情况下，应当知悉这一行为的持续；（3）当犯罪行为违反相关法律中的任何内容，而董事会未对法律的

1 Human Medicines Regulations 2012, Section 256(8).

2 Human Medicines Regulations 2012, Section 256(9)(10).

3 Human Medicines Regulations 2012, Section 256(11).

4 Medicines Act 1968, Section 80(1).

遵守情况履行合理注意义务。[1]

惩戒委员会做出剥夺资格的指令，必须得到委员会主席的同意。自惩戒指令的通知送达法人或其他相关人员之日起三个月后，该指令方可生效；如果就该指令提起申诉，则应在做出申诉处理决定或撤回申诉后，指令方可生效。在指令送达后，法人或其他相关人在指定的三个月期间内，均可向高等法院提出申诉。药师协会在这类申诉中可能成为被申请人。在这类申诉中，高等法院可就相应事务发出适当的指令，惩戒委员会有遵循这些指令的义务，注册登记官员在适当时候，有履行指令和对注册登记加以变更的义务。不得就高等法院对申诉的决定提起上诉。[2]

## 六、药品的包装和插页说明书

### （一）对包装的要求

药品的外包装和直接包装上均应载明必要信息，且这些信息应清晰易读、可以理解、不易磨损。[3]

1. 药品的外包装

药品的外包装上应当载明的信息包括：(1) 药品的名称；(2) 药品的效价和剂型；(3) 适当时，注明药品是用于儿童、幼儿还是成人；(4) 若药品含有的活性物质不超过三种，则应列明全部活性物质的通用名；(5) 以定性和定量的方式，说明就特定体积或重量的药品而言，每个计量单元中含有药品活性物质的量，表述时应用通用名；(6) 药品

1 Medicines Act 1968, Section 81.

2 Medicines Act 1968, Section 82.

3 Human Medicines Regulations 2012, Section 257.

剂型，药品的重量、体积或数量；（7）对于注射剂、局部用药或滴眼液而言，需列出使用的所有辅料，在其他情况下，也应尽可能列出已知使用的所有辅料；（8）给药方式，必要时说明给药途径；（9）适当时，应注明规定剂量；（10）警示，药品应保存于儿童视线之外且接触不到之处；（11）其他适用于该药品的任何特别警示；（12）清晰标明药品有效期，并具体到年月；（13）任何特别的药品储存措施；（14）与处置未使用药品、药品衍生废弃物有关的任何特别预防措施；（15）许可持有人的姓名和地址；（16）上市许可编号；（17）生产批号；（18）如果产品是非处方药，则需提供使用说明。[1]

2. 药品的直接包装

如果药品的直接包装过小，那么它应载明如下信息：（1）药品名称；（2）药品效价和剂型；（3）适当时，注明药品是用于儿童、幼儿还是成人；（4）若药品含有的活性物质不超过三种，则应列明全部活性物质的通用名；（5）给药方式，必要时说明给药途径；（6）清晰标明药品有效期，并具体到年月；（7）生产批号；（8）以重量、体积或数量单位计算的药品包装内容含量。[2]

3. 处方药包装的特殊要求

在根据适格从业者开具的处方销售或提供药品时，根据同一张处方开具的多份药品被纳入一个包装，在这个包装上应载明下列必要信息：（1）开具处方药的特定患者姓名；（2）处方药销售或提供者的姓名和地址；（3）销售或提供处方药的日期；（4）根据处方注明药品的名称或通用名、用药指南，以及与用药相关的预防措施；（5）药师还可以依据专业技能和判断，要求包装上标注其他适当的内容。[3]

1 Human Medicines Regulations 2012, Part 1, Schedule 24.
2 Human Medicines Regulations 2012, Part 3, Schedule 24.
3 Human Medicines Regulations 2012, Part 1, Schedule 25.

## （二）对插页说明书的要求

应根据批准的产品特征概要，来撰写药品的插页说明书，并载明必要信息。药品的插页说明书必须易读、清晰、易于使用，药品许可持有人应确保为实现这一效果，去咨询目标患者群体。[1]

插页说明书中应该载明的信息包括：(1) 药品的名称；(2) 药品的效价和剂型；(3) 适当时，注明药品是用于儿童、幼儿还是成人；(4) 若药品含有的活性物质不超过三种，则应列明全部活性物质的通用名；(5) 以患者易于理解的方式，说明药品治疗组别或活性类型；(6) 药品适应症；(7) 药品的禁忌症、适当的用药注意事项、影响药效的药物相互作用；(8) 药品与酒精、烟草、食品等可能影响产品作用的其他物质的相互作用；(9) 药品的特别警示；(10) 关于合理用药的说明；(11) 常规用药产生的不良反应及应对措施；(12) 药品失效日期；(13) 以定性方式说明药品含有哪些活性物质、辅料，以定量方式说明活性物质的含量；(14) 上市许可持有人的名称和地址；(15) 生产商的名称和地址；(16) 说明书最后修改的时间。[2]

合理用药说明的内容应包括剂量、给药方法、给药途径、给药频率、治疗疗程、过度服用的症状及应对措施等，并说明一次或多次错过用药时应当如何应对，说明停药可能造成的风险。合理用药说明中还应给出专门建议，建议药品消费者就合理用药向医生或药师咨询，从而获取关于特定药品使用的进一步说明。[3]

---

1　Human Medicines Regulations 2012, Section 260.

2　Human Medicines Regulations 2012, Schedule 27.

3　Human Medicines Regulations 2012, Para 9, Part 1, Schedule 27.

## （三）向许可机关提交包装和插页说明书的样本

在申请上市许可时，申请人需向许可机关提交该药品拟采用的外包装和直接包装的实体模型，并提交草拟的插页说明书；申请人还应与目标患者群体合作，以提供对包装和插页说明书的评估结果。[1]如果包装或插页说明书不符合法定要求，或者包装或插页说明书标注的信息与产品特征概要中列举的特征不一致，那么许可机关将拒绝批准上市许可申请。[2]

如果上市许可持有人想变更包装或插页说明书，且不涉及产品特征概要的相关变更，则需向许可机关提交拟采用的外包装和直接包装的实体模型，并提交修改后的插页说明书，实体模型和插页说明书中应展示出拟议的变更。如果许可机关在收到申请90日内，未做出拒绝申请的决定，申请人即可对药品包装或插页说明书做出变更。[3]

## （四）法律责任

如果许可持有人销售或供应的药品未能遵守关于药品包装和插页说明书的法定要求，或者药品中未附有插页说明书，则构成犯罪。[4]许可机关可告知持有人，要求持有人在三个月内或通知要求的时间内满足法定要求。如果持有人未能满足通知要求，许可机关将中止上市许可。[5]任何人如果销售或供应的药品未能遵守关于药品包装和插页说明

1 Human Medicines Regulations 2012, Section 267(1)(2).

2 Human Medicines Regulations 2012, Section 267(3).

3 Human Medicines Regulations 2012, Section 267(4)(5).

4 Human Medicines Regulations 2012, Section 268.

5 Human Medicines Regulations 2012, Section 270.

书的法定要求，可能依简易程序定罪，并被科处不超过法定最高额度的罚金；也可依公诉程序定罪，可以处以罚金，或科处两年以下的监禁，或者将罚金与监禁合并适用。[1]

## 七、药品广告与促销

### （一）药品广告的范围和一般要求

1. 药品广告的范围

英国《人用药品条例》第7条对“广告”加以界定，药品广告涵盖了旨在促进药品处方、供应、销售或使用的任何行为。[2]这尤其包括以下活动：(1) 挨家挨户地游说；(2) 医药代表拜访有处方权者或适格的药品供应者；(3) 提供样品；(4) 通过馈赠，以金钱或实物的形式，提供或承诺任何利益或奖金，作为开具处方或供应药品的激励，但此种激励的实际价值微乎其微时除外；(5) 赞助有处方权者或适格的药品供应者参加促销会议；(6) 赞助有处方权者或适格的药品供应者参加学术会议，包括支付他们参会的差旅费和食宿费用。[3]

以下形式不构成药品广告：(1) 药品的包装或包装插页说明书；(2) 参考资料以及具有事实和信息性质的公告，包括与药品包装或包装插页说明书变更相关的材料、不良反应警示、贸易目录、价目表等；(3) 附有非促销材料，以回答有关药品特定问题的信函。[4]

2. 药品广告的内容

药品广告需以药品获得上市许可为前提，广告药品应为获得上市

1 Human Medicines Regulations 2012, Section 271.

2 Human Medicines Regulations 2012, Section 7(1).

3 Human Medicines Regulations 2012, Section 7(2).

4 Human Medicines Regulations 2012, Section 7(3).

许可或注册证书的药品，或是已注册的传统草药，且许可或注册应在有效期内。[1]药品广告的内容应与产品特征概要中列举的特征相符，应客观陈述药品性状，不得夸大其特征，不得有误导性内容，以鼓励消费者合理用药。[2]

3. 持有人的职责

许可持有人、登记持有人必须展开科学服务，以汇编和核对有关药品的全部信息，无论这些信息源自医药代表，还是来自其他来源。持有人必须确保促销药品的医药代表接受充分的培训，有充分的科学知识，能尽可能提供关于药品准确和完整的信息。[3]

持有人应保留所负责药品广告的样本，并准备一份陈述材料，说明广告面向哪些人群，发布方式为何，何时首次发布。在接到卫生大臣通知时，持有人应在通知要求的时间内，提交广告样本的副本和陈述材料，并依照卫生大臣要求提交其他信息。[4]

## （二）面向公众的广告

1. 广告内容方面的禁止性规定

在英国，面向公众的广告不得发布诱导使用药物堕胎、引导使用处方药、针对麻醉药品和精神药品的广告。[5]涉及诊疗时，药品广告不得说明或暗示没必要进行医疗咨询或外科手术；不得通过邮寄或电子通信网络的方式，发布提供诊断或治疗方式的药品广告；药品广告不得通过

1 Human Medicines Regulations 2012, Section 279.

2 Human Medicines Regulations 2012, Section 280.

3 Human Medicines Regulations 2012, Section 281(2)(3).

4 Human Medicines Regulations 2012, Section 281(4)(5).

5 Human Medicines Regulations 2012, Section 283, 284, 285.

对病史的描述或详细阐述，导致错误的自我诊断。[1]

涉及关于疗效的表述，药品广告不得提示如下内容：（1）药品疗效是有保障的，药品疗效优于或等同于其他已确证的治疗手段或药品，无任何不良反应；[2]（2）广告不得使用误导性的措辞或可能令人惊恐的图示，展示疾病或损害导致的人体变化，或展示该药品对人体的作用；[3]（3）药品广告不得使用误导性措辞，不得给药品索赔带来不利影响；[4]（4）药品广告不得提示无病者服药可改善健康，或不服药会影响人体健康。[5]

药品广告中，不得提示它是食品、化妆品或其他消费品等非药品，或者提示药品的安全性或有效性在于它是天然的。[6]不得使用科学家、医疗人士、名人等的名义或形象，为药品广告做推荐、证明。[7]不得发布主要以儿童为受众的药品广告。[8]

2. 广告的形式和内容

发布药品广告时，形式上应明确是广告，并明确该产品是药品。药品广告内容应包括药品的名称；如果该药品仅包含一种活性成分，广告应说明该活性成分的通用名；药品广告应包括正确使用该药品的必要信息；广告应清晰无误地指出，请患者认真阅读包装或插页说明书上的用法说明。[9]

1 Human Medicines Regulations 2012, Section 286.
2 Human Medicines Regulations 2012, Section 287(1).
3 Human Medicines Regulations 2012, Section 287(2).
4 Human Medicines Regulations 2012, Section 287(3).
5 Human Medicines Regulations 2012, Section 287(4).
6 Human Medicines Regulations 2012, Section 288.
7 Human Medicines Regulations 2012, Section 289.
8 Human Medicines Regulations 2012, Section 290.
9 Human Medicines Regulations 2012, Section 291.

3. 禁止基于促销目的向公众提供药品

上市许可持有人、注册证书持有人以及从事药品生产、销售或供应业务的人，均不得为了促销，向没有处方权的人出售或供应药品。[1]

## （三）面向有处方权者和适格供应者的促销

1. 广告的内容

面向有处方权者和适格供应者的广告应包括下列内容：（1）上市许可、登记证书等证书编号；（2）持有人的名称和地址，或持有人负责药品销售或供应业务的部门的名称和地址；（3）说明药品分类，说明其是一般销售药品、处方药或药房药品；（4）药品名称；（5）药品的活性成分清单，应以通用名表述，活性成分名称应处于紧接药品名称之后的显著位置；（6）药品适应症，表述与上市许可或登记事项一致；（7）对产品特征概要的简洁陈述，涉及不良反应、警示和相关禁忌症，与广告展示适应症相关的药品用法和剂量，与适应症相关的给药途径。[2]

如广告以书面形式发布，则应以清晰可读的方式印制产品特征概要的内容，并将其置于广告中的显要位置，足以让受众预见这些特征与宣称适应症之间的关联。如果广告并非书面广告，也应让所有广告受众能获得这些广告信息的书面版本。[3]

2. 附随的书面材料

作为药品广告的一部分，向有处方权者或适格供应者寄送或递送的书面材料应包括广告的必要内容，并注明起草或最后修订的日期。这些书面材料必须载明准确的、最新的、可证实的、足够完整的信息，足

1 Human Medicines Regulations 2012, Section 293.

2 Human Medicines Regulations 2012, Schedule 30.

3 Human Medicines Regulations 2012, Schedule 30, Section 294(3).

以让受众就相关药品的治疗功用形成自己的见解。在书面广告材料中，当使用来自医学期刊或其他科学著述中的引文、图表或其他说明性材料时，必须精确重述，并注明准确出处。[1]

3. 利益和款待的限定

在向有资格开处方或供应药品的人促销药品时，不得给予、提供或承诺提供任何礼物、金钱或利益，例外的赠予限于成本低廉且与医药学实践相关的物品。在为促销药品而举行的会议或活动中，通常不得提供款待，如有款待，也只能严格限于会议或活动的主要目的，且仅招待医疗专业人员。在纯专业或科学活动中，可以提供必要的款待，但款待应严格限于为主要科学目标服务，且仅招待医疗专业人员。有资格开处方或供应药品的人不得要求，也不得接受法律禁止的礼品、金钱、利益或招待，此处的“招待”包括赞助出席会议或活动，并支付差旅费或住宿费。[2]

## （四）广告监督

卫生大臣可以书面通知广告发布者，要求其在指定时间内，提交已发布或拟发布的药品广告副本。[3]卫生大臣将判断这些广告是否违反了法律的禁止性规定，将所做判断通知广告发布者，并说明判断的理由。广告发布者在接到通知后21日内，需做出书面陈述。[4]期满后，卫生大臣将再次发出书面通知，告知广告发布者最终结论。[5]如果最终结论是广告合法，将允许继续发布广告；如果结论是广告违反了禁止性规定，

1 Human Medicines Regulations 2012, Section 297.

2 Human Medicines Regulations 2012, Section 300.

3 Human Medicines Regulations 2012, Section 304(1)(2)(3).

4 Human Medicines Regulations 2012, Section 305.

5 Human Medicines Regulations 2012, Section 306.

将责令停止发布广告，并可能要求广告发布者将卫生大臣认为其违反禁止性规定的原因公之于众，广告发布者还需就广告发布一份纠正声明（corrective statement）。[1]

### （五）广告投诉

人们可以向卫生大臣投诉，主张已发布或拟发布的药品广告违反了法律的禁止性规定。除非卫生大臣认为该投诉是轻率或无理取闹的，否则他应当对该投诉加以考虑。[2]如果英国通信管理局（Office of Communication，简称OFCOM）或其他自我规制机构已经在处理这一投诉，或卫生大臣此前已经向被投诉广告的发布者发出书面通知，卫生大臣则无须再考虑该投诉。[3]如果投诉在英国通信管理局的职责范围内，卫生大臣经投诉者同意，可将投诉转给英国通信管理局处理。[4]

## 八、药品标准

1907年英国医药协会颁布第一版《英国药学药典》(British Pharmaceutical Codex)，后来其官方地位被《英国药典》取代。1968年《药品法》进一步确立了英国药典委员会的法律地位，该法第4条规定《英国药典》作为英国药品标准。2012年《人用药品条例》第317条规定了英国药典委员会和《英国药典》的法律地位，厘定了药典委员会在药品标准制定中的作用。

1 Human Medicines Regulations 2012, Section 307.

2 Human Medicines Regulations 2012, Section 309(1)(2).

3 Human Medicines Regulations 2012, Section 309(3)(4).

4 Human Medicines Regulations 2012, Section 309(5)(6).

## (一)英国药典委员会

英国药典委员会的性质为非政府部门的咨询性公共机构。英国药典委员会秘书处作为英国药品监管局检查、执行和标准司的一部分,行使职能。

1. 职责

英国药典委员会的职责包括:

第一,制定和更新《英国药典》和《英国兽药典》。

第二,负责《英国批准药名》(British Approved Names)的选择和公示。

第三,为《英国药典》的制定提供清晰的政策和技术建议。

第四,为参与欧洲药典委员会的英国代表提供参考意见,以履行英国作为欧洲药典委员会成员的义务。

第五,任命专家咨询组、专家小组和工作组成员,以协助其开展相关工作。[1]

2. 成员

英国药典委员会委员由卫生和社会服务部的任命团队任命。药典委员会多数委员的任期为四年,可以连任,最长任期可以达到十年。委员的任命受到公职任命专员办公室(Office of the Commissioner for Public Appointments)的监督。《英国药典》现行版本中收录有英国药典委员会成员的个人资料信息。英国药典委员会现有主席一人,副主席一人,另有委员 11 人。委员主要来自制药企业,如来自辉瑞、默克雪兰诺、阿斯利康、爵士制药、生物治疗服务(Biotherapy Services)等公司,另有现供职于英国国民医疗服务体系、英国皇家植物园的专家,还有公众

1 The British Pharmacopoeia Commission,英国药典委员会官网。

代表两人。[1]

3. 专家咨询组、专家小组和工作组

英国药典委员会将来自药品产业、学术界、监管机构和英国国民医疗服务体系的专家任命为专家咨询组、专家小组和工作组的成员，因为这些专家具有专业技术知识和经验，他们可以对《英国药典》内容的更新和发展提供建议，特别有助于个别药品标准专论的形成。这些专家通过开会或通信审议的方式，参与药品标准制定。

专家咨询组、专家小组和工作组成员的具体职责有：第一，合作制定并修正《英国药典》《英国兽药典》中的专著、附录和辅助章节；第二，合作制定并修正《欧洲药典》中的专论、研究方法和通用章节；第三，复查《英国药典》实验室有关技术内容的报告，如有可能，提供独立的实验数据以支持决策；第四，制定并修正《英国药典》《英国兽药典》中被用作专论标题的名称。

英国药典委员会现有八个专家咨询组，其中三个组为药物化学组，其余五个组分为抗生素组、生物制品和生物技术产品组、草药和辅助药物组、药房和命名组、未经批准用药组。这些专家咨询组定期会面，通常为每年一到两次，每次会议也会形成会议纪要并公布在其官方网站上。

英国药典委员会现有七个专家小组，这些专家小组分别负责血液制品、辅料、无机化学品和一般化学品、微生物学、放射性物质、兽药、兽用免疫产品。

英国药典委员会目前有三个工作组，工作组通常具有专门性质，针对先进治疗产品，“质量源于设计”的理念，生物技术产品文件标准和物理标准的替代进路，分别提出专业性建议。

4. 实务守则

英国药典委员会成员以及专家咨询组、专家小组和工作组的所有成

---

1 Members of The British Pharmacopoeia Commission，英国药典委员会官网。

员都需遵守英国药典委员会关于药品产业声明利益（Declaring Interests）的实务守则（Code of Practice），每年完成一份年度利益声明，需要声明的利益包括：个人利益、非个人利益、其他相关利益、出席会议费用和裁量性基金，委员会成员的利益声明将被公布于年度报告中。[1]实务守则的目的在于加强对利益冲突的管理，以及为许可机关和药品监管部门负责人提供可靠建议。英国药典委员会已经将成员要遵守的实务守则公布在网页上，以接受公众的质询和监督。

5. 会议

英国药典委员会每年会举办三次例行会议，会议通常在英国药品和健康产品管理局伦敦办公室举行，英国药典委员会官网上会公布英国药典委员会每次会议的会议纪要，会议纪要主要内容包括出席人员，从上一次会议至本次会议期间产生的问题、报告和决议，药典的出版工作，国际合作以及下一次会议的召开时间等。[2]网站上还会公布专家咨询组、专家小组、工作组的会议纪要。

## （二）《英国药典》

英国药典委员会必须在其认为适当的时间间隔内，编制或安排编制《英国药典》的新版本，药典应包括药典委员会认为适当的，针对相关物质、物质组合和物品的描述、标准、特征或其他事项。[3]这些物质、物质组合和物品是指用于或可能用于医学、外科、牙科、助产的物质、物质组合和物品，无论其是不是药品；也包括在生产上述物质、物质组合和

1　参见杨金晶、宋华琳：《英国药品标准法律制度评介》，《中国卫生政策研究》2014年第9期。

2　Summary Minutes of the British Pharmacopoeia Commission，英国药典委员会官网，2013年3月25日。

3　Human Medicines Regulations 2012, Section 317(1)(5).

物品时使用的物质、物质组合和物品。[1]卫生大臣必须促使英国药典委员会依法安排编制药典。[2]

### (三)名称清单

英国药典委员会必须在其认为适当的时间间隔内,编制或安排编制名称清单(list of names),用来作为收入《英国药典》的物质、物质组合或物品的适当名称,并在《英国药典》及相关药品标准出版物中,将名称清单上的名称作为特定专论的标题。卫生大臣应将编制完成的名称清单公之于众。[3]

### (四)其他出版物

《人用药品条例》第319条规定,英国药典委员会可以在其认为适当的时间间隔和适当范围内,就相关物质、物质组合或物品的标准信息,来编制或着手编制其他出版物。编制完成后,卫生大臣应将其公之于众。

## 九、药物警戒

### (一)许可机关的药物警戒义务

1. 关于药物警戒的一般义务

许可机关关于药物警戒的一般义务包括:(1)采取一切适当措施,

1 Human Medicines Regulations 2012, Section 317(2).

2 Human Medicines Regulations 2012, Section 317(4).

3 Human Medicines Regulations 2012, Section 318.

鼓励报告疑似不良反应；（2）除了提供基于网络的报告格式之外，还提供其他可选择的格式，为不良反应报告提供便利；（3）采取一切适当措施，获得准确的、可验证的数据，以对疑似不良反应进行科学评估；（4）通过在门户网站上公开及其他必要的信息公开方式，确保及时为公众提供相关药品的药物警戒重要信息；（5）确保采取适当措施，通过数据收集的方式，必要时通过对疑似不良反应报告的后续跟踪，确认在英国开具处方、施用、销售的作为不良反应报告对象的生物制品，并查明其名称和批号。[1]

2. 与运行药物警戒体系相关的义务

许可机关有运营药物警戒体系的义务。药物警戒体系必须能收集给患者或公众健康带来风险的相关信息，包括药品使用引发的不良反应及与职业暴露相关的不良反应。许可机关必须不间断地科学评估药物警戒体系收集的信息，考虑如何将药品风险最小化，并采取适当的监管措施。[2]许可机关有义务对药物警戒体系进行常规审计，并每两年一次向欧盟委员会报告审计结果。[3]

3. 记录和报告义务

许可机关必须记录在英国发生的所有疑似药品不良反应，以及由患者或其护理人员、医疗专业人员、验尸官或死亡事故调查官员向其报告的药品疑似不良反应。[4]

许可机关在收到疑似不良反应报告时，应视情况与报告人一同跟进报告。应确保通过门户网站或其他方式，将疑似不良反应报告提交给许可机关。许可机关应与欧洲药品局、许可或登记持有人协作，检查疑似不良反应报告的副本。许可机关应自收到严重疑似不良反应报

1　Human Medicines Regulations 2012, Section 178.

2　Human Medicines Regulations 2012, Section 179.

3　Human Medicines Regulations 2012, Section 180.

4　Human Medicines Regulations 2012, Section 185.

告之日起15日内，向欧洲药物警戒数据库提交不良反应报告电子版；许可机关应自收到非严重的疑似不良反应报告之日起90日内，向欧洲药物警戒数据库提交不良反应报告电子版。[1]如果许可机关收到的疑似不良反应报告源自药品使用相关的错误，它应确保将报告提供给所有与保护患者安全职能相关的法定机构。[2]

## (二) 许可持有人的药物警戒义务

1. 运行药物警戒体系的义务

持有人必须运行药物警戒体系。持有人的义务包括：(1) 拥有一名在欧盟居住和运营的适格负责人，来持续性地担负药物警戒职责，建立和运行药物警戒体系；(2) 维持药物警戒体系主文件，并可提供给许可机关；(3) 如有药品风险管理计划，运营相应的风险管理体系；(4) 如果风险管理计划或上市许可条件中附有风险最小化措施，则对风险最小化措施的结果加以监控；(5) 升级风险管理体系，监控药物警戒数据，以确定是否出现新风险，风险是否发生改变，或风险收益平衡是否发生改变；(6) 运用药物警戒体系，来科学评价与药品相关的所有信息，考虑将药品使用风险趋于最小化及预防相应风险的选项，在合理可行的情形下，尽快采取适当措施，调查药品的潜在风险，进行风险沟通，采取风险最小化和预防风险的行动，包括升级药品风险管理体系。[3]

2. 记录和报告义务

许可持有人必须记录引起关注的所有疑似不良反应，而无论不良反应发生在哪个国家。不良反应可能源自患者或医疗专业人士的自发

1 Human Medicines Regulations 2012, Section 186(1).

2 Human Medicines Regulations 2012, Section 186(2)(3).

3 Human Medicines Regulations 2012, Section 182.

报告，也可能源自上市后研究的发现。无论患者或医疗专业人士以何种形式提交药品疑似不良反应报告，许可持有人都不得拒绝接收。应确保在欧洲经济区内的某一位点，可以获得这些电子版的或纸质版的报告。[1]

许可持有人应自知道严重疑似不良反应发生之日起15日内，向欧洲药物警戒数据库提交不良反应报告的电子版；许可持有人应自知道非严重的疑似不良反应发生之日起90日内，向欧洲药物警戒数据库提交不良反应报告的电子版。[2]许可持有人应建立程序，以获得准确的、可证实的数据，来对疑似不良反应报告进行科学评估；许可持有人应收集后续信息，并在规定的时间内以更新原始报告信息的方式，将这些后续信息的电子版提交给欧洲药物警戒数据库；与欧洲药品局和欧洲经济区其他国家药品主管部门合作，对疑似不良反应报告的副本加以检测。[3]

如果疑似不良反应涉及的药品含有受监测的活性物质，且疑似不良反应被记录在关于药物监测的出版物中，则持有人无须向欧洲药物警戒数据库提交报告的电子版。持有人还需关注药物监测出版物之外的其他医学文献，以了解相应的疑似不良反应。[4]

## （三）紧急行动

许可机关通过对药物警戒活动获得的数据进行评估，认为评估表明有必要采取紧急行动时，可采取如下协同举措：（1）中止或撤销某种或某类药品的许可或注册；（2）禁止供应某种或某类药品；（3）拒绝延

1 Human Medicines Regulations 2012, Section 187.
2 Human Medicines Regulations 2012, Section 188(1).
3 Human Medicines Regulations 2012, Section 188(1).
4 Human Medicines Regulations 2012, Section 188(2)(3).

续某种药品的许可或登记；(4) 收到来自持有人的信息，基于对安全性的关注，持有人已经中断药品的销售或供应，或持有人已经采取行动，来撤销该药品的许可或登记，或打算这样做；(5) 考虑是否应对某种或某类药品的许可登记事项加以变更，来涵盖新的禁忌症、改变推荐剂量，或对适应症加以限定。[1]

在决定采取紧急行动后，许可机关认为必要时，应向其他欧洲经济区国家的主管部门、欧洲药品局、欧盟委员会，提交与紧急行动相关的必要信息。在提交相关信息时，许可机关应保证欧洲药品局可以使用由它支配的相关科学信息，并利用许可机关已实施的评估数据。[2]

当不适用欧盟紧急行动程序时，许可机关应将它所开展的信息共享活动告知持有人，并采取适当措施解决安全性问题。[3]在适用欧盟紧急行动程序时，如为保护公众健康之需，有必要采取紧急行动，那么许可机关可以中止该种或该类药品的许可或登记，或禁止在英国使用这些药品。此时许可机关必须在采取行动之日的下一个工作日内，向欧盟委员会、欧洲药品局和其他欧盟国家的药品主管部门告知行动的原因。[4]

## (四) 上市后安全性研究

1. 一般规定

如果进行相关的上市后安全性研究能促进药品的使用，可能不宜进行这样的研究。开展相关的上市后安全性研究时，不得在补偿时间成本和开支之外，为医疗从业者参与研究提供报酬。[5]

---

1 Human Medicines Regulations 2012, Section 196(1).

2 Human Medicines Regulations 2012, Section 196(2)(3).

3 Human Medicines Regulations 2012, Section 196(4).

4 Human Medicines Regulations 2012, Section 196(5)(6)(7).

5 Human Medicines Regulations 2012, Section 198(1).

许可机关可能要求药品持有人，就在其他国家开展的上市后安全性研究，向该国的主管部门提交研究方案和进展报告，并在研究数据收集结束后12个月内，向该国主管部门提交最终研究报告。[1]持有人应依据法定要求提交研究报告，且在开展研究时，监控上市后研究数据，并考虑数据对该药品风险收益平衡的意义。当上市后安全性研究中出现可能影响评价药品风险收益平衡的新信息时，持有人在知悉后，在合理可行的情形下，应尽快与相关主管部门沟通。[2]

2. 提交研究方案草案

当开展上市后安全性研究构成英国药品上市许可的附加条件时，该许可持有人必须在研究开始前，向特定组织提交研究方案草案。如研究拟在英国境内进行，则向许可机关提交研究方案草案；如研究拟在其他国家进行，则向欧洲药品局的药物警戒风险评估委员会提交研究方案草案。[3]

许可机关应在收到研究方案草案之日起60日内发出函件，来批准或否定该研究方案，或者告知持有人拟进行的研究实属临床试验，应受《临床试验条例》的调整。否定该研究方案草案的理由可能是，认为该上市后安全性研究促进了药品的使用，或该研究的设计无法实现研究目标。[4]

持有人应在收到对研究方案的批准函后，方可开始上市后研究。[5]在收到欧洲药品局药物警戒风险评估委员会的批准函后，持有人应在研究开始前，将研究方案转交至拟开展研究的欧洲经济区国家的主管部门。[6]

3. 提交和评估最终研究报告

药品许可持有人应在研究数据收集结束后12个月内，向英国许可

---

1 Human Medicines Regulations 2012, Section 198(2)(3).

2 Human Medicines Regulations 2012, Section 198(3).

3 Human Medicines Regulations 2012, Section 199(1)(2)(3).

4 Human Medicines Regulations 2012, Section 199(5).

5 Human Medicines Regulations 2012, Section 199(6).

6 Human Medicines Regulations 2012, Section 199(8).

机关或欧洲药品局药物警戒评估委员会提交一份最终研究报告及研究结果摘要。药品许可持有人应毫不迟延地评估最终研究报告的结果，评估其是否对相关药品的许可或登记有影响，并在必要时提交许可或登记的变更申请。[1]

4. 后续行动

基于最终研究报告，欧洲药品局药物警戒风险评估委员会可在咨询上市许可持有人后，就某一药品或某类药品的许可或登记提出建议，并说明建议的理由和基础，阐述意见分歧所在。建议可能是对上市许可的变更、中止或撤销。由各成员国组成的协作小组，应根据2001年欧盟《人用药品指令》第107q条第1款规定的程序，对上述变更、中止或撤销的建议达成一致协议。[2]许可机关必须根据协议确定的实施时间表，实施协议规定的措施。[3]如果协议要求变更许可或登记，且药品持有人已经知悉协议中的相关内容，那么每位持有人均应按照实施时间表的要求，向许可机关提交变更申请，包括对产品特征概要和包装插页说明书的更新。[4]

## （五）药物警戒信息公开与公告

1. 许可机关与国家药品门户网站相关的义务

许可机关必须建立和维护国家药品门户网站，并与欧盟药品门户网站相连接。[5]许可机关应在国家药品门户网站上公布与药品相关的下列信息：(1) 许可机关形成或修正的药品审评报告及摘要；(2) 药品的

1 Human Medicines Regulations 2012, Section 201.

2 Human Medicines Regulations 2012, Section 202(1).

3 Human Medicines Regulations 2012, Section 202(2).

4 Human Medicines Regulations 2012, Section 202(4).

5 Regulation EC No 726/2004, Article 26.

产品特征概要;(3)药品的包装插页说明书;(4)特定药品的风险管理计划摘要;(5)依据欧盟法规,需要额外监控的药品清单;[1](6)由患者或其护理人员、医疗专业人员、验尸官或死亡事故调查官员等从不同途径报告的疑似不良反应信息。[2]

2. 许可机关的公告义务

许可机关在就药物警戒相关信息发布公告之前,应至少提前24小时告知欧洲药品局、欧盟委员会及其他欧洲经济区国家的主管部门,但为保护公众健康而需紧急公告的信息,不受提前24小时告知的限制。[3]

3. 持有人的公告义务

当持有人意在就与药品使用相关的药物警戒信息发布公告时,必须尽快就发布公告的意图告知许可机关、欧洲药品局和欧盟委员会,告知不得晚于公告发布的时间。[4]持有人应确保公告能客观呈现药物警戒信息,且不造成误导。[5]

## 十、监督检查和法律责任

### (一)监督检查

1. 进入的权利

任何获得执行机构适当书面授权的检查人员,在出示证件后,有在合理的时间进入某个场所或船舶、飞机、汽车、摊位或地点的权力,以核查现场是否存在违法行为,或履行法定职责。如有需要,法官可以通过

---

1 Regulation EC No 726/2004, Article 23.

2 Human Medicines Regulations 2012, Section 203.

3 Human Medicines Regulations 2012, Section 204.

4 Human Medicines Regulations 2012, Section 205(1)(2)(3).

5 Human Medicines Regulations 2012, Section 205(4).

亲笔签署的令状授权检查人员进入相应场所，必要时还可诉诸强力。[1]授权令状的有效期为一个月。如果检查人员要进入私人住宅进行检查，需在24小时之前向住宅所有人发出通知。[2]

2. 检查

获得执行机构适当书面授权的人，为查明是否存在违法行为，或为核实生产许可、批发商许可、上市许可或登记证书的申请人在提交申请中陈述的内容，可以进行检查。[3]检查员在行使上述权力时，必须提供身份证明。[4]

检查的对象包括：(1)任何在检查员看来是药品的物质或成品；(2)可能用于药品容器或包装的物品，用于或意欲用于药品的标签或说明书；[5](3)可能用于或意欲用于药品生产、分装、出口、销售、供应、促销或批发的设施或设备，包括计算机设备；[6](4)生产或分装药品的过程；(5)在生产或分装过程的任何阶段，用于检验药品或药品生产原料的方法；[7](6)与药品生产、分装、出口、销售、供应、促销或批发相关的信息和文件；[8](7)与药品安全性相关的信息和文件，涉及上市许可条件的遵守、上市后安全性研究义务的履行、药物警戒的要求等。[9]

检查员有权基于确证违法信息、核实申请材料等需要，要求从事药品生产、分装、出口、出售、供应、促销或批发业务的人或他们的雇员，提供与业务相关的、属于其或受其控制的信息或文件，检查员可以审阅这

---

1 Medicines Act 1968, Section 111.
2 Human Medicines Regulations 2012, Section 325(2).
3 Human Medicines Regulations 2012, Section 327(1).
4 Human Medicines Regulations 2012, Section 328.
5 Human Medicines Regulations 2012, Section 327(2).
6 Human Medicines Regulations 2012, Section 327(2)(c).
7 Human Medicines Regulations 2012, Section 327(2).
8 Human Medicines Regulations 2012, Section 327(2)(f).
9 Human Medicines Regulations 2012, Section 327(2)(g).

些信息或文件，并就此制备副本。[1]这些信息或文件可以是以电子形式储存的信息或文件。[2]

3. 查封、扣押

如果检查员合理地认为，存在利用某种物质或物品进行或正在进行相关的犯罪行为，那么他可以扣押在他看来疑似的物质或物品。[3]如果检查员合理地认为，某份文件或他在检查中检查或发现的某一物品，可能成为诉讼中的证据，可以扣押该文件或物品。[4]在必要时，检查员可以要求有权之人打开药品容器、包装或自动售货机，或要求其准许检查员打开容器、包装、自动售货机，以扣押相应的物质、物品、文件或其他物品。[5]检查员在扣押某种物质、物品、文件或其他物品时，在可行时，应告知被扣押物品的人，或告知被扣押物品所在场所的所有者。

检查员进入某场所时，可以有适宜人员随行，并携带适宜的设备；当他离开根据授权令状进入的场所时，如果该场所未被占有，或该场所所有权人暂时不在场时，应当有效查封该场所，以防止他人擅自进入。[6]

4. 抽样

当检查员认为，某种物质是已经或即将被出售或供应的药品时，或者该物质被用于或拟被用于药品时，他可能为了检查之需而抽取或购买样品。[7]

检查员可以在扣押药品之时，或在扣押之日起21日内，向被扣押物

1 Human Medicines Regulations 2012, Section 327(4)(5).

2 Human Medicines Regulations 2012, Section 327(9).

3 Human Medicines Regulations 2012, Section 327(6).

4 Human Medicines Regulations 2012, Section 327(7).

5 Human Medicines Regulations 2012, Section 327(8).

6 Human Medicines Regulations 2012, Section 334(1)(2).

7 Human Medicines Regulations 2012, Section 327(3).

品的人提出检验样本的请求。检查员可以从扣押的药品中留出样本，或者将扣押药品整体视为一个样本。当涉及药品性状时，这样做尤为合适，但需以可行性为前提。[1]

检查员应当将药品样本分为三份，应当以样本性质容许的方式，对每份样本予以标记、密封或紧固，并将其中一份样本退还原所有权人。取样者应当保存一份样本，用于将来的对照，并提交另一份样本用于分析或检查。[2]

5. 检查结论与检查报告

如果检查结论是许可持有人未能遵守药物警戒体系的要求，检查机关应告知持有人需关注的不足之处，给予持有人提交陈述的机会，并通知相关欧洲经济区成员国、欧洲药品局和欧盟委员会。检查结束后，执法机关应就检查涉及的相关活动是否符合关于生产、分销、药物警戒等的法定要求，完成一份检查报告。在形成最终报告之前，检查机关应当就报告内容与检查对象沟通，并给予检查对象提交评论的机会。[3]

6. 对信息披露的限制

若非履行职责之需，检查员不得向他人披露他在依法进入某些场所时获得的药品生产工艺或商业秘密信息，也不得披露依法取得或收到的信息。如果检查员作为行政机关的代表在履行法定的信息公开职责，且公开的信息并非来自其他行政机关，则不适用上述关于信息披露的限制。[4]

1 Human Medicines Regulations 2012, Section 329(1)(2)(3)(4).

2 Human Medicines Regulations 2012, Section 329(5), Medicines Act 1968, Section 112.

3 Human Medicines Regulations 2012, Section 331.

4 Human Medicines Regulations 2012, Section 332.

## （二）法律责任

1. 妨碍公务者的法律责任

如果某人有如下行为之一，则构成妨害公务罪：（1）蓄意阻挠检查员工作；（2）蓄意不遵守检查员提出的适当要求；（3）当检查员为履行职责提出合理要求时，在无合理理由的情况下，拒绝提供协助或信息；（4）在提供信息时故意做出虚假陈述。[1]但这不意味着有权要求某个人回答问题或提供信息，以自证其罪。[2]

2. 法人违法的法律责任

如果证实法人犯有违反本法的行为，且法人的主管、经理、秘书或其他类似的高级职员同意、纵容了或因过失导致了这种行为，或者担任上述职位的人声称要这么做，则两方都将获罪。对于经营零售药店业务的法人而言，如果某人是零售药店的负责人，或者是在负责人指导下在特定营业场所从事业务的药师，即使并非上述高级职员，也同样获罪。[3]

3. 推定

对于以出售或供应为目的的占有药品的违法行为，如果证实在被控犯罪的人从事药品销售、供应业务的场所处，发现了有问题的药品，除非有相反的证据，应该推定，其占有药品的目的是销售或供应。对于违反关于药品说明书要求的行为，如果证实在被控犯罪的人从事药品销售、供应业务的场所处，发现了有问题的说明书，除非有相反的证据，应

---

1 Human Medicines Regulations 2012, Section 334(3)(5).

2 Human Medicines Regulations 2012, Section 334(8), Medicines Act 1968, Section 114.

3 Medicines Act 1968, Section 124.

该推定，其占有该说明书的目的是将其与药品一同供应。[1]

## 十一、对中国的启示

我国2019年颁布了修订后的《药品管理法》，此后，又修订了《药品生产监督管理办法》《药品注册管理办法》等配套规章，《药品管理法实施条例》修订草案也已于2022年5月公开征求意见。未来，在《药品管理法实施条例》中，可考虑适当借鉴英国《药品法》《人用药品条例》的相关内容。在许可程序中，健全完善申请人的陈述和申辩程序，为申请人提供表达意见的机会；在检查工作中，进一步明确现场检查对象的范围，细化关于抽样数量和样品处理的规定；在广告监管中，细化和增加关于广告内容的禁止性规定，厘清药品促销和商业贿赂之间的界限，将药品生产经营者的促销活动纳入法治轨道。

### （一）建立健全许可申请人的听取陈述和申辩程序

在我国，行政许可听证程序限于法律、法规、规章规定实施行政许可应当听证的事项，或者行政机关认为需要听证的其他涉及公共利益的重大行政许可事项。[2]《药品生产监督管理办法》规定了药品生产许可证的许可程序，《药品生产监督管理办法》第9条规定，对不符合规定的，做出不予批准的书面规定，并说明理由;《药品生产监督管理办法》第12条规定了药品生产许可听证的适用范围。[3]《药品注册管理办法》第90条规定了申请人对药品审评中心审评结论的异议程序，药品审评

1 Medicines Act 1968, Section 118.

2 《中华人民共和国行政许可法》第48、49条。

3 《药品生产监督管理办法》，国家市场监督管理总局令第28号，2020年1月22日公布，自2020年7月1日起施行。

中心需结合申请人的异议意见进行综合评估，并反馈给申请人，如申请人仍有异议，则组织专家咨询委员会论证，并综合专家论证结果形成最终的审评结论。[1]但目前我国药品监管法律、法规和规章相对更为关注药品监管任务的实现，对行政相对人权益的保障着墨相对较少，关于如何为不予批准的申请人提供程序保障，保障其陈述和申辩权，还缺少系统的制度安排。

英国《药品法》规定，申请人对拒绝许可决定的异议程序包括书面陈述和听证。例如，英国《药品法》第75条中规定，申请人在接到不予批准药店登记通知之后，可以在规定的期间内提出听证或书面陈述请求，许可机关在决定是否为该场所办理登记之前，应该就此召开听证会，或考虑其书面陈述请求。

听取陈述和申辩制度程序使得行政主体在做出对当事人不利的行政行为之前，能保障当事人有参与表达意见的机会，以提高行政行为的正确性；对于当事人而言，听取陈述和申辩制度是维护自身权利的程序装置，使当事人在行政行为做出的过程中，即可开始维护自身的合法权益。[2]

在单行法没有规定的情况下，听取陈述和申辩程序是正当程序原则的题中之义，这符合"最低限度程序公正"的要求。建议在修订《药品管理法实施条例》时，特别是在对药品注册、药品生产许可、药品经营许可等程序加以规范时，对相应的陈述和申辩程序加以规范，陈述和申辩可以是书面方式，也可以是口头方式。药品监管部门在做出行政行为时，除了一般性地说明事实依据、法律依据和裁量因素，还应说明行政行为理由，在理由中应对当事人的陈述和申辩意见加以明确回应，说

---

1　《药品注册管理办法》，国家市场监督管理总局令第27号，2020年1月22日公布，自2022年7月1日起施行。

2　宋华琳、郑琛：《行政法上听取陈述和申辩程序的制度建构》，《地方立法研究》2021年第3期。

明基于怎样的考虑，拒绝或采纳当事人的陈述和申辩意见。[1]

## （二）规范现场检查与抽样

1. 明确检查对象范围

我国《药品管理法》第99条第1款规定，药品监督管理部门应当依照法律、法规的规定对药品研制、生产、经营和药品使用单位使用药品等活动进行监督检查。除对药品从研制到使用全过程的监督检查外，《药品管理法》第99条第1款还规定了药品监管部门必要时的延伸检查权，即必要时可对为药品研制、生产、经营和使用提供产品或服务的单位和个人进行延伸检查。

但我国《药品管理法》并未详细规定检查对象。在2021年颁布的《药品检查管理办法（试行）》中，规定本办法适用于“药品监督管理部门对中华人民共和国境内上市药品的生产、经营、使用环节实施的检查、调查、取证、处置等行为”，说明检查内容是“相关单位遵守法律法规、执行相关质量管理规范和药品标准等情况”。该办法规定了许可检查、常规检查和有因检查等不同类别的检查程序，但未对检查对象加以明确规定。[2]2015年颁布的《药品医疗器械飞行检查办法》第16条规定，检查范围包括“相关场所或者区域”、“相关设施设备”及“文件、记录、票据、凭证、电子数据等相关材料”。但何为“相关”的裁量权则被赋予了药品监管部门。[3]

1 宋华琳、郑琛：《行政法上听取陈述和申辩程序的制度建构》，《地方立法研究》2021年第3期。

2 《国家药监局关于印发〈药品检查管理办法（试行）〉的通知》，国药监药管〔2021〕31号，2021年5月24日。

3 《药品医疗器械飞行检查办法》，国家食品药品监督管理总局令第14号，2015年6月29日公布，自2015年9月1日起施行。

可参照英国《人用药品条例》第327条的立法例，明确检查对象的范围，这有助于规范执法人员在检查中的裁量权，也有助于保护相对人的合法权益，尽可能减少对相对人生产经营秩序的影响。或可明确规定，药品检查的对象包括药品、药品包装、药品说明书、相关设施设备、药品生产过程、药品检验方法、[1]药品全生命周期的相关信息和文件、[2]与药品安全性相关的信息和文件等，与药品安全性相关的信息和文件涉及上市许可条件的遵守、上市后许可义务的履行及药物警戒管理等。[3]

2. 细化关于抽样的规定

对药品质量进行抽查检验，是药品监管部门实施监督检查的重要手段，也构成了后续行政执法的基础，这有助于提高监管效率，保障用药安全有效。[4]《药品管理法》第100条第1款规定了药品抽查检验制度，药品监督管理部门根据监督管理的需要，可以对药品质量进行抽查检验。抽查检验应当按照规定抽样，并不得收取任何费用；抽样应当购买样品。

2019年颁布的《药品质量抽查检验管理办法》与《药品抽样原则及程序》规定了对抽样人员的要求，规定了抽样的原则与程序和方法，乃至抽样的包装、签封、记录、信息报送、储存运输。[5]《药品抽样原则及程序》第4.2部分规定，“抽样量一般应为简要要求的2倍量，按1 ∶ 0.5 ∶ 0.5的比例分装为3份”。

建议借鉴英国《人用药品条例》第329、330条的立法例，在我国修

---

1 Human Medicines Regulations 2012, Section 327(2)(d)(e).

2 Human Medicines Regulations 2012, Section 327(2)(f).

3 Human Medicines Regulations 2012, Section 327(2)(g).

4 参见袁杰、王振江、刘红亮、刘沛主编:《〈中华人民共和国药品管理法〉释义》，中国民主法制出版社2019年版，第188页。

5 《国家药监局关于印发药品质量抽查检验管理办法的通知》，国药监药管〔2019〕34号，2019年8月12日;《国家药监局综合司关于印发药品抽样原则及程序等文件的通知》，药监综药管〔2019〕108号，2019年12月26日。

改后的《药品管理法实施条例》中，以专门条文规范抽样活动，对抽样人员、抽样原则、抽样程序、复验程序等加以系统规定。未来适时以部门规章的形式，颁布修订后的《药品质量抽查检验管理办法》。建议为规范抽样检验，减少对抽样过程和检验结果的质疑，就抽样数量和样本的处理而言，或可借鉴英国立法例，明确要求样品应一分为三，一份返还原所有人，一份留作比较参照，一份送检。[1]

## （三）强化药品广告监管

英国《人用药品条例》对药品广告内容进行了严格且详细的规定，为药品广告的制作、审核、监管提供了重要依据。英国法中对药品广告内容的禁止性规定，颇有可圈可点之处，有助于为广告审查机关和广告发布者提供更为明确的导引。

英国将药品广告根据受众区分为面向公众的广告以及面向有处方权者和适格供应者的促销。对于面向公众的广告，《人用药品条例》第286条至第289条在广告内容方面设置了详尽的禁止性规定，涉及诊断、疗效、药品的类别等。例如，涉及疗效方面，该条例第287条规定，药品广告不得提示该药品的疗效是有保障的，疗效优于或等同于其他已确证的治疗或药品，或不伴随任何不良反应；[2]不得使用误导性的措辞或可能令人惊恐的图示，来展示疾病或损害导致的人体改变或该药品对人体的作用；[3]不得提示无病者服药可改善健康，或不服药会影响人体健康。[4]

1 Human Medicines Regulations 2012, Section 329(5); Medicines Act 1968, Section 112.

2 Human Medicines Regulations 2012, Section 287(1).

3 Human Medicines Regulations 2012, Section 287(2).

4 Human Medicines Regulations 2012, Section 287(4).

我国现行关于药品广告内容的禁止性规定，主要见于《广告法》第16条和《药品管理法》第90条，主要涉及疗效和广告代言人，并未涉及诊断、药品的类别。涉及疗效方面，现行条款仅概括要求药品广告不得含有“表示功效、安全性的断言或者保证”，不得“说明治愈率或有效率”，不得“与其他药品的功效和安全性或者其他医疗机构比较”，对此，或可参照英国的规定加以细化。

可参照英国《人用药品条例》的立法例，未来可修订《药品、医疗器械、保健食品、特殊医学用途配方食品广告审查管理暂行办法》，进一步明确药品广告中的禁止性情形，规定药品广告不得暗示药品是食品、化妆品或其他消费品等非药品，[1]不得通过药品广告提供诊断或治疗建议，不得通过药品广告导致患者错误的自我诊断。[2]

## （四）强化药品购销领域的商业贿赂监管

英国《人用药品条例》第7条对“广告”加以界定，并将药品促销活动纳入药品广告范围之列。这包括医药代表对有处方权者、适格供应者及消费者的拜访，提供样品，为开具处方或供应药品提供金钱或实物形式的激励，赞助有处方权者或适格供应者参加促销会议、学术会议，并支付参会差旅费和食宿费用等。[3]

我国《药品管理法》第88条是关于药品购销领域商业贿赂的规定，禁止药品上市许可持有人、药品生产企业、药品经营企业或者代理人以任何名义给予使用其药品的医疗机构的负责人、药品采购人员、医师、药师等有关人员财物或其他不正当利益。根据我国《反不正当竞争法》

1　Human Medicines Regulations 2012, Section 288.

2　Human Medicines Regulations 2012, Section 286.

3　Human Medicines Regulations 2012, Section 7(2).

第7条的规定，经营者不得采用财物或者其他手段贿赂交易相对方的工作人员等。“财物，是指现金和实物，包括经营者为销售或者购买商品，假借促销费、宣传、赞助费、科研费、劳务费、咨询费、佣金等名义，或者以报销各种费用等方式，给付对方单位或者个人的财物。”“其他手段，是指提供国内外各种名义的旅游、考察给付财物以外的其他利益的手段。”[1]

在我国药品促销实践中，给予财物属于商业贿赂行为。但药品生产经营者邀请医疗机构负责人、医师、药师参加促销会议、科学大会，并为其支付参会的差旅费和食宿费用，实践中所在多有，这些促销活动是否构成“其他手段”，是否涉及给予“其他不正当利益”，是否属于商业贿赂行为，还有待进一步厘清。

建议国家市场监督管理总局、国家卫生健康委员会、国家药品监督管理局、国家医疗保障局等部门，针对相关药品广告与促销活动的监管，联合颁布规章、规范性文件，有关部门可以考虑出台“药品广告和药品经营活动合规指引”，明确药品广告和药品经营活动中的管理要点和禁止性要求，厘定相应的不正当竞争行为和商业贿赂行为，要求药品生产企业、药品经营企业、药品广告主体、医疗机构等建立合规风险评估制度。

有必要将商业贿赂与合法的折扣、佣金相区别，将商业贿赂与合法促销相区别。合法的促销活动，有助于医疗机构负责人、医师、药师更全面了解药品如何正确合理使用；违法的商业贿赂行为，则将妨害医药市场上公平竞争秩序的形成。建议借鉴英国的相关规定，将邀请或资助医药专业人士参加促销会议、学术会议，纳入药品促销的范围，但设置适当的限制，例如，不得为医疗机构负责人、医师、药师支付差旅费和食宿费用之外的费用，也不得支付其他随行人员的差旅和食宿费用。

1 《国家工商行政管理局关于禁止商业贿赂行为的暂行规定》，国家工商行政管理局令第60号，1996年11月15日。

# 附录　英国《人用药品条例》目录

## 第一部分　通　则



## 第二部分　管　理

第13条　咨询机构还可选用其他人员
第14条　对专家咨询团体的任用
第15条　将职能授予专家咨询团体
第16条　关于咨询机构和专家咨询团体的进一步规定等

## 第三部分　生产和批发交易

第17条　药品生产
第18条　药品批发交易
第19条　批发许可要求的例外
第20条　药品的混合
第21条　申请生产许可或批发许可
第22条　与确定生产许可或批发许可申请相关的因素
第23条　颁发或拒绝颁发许可
第24条　许可的标准内容
第25条　许可期限
第26条　中止、撤销或变更许可的一般权力
第27条　许可机关打算中止、撤销或变更许可的程序
第28条　紧急情况下对许可的暂停
第29条　依持有人申请对许可的变更
第30条　信息的提供
杂项和犯罪行为
第31条　生产许可证
第32条　原料的销售和供应
第33条　关于先进疗法药品数据的犯罪
第34条　犯罪：违反条例及关于虚假信息的规定，以及关于原料的抗辩

第35条　罚则

获得生产许可的条件

第36条　生产许可的条件

第37条　生产与调配

第38条　从欧洲经济区之外国家的进口

第39条　对生产许可的进一步要求

第40条　就控制方式提供信息的义务

第41条　对适格人员的要求

持有批发许可的条件

第42条　批发许可的条件

第43条　许可持有人的义务

第44条　批发商只与特定人员交易的要求

第45条　对责任人的要求

## 第四部分　对许可的要求

第46条　对许可的要求

第47条　对要求的违反

## 第五部分　上市许可

第48条　本部分的适用

申请英国上市许可

第49条　对授予英国上市许可的申请

第50条　要提交的相应材料

第51条　与仿制药有关的申请

第52条　不被认定为仿制药等特定药品的申请

第76条　与产品信息有关的义务
第77条　保存记录的义务
第78条　确保适当和持续供应的义务
与特定要求相关的犯罪行为
第79条　未能向欧洲药品局提供上市许可信息
第80条　未能在紧急情况下施加安全限制
与欧洲上市许可有关的犯罪行为
第81条　未能更新与欧盟申请相关的信息
第82条　欧盟上市许可：未能告知投放市场等
第83条　欧盟上市许可：未能考虑科学和技术进步
第84条　欧盟上市许可：未能提供安全等信息
第85条　欧盟上市许可：未能更新产品信息
第86条　欧盟上市许可：违反药物警戒限定等
与先进疗法药品有关的犯罪
第87条　与风险管理体系和可追溯体系相关的犯罪
第88条　与先进治疗药品数据相关的犯罪
与儿科条例有关的犯罪
第89条　与产品撤市有关的犯罪
第90条　投放上市时未能考虑儿科适应症
第91条　未能通报第三国临床试验结果
第92条　英国儿科临床试验的申办者未能通报临床试验结果
第93条　未能通报儿科研究结果
第94条　未能向欧洲药品局提交报告
与犯罪相关的一般规定
第95条　与申请相关的犯罪
第96条　提供虚假或误导的信息
第97条　违反药物警戒限定

第98条　违反本部分规定的一般犯罪
第99条　罚则
第100条　责任人
第101条　抗辩

## 第六部分　顺势疗法药品的登记

第102条　本部分的适用
登记证书的申请和对申请的考量
第103条　对登记证书的申请
第104条　对许可的考量
第105条　登记证书的限定
第106条　对登记证书的分类
第107条　登记证书的效力
第108条　证书延续的申请
第109条　未能投入市场等
对登记证书的撤销、变更与暂停
第110条　对登记证书的撤销、变更与暂停
第111条　依据欧盟2001年指令第3题第4章进行的登记
第112条　将顺势疗法药品撤市
登记持有人的义务
第113条　对产品投放上市的通报
第114条　考虑科学和技术进步的义务
第115条　提供与安全等相关信息的义务
第116条　与产品信息有关的义务
第117条　保存记录的义务
第118条　确保适当和持续供应的义务

与犯罪相关的一般规定
第119条　与申请相关的犯罪
第120条　提供虚假或误导的信息
第121条　违反本部分规定的一般犯罪
第122条　罚则
第123条　责任人
第124条　抗辩

## 第七部分　传统草药登记

本部分的适用
第125条　传统草药
第126条　添加维生素或矿物质
传统草药登记的申请
第127条　对传统草药登记的申请
第128条　申请的附加材料
第129条　更新与申请相关信息的义务
对申请的考量
第130条　对申请的考量
第131条　传统草药登记的分类
传统草药登记的效力
第132条　传统草药登记的效力
第133条　许可延续的申请
第134条　未能投放市场等情形
传统草药登记的撤销、变更与中止
第135条　传统草药登记的撤销、变更与中止
第136条　许可机关的撤销：进一步的规定

## 第八部分

## 第九部分　边界产品

第159条　临时性决定
第160条　对临时性决定的质疑
第161条　书面陈述程序
第162条　口头陈述程序
第163条　未经陈述的最终决定
第164条　最终决定的影响
第165条　其他情况下的决定
第166条　与边界产品相关的犯罪

## 第十部分　上市许可等要求的例外

例外
第167条　为满足特定患者需求的供应
第168条　在商业活动中使用非处方药
第169条　一般销售药品的混合
第170条　记录保存的要求
第171条　先进疗法药品的豁免
第172条　平行进口许可
第173条　对特定放射性药物的豁免
第174条　为应对病原体传播的供应
犯罪
第175条　与例外相关的犯罪
第176条　关于犯罪的刑罚与补充规定

# 第十一部分　药物警戒

第177条　本部分的适用及解释

与药物警戒相关的许可机关义务

第178条　许可机关的一般性义务

第179条　许可机关运营药物警戒体系的义务

第180条　许可机关对药物警戒体系加以稽核的义务

第181条　本部分下对义务的授权

持有人在药物警戒体系中的相关义务

第182条　持有人运营药物警戒体系的义务

第183条　运营风险管理体系义务的例外

第184条　持有人对药物警戒体系加以稽核的义务

第185条　许可机关保存记录的义务

第186条　许可机关的报告义务

第187条　持有人的记录义务

第188条　持有人的报告义务

信号检测

第189条　信号检测：许可机关的义务

第190条　信号检测：持有人的义务

定期安全更新报告

第191条　持有人提交定期安全更新报告的义务：一般要求

第192条　持有人提交定期安全更新报告的义务：一般要求的减损

第193条　定期安全更新报告的提交频率及提交日期的协调

第194条　根据2001年指令第107e条对定期安全更新报告所做单一评估的回应

第195条　在不适用欧盟单一评估程序时，许可机关评估定期安全

更新报告的义务

紧急行动

第196条　紧急行动

第197条　欧盟紧急行动程序

上市后安全研究

第198条　上市后安全研究的一般规定

第199条　提交所需研究的研究方案草案

第200条　对所需研究的研究方案的修正

第201条　对所需研究的最终研究报告的提交与评估

第202条　对最终研究报告的跟进

透明与沟通

第203条　与国家药品门户网站有关的许可机关义务

第204条　与公告相关的许可机关义务

第205条　与公告相关的持有人义务

执行

第206条　对违法行为的告知

第207条　犯罪

第208条　虚假和误导性的信息

第209条　罚则

第210条　在第726/2004号欧盟条例下，与药物警戒义务相关的犯罪

第211条　责任人

过渡性安排

第212条　过渡性安排

# 第十二部分　药品交易

第1章　解释
第213条　对名词的解释
第2章　药品的销售和供应
第214条　对处方药的销售或供应
第215条　补充性处方开具者的调剂和管理
第216条　第215条的例外
第217条　对处方的一般要求
第218条　对处方的要求：欧洲经济区的卫生专业人员
第219条　电子处方
无须遵守一般销售要求的药品
第220条　无须遵守一般销售要求的药品销售或供应
一般销售药品
第221条　遵守一般销售要求的药品销售或供应
第222条　自动售货机售药
第3章　豁免
特定情况下与供应有关的豁免
第223条　对医生和牙医的例外
第224条　药师的紧急销售等：开处方者无法提供处方的情形
第225条　药师的紧急销售等：依据患者的请求
第226条　药师的紧急销售等：流行病
第227条　医院销售或供应的豁免
第228条　特定卫生处方人员开具处方的豁免
第229条　国民医疗服务机构供应的例外
第230条　对协助医生或牙医的患者组团体供应等的豁免

第231条　对独立医院下的患者组团体供应等的豁免

第232条　对执业牙医和牙科诊所下的患者组团体供应等的豁免

第233条　对经营零售药店业务人员下的患者组团体供应等的豁免

第234条　为支持警察等,对患者组团体供应产品等的豁免

第235条　特定人的销售、供应或管理的豁免

与特定类型产品相关的豁免

第236条　由阿洛西普林、阿司匹林或对乙酰氨基酚组成或含有这些组分的产品

第237条　由伪麻黄碱盐、麻黄碱基(盐)组成或含有这些组分的产品

第238条　紧急状况下使用特定药品

第239条　使用天花疫苗

第240条　放射性药品

第241条　对某些草药的豁免

第242条　对高稀释度药品的豁免

第243条　对特定顺势疗法的豁免

其他豁免

第244条　涉及他人过错的豁免

第245条　伪造处方情况的豁免

第246条　未满足处方要求的豁免

第247条　在发生或预计出现大流行病情况下供应的豁免

第248条　某些代收和交付安排的豁免

第4章　杂项规定、罪行和剥夺资格

杂项规定

第249条　对供应药品人员的限制

第250条　第249条的例外

第251条　符合特定出版物中规定的标准

第252条　符合特定出版物中规定的标准：补充性的
第253条　药房记录
第254条　对关于使用先进疗法药品的可追溯性的禁止
第255条　与药品交易相关的犯罪
剥夺资格
第256条　定罪后剥夺资格

## 第十三部分　包装和插页说明书

第1章　与药品相关的包装和插页说明书要求
第257条　包装的一般性要求
第258条　包装要求：特别规定
第259条　包装要求：盲人和部分失明患者的信息
第260条　包装的插页说明书
第261条　图片和符号的使用
第262条　放射性核素标签的要求
第263条　与放射性核素有关的插页说明书
第264条　顺势疗法药品
第265条　对传统草药产品的其他要求
第266条　(包装和插页说明书)的语言要求
第267条　将包装和插页说明书的实物模型交给许可机关
第268条　与包装和包装插页说明书有关的犯罪：许可持有人等
第269条　与包装和包装插页说明书有关的犯罪：其他人等
第270条　未遵守本部分要求的情况
第271条　犯罪：刑罚
第2章　与儿童安全相关的要求
第272条　解释

第273条 防儿童开启的药品容器
第274条 第273条适用的豁免
第275条 儿童用阿司匹林和扑热息痛产品的着色
第276条 刑罚

## 第十四部分 广 告

第1章 通则
第277条 解释
第278条 大臣的职责
第2章 与广告有关的要求
一般要求
第279条 没有上市许可等的产品
第280条 一般原则
第281条 许可持有人和登记持有人的职责
面向公众的广告
第282条 本条例第283条至第292条的适用
第283条 堕胎药广告的禁止
第284条 处方药
第285条 麻醉药品和精神药品
第286条 诊断药品的材料
第287条 关于药品疗效的材料
第288条 关于药品状态的材料
第289条 科学建议等
第290条 直接面向儿童的广告
第291条 广告的形式和内容
第292条 被批准的免疫接种行动的例外

禁止基于促销目的向公众提供之物
第293条　禁止基于促销目的向公众提供之物
第294条　向有资格开具处方或供应者等的广告
第295条　简化广告
第296条　对作为提示的广告的例外
第297条　与促销相伴的书面材料
第298条　不得向有资格开具处方或供应者免费提供药品样品
第299条　医药销售代表
第300条　诱导和招待
顺势疗法药品
第301条　对登记顺势疗法药品的广告
传统草药产品
第302条　传统草药产品广告
犯罪
第303条　犯罪
第3章　对广告的监控
第304条　提供广告副本的要求
第305条　邀请对本部分第二章要求的兼容性加以陈述
第306条　关于兼容性的决定
第307条　纠正性的声明
第308条　犯罪
向大臣的申诉
第309条　向部长的申诉：考虑义务
第310条　向大臣的申诉：求诸其他主体的权力
禁止令
第311条　申请禁止令
第312条　禁止令的申请：事实主张的准确性

第313条　禁止令：决定和纠正性声明的公布

向英国通信管理局的申诉

第314条　向英国通信管理局的申诉

一般性要求

第315条　公共利益等

第316条　民事诉讼程序

## 第十五部分　《英国药典》

第317条　《英国药典》及其汇编

第318条　名称列表

第319条　其他文件

第320条　补充性规定

第321条　特定出版物

## 第十六部分　实　施

第322条　决定和效力的诉讼

第323条　在英格兰、威尔士和苏格兰的实施

第324条　北爱尔兰的实施

第325条　进入的权利

第326条　授权令状的申请

第327条　检查、取样和扣押的权力

第328条　第327条的补充

第329条　在本部分中，将抽样程序适用于物质或物品的扣押

第330条　其他情况下对样品的分析

第331条　检查结果和报告

第332条　对信息披露的限制
第333条　对检查者的保护
第334条　补充性规定和犯罪

## 第十七部分　与犯罪相关的规定

第335条　由于其他人过错的违法
第336条　作为抗辩的担保
第337条　与担保和证书有关的犯罪
第338条　法人团体和合伙企业的犯罪
起诉
第339条　起诉
一般性规定
第340条　推定
第341条　依据这些条例做出的决定
第342条　提供信息等的时限
第343条　文件的送达
第344条　大臣支付费用
民事责任的豁免
第345条　民事责任的豁免
审查
第346条　审查
第347条　过渡条款和方案
第348条　对已有法律的修正
第349条　废止与撤销

# 第四章

# 德国药品法述评*

## 一、德国药品监管体制概说

### （一）药品监管体制

1. 联邦卫生部等部门

根据德国《联邦药品法》（在本章中，以下简称《药品法》）第80条的规定，联邦部门有权就药品上市许可、批检验和批处理、上市许可文件变化的公告、注册延续、药物临床试验、药品风险报告、电子文件提交等制定规则，并加以规制。

联邦卫生部有权与联邦经济技术部达成统一意见，以经联邦参议院批准法令的形式，为将药品投放到德国市场或者在德国进行药品

* 本章第一部分由任肖容撰写，其余部分由安永康撰写初稿。本章参考了德国《药品法》的2006年、2021年英文译本，并对照了德国《药品法》的原文进行研究。宋华琳于2022年对本章进行了全面订正和完善。此外，在德国德累斯顿大学获卫生事业管理博士学位，后供职于中国药学会医药政策研究中心的大学同学张正光博士，曾于2009年阅读了本章初稿并提出了若干修改建议，而今正光博士不幸英年早逝，在此深表怀念。

开发、生产、试验、存储、包装或者销售的企业和场所，颁布运行规章（internal regulation），以确保企业或场所的正常运作以及药品的质量。法令可涉及的内容包括：药品的研发、生产、试验、存储、包装、质量保证、添加物和上市销售，相关运营记录的保存，药品生产和实验过程中使用动物的饲养和管理及相关记录，雇员要求，场所的状况、规模和设备，排污设备，容器，盛放药品及原料的容器标识，样品保存及不合格药品的标记、区分与销毁等。[1]

如果不采取其他措施，将严重危及药品向人群的供应，且不必担心药品给人体健康带来的直接或间接危害，那么经联邦经济事务部和能源部同意，并获联邦政府批准的前提下，联邦卫生部有权就依据《药品法》颁布的条例和规章颁布法令。联邦卫生部可以颁布法令，对推定或确认的致病物质、毒素、化学品的传播或暴露于电磁辐射而可能发生的风险扩散加以规制。[2]

2. 联邦药品监管机构

德国联邦一级的药品监管机构有联邦卫生部下设的联邦药品与医疗器械研究所、联邦血清与疫苗管理局及联邦消费者健康保护与食品安全研究所。其中，联邦药品与医疗器械研究所的具体职责包括：受理药品注册申请，颁发药品上市许可；[3]负责药典的编写；负责监测药品不良反应，对怀疑有损害健康副作用的药品颁发召回指令等。联邦血清与疫苗管理局负责对血清、疫苗和试验性过敏原进行检测。联邦消费者保护与食品安全局负责兽药的监管。卫生部有权在考虑科技发展或工作任务统一划分的情况下，颁布法令，以调整联邦药品与医疗器械研究所和联邦血清与疫苗管理局的职责范围。

1 Medicines Products Act, Section 54(1).

2 Medicines Products Act, Section 54(1).

3 Medicines Products Act, Section 25.

3. 州药品监管机构

德国各州药品监管机构设在卫生主管部门内，其核心任务是：颁发药品生产许可证、药品进口许可证、药师执业许可证；对药厂进行定期视察监督；对市场上的药品进行抽检；监督药物临床试验和药品广告；等等。

## （二）联邦药品与医疗器械研究所

联邦药品与医疗器械研究所的前身是1975年成立、现已解散的联邦卫生局药物管理处，主要关注药品质量、功效和安全性，以及管理麻醉药品与其原料的合法交易措施的实施。该机构的设立旨在卫护药品安全，保障患者权利。

联邦药品与医疗器械研究所是联邦政府设立的非营利独立研究机构，办公场所分别位于波恩和科隆。联邦药品与医疗器械研究所约有1 100名员工，包括医生、药剂师、化学家、生物学家、律师、工程师、技术助理和行政人员等。

1. 联邦药品与医疗器械研究所的职责

联邦药品与医疗器械研究所的最高目标是保护公共健康，它力争为公众提供最好的药品和医疗器械，控制麻醉药品及其前体的合法交易，防止其滥用；通过持续努力和精简工作流程，来确保药品的安全、有效和质量可控；通过客观的、不带任何偏见的信息交流政策来增加执法透明度。该研究所的具体职责主要包括：

（1）药品许可

联邦药品与医疗器械研究所的主要任务之一是授予药品许可。在许可过程中，它审查关于成品药的有效性、安全性和药品质量的证据，以决定该药品是否能够上市销售。它还负责顺势疗法药品的审评和登记，并适用欧盟的药品许可程序。在对药品进行上市评价和对顺势疗法药品进行登记时，应参照药典标准，药典包括《德国药典》、《欧洲药典》以及《顺势疗法药典》。

药品的上市许可证书有效期为五年，到期后需要重新申请许可和评价。许可持有人必须将上市后药品的任何变动上报给联邦药品与医疗器械研究所，必须在该研究所批准后，才能开展重大变更。

（2）药品风险控制

联邦药品与医疗器械研究所对药品上市评价时未能发现的风险进行上市后监测。该研究所从医师和制药企业等人员处获取不良事件报告，如果某种药品的风险大于收益，那么，它将撤销该药品的上市证书。

（3）研究

联邦药品与医疗器械研究所设有跨学科的研究团队，与全球最优秀的研究机构开展紧密合作，共同研究同药品上市许可相关的重要课题，研究所的研究也促进了其科研人员对监管知识的不断更新。研究所的研究涉及药物基因组学、药物流行病学、药物变态反应、生物统计学、神经药理学等方面。

2. 联邦药品与医疗器械研究所的组织架构

联邦药品与医疗器械研究所下设四个药品注册处，分别负责不同药品的上市许可审评，其中，一处负责制药企业的验证、工作流程的精简和进口许可；二处负责涉及胃肠病学、内分泌学、放射学、肿瘤学、免疫学、血液病学、遗传和生殖毒理学等方面的药品注册；三处负责抗感染病学、皮肤病学、变态反应学、麻醉学、痛觉学、风湿病、肺病、神经病学、精神病学、眼科等方面的药品注册，并承担药用生物技术、质量检查等职能；四处负责传统药品、植物疗法药品、顺势疗法药品的注册，并承担大麻管理、药品标准管理等职能。

联邦药品与医疗器械研究所五处为“研究处”，负责药物基因组学、药物流行病学、生物统计学、药物代谢动力学、实验神经药理学等研究。研究处七处为“药物警戒处”，主要负责收集药品不良反应数据并建立数据库，进行风险评估，开展药品风险管理，开展药物流行病学研究，进行药品风险交流，实施上市后药品的监查。

联邦药品与医疗器械研究所研究处八处为“联邦阿片署”，主要负责特殊药品监管，监管麻醉药品、精神药品等的交易，并规范医师、药师对特殊药品的发放。联邦阿片署决定是否允许特殊药品进行合法的交易，对特殊药品的执照持有者所从事的与特殊药品有关的种植、生产、交易等过程进行管理，并对医师开具处方加以规定。联邦阿片署和其他国际机构进行合作，共同控制麻醉品贸易。

此外，联邦药品与医疗器械研究所研究处九处为“医疗器械处”，对医疗器械进行监管，对医疗器械临床试验、数据管理和分析等加以规范。研究处十处为“信息技术和临床试验处”，其信息技术管理职能包括信息基础设施的治理和运营、信息安全管理、过程数字化等事项，临床试验管理职能涉及临床前试验、临床试验评估、《药物临床试验质量管理规范》检查等职能。研究处Z处为“管理处”，主要负责人力资源管理、预算、组织事务、图书资料、电子门户、文件管理、法务管理、内务管理、资产管理等事务。研究处K处为“编码体系和登记处”，负责对疾病、程序、医疗手段、罕见病加以编码和分类。[1]

## （三）联邦血清与疫苗管理局

联邦血清与疫苗管理局又名保罗·埃利赫研究院，是德国联邦卫生部的下设机构，也是研究疫苗和生物医药的联邦研究所。联邦血清与疫苗管理局在生物制品的可用性和安全性方面做出了重要贡献，其监管的人用药品主要包括血清、疫苗、血液制品、骨髓制品、组织制品、过敏原、转基因药品、体细胞疗法药品、异种细胞治疗药品和血液成分

1　参见联邦药品与医疗器械研究所英文官网。

基因制品。[1]联邦血清与疫苗管理局批准临床试验，许可特定群体的药品上市，为药品开发提供科学咨询，对疫苗安全性进行评估和控制，收集全德范围内的疫苗不良反应数据并进行评估分析，旨在促进生物医药产品的质量，提高其疗效和安全性。

联邦血清与疫苗管理局的职责载于1972年7月7日颁布的《联邦血清与疫苗管理局法》，主要包括：(1) 批准人用药品的临床试验；(2) 处理与人用和兽用相关的药品上市许可和随后的申请程序(如变更通知)；(3) 药品的正式试验和批签发；(4) 收集药品的不良反应，如有必要可以进行报告评估，并采取适当措施，如改变插页说明书、发布警告、责令召回、撤销上市许可；(5) 进行检查、临床试验审批和上市许可申请的处理；(6) 对变态反应、细菌学、生物技术、免疫学、血液学、输血和病毒学等开展研究；(7) 编写和出版血清、疫苗产品的年度报告，对在德国上市的相关产品进行概述；(8) 评估血清与疫苗风险，开展相应技术指导。联邦血清与疫苗管理局向联邦政府和其他部门提供专家信息和行动建议，对申请人就科学问题和程序问题的咨询加以回应。

联邦血清与疫苗管理局根据科学和技术的最新标准采取上述措施，通过评估血清与疫苗的风险与收益，以保证药品的质量、疗效和安全性。

## 二、德国《药品法》概说

现行德国《药品法》，全称《关于药品流通的法律》。德国《药品法》属于行政法范围内的一部特别法，主要调整药品流通，以保证人用药品和兽药供应的良好秩序与安全，它在原来的《麻醉药品法》的基础上制定。德国《药品法》于1976年8月14日颁布，自1978年1月1日起施行；现行版本公布日期为2021年8月10日，生效日期为2021年11月

1 联邦药品与医疗器械研究所管理其他人用药品。

1日。

在1961年之前,德国并没有一部完整的药品法典,而是存在大量分散的药品立法。1928年、1931年、1933年和1938年都有相应的药品法草案提出,但最终都未转化为正式法典。促进欧洲法律法规统一化的《罗马条约》要求成员国在国家层面上要有一部药品法,而德国作为欧共体成员之一,却没有这样一部法典。因此,德国在1961年11月14日成为欧共体最后一个设立卫生部的成员国,并颁布了《药品法》。1961年《药品法》没有规定有关药品功效和安全检验的条款,而只是规定了药品的注册登记。1971年,时任联邦卫生部长的凯特·斯特罗贝尔(Käte Strobel)提出了著名的"药品检验路线",此后,药品的药理、毒理实验和临床试验成为必备要求。

在反应停药害事件后,自1961年11月开始,改善药品安全的呼声日趋强烈。于是,1961年通过后修改了17次的《药品法》得到了根本的改革。1974年7月17日,修正的《药品法》法案得到联邦内阁的一致同意,1974年10月18日联邦参议院发表第一份同意的声明,此草案构成了后来生效的1976年《药品法》的原型。新法在药品安全监管方面做了较为严格的规定,《药品生产质量管理规范》要求成为药品生产的必要前提条件。

德国《药品法》此后几次较为重要的修正包括:(1)1994年第5修正案将《药典》规定为官方正式文本;(2)1998年第7修正案首次规定了欧盟药品法规在德国范围内的直接适用,而不再需要转化;(3)2004年第12修正案使药房专售药的邮购方式得到合法地位,改变了1998年第8修正案的相关规定,同时还规定药品外包装上应当用"布莱叶盲文"标注药品名称,制售假药的行为将面临更严厉的刑罚;(4)2005年第14修正案规定了发生流行病事件时的药品管理,重新规范了对处方药的要求;(5)2010年第15修正案对同情用药、文件资料保护、批发商的供货请求权、药品风险的报告义务、进口许可和未被许可药品的进口等方面加以修正。

德国现行药品法共18章，主要章节包括：立法目的、名词术语、适用范围，对药品的要求，药品生产，药品上市许可，药品注册，人体临床试验中受试者的保护，药品销售，质量保证与质量控制，药品风险的监测、收集与评估，监督管理，药品进出口，信息专员与药物顾问，联邦主管部门的确定和其他规定，药品损害责任，以及刑罚和行政罚款。德国《药品法》第9章对兽药加以规范；第12章规定联邦军队、联邦警察、公共秩序警察和公民保护用药的特殊条款，主要涉及这些特殊领域药品法的变通适用；第18章涉及法条的衔接适用，主要规范新旧法的衔接，这几章并非本书讨论的重点。

由此可见，德国《药品法》结构大致按照药品的生命周期依次排列。除第1章系总括性的规定外，第2章对本法调整对象药品加以界定，包括对劣药、假药及药品标签、包装、专业说明书等加以界定，这构成了后文逐一规范的基础。此后各章从药品生产、销售直至风险管理，再至责任承担，形成了完整的规范链条。

## 三、立法目的及名词解释

德国《药品法》第1章题为“立法目的、名词术语、适用范围”，规定了药品立法的目的，对“药品”“物质”等诸多不确定的法律概念加以定义，规定了该法的调整范围。

### （一）立法目的

德国《药品法》的立法目的是为人类和动物提供适当的药品，维护药品交易安全，尤其是保障药品质量、有效性和安全。[1]

1　德国《药品法》第1条。

## (二) 名词解释

从法学的角度来说,“概念”意图将所描述对象的特征,予以穷尽式的列举。在立法中,对核心概念的界定,不仅体现了立法者对概念本身的理解,而且反映了立法所欲规范的目的和所欲调整的范围,这将促进法律的适用,促进行政相对人对法律的遵守。德国《药品法》第1章对“药品”等经验概念和规范概念进行了详尽的解释与界定。

药品的定义对药品法和药品监管具有非常重要的意义,因为这涉及药品法调整的范围,也涉及药品监管部门的职责权限,且构成判断药品监管活动合法性的重要依据。[1]德国《药品法》第2条第1款从功能的角度对药品加以定义,将药品界定为由物质制造而成的物质和制剂,通过作用于人或动物身体,以期达到如下目的之一:(1)对疾病、痛苦、身体损害或疾病症状予以治疗、减轻、预防或者诊疗;(2)通过药理、免疫或代谢作用恢复、纠正或影响生理功能;(3)进行医学诊断。

以下八种产品不应被视为药品:(1)食品;(2)化妆品;(3)烟草制品;(4)专用于外部清洗或卫生,或为了影响动物体味,而制成的物质或制剂;(5)杀菌剂;(6)饲料;(7)医疗器械;(8)用于器官移植的器官。[2]

在德国,只要一种产品按照《药品法》被批准或注册为药品,或者根据法令免除了批准或注册义务,这样的产品就应被视为药品。如果一种产品因其不是药品,而已被上级联邦主管部门拒绝批准或注册,那么这种产品就不能被视为药品。[3]

此外,德国《药品法》第4条对“成品药”“血液制品”“血清”“疫

---

1　参见[美]凯斯·R.森斯坦:《烟草是药吗?——作为普通法法院的行政机关》,宋华琳译,《法大评论》第2卷,中国政法大学出版社2003年版,第316页。

2　德国《药品法》第2条第3款。

3　德国《药品法》第2条第4款。

苗”“过敏原”“检测血清”“检测抗原”“放射性药品”“先进疗法制品”“基因转移药品”“药用饲料”“药品预制混合物”“顺势疗法药物”“草药药品”等概念加以界定，对“生产”“质量”“批发”“投放市场”“活性物质”“药品经纪活动”“人体临床试验”“申办者”“研究者”及“与药品使用有关的风险”加以界定。

## 四、药物临床试验中受试者的保护

德国《药品法》第6章题为“人体临床试验中受试者的保护”，其中，第40、41、42条对药物临床试验有较为详尽的规定。根据德国《药品法》第40条“临床试验的一般条款”，申办者、研究者和其他所有相关人进行药物临床试验时，都要遵循《药物临床试验质量管理规范》的要求，只有经适格的伦理委员会同意，并经上级联邦主管部门许可，才可以进行人体药物临床试验；研究者应符合相应的资质要求，应告知受试者临床试验的性质、意义和可能后果，告知受试者临床试验记录以及个人信息的使用目的和范围；若将临床药物应用于儿童时，应征得其法定监护人同意，并获得监护人签署的知情同意书。

### （一）伦理委员会的科学判断

伦理委员会应是独立的、跨学科的，申办者应向伦理委员会提交所有要求提交的材料，伦理委员会或独立进行科学判断，或咨询专家意见；如果申办人在补交材料后提交的材料仍不完备，或提交的试验方案、研究手册等材料与现有的科研水平和科学知识不相称，特别是无法确证药物安全性或有效性时，伦理委员会可能会拒绝申办人的申请。[1]

1 参见德国《药品法》第42条。

### （二）药物临床试验的批准

德国《药品法》第42条第2款规定了上级联邦主管部门对药物临床试验的批准权：申办者应将所有相关的信息和文件，特别是将分析、药理、毒理数据及研究方案呈交上级联邦主管部门，如果上级联邦主管部门收到申请文件后，在30日内没有给出附有理由的拒绝意见，则视为批准。德国《药品法》第42a条还规定了临床试验许可的撤销和中止。

### （三）受试者损害的救济与法律责任追究

在临床试验中，如果受试者死亡或身体受损害，即使没有任何人为此承担损害赔偿责任，也应通过保险政策提供扶助。所提供保险的幅度，应建立在药品风险评估的基础上，应与药品临床风险的程度相称，对于因临床试验而致死或永久性身体伤害的每例受试者，应保证至少补偿50万欧元。[1]

如果出现研究者伪造数据、接受贿赂、侵犯人权等问题，申办者、稽查员或合同研究组织有权依法将研究者诉至法院。[2]

## 五、药品上市许可与药品登记

德国《药品法》第4章规定了药品上市许可，第5章则对顺势疗法和草药药品登记进行了规定。在德国，除了依法豁免上市许可的药品，

---

1　参见德国《药品法》第40条第1款第8项。

2　参见吴圣贤、Christoph H. Gleiter、Armin Bauer：《德国药物临床试验组织管理概况》，《中药新药与临床药理》2005年第2期。

药品须经联邦主管部门批准，或经欧盟上市许可程序批准后，方可在德国境内上市。顺势疗法药品和草药虽然不需要申请上市许可，但需经过登记程序，方可上市销售。

## （一）上市许可与豁免

药品须经联邦主管部门批准，或由欧共体委员会或欧盟理事会根据共同体相关规定批准后，方可在德国上市。[1]一般由制药企业提出上市许可申请；如果药品在药房或由其他零售商根据标准化程序生产，并使用标准化名称销售给消费者，则由负责配方的主体提出申请；如果药品为几个药房或其他零售商生产，并以其名义使用通用名称销售给消费者，则由生产者提出上市许可申请。此外，根据州主管部门请求，联邦主管部门应当针对某种药品规定申请上市许可的义务，而不考虑前述申请主体的资格限定。

按处方配置的药品、药房预先批量配制的药品、临床试验用药、基于标准许可的药品、顺势疗法药品以及用于患有严重消耗性或致命性疾病，且现有已批准药品不能满足需求的患者用药等，不需要获得前述的上市许可。

## （二）申请人提交的信息

申请人应当在申请文件中提供的信息包括：(1) 申请人和生产者的名称或商号及地址；(2) 药品名称、药品成分的类型及数量、药品剂型、药效、适应症、禁忌指示、副作用、药物相互作用、用量、药品生产信息、用法、包装规格、储存方法、质量控制方法等；(3) 分析实验结果及

1　参见德国《药品法》第21条第1款。

方法、药理毒理实验结果、临床试验结果；（4）关于欧盟外进行的临床试验符合欧盟第2001/20/EC号指令伦理要求的陈述；（5）关于药物警戒的详细描述，如有可能，还应说明申请人即将使用的风险管理体系；（6）申请人为适格人员的证明；（7）罕见病药品名称的文字说明等。[1] 此外，申请人还应当提供可能的环境风险评估文件；如果药品储存、使用或废弃物处理需要特殊的安全措施，以避免对环境、人体和动植物的危害，应说明采取怎样的安全措施减少这些危险。

## （三）上市许可决定程序与条件

联邦主管部门应以书面形式颁发上市许可及上市许可号，且该许可仅限于上市许可中载明的药品。[2]联邦主管部门拒绝许可的情形包括：（1）提交的文件资料不完整；（2）未能根据当前科学知识水平，对药物进行充分实验；（3）药品生产不符合公认规则或质量标准的要求；（4）药品缺少疗效；（5）申请人未能提供可确证的科学知识，来对药品疗效做充分的确证；（6）存在不利的风险收益评估结果；（7）未能对多种医学成分有效组合的必要性加以说明；（8）药品上市将违反法律规范的要求，或违反欧洲共同体或欧盟的条例、指令、决定等。[3]

联邦主管部门应以提交的文件及专家意见为基础，做出上市许可决定。主管部门可在正常营业时间，到有关企业和场所进行检查，调取文件、获取信息。在许可决定过程中，联邦主管部门应当邀请独立专家进行预先审查，审查上市许可申请文件是否完整，以及所涉药品是否已经根据当前科学知识水平开展充分实验，应将专家评审结果用于

1　参见德国《药品法》第22条。

2　参见德国《药品法》第25条第1款。

3　参见德国《药品法》第25条第2款。

上市许可的决定。联邦主管部门在做出处方药上市许可决定时，应咨询上市许可委员会的意见，如果做出的决定与该委员会不一致，应当说明理由；对于非处方药，联邦主管部门应当设立适用于特定领域的委员会，在上市许可延续决定过程中，联邦主管部门可以听取相关委员会的意见。[1]

此外，联邦主管部门为了保证药品容器标签和外包装、包装说明书、专业说明书等符合法律规定，可设置附条件许可，在批准许可时设定若干强制性条件。

## （四）与申请和许可相关的报告义务

申请人和上市许可持有人还负有一系列报告义务。如果申请文件中涉及的任何信息发生变更，申请人应当报告联邦主管部门，并提交相关文件，上市许可持有人也应当遵守此项规定。上市许可持有人还应向联邦主管部门报告药品即将投放市场的日期，至少提前两个月报告中止药品销售的信息以及所有的销售数据等。如果药品名称发生变更，上市许可也应进行相应变更；对于当前的药品名称，生产企业尚可继续使用一年，批发商和零售商尚可继续使用两年。若药品活性成分的类型或数量结构、药品剂型、适应症范围等信息发生变动，应申请上市许可的变更。[2]

## （五）上市许可的撤回、撤销、中止

如果事后发现批准许可时即存在不予批准许可的事由，应当撤回

1 参见德国《药品法》第25条第5款。

2 参见德国《药品法》第29条。

上市许可。如果事后出现相关事由，则应撤销上市许可。但是，在决定做出前，除非存在即将发生的危险，应当听取上市许可持有人的申辩。在许可被撤回、撤销或中止后，禁止该药品上市；允许将药品退回制药企业，主管部门可责令药品召回。联邦主管部门应当在联邦公报上公布有关上市许可的批准、撤回、撤销等情况。[1]

## （六）许可期限的届满与延续

如果被许可的药品在获准上市销售后，三年内仍未投放市场，或连续三年未上市销售，上市许可将被视为期限届满。持证者亦可书面声明期限届满。批准许可后满五年，期限届满。在期满前六个月可提出延续申请，每次延续期限亦为五年。若延续申请未获批准，则上市许可期限届满。因持证者书面声明，或因获准满五年而期满的上市许可，相关药品还可继续上市销售两年。[2]

## （七）顺势疗法药品和草药的登记

德国《药品法》第5章涉及顺势疗法药品和草药的登记。不需要申请上市许可的顺势疗法药品和草药仍均需登记后，方可作为药品上市销售，办理登记后不需要再申请上市许可。[3]申请登记时，申请人提交的文件与申请上市许可时提交的基本一致，但申请草药登记尚需其他材料，例如，表明在申请前，所涉药品或相关产品已作为药品使用至少30年，或已在欧盟范围使用至少15年，为此，需提交相关的证明文献或专

---

1　参见德国《药品法》第30条第1款。

2　参见德国《药品法》第31条。

3　参见德国《药品法》第38条第1款、第39a条。

家报告等。[1]

顺势疗法药品和草药登记的其他规定，与上市许可的申请和批准制度脉络有诸多类似之处。例如，联邦主管部门负责顺势疗法药品和草药的登记，并将登记号书面通知申请人，也可为此附加一定的强制条件，且登记仅适用于标明的特定药品。登记有效期为五年，持证者可至迟于期满前六个月提出延续申请。[2]

## 六、药品生产许可

德国《药品法》第3章题为“药品生产”，对药品生产许可做了较为全面的规定。在德国，除依法豁免的情形之外，生产药品均需获得生产许可。

### （一）生产许可与豁免

在德国，进行药品生产一般须经生产场所所在州主管部门的许可，对于血液制品等特殊药品，州主管部门尚需征求联邦主管部门的意见，方可做出决定。[3]但在药房调制药品的药店所有者、经《药房法》许可分销药品的医院药房等一些特殊主体，无须申请生产许可。[4]

授予生产许可的条件之一是，药品生产者的适格人员需具有专业知识。对适格人员的资格要求是：应获得药师执照，或能证明已完成至少四年大学学习，修习了药学、化学、药物化学和药学技术、生物学、医学或兽医学课程；需在药品定性、定量分析及其他质量检验领域有至少

1 参见德国《药品法》第38、39b条。

2 参见德国《药品法》第39、39c条。

3 参见德国《药品法》第13条第4款。

4 参见德国《药品法》第13条第2、2a款。

两年的实践经验。针对血浆加工、输液剂生产、由外周血或脐带血制成的造血干细胞制剂、基因疗法药品、体细胞疗法药品、异基因药品、组织制备、放射性药品、活性物质生产等，对适格人员应具备的实践经验年限做了不同的规定。[1]

## （二）不予发放生产许可的情形

当有如下情形之一时，州主管部门将不予发放生产许可：第一，申请人不具备拥有所需专业知识的适格人员，来对各批药品是否符合有关药品交易的规章进行检验；第二，适格人员或申请人在履职方面没有表现出充分的可信赖性，或不能完成他应履行的义务；第三，没有合适的场所和设备用于生产、检验和储存药品；第四，生产商不能保证药品的生产或检验依照了科学技术的最新标准。[2]

## （三）许可决定的时限与许可事项变更

法律规定了做出许可决定的时限，主管部门应当在三个月内对申请做出决定，并将相关数据输入特定的数据库。若许可持有人申请修改许可中关于药品或生产场所、设备的事项，主管部门应当在一个月内做出决定，特殊情形下可延长两个月，但应当于期限届满前通知申请人，并告知理由。若主管部门允许申请人补正申请文件中的瑕疵，则补正期间不计入上述期限内。[3]

企业获得的生产许可仅限于特定生产地点，仅能在此生产特定剂

1　参见德国《药品法》第15条。

2　参见德国《药品法》第14条。

3　参见德国《药品法》第17条。

型的特定药品。[1]许可持有人应提前向主管部门报告任何关于适格人员、生产场所或设备的变化，并提交证明资料。对于不可预见的变化，应立即报告。[2]

### （四）生产许可的撤回、撤销与中止

如在颁发生产许可后，发现批准申请时即存在应予拒绝的事由，则应撤回许可，或者命令中止许可。如果生产者无法提供药品生产、检验的证据，主管部门还可颁布临时命令要求停止药品生产，可要求仅停止某一批次药品的生产。[3]

## 七、药品销售与进口管理

德国《药品法》第7章题为“药品销售”，第13章题为“进口与出口”，对药品零售、批发、进口管理做出了详尽规定。

### （一）零售

1. 药店专售药

对于药店专售药品而言，除法定的发售途径外，只能在药店销售给消费者。[4]但当药品被用于治疗或缓解疾病、痛苦、身体伤害或疾病症状之外的目的时，可豁免于药店专售之列。天然疗养水、浴液、肥皂，以及作为成品的、完整或切割的植物或植物部分的混合物，从新鲜植物和植

1 参见德国《药品法》第16条。
2 参见德国《药品法》第20条。
3 参见德国《药品法》第18条。
4 参见德国《药品法》第43条。

物部分压榨的果汁，外用消毒剂，用于口腔和喉咙的消毒剂，均可豁免于药店专售之列。[1]

此外，联邦卫生部有权与联邦经济事务和能源部达成统一意见，并咨询专家意见后颁布法令，以允许某种药品在药店外销售，或扩大药店专售药的适用范围。[2]

2. 分类管理

医生开具处方后，才能将处方药销售给消费者，法律授权卫生部制定相关法令，规定处方药的适用范围及处方的形式、内容。[3]只有具备必要专业知识的主体才能从事非处方药的零售。但是，对于流动销售药品、避孕药及预防性病的药品、仅外用的灭菌剂及氧气的零售商，则不要求具备前述专业知识。[4]

3. 禁止与例外的情形

原则上禁止流动商贩销售药品。[5]禁止通过自动售货机提供任何形式的药品销售服务。[6]

## （二）批发

德国《药品法》第52a条对药品批发加以规定。药品批发贸易一般须经批发点所在地的州主管部门批准。但对于非药店专售药品、允许流动商贩销售的药品以及医用气体而言，则不需要申请批发许可。批发许可申请材料中应载明特定场所名称，证明其具有适当的、充分的

1　参见德国《药品法》第44条第2款。
2　参见德国《药品法》第45、46条。
3　参见德国《药品法》第48条。
4　参见德国《药品法》第50条。
5　参见德国《药品法》第51条。
6　参见德国《药品法》第52条。

营业场所与符合资质的人员，并书面保证将遵守批发企业的运营管理规则。

## （三）保证供应及应对短缺

药品生产企业必须在其责任框架内，保证以需求为导向，持续向药品批发商供应药品。药品批发企业必须保证持续向药房提供药品。一旦药品生产企业意识到用于住院治疗的处方药品即将面临配送瓶颈，其必须在职责范围内立即告知医院。[1]

联邦药品与医疗器械研究所设有咨询委员会，以持续监测和评估药品供应情况。该咨询委员会需有患者利益的代表和药师代表，代表还来自医师学会、卫生专业协会的药品委员会、代表制药企业主要利益的协会、药品批发商协会、中央联邦健康保险基金协会、德国医院联盟，以及适格的联邦和州行政机构的人员。[2]在听取咨询委员会意见后，联邦药品与医疗器械研究所起草一份与供应有关的药品和关键活性物质清单，并在网站上公布，该研究所还在网站上对获知的药品短缺情况加以公布。

当某种药品即将出现或已存在短缺时，主管的上级联邦当局可在听取咨询委员会意见后，采取适当措施，包括加强药品储备、定量供给药品等，来防止或缓解此种短缺。主管的上级联邦当局可以要求药品生产企业和批发企业采取适当措施，以保证充分、持续供应药品。[3]

---

1 参见德国《药品法》第52b条第3a款。

2 参见德国《药品法》第52b条第3b款。

3 参见德国《药品法》第52b条第3d款。

### （四）进口

药品进口须经有关部门许可。任何人以商业或专业途径，从非欧共体成员国、非《欧洲经济区协定》缔约国进口药品到德国境内时，必须经主管部门许可，需符合下列规定：（1）生产国药品监管当局颁发证书，证明药品或活性物质的生产，依据了欧洲共同体、世界卫生组织或药品检查公约（Pharmaceutical Inspection Convention）所采用的《药品生产质量管理规范》和质量控制措施；（2）主管部门证实前述要求已经在药品生产中得到遵守；（3）主管部门证实，进口是出于公众利益。但人体临床试验用药、紧急用药等不受上述规定的限制。[1]为保证药品质量，预防对人体的危害或预防风险，卫生部有权颁布法令做出更多要求，或限制从欧盟成员国外的第三国进口药品。[2]

## 八、药品管理

### （一）药品标签和说明书

药品只能由在德国境内、欧盟其他成员国内或欧洲经济区协议缔约国境内有注册营业地的制药企业投放到德国市场，且药品包装应标明制药企业的名称或商号和地址。[3]

药品企业有义务应医生、牙医、兽医、药剂师等专业人士的要求，向他们提供专业信息（expert information）。[4]药品标签应载明的事项包括

1　参见德国《药品法》第72条。
2　参见德国《药品法》第72a条。
3　参见德国《药品法》第9条。
4　参见德国《药品法》第11a条。

药品企业名称和地址，药品名称、效价、剂型，上市许可编号、产品批号、含量、给药途径、活性物质、失效期以及作为非处方药使用时的用途等。[1]药品说明书的内容包括药品名称、所含物质、适应症、作用方式、禁忌症、服药注意事项、警示、药物相互作用、剂量、给药途径、给药频率、服药期间、失效期，包括过量用药、未服药或停药后不良后果风险的信息，包括不良反应及可能的应对措施。[2]

## （二）药品标准

《德国药典》作为药品标准，是关于药品质量、检验、储存、分发和设计的通行药品规则的集成，也包含了对药品容器和外包装的要求。《德国药典》由德国联邦药品与医疗器械研究所公布，但需经德国联邦血清与疫苗管理局和德国联邦消费者保护与食品安全局同意。药典中的规则由德国药典委员会或欧洲药典委员会制定。德国药典委员会由联邦药品与医疗器械研究所设立，药典委员会成员应包含医学专家、药学专家、健康专业人士以及产业界、药物警戒领域专家。[3]

## （三）信息专员

将药品投放市场的制药企业应当任命信息专员，负责提供药品科学信息，此人应具备履行职责所需的专业知识及必要的可靠性。信息专员应负责确保遵守法律关于提供药品科学信息的规定，确保标签、包装、说明书和广告遵守上市许可或注册的要求。[4]

---

1 参见德国《药品法》第10条。

2 参见德国《药品法》第11条。

3 参见德国《药品法》第55条。

4 参见德国《药品法》第74a条。

### （四）药学顾问

根据德国《药品法》第75、76条的规定，制药企业还需任命具备必要专业知识的人作为药学顾问，药师、药师助理、医药销售代表都应具备必要的专业知识。药学顾问应就个别药品向医疗人士提供专业信息，还必须以书面或电子的方式，记录医疗界向其告知的药品不良反应、禁忌症及其他药品风险，并将这些信息书面通知制药企业。

## 九、药品上市后风险管理

药品作为“低频率、高风险”的产品，风险管理极其重要，将损害消灭于萌芽状态、防患于未然，或许是最理想的情形。德国《药品法》第10章题为“药品风险的监测、收集与评估”，该章分别规定了联邦政府、联邦主管部门、制药企业及许可持有人在药品风险管理中的法律地位，建构较为完整的药品上市后风险管理体系。

### （一）联邦主管部门的风险管理职责

为了预防对人体健康直接或间接的损害，联邦主管部门有责任集中记录、评估在药品使用过程中出现的各种风险，尤其是副作用、药品相互作用及药品掺假，并对根据《药品法》采取的各项措施加以协调。为此，联邦主管部门应当与世界卫生组织、欧洲药品管理局等组织机构加强合作。同时，对市场主体的风险管理计划加以评估，对其中包括的风险最小化措施加以监测。[1]

---

1　参见德国《药品法》第62条。

联邦主管部门有权到药品生产、上市或开展临床试验的企业和场所，检查有关药品风险收集和评估的记录。基于此，联邦主管部门官员可以在与当地主管部门协商后，在正常工作时间进入生产或营业场所，检查相关文件或要求提供信息。联邦主管部门应当立即或至迟于知晓后15日内，将每一个发生在本法管辖范围内的可疑严重副作用情况，通知欧洲药品局，必要时还应通知许可持有人。[1]

## （二）分级管理计划

联邦政府应当经联邦参议院批准，颁布一般行政规则，制订分级管理计划，将药品风险管理任务加以具体化。该计划应当具体指明不同危险等级下主管部门与相关公共服务机构的合作，规定制药企业以及联邦政府患者事务专员的参与程序，并规定根据《药品法》可采取的各项措施。[2]

## （三）企业的分级管理专员

将药品投放市场的企业应当任命一名适格的专业人员作为分级管理专员（graduated plan officer），其必须是欧盟成员国居民，且具备必要的专业知识和责任心，负责收集和评估有关已知药品风险，并协调必要的举措。分级管理专员负责将所获知的药品风险上报联邦主管部门，如果该部门有要求，还应当立即将药品风险收益评估文件信息和自己的评估材料上报给该部门。制药企业必须将分级管理专员的有关情况上报主管部门。[3]

1 参见德国《药品法》第63c条。
2 参见德国《药品法》第63条。
3 参见德国《药品法》第63a条。

## （四）上市许可持有人的报告义务

上市许可持有人应当保存所有发生在欧洲共同体或第三国的可疑副作用事件的详细记录，以及有关销售数量的数据信息。许可持有人还应当记录每一个实际发生的严重可疑副作用实例，并立即或至迟于其知道后15日内上报联邦主管部门。[1]上市许可持有人如果发现某种药品的滥用会损害人体健康，应立即向联邦主管部门通告相关情况。[2]

许可持有人应当依法定期提交更新的药品安全报告。许可持有人从获许可到药品正式上市期间，应至少每六个月一次向联邦主管部门提交更新的药品安全报告；在药品上市后的两年内，许可持有人应根据要求，至少每六个月一次提交更新的药品安全报告；在之后两年里，应至少每年提交一次更新的药品安全报告；再之后，应当每三年定期提交一次更新的药品安全报告。当主管部门要求立即提交时，则应根据要求立即提交更新的药品安全报告。[3]

上级联邦主管部门评估定期安全更新报告，以确定是否存在新的风险，或风险是否发生变化，以及药品的风险收益平衡是否发生变化，并采取必要措施。[4]

# 十、药品监督管理

如果企业从事药品生产、试验、存储、包装或销售等活动，或者开发药品并将其用于临床试验、残留物实验，那么这些企业及其活动场所，

1　参见德国《药品法》第63c条。

2　参见德国《药品法》第63b条第1、2款。

3　参见德国《药品法》第63d条第3款。

4　参见德国《药品法》第63d条第5款。

以及这些企业在上述场所从事的活动，均在主管部门监督管理的范围之内。[1]德国《药品法》在第11章中，对药品监督管理的进行、取样、监督检查、数据信息系统、跨部门合作等药品监督管理中的一般事项加以规定。

## （一）监督检查

主管部门应使关于药品贸易、医药领域广告和药店的监管规定切实得到遵守。主管部门应当在适当范围内开展常规检查，尤其对可能的风险予以特别的关注，对药品样品进行官方检验。必要时可以进行突击检查（unannounced inspections），启动突击检查的情形包括：（1）药品或活性物质涉嫌假冒；（2）有迹象表明药品或活性物质存在严重缺陷；（3）在药品生产监督的框架下，以适当的时间间隔，对用于药房的肠外注射剂生产进行突击检查。[2]

对需要生产许可或进口许可的企业和场所，应当按照规则每两年检查一次。如果主管部门检查认为，药品生产企业已经遵守了欧盟药品生产质量管理规范的原则和指导方针，那么应在检查90日内向药品生产企业颁发GMP证书。如果之后发现，被检查者当时实际上并未满足前述条件，则应当撤回证书；如果后续不再满足前述条件，也应当撤销证书。关于证书的颁发、拒绝、撤回或撤销的数据，应当存入指定的数据库。[3]

监管人员有权在正常营业时间实地检查企业办公场所、操作间、运输设备，并有权为预防对公共秩序和安全的危险，而检查进行药品有关

1 参见德国《药品法》第64条第1、2款。

2 参见德国《药品法》第64条第3款。

3 参见德国《药品法》第64条第3e、3f、3g款。

活动的住宅，此时，《德国基本法》第13条规定的住宅不可侵犯的基本权利受到限制。监管人员有权要求自然人、法人等提供所有必要的信息，特别是有关公司运作的信息；如果为公共秩序和预防安全风险之需，甚至可颁布临时停业命令。[1]

法律对药品取样加以规定，为了执行药品交易、药品广告、药房管理等方面的规定，监管人员有权出于检验目的，要求提供样品或自行抽样。[2]被监管者有配合协助监管人员履行职责的义务。[3]

## （二）采取监督管理措施

禁止销售存在安全隐患的药品，“存在安全隐患的药品”是指，根据当前科学知识水平，有理由怀疑根据其预定的目的使用，会产生超过当前医学知识水平下可容忍界限，并产生有害影响的药品。[4]禁止欺诈行为，即禁止生产、销售劣药、假药以及具有误导性名称、信息或陈述的药品，禁止销售过期药品。[5]

主管部门可以颁布必要的指令，来纠正已经发生的违法行为，预防未来可能发生的违法行为。如存在企业无法提供药品上市许可、许可已被中止、药品质量不合格、药品缺乏疗效等现象，或有理由怀疑，按药品标明的目的使用时，仍会产生超过容忍限度的危害等情形，主管部门可以禁止药品或活性成分的销售，责令从市场召回药品，并予以没收。如果有关企业、场所不能保证药品的适当存储，或有理由怀疑购销药品将被不正当使用，主管部门可以禁止药品的购销。如果由于不当存储

1　参见德国《药品法》第64条第4款。
2　参见德国《药品法》第65条。
3　参见德国《药品法》第66条。
4　参见德国《药品法》第5条。
5　参见德国《药品法》第8条。

或发售，人体健康受到危害，主管部门可没收购销的药品。主管部门可以没收不符合药品贸易及广告管理规定的广告材料。[1]

## （三）数据库支持的监管信息系统

德国《药品法》第67a条规定了数据库支持的监管信息系统。根据德国《药品法》第67a条的规定，联邦主管部门和地方主管部门应当配合德国联邦药品与医疗器械研究所，建立可共享的关于药品、药品活性物质、药品生产商或者进口商的中央信息系统。该信息系统应当收集涉及多部门任务实现所必需的重要数据。联邦药品与医疗器械研究所应当在主管部门或联邦主管部门根据有关法令提供的数据基础上，建立监管信息系统，并负责其运作。监管部门可以通过访问该信息系统中的当前数据，来履行法定职责。

联邦药品与医疗器械研究所通过互联网门户网站，让用户访问包含药品信息在内的通用数据库。该互联网门户应与欧洲药品管理局根据欧盟《关于上市许可程序的条例》[ Regulation (EC) No726/2004 ]设立的互联网门户相连接。联邦药品与医疗器械研究所还设立了一个普遍可访问的互联网门户网站，来提供远程销售药品的信息。法律授予卫生部搜集和处理上述信息的权力，卫生部有权颁布规章，对个人数据和与企业相关数据的传输加以规范，规定此类数据的类型、范围和要求。[2]

除了药品监管部门、医药企业，一般公众也可以通过这个信息系统检索到有关药品的信息。药品信息系统数据库分为两部分：一是药品信息库及其变更数据信息库；二是药品成分信息库，包括药品成分、辅

1 参见德国《药品法》第69条。

2 参见德国《药品法》第67a条。

料成分及杂质的数据信息。这些药品包括已在德国药品监管部门注册的药品，也包括正在注册的药品，还包括注册许可已被取消的药品。数据库收录的药品信息包括：药品名、申请号/处理号（ENR）、许可号、申请人、颁发许可日期、变更事项以及有助于确认该药品的其他必要信息等。联邦药品与医疗器械研究所、联邦消费者保护与食品安全局以及联邦血清与疫苗管理局共同负责药品信息库的建立和维护。[1]

## （四）跨部门合作

德国《药品法》强调政府部门之间的合作。负责德国《药品法》实施的联邦主管部门与州主管部门、各管理机构之间，应有相互通报信息的义务，如发现违反或涉嫌违反药品立法、健康产品立法或药店立法的行为，应立即相互通报，并协助调查。德国药品主管部门还应加强和欧盟药品管理机构之间的信息通报与合作。[2]

## （五）独立性和透明性

为了保证药品监管的独立性和透明性，联邦主管部门和地方主管部门应当确保，许可部门或其他主管部门雇用的参与上市许可、监督管理工作的工作人员以及由这些部门委任的专家，与医药产业不存在任何影响其中立性的利益关联。这些专家应每年对利益冲突情况加以说明。联邦主管部门和适格部门应依据药品立法和相关法律的规定，将设立咨询委员会的程序规则、会议议程、会议备忘录向公众公开，但在

1　参见梁毅、柳飞、周文瑜：《浅析德国药品监管》，《医药工程设计》2012年第3期。

2　参见德国《药品法》第68条。

此过程中应保护商业秘密。[1]

## 十一、法律责任

### （一）民事责任

德国《药品法》第16章题为“药品损害责任”，这是德国药事法中颇具特色的规定，同20世纪60年代发生的“反应停”药害事件有密切关系。反应停药物的开发商是德国厂商，之后促使德国以特别立法方式来规范药品损害责任，该修正规定于1976年通过，成为德国《药品法》第16章的第84条至第94条。[2]

德国《药品法》第84条规定了危险责任原则，危险责任是立法机关面对现代工业社会风险的典型应对方式。其前提条件是一种法益受到某种过度的危险威胁，该危险的实现将导致法益受损，并产生损失。法律规定如果因使用依法获得上市许可或被免除申请许可义务的药品，出现死亡或身体健康严重受损的情形，则将药品投放市场的制药企业应承担损害赔偿责任。但企业承担责任的前提是：（1）依指示使用该药品所产生的损害，已超越当前医药知识所能容忍的限度；（2）损害是药品标签、专业信息或使用说明与当前医药知识水平不符所致。在因果关系认定方面，适用推定原则。当使用的药品能够引起损害时，考虑药品的组分及剂量、给药途径及期间、损害症状、受害者健康状况等具体因素，可推定损害由该药导致。[3]如果事实证明药品导致了损害的发生，受害者可以要求药品生产企业披露为实现索赔权利所必需的药效、

1　参见德国《药品法》第77a条。

2　参见朱怀祖：《药物责任与消费者保护》，五南图书出版公司1997年版，第41—42页。

3　参见德国《药品法》第84条第2款。

不良反应及药物相互作用信息。[1]

德国《药品法》第85条规定，如果受害者本身存在过失，那么适用德国《民法典》第254条关于共同过失的规定。德国《药品法》第86条规定了致人死亡时赔偿义务的范围，第87条规定了导致身体受损害时赔偿义务的范围。德国《药品法》第88条规定了最高赔偿金额，如果一个人因药品死亡或受伤，每年最多可获得60万欧元的资本金或最高3.6万欧元的年金。如果同一药品导致多人死亡或受伤，赔偿义务人合计最多支付1.2亿欧元的资本金或每年合计最高70万欧元的年金。

法律规定了以年金给付的方式赔偿损害。[2]不可以事先的协议来排除或限制损害赔偿责任，任何此类协议均无效。[3]立法对多数赔偿义务人加以规定，如果多方当事人对损害赔偿负有责任，那么赔偿义务的判定和承担赔偿的程度，需以考虑责任当事人之间关系为基础，并取决于主要由哪一方当事人造成了药品损害。[4]药品企业必须确保其能履行法律承诺，有能力赔偿因自己的上市药品造成的损害，并遵守上市许可的要求。[5]

## （二）刑事责任

德国《药品法》第17章题为“刑罚与行政处罚”，其中第95、96条规定了相关的犯罪行为，第97条则对应受行政秩序罚的行为加以规定。第95条的主要规定包括：（1）销售有合理理由怀疑会产生有害影响的药品，或违反规定销售禁售药品、兴奋剂、放射性药物，或生产、销售假

1　参见德国《药品法》第84a条。

2　参见德国《药品法》第89条。

3　参见德国《药品法》第92条。

4　参见德国《药品法》第93条。

5　参见德国《药品法》第94条。

劣药品，或非法购销处方药的，将被判处三年以下监禁或被科以罚金。（2）如果行为人由于过失从事了前述第95条第1款的行为，应当判处一年以下的监禁或者罚金。（3）企图从事前述第95条第1款行为者，亦应受到惩罚。（4）危害众多人健康的行为，使得他人面临生命危险或使其身体、健康面临受严重损害风险，为自己牟取暴利或出于自身利益为他人牟取暴利，向未满18岁的人销售兴奋剂，将被判定为情节特别严重，将被判处一年以上十年以下监禁。

根据德国《药品法》第96条的规定，任何人如有违反依据该法第6条限制使用特定物质的规定，药品名称、规格或陈述有误导性的，未获生产许可销售药品、血清、抗原、基因物质的，无法完整正确提供相关文件的，违法进行药物临床试验的，违法销售处方药，或未经许可从事药品批发贸易等20种违法行为，应被判处一年以下的监禁或科以罚金。

## （三）行政责任

德国《药品法》第97条题为“行政罚款”，第97条第1款规定，因过失违反第96条的行为将被视为违反行政秩序。第97条第2款还将故意或因过失将过期药品投放市场，将无生产企业名称或商号的药品投放市场，将不符合药品包装、标签、说明书要求的药品投放市场的行为，未履行记录、通知、提交相关记录义务的行为，违法进行药物临床试验的行为，违法发售药品的行为，自助式售药等30余种行为视为行政违法。对违反行政法律秩序的行为，应处以2.5万欧元以下罚款。

根据德国《药品法》第98条的规定，对该法第95条或第96条规定的犯罪行为，或同该法第97条规定的行政违法行为有关的物品，可加以没收。对相应的没收，可分别适用《德国刑法典》第74a条和《违反秩序法》第23条的规定。

## 十二、德国药品立法特色及启示

德国《药品法》以科学为基础，以风险监管理念为依归，不仅为药品全生命周期中不同主体的权利义务加以规定，对药品研发、生产、销售、使用、监督管理等环节加以规范，而且对监管程序做出了细致的规定。该法也不乏大量的授权条款，授权行政部门根据实际情况颁布法令，将该法内容具体化，或加以变通适用，这增强了药品法的可操作性与适用的灵活性。

### （一）数据信息共享的建构

德国《药品法》第67a条规定了数据库信息系统，这为药品监管信息共享提供了平台。各部门在履行其职责的过程中，通过该系统输送或获取数据。其一，这有助于多部门行动的协调，使之基于同样的数据资料采取行动。其二，可以减少履职过程中不必要的资源浪费，提高工作效率，且在一定程度上保障决策的科学性。通过此系统，可以获知其他部门在各自职责范围内做出的专业数据信息，既可较为便利地实现数据信息的共享，又可保证相关资料的科学性。其三，各个部门并非“监管孤岛”，并非孤立履行自己的职责，通过部门协调，可弥补监管罅隙，形成监管合力。

我国国家药品监督管理局官网上已设有药品查询专栏，其中包括药品、医疗器械化妆品以及其他四项内容，“药品”专栏包括国产药品、进口药品、进口药品商品名、境内生产药品备案信息公示、境外审查药品备案信息公示、药品生产企业、药品经营企业、全国药品抽检、GMP认证、GSP认证、中药保护品种、执业药师注册人员等27项内容的查询。此板块的信息的确可资查询，但在不知道药品品种、药品企业、相关人员具体姓名的情况下，检索并非易事。我国各级药品监管部门之间的政府信息共享，药品监管部门与其他相关行政部门的政府信息共享，仍有待加强。

政府信息资源的跨部门共享（Cross-Boundary Information Sharing）是部门间有效协调的前提。正如社会心理学研究者鲁维奇和邦克所指出的那样，“当某人得到关于他人的足够信息，能够理解他们并且精确预测他们可能的行为时，会出现以知识为基础的信任”。[1]我国目前没有政府信息共享的统一立法。在政府信息共享的实务操作中，有些部门将信息视为权力和资源的来源，不愿将自己的信息和同级其他部门共享，也担心将自己的内部问题暴露给其他部门。一些部门甚至不知道其他单位到底有哪些可供本部门使用的信息，即缺少“关于信息的信息”。[2]而且，不同部门有自己的数据采集标准、数据分类标准，自己的数据库，这构成了政府信息共享的技术障碍。

药品监管信息应当以共享为原则，以不共享为例外。[3]未来，我国政府信息共享应秉承职能共享、规范有效、及时完整、合法使用、保障安全的原则，药品监管部门应着力建构能与相关行政部门数据共享的信息系统，明确政府信息共享内部工作程序、管理制度。进而通过不同行政部门之间的政府信息共享，促进组织间的合作，形成相互依存的治理网络，来应对模糊的、复杂的药品监管问题。[4]

## （二）专家咨询机制的法定化

德国《药品法》第25条第5款规定，应当在对申请人提交的文件的

---

1 参见［美］尤金·巴达赫：《跨部门合作：管理“巧匠”的理论与实践》，周志忍、张弦译，北京大学出版社2011年版，第201页。

2 参见郑磊：《跨边界信息共享中的领导力行为研究》，复旦大学出版社2012年版，第111页。

3 参见《政务信息资源共享管理暂行办法》，国发〔2016〕51号，2016年9月19日发布。

4 参见宋华琳：《建构部门协调的行政法理》，《中国法律评论》2015年第2期。

检查及专家意见的基础上，做出上市许可决定。德国《药品法》第25a条第1款规定，联邦主管部门应当将上市许可申请文件先交由独立专家审查，看其是否完整，以及根据当前科学水平，对药品是否进行了充分的实验。德国《药品法》第45条第1款规定，联邦卫生部有权在咨询专家后颁布法令允许更多药房专售药的例外规定。德国《药品法》第53条规定，在颁布某些法令之前，应就专业性问题听取专家意见，卫生部应当通过法令形式建立专家委员会，该委员会由来自医药科学、医院、有关商业界、社会安全机构等领域的专家组成。此外，德国《药品法》第26条第1款、第32条第2款、第36条第1款、第55a条、第64条第2款等诸多条款均对专家咨询加以规定。

专家有着相对丰富的专业技能、经验和学识，可以对药品监管中的科学前沿问题加以把握，并做出整体上的评判。[1]专家咨询制度的引入，有助于实现科学政策的民主化，凝聚科学共识，做出技术性的判断，使监管部门根据技术判断，辅之以政策考量，做出最终决定，进而提高监管决定的科学化、民主化水平。我国《药品管理法》第27条第1款规定了药品审评中的专家咨询机制。《药品注册管理办法》规定了药品审评专家咨询制度。药品监督管理部门及药品审评中心等专业技术机构根据工作需要，建立专家咨询制度，成立专家咨询委员会，在审评、核查、检验、通用名称核准、上市后管理等过程中就重大问题听取专家意见，充分发挥专家的技术支撑作用。[2]

我国《药品管理法》中未能对专家咨询机制予以通盘制度设计。建议在《药品管理法实施条例》修订过程中，明确专家咨询机制在药品监管政策形成、药品标准制定、药品审评、药品检查、药品检验、药品上

---

1　See Elizabeth Fisher, Drowning by Numbers: Standard Setting in Risk Regulation and the Pursuit of Accountable Public Administration, 20 *Oxford Journal of Legal Studies* 109–130 (2000).

2　参见《药品注册管理办法》第17条。

市后监管、药品分类管理等诸多领域适用的制度空间。建议国务院药品监督管理部门以规章或规范性文件的形式，出台《药品监管专家咨询管理办法》，对专家咨询在药品监管各个环节中的作用加以规定，进而规定专家咨询的组织形态、人员资格、咨询程序与问责机制。

## （三）风险管理的制度化

德国《药品法》对“药品风险”“风险收益衡量”“风险管理体系”“风险管理计划”加以界定，上市许可时要求风险收益衡量。[1]德国《药品法》第10章题为“药品风险的监测、收集与评估”，以专章对药品风险管理问题做出规定，让联邦政府、联邦主管部门、制药企业和许可持有人分别承担不同的任务，各司其职，各负其责，德国《药品法》为药品上市许可持有人设定了药物警戒义务，要求采取建立风险管理体系，采取风险预防措施，提交定期安全更新报告，将风险减少至最小化。[2]此外，散见于本法各章中的上市许可持有人报告义务以及第14章信息专员、药物顾问等规定，均从不同程度上体现出对药品风险的管理，构建了比较完善的风险管理体系。

我国《药品管理法》第3条和《疫苗管理法》第3条都明确规定了“风险管理”的原则。《药品管理法》第25条规定了药品注册时应审查申请人的风险防控能力，《药品管理法》第7章“药品上市后管理”更集中体现了药品风险管理的思路。其中，《药品管理法》第77条规定了药品上市后风险管理计划，《药品管理法》第78条规定了附条件批准药品的后续风险管理措施，《药品管理法》第80条就药品不良反应监测及风险控制加以规定，《药品管理法》第80条规定了药品不良反应报告制

1 参见德国《药品法》第24条。

2 参见德国《药品法》第63b、63d条。

度，第82条规定了药品召回制度，第83条规定了药品上市后评价制度，这些都是风险管理的体现。《药品管理法》第107条还规定了药品安全风险警示制度。

我国未来可在《药品管理法实施条例》或相关规章中，对“药品风险”“风险收益衡量”“风险管理体系”“药品上市后风险管理计划”加以界定，并进一步厘定药品风险管理的原则，厘定药品上市许可持有人、药品生产企业、药品经营企业、医疗机构在药品风险管理中的职责，对药品上市后风险管理、药品上市后不良反应监测、药品不良反应报告、药品再评价制度加以规范。

### （四）明确授权立法的内容、目的和范围

德国《药品法》中有诸多授权立法条款，明确规定了药品授权立法的内容、目的和范围。这源自《德国基本法》第80条第1款的规定，该款第一句要求行政命令的制定在形式上要有法律的授权，第二句要求授权母法的规定本身必须要明确授权的内容、目的与范围。如果授权过于笼统，不能符合授权明确性的要求，则不仅授权母法违宪、无效，而且依据此授权的行政命令也因失去授权依据而无效。其法理意蕴在于，防止概括授权、空白授权。授权明确性要求法律本身表明哪些特定问题应由行政机关加以规范，行政机关只能在何种界限范围内自主决定命令的内容，行政机关应当追求哪些目的。[1]

例如，德国《药品法》第6条第1款规定，如果出于风险预防，或者预防药品给人或动物健康造成直接或间接危害的目的，认为是必要的，可授权联邦卫生部通过法令，来具体规定、限制或禁止将来自某些物质或物体的物质、制剂用于药品生产，并禁止销售和使用未遵从这些法令

1　参见许宗力：《法与国家权力》，月旦出版社股份有限公司1998年第2版，第229页。

生产的药品，该法令须获得参议院批准。该法涉及的授权立法条款几乎都遵循这一模式。

在我国，法律授权立法的条款多为概括授权，即授权某部门制定具体实施条例或实施办法等，更具有原则性。《立法法》第10条规定，授权决定应当明确授权的目的、范围。被授权机关应当严格按照授权目的和范围行使该项权力。被授权机关不得将该项权力转授给其他机关。未来，我国监管部门制定药品监管规章和规范性文件时，应以法律规范中明确的授权实体规定为依据，不能因“国务院药品监督管理部门主管全国药品监督管理工作”此类概括性授权，即颁布诸多药品规章和规范性文件。

我国现行《药品管理法》第12条授权国务院药品监督管理部门制定药品追溯标准和规范，第17条授权其会同国务院有关部门制定药物非临床研究质量管理规范、药物临床试验质量管理规范，第19条第1款授权就药物临床试验规定需报送的数据、资料和样品，第19条第2款授权制定药物临床试验机构备案管理办法，第27条授权完善审评审批制度，第29条授权颁布《中华人民共和国药典》和药品标准，第42、52条授权制定药品生产质量管理规范、药品经营质量管理规范，第54条授权制定处方药与非处方药分类管理制度，第61条授权颁布药品网络销售管理办法，第95条授权制定短缺药品清单管理制度。但我国目前的授权立法规定中，多是规定由某部门制定某项药品管理规章，或制定某项药品管理制度，并没有对相应制度的目的加以厘定，且未对制度的适用范围、总体框架、核心要义加以限定。未来，如再有机会修改《药品管理法》，建议进一步完善授权立法规定，明确授权的内容、目的和范围，这有助于厘清法律与行政的关系，进而在法治国家原则、民主原则之下进一步完善我国的药品法律规范体系。

# 附录　德国《药品法》目录

## 第1章　立法目的、名词术语、适用范围

第1条　立法目的
第2条　“药品”的定义
第3条　“物质”的定义
第4条　其他名词术语的定义
第4a条　本法适用范围的例外
第4b条　关于先进疗法药物的特别规定

## 第2章　对药品的要求

第5条　关于不安全药品的禁止
第6条　关于健康保护的授权
第6a条　废止
第7条　放射性药品和电离辐射处理后的药品
第8条　为预防欺诈的禁止
第9条　负责药品生产销售的责任人

第10条　成品药标签
第11条　包装说明书
第11a条　专业信息
第12条　关于标签、包装说明书和包装规格的授权

## 第3章　药品生产

第13条　生产许可
第14条　生产许可的决定
第15条　专业知识
第16条　对生产许可的限定
第17条　授予上市许可的期限
第18条　撤回、撤销与中止
第19条　责任范围
第20条　报告义务
第20a条　活性物质与其他物质的准用
第20b条　对组织采集和相关实验室检验的许可
第20c条　对组织或组织制备的加工、保存、检验和储存或投放市场的授权
第20d条　组织与组织制备获许可义务的例外

## 第4章　药品上市许可

第21条　获取上市许可的义务
第21a条　对组织制备的批准
第22条　上市许可需提交的文件
第23条　兽药需提交的特殊文件

第24条　专业信息

第24a条　对之前申请人文件的使用

第24b条　仿制药许可、文件的保护

第24c条　其他要求

第24d条　一般的使用权利（联邦主管部门使用）

第25条　上市许可的决定

第25a条　前期审查

第25b条　欧盟相互认可程序和分散化程序

第25c条　上级联邦当局就欧洲共同体或欧盟决定或决议采取的措施

第26条　药品审查指南

第27条　授予上市许可的期限

第28条　施加限定条件的权力

第29条　报告义务、上市许可的更新

第30条　许可的撤回、撤销与中止

第31条　许可期满与续展

第32条　官方批次检验

第33条　费用

第34条　向公众的公开

第35条　关于上市许可与义务免除的授权

第36条　关于标准上市许可的授权（对免除药品上市许可义务的免除）

第37条　欧共体委员会或欧盟理事会关于来自其他国家药品上市许可的许可

## 第5章 药品注册



## 第6章 人体临床试验中受试者的保护



## 第7章 药品销售

第47条　分销渠道
第47a条　特殊分销渠道,保存记录的义务(堕胎药等)
第47b条　二吗啡等的特殊分销渠道
第48条　处方药
第49条(已删除)
第50条　非处方药的零售
第51条　流动商贩的销售
第52条　自助服务的禁止
第52a条　药品批发贸易
第52b条　药品供应
第52c条　药品经纪活动
第53条　专家咨询

## 第8章　质量保证与质量控制

第54条　运行规章
第55条　药典
第55a条　检验程序的官方编制

## 第9章　兽　药

第56条　药用饲料
第56a条　兽医用药的处方,发售与使用
第56b条　例外规定
第57条　动物饲养人的获取、持有,记录
第57a条　动物饲养人的使用
第58条　对食用动物的药品使用

第58a条　就动物饲养的告知
第58b条　就药品使用的告知
第58c条　确定处置频率
第58d条　减少抗菌物质的使用
第58e条　颁布法令的权力
第58f条　数据的处理与传输
第58g条　评估(已废止)
第59条　对食用动物的临床试验与残留物测试
第59a条　对物质的贸易与制剂
第59b条　用于残留物测试的物质
第59c条　对可用于兽药的物质的记录保存义务
第59d条　向食用动物施用药理活性物质
第60条　宠物
第61条　兽医学校的权力

## 第10章　药品风险的监测、收集与评估

第62条　组织机构
第63条　分级管理
第63a条　分级管理专员
第63b条　上市许可持有人的药物警戒一般义务
第63c条　在疑似不良反应的情况下,药品上市许可持有人的归档和报告义务
第63d条　定期安全更新报告
第63e条　欧盟程序
第63f条　非干预性上市后安全研究的一般性前提条件
第63g条　非干预性上市后安全研究的特殊前提条件

第63h条　动物用药品的文件归档和通知义务

第63i条　血液制品和组织制剂的文件归档和通知义务

第63j条　对于既不需要上市许可也不需要批准的先进疗法药物，处置人员的文件归档和通知义务

第63k条　例外

## 第11章　监督管理

第64条　开展监督管理

第65条　抽样

第66条　容忍与合作义务

第67条　一般的通告义务

第67a条　数据库支持的信息系统

第67b条　欧洲组织和细胞产品汇编，通告义务

第68条　通知和公示义务

第69条　主管部门的措施

第69a条　对用作兽药物质的监督

第69b条　特定数据的使用

## 第12章　对联邦军队、联邦警察、公共秩序警察与保护公民的特殊规定

第70条　本法的适用与执行

第71条　例外

## 第13章　进口与出口

第72条　进口许可
第72a条　证明（来自非成员国的药品）
第72b条　对组织和特定组织制剂的进口许可与证明文件
第72c条　对组织和组织制剂的一次性进口
第73条　对引进的禁止
第73a条　出口
第74条　海关的参与

## 第14章　信息专员与药物顾问

第74a条　信息专员
第75条　专业知识
第76条　职责

## 第15章　联邦主管部门的确定和其他规定

第77条　联邦主管部门
第77a条　独立性和透明性
第78条　价格
第79条　紧急状态下允许例外的权力
第80条　对联邦主管部门颁布程序性规章和同情用药规章的授权
第81条　与其他法律的关系
第82条　颁布一般性行政规则
第83条　与欧盟立法的相契

第83a条　针对特定情况颁布法令
第83b条　对法令的公布

## 第16章　药品损害责任

第84条　绝对责任
第84a条　披露的权利
第85条　共同过失
第86条　死亡情况下的损害赔偿范围
第87条　身体伤害的损害赔偿范围
第88条　最高赔偿金额
第89条　年金形式的赔偿
第90条（已删除）
第91条　责任的延伸
第92条　强制规定
第93条　承担损害赔偿责任的共同义务人
第94条　承担责任范围的规定
第94a条　地方管辖权

## 第17章　刑罚与行政处罚

第95条　刑罚的规定（较重）
第96条　刑罚的规定（较轻）
第97条　行政罚款
第98条　没收

# 第18章 过渡性和暂时性条款

第1节 关于药品立法变革的法律的过渡条款

第99条 1961年药品法

第100条

第101条(不再适用)

第102条

第102a条(不再适用)

第103条

第104条(不再适用)

第105条

第105a条

第105b条(不再适用)

第106条(不再适用)

第107条(不再适用)

第108条(不再适用)

第108a条

第108b条(不再适用)

第109条

第109a条

第110条

第111条(不再适用)

第112条

第113条

第114条(不再适用)

第115条

第116条
第117条（不再适用）
第118条
第119条
第120条
第121条（已删除）
第122条
第123条
第124条
第2节　关于《药品法》第一修正案的过渡条款
第125条
第126条
第3节　关于《药品法》第三修正案的过渡条款
第127条
第128条
第129条
第130条
第131条
第4节　关于《药品法》第五修正案的过渡条款
第132条
第5节　关于《药品法》第七修正案的过渡条款
第133条
第6节　关于《输血法》的过渡条款
第134条
第7节　关于《药品法》第八修正案的过渡条款
第135条

第8节　关于《药品法》第十修正案的过渡条款

第136条

第9节　关于《药品法》第十一修正案的过渡条款

第137条

第10节　关于《药品法》第十二修正案的过渡条款

第138条

第11节　关于《输血法》第一修正案与药品管理条例的过渡条款

第139条

第12节　关于《药品法》第十三修正案的过渡条款

第140条

第13节　关于《药品法》第十四修正案的过渡条款

第141条

第14节　关于《组织法案》的过渡条款

第142条

第142a条　关于人体组织和组织产品适用欧盟(EU)2015/566和(EU)2015/565指令的过渡条款

第142b条　法律对《血液和组织制剂规范》予以更新,相应的过渡条款

第15节

第143条　关于因应《反兴奋剂法案》的过渡条款(已废止)

第16节

第144条　关于修正药品规章和其他规章的过渡条款

第17节

第145条　因2011年德国《药品市场改革法》引发的过渡条款

第18节

第146条　关于第二次修正药品规章和其他规章的过渡条款

第19节

# 第五章

# 美国药品法述评

FDA是美国负责食品、药品和化妆品监管的最高行政机构。美国药品监管历经百年发展，形成了以《联邦食品、药品与化妆品法》（Federal Food, Drug and Cosmetics Act，简称FD&CA）为核心，辅以各类法规和指南的完整的药品监管法律体系。《联邦食品、药品与化妆品法》是FDA进行药品监管活动的法律依据，这部法律对药品研发、上市许可、生产、经营，直至上市后研究、药物警戒、召回等环节加以规范，不仅规定了药品全生命周期的监管程序和监管制度，也规定了药品研发者、上市许可持有人、生产经营者、使用者的相关权利义务和法律责任。本章试图对美国药品立法的精义加以勾勒，对其药品监管中的制度理念、程序规范与实体要求加以评介，以期丰富对美国药品监管和药品立法的理解。

## 一、美国药品监管体制与法规概述

### （一）FDA

FDA是美国联邦政府中历史最为悠久的消费者保护机构，其前身可以追溯至联邦政府使用化学分析来监督农产品安全的职能，此职能最早发轫于1862年，林肯总统任命化学家查尔斯·M.韦瑟里尔（Charles M. Wetherill）就职于农业部化学局，此部门构成了FDA的前身。1883年，哈维·威利（Harvey Wiley）被任命为农业部首席化学家，他致力于推动食品药品立法，为此历经挫折，却矢志不移。[1]1930年，依据农业拨款法案，食品、药品和杀虫剂管理局更名为食品药品管理局。

FDA现隶属于卫生与人类服务部（Department of Health and Human Services，简称HHS），是一个公共卫生科学监管机构。FDA与药品相关的法定职责是，通过确保药品和生物制品的安全性、有效性，来捍卫公众健康；通过助力药物创新，让药品更为有效、安全、可及；让公众能获得准确的、基于科学的药品信息，来改善公众健康。[2]

自2019年3月31日起，FDA开始实施机构重组。重组后，FDA主要由局长办公室（Office of the Commissioner）、七个中心及监管事务办公室（Office of Regulatory Affairs，简称ORA）组成。机构重组反映了监管部门对治理现代化的追求，以更好地推行战略优先事项，推进保护和促进公众健康的使命，迎接医药行业快速创新带来的挑战。[3]

1. 局长办公室

局长办公室负责管理FDA总体事务，包括制定政策、规章、计划、行政管理、外联、风险管理等。局长办公室下设首席顾问办公室，首席科学家办公室，临床政策和计划办公室，执行秘书办公室，运营办公室，对外事务办公室，政策、立法和国际事务办公室，数字转型办公室等11个办公室。[4]

2. 中心

FDA下设的中心包括药品审评与研究中心（CDER）、生物制

---

1　参见宋华琳：《药品行政法专论》，清华大学出版社2015年版，第55页。

2　What We Do，FDA官网。

3　Office of the Commissioner，FDA官网。

4　Office of the Commissioner，FDA官网。

品审评与研究中心(CBER)、肿瘤学卓越中心(Oncology Center of Excellence,简称OCE)、医疗器械与辐射健康中心、食品安全与应用营养中心、烟草制品中心、兽药中心。[1]药品审评与研究中心、生物制品审评与研究中心、肿瘤学卓越中心分别在药品、生物制品与肿瘤用药监管中发挥重要作用。

(1) 药品审评与研究中心

药品审评与研究中心负责监管非处方药和处方药,也对生物疗法和仿制药加以监管,以确保药品的安全、有效和可获得,以改善消费者健康。其最重要的工作是对新药进行上市前审评,确保药品的健康收益大于已知的风险,还可为医生和患者提供合理用药所需的信息。[2]

药品审评与研究中心对电视、平台和平面媒体药品广告进行监督,确保其真实可信。它还负责药品监管使用者付费的年度报告及财务计划,并对《处方药使用者费用法》(PDUFA)进行研究和绩效审评。[3]

(2) 生物制品审评与研究中心

生物制品审评与研究中心负责监管预防、诊断和治疗疾病、症状或损害的生物制品和相关产品,包括对血液和血液制品、疫苗、组织、细胞和基因治疗等进行监管,以确保它们的安全性、纯度、效力和有效性。[4]这些产品往往代表着尖端生物医学研究的成就,并可能针对多种当前几乎没有治疗方案的疾病和症状,提供最有效的治疗方法。[5]

生物制品审评与研究中心主要负责审批新生物制品或已许可产品的新适应症,要求生产商提交科学和临床数据,以判断产品是否符合许可标准。对数据进行全面评估后,它将基于产品的风险收益,做出

---

1 FDA Overview Organization Chart,FDA官网。

2 CDER: The Consumer Watchdog for Safe and Effective Drugs,FDA官网。

3 Center for Drug Evaluation and Research | CDER,FDA官网。

4 CBER Vision & Mission,FDA官网。

5 About CBER,FDA官网。

是否批准产品上市的决定。[1]它向公众提供信息，以促进生物制品的安全和适当使用，还致力于保护公众免受突发传染病和生物恐怖主义的威胁。[2]

（3）肿瘤学卓越中心

肿瘤学卓越中心成立于2017年1月19日，其设立依据为《21世纪治愈法案》(21st Century Cures Act)，该中心通过整合FDA不同中心的科学专家，来加快抗肿瘤药的研发和临床审评。肿瘤学卓越中心提供整合化的临床试验审查，来促进抗肿瘤药的安全有效使用；在跨中心协作的基础上，为特定研究用新药的加速程序提供支持；针对所有抗肿瘤药品审评，对突破性治疗程序和快速路径程序的适用设定一以贯之的决定标准。[3]

3. 监管事务办公室

在复杂的全球药品监管环境下，监管事务办公室在构建公众健康安全网过程中发挥主导作用。它致力于药品质量的改进，对药品安全进行监管。它的职能包括：负责检查被监管的药品企业；调查消费者投诉、突发事件和药品犯罪活动；负责实施FDA颁布的规章；开展样品抽检和分析；审评进口药品。在履行职责过程中，监管事务办公室与FDA的其他产品监管中心，与联邦、州、地方乃至境外的公共卫生监管机构协同开展工作。[4]

## （二）咨询委员会

咨询委员会在美国药品监管中发挥重要作用。FDA共设有18个

1 About CBER，FDA官网。

2 CBER Vision & Mission，FDA官网。

3 Who We Are—Oncology Center of Excellence，FDA官网。

4 ORA Overview，FDA官网。

药品咨询委员会，包括：麻醉剂和止痛药咨询委员会，抗菌药物咨询委员会，关节炎咨询委员会，心血管和肾脏药咨询委员会，皮肤科和眼科用药咨询委员会，药品安全和风险管理咨询委员会，内分泌和代谢病药品咨询委员会，胃肠病药品咨询委员会，医学影像药品咨询委员会，非处方药咨询委员会，肿瘤药品咨询委员会，抗病毒药咨询委员会，周围和中枢神经系统药品咨询委员会，药物科学和临床药理学咨询委员会，药房制剂药剂咨询委员会，精神药品咨询委员会，肺部过敏药品咨询委员会以及产科、生殖和泌尿科药品咨询委员会。[1]

FDA运用咨询委员会和专家小组，就科学、技术和政策问题获得独立的专家咨询意见。FDA鼓励从不同性别、种族和族裔群体成员中提名咨询委员会委员，鼓励提名残障人士为咨询委员会委员，从而让不同见解得以反映于咨询委员会的意见之中。[2]

FDA公共咨询委员会中的科学人士应为技术上适格的专家，其专业可能涉及临床药学、工程学、生物和物理科学、生物统计学等特定领域，他们应拥有解释复杂数据的丰富经验。他们必须能分析复杂的科学数据，并理解这些数据对公众健康的重要意义。学者或专业人士运用其专业知识，对FDA提出的议题进行审议和讨论。此外，咨询委员会中还包括产业界代表、企业代表和患者代表。[3]

## （三）美国药品监管法规体系概述

美国药品监管法律规范包括《联邦食品、药品与化妆品法》及其修正案，还包括其他相关法律、规章和指南等。药品监管规章的制定以法

1 Human Drug Advisory Committees，FDA官网。

2 About Advisory Committees，FDA官网。

3 Advisory Committee Membership Types，FDA官网。

律为依据，细化了药品法律的要求；指南则以FDA的名义颁布，体现了FDA的监管立场。美国药品监管法律体系架构完整周密，内容涉及机构职责、法律授权，还对不同主体权利义务加以规定，对上市前审评程序、上市后监管程序予以精细设计。

《联邦食品、药品与化妆品法》是美国药品监管领域的基本法，制定于1938年。该法分为十章，即简称、定义、禁止的行为和处罚、食品、药品与医疗器械、化妆品、一般权力、进出口、烟草制品，以及杂项。1938年立法对1906年《联邦食品药品法》及修正案进行了实质性修改，要求药品生产商在产品上市前必须提供新产品安全无害的科学证据，以及授权进行工厂审核等。

截至2022年底，《联邦食品、药品与化妆品法》已历经28次修正，其中较为重要的修正包括：

1. 1962年基福弗-哈里斯修正案（Kefauver-Harris Amendment）

肯尼迪总统于1962年10月10日签署了基福弗-哈里斯修正案，此次法律修正发生于全球“反应停”药害事件的背景下，修正案将处方药广告管理权限从联邦贸易委员会转移到FDA，对所有新药和老药都提出了有效性证据的要求，要求在药品标签上披露副作用信息，这构成了药品法史上里程碑式的进展。

2. 1983年《罕见病药物法》

1982年，一个由罕见病患者支持者和罕见病患者家属组成的非正式联盟成立了美国罕见病组织（National Organization for Rare Disorders，简称NORD），呼吁修改立法以支持罕见病药物的开发。他们成功地推动美国国会在1983年初通过了《罕见病药物法》（Orphan Drug Act），在此之前，只有38种罕见病药物获得批准；到了2014年，则已有治疗468种罕见病的373种药物获批准。

《罕见病药物法》规定了罕见病认定的标准：（1）美国国内发病人数少于20万例，或（2）美国国内发病人数超过20万例，但治疗该疾病的药品在美国的销售额根本不可能抵偿药品研发和上市的成本。如果一种药物符合上述标准之一，可被认定为罕见病药物，即有权享有《罕见病药物法》所提供的多种激励。其关键是对罕见病新药给予最长不超过七年的市场独占期，在此期间不再批准相同品种上市。

3. 1992年《处方药使用者费用法》

行政监管收费是政府筹集资金所普遍采纳的方法，是进行行政管理，向公众提供公共服务时弥补所占用社会资源的重要手段。药品监管不仅有助于保障公众健康权益，而且通过颁布许可、进行检查、开展监管等活动，给予了申请人在市场上的准入资格，使得申请人有可能获得相应的商业利益。[1]

在美国，药品监管收费制度的引入，也在于当时新药上市的"时滞"(time lag)现象，公众认为药品审评过慢，使得美国公众没能享受到应有的健康服务和药物治疗；产业界认为药品审评过慢，使得药品研究开发成本日渐高昂，时间的推移使得潜在创新药品的专利期日益流逝，其相对于仿制药的潜在优势也日渐减少。

在此背景下，美国于1992年颁布了《处方药使用者费用法》，规定将所收的监管费用于人用药品审评工作。FDA利用这些收费来增聘人员，更新药品审评的信息基础设施。现行有效的药品监管收费法案是2022年9月30日签署的《处方药使用者付费法案》(第七版)，药品监管收费包括了申请费、处方药设施年费和处方药产品年费三类。

4. 2002年《儿童最佳药物法》以及2003年《儿科研究公平法》

2002年，美国国会通过了《儿童最佳药物法》(Best Pharmaceuticals for Children Act)，这是美国针对儿科用药研究制定的专门性法律规范。该法案延续了1997年《美国食品药品管理局现代化法案》中设立的六

1 参见李徜、宋华琳:《中国药品监管收费制度及其改革》,《宏观质量研究》2013年第2期。

个月的儿科独占保护期政策，成立儿科治疗办公室，负责处理伦理问题和上市后的安全性问题。

鉴于药企自愿进行儿科用药研究的积极性有限，美国国会认为有必要赋予FDA强制药企开展儿科用药研究的权力，因此，在2003年制定了《儿科研究公平法》(Pediatric Research Equity Act)，要求当药企申请上市的药品含有新活性成分、新适应症、新剂型、新给药方案或新给药途径时，需开展儿科评估。在满足一定条件时，FDA可要求药企在指定期限内，就其已上市药品开展儿科研究并提交报告。[1]

5. 2016年《21世纪治愈法案》

2016年12月9日，美国国会通过《21世纪治愈法案》，该法案以加速新疗法的发现(discovery)、研发(development)和提供(delivery)为主线，致力于满足患者尚未满足的治疗需求，减少药品研发成本，减轻药品监管负担。该法案着力于建构以患者为中心的审评，认定药物研究开发工具，简化特定类型申请的技术审评要求，引入创新性的临床试验设计，为罕见病药物研究开发提供激励，加强知情同意和受试者保护，扩大拓展临床试验用药的范围。[2]

## 二、药品、新药及假劣药品的定义

药品、新药等概念是药品法的核心概念。《联邦食品、药品与化妆品法》对药品、新药、假冒药、掺假药及错标药的规定，关乎药品监管的范围，关乎对药物研发活动的规范和调整，关乎为药品生产、经营活动划定合法与不法的界限。

1　参见邓勇：《欧美儿童用药的立法及监管措施》，《中国医药报》2018年5月28日。
2　参见杨悦编译：《21世纪治愈法案》，中国医药科技出版社2018年版，前言。

## （一）药品

药品的定义涉及药品与其他健康产品的边界，涉及药品法的适用范围和调整对象，对药品监管的事实认定和法律适用都具有重要意义。

美国1806年版《韦氏词典》将“药品”定义为“医用单体”，并将“单体”解释为“某一单一的组分、草药、植物、药品”。1828年版《韦氏词典》将“药品”定义为“在医疗中使用，由药剂师销售，由药师和医师调剂的物质的通用名称；任何作为药品组分或在药品制备中使用的物质、植物、动物或矿物质”。当时美国社会理解的“药品”概念，甚至还涵盖了印染或化学工业的原料。[1]当时，美国的药品多从植物中提取，因此药品和食品的界限往往比较模糊。

美国1906年《联邦纯净食品与药品法》将“药品”定义为“《美国药典》或《美国国家处方集》中包括的所有用于内服或外用的药品和制剂，以及意图治疗、缓解或预防人或其他动物疾病的任何物质或混合物”。《美国药典》由美国药典委员会制定，《美国国家处方集》则由美国药学会制定。美国1938年颁布的《联邦食品、药品与化妆品法》为“药品”赋予了第三重定义，即“除食品外试图影响人或动物身体结构或任何功能的物质”。

现行美国《联邦食品、药品与化妆品法》第2章题为“定义”，规定“药品”是指：（1）为《美国药典》《美国顺势疗法药典》《美国国家处方集》或其任何增补本所收录的任何物质；（2）意在用于诊断、治愈、缓解、治疗或预防人或动物疾病的物质；（3）意在影响人或其他动物的结构或功能的物质（食品除外）；（4）意图作为第（1）、（2）、（3）项中所列

---

1 Lewis A. Grossman, Food, Drugs, and Droods: A History Consideration of Definitions and Categories in American Food and Drug Law, 93 *Cornell. L. Rev.* 1091, 1104–1105 (2007).

任何物质中所含组分的物质。[1]

## （二）新药

无论是在以研发创新药为主的国家，还是在以仿制药为主的国家，对“新药”的界定以及围绕“新药”所展开的一系列制度安排，都在药品法的规定中占有重要意义，也与鼓励药物创新，保障公众用药安全和合法权益，有着密切关联。

1937年磺胺酏剂事件后，美国1938年颁布的《联邦食品、药品与化妆品法》引入了“新药”的概念，也赋予了FDA对新药上市的有限审查权，FDA有权审查药品的安全性，而不审查药品的有效性。席卷全球的“反应停”事件发生后，美国1962年通过的《联邦食品、药品与化妆品法修正案》规定，在“新药”上市前，应得到FDA的批准，FDA对申请新药的安全性和有效性予以审查。

美国现行法律将新药界定为：(1) 任何药品(除新兽药或含有新兽药的动物饲料外)，在其标识所规定、建议或暗示的条件下，其所含成分的安全性和有效性，有待接受经科学训练且具有丰富经验的专家们评审，并获普遍认可；(2) 任何药品(除新兽药或含有新兽药的动物饲料外)，被确定作为研究用药，以确定药品在相应条件下的安全性和有效性，但该药品除用于此项研究外，未在该条件下，在实质性的范围和时间内被使用。[2]具体而言，一种新药必须包含新药物质(new drug substance)，也就是在药品生产、处理和包装过程中任何可能产生新颖性的物质，具体可以是新活性成分、新化合物、新配方、新剂型、新给药

1 FD&CA, Section 201(g)(1).

2 FD&CA, Section 201(p).

途径等。[1]

根据新药化学新颖性的不同，FDA又将新药分为：(1) 新分子实体(New Molecular Entity，简称NME)；(2) 已批准药物的新酯、新盐或其他非共价键的衍生物；(3) 已批准药物的新剂型；(4) 两种或更多种类药品的新复方；(5) 由新生产商来生产已上市药品；(6) 已上市药品的新适应症；(7) 在FDA成立之前即已上市的药品；(8) 从处方药转换为非处方药的药品。[2]这其中，新分子实体是具有创新性(innovative)的新药，其他是在已上市药品基础上显著改进(significant change)的新药。

## (三) 掺假药、错标药与假冒药

在美国，掺假药主要指内在质量方面有问题的药品；错标药主要指本身无问题但标签有问题的药品；假冒药主要指虚假声称或标注该药的生产者、加工者、包装者或分销者的药品，它是不合法的，存在着固有的安全性问题。

1. 掺假药

有下列情形之一的，按掺假药处理：(1) 药品全部或部分含有污物、腐败物或腐烂物；(2) 药品的制备、包装或存放条件不卫生，有可能被污物污染，或可能危害健康；(3) 制造、加工、包装或储存药品时，所采用的方法和所应用的设施或质量控制不符合美国现行《药品生产质量管理规范》的要求，从而无法确保该药符合《联邦食品、药品与化妆品法》关于安全、同质性和效价的要求，也不能保证该药符合自称的质量和纯度特征；(4) 药品容器全部或部分由有毒或有害物质组成，可能

1 FD&CA, Section 505B(1)(A).

2 United States Government Accountability Office, New Drug Development: Science, Business, Regulatory, and Intellectual Property Issues Cited as Hampering Drug Development Efforts, November 2006(GAO-07-49).

导致内容物有损健康；(5) 仅出于着色目的，药品中含有不安全的色素添加剂；(6) 药品已为法定药品标准所记载或承认，但其强度不同于或其质量或纯度低于此种法典所规定的标准(当一个药物强度、纯度和质量不同于法定药品标准的要求，但在标签中已清楚说明的，不应被认为是掺假药物)；(7) 不属于上述法定药品标准中的药品，但其强度、质量或纯度低于自行声称或宣示的强度、质量或纯度；(8) 药品和任何物质混合后，其强度或质量被降低的，或者药品全部或部分被其他物质替代的。[1]

2. 错标药

有下列情形之一的，为错标药：(1) 药品标签是错误的，或者该标签的内容引人误解或引起迷惑。[2](2) 凡以包装形式出现的药品，如果包装上的标签未能载明制造商、包装商或经销商的名称或业务地点；或未能精确说明药品内容物的重量、容量或数量。[3](3) 凡本法要求或规定，需在标签上标明的任何词语、说明和其他信息，未能以醒目的形式放置在标签上；或其表述方式未能让购买和使用的普通人易于阅读或理解。[4](4) 药品标签只列出其他非专有名称，未标出确定的名称(established name)；或在药品由两个或两个以上的成分构成时，药品标签未标出每一活性成分的确定的名称、数量和比例；或在药品零售包装的外层容器上，未按照字母表顺序标明每种有效成分的确定的名称。[5](5) 处方药或其有效成分的统一标准名称在标签上所使用的铅字，小于该药物或成分的商品名的1/2。[6](6) 标签未能提供充分的使用

---

1 FD&CA, Section 501(d).

2 FD&CA, Section 502(a).

3 FD&CA, Section 502(b).

4 FD&CA, Section 502(c).

5 FD&CA, Section 502(e)(1)(A).

6 FD&CA, Section 502(e)(1)(B).

指南；且未能针对特定的病理条件或儿童用药情形，就不安全的或可能危害健康的剂量、给药方法、用药持续期间，给予充分的警示。[1]（7）为《美国药典》《美国国家处方集》所收载的药品，其包装和标签同其规定不符。[2]（8）卫生部部长发现该药物易于变质，该药品的包装形式和方式不符合法定要求，又未能在标签上载有对预防措施的陈述。[3]（9）药品容器的制造、形状或灌装会引起人们误解者，某容器系模仿另一药物的容器，或者以彼药品之名销售此药品。[4]（10）按照标签上规定、建议或提示的剂量或方式、频率或持续期间服用药品，可能危害患者健康。[5]（11）仅出于着色目的而使用着色剂，且着色剂的包装和标签不符合法定要求。[6]（12）如果某处方药是在各州销售的药物，而药品生产商、包装商或销售商在广告中或其他发出的印刷材料中未能列出统一标准名称，或其铅字大小未及商品名的1/2；标签上未能标明药品中的每种成分的含量；在简要概述中未能涵盖药物的副作用、禁忌证和疗效等信息。[7]（13）某药品系在未依法注册的企业中进行生产、配制、宣传、混合或加工；或某药品系由未依法注册的进口商进口或提供进口。[8]（14）在美国上市的非处方药，未在标签上标明国内地址或国内电话号码，负责人本应通过该地址或电话接收该药品的不良反应报告。[9]（15）某种药品受许可后风险评估与降低策略约束，但负责人未能遵守

1 FD&CA, Section 502(f).
2 FD&CA, Section 502(g).
3 FD&CA, Section 502(h).
4 FD&CA, Section 502(i).
5 FD&CA, Section 502(j).
6 FD&CA, Section 502(m).
7 FD&CA, Section 502(n).
8 FD&CA, Section 502(o).
9 FD&CA, Section 502(x).

该策略的要求。[1]（16）药品负责人违反有关上市后研究、临床试验或标签的规定。[2]

如果药品被认为是错标药，系因标签或广告是误导性的，那么，要判断标签或广告是不是误导性的，不仅应该考虑外在表现（representations），或者陈述、设计、装置或其他组合所提示的内容，还应考虑标签或广告未能揭示的事实材料，这些材料不只是外在表现，还可能涉及在标签或广告明确的使用条件下，或者在习惯的或通常的使用条件下，使用与标签或广告相关的物质可能导致的后果。[3]

3. 假冒药

"假冒药"是指"一个药品或其包装或标签中，未经授权，载有某一药品制造商、加工商、包装商或分销商的商标、商号、其他可识别标志、印迹或其他类似标识，但这样的宣示或陈述是虚假的。实际上，真正的生产、加工、包装或分装者却另有其人，是其他的制造商、加工商、包装商或分销商"。[4]

## 三、药品上市许可

在美国的新药上市申请（NDA）审评程序中，FDA还为部分符合特定条件的新药设计了四种特殊的加速审评路径：（1）快速路径（Fast-track），适用于治疗严重或危及生命的疾病，且有潜力满足临床尚未满足的医学需求的药品；（2）优先审评（Priority Reviews），适用于能够在治疗、诊断或预防疾病上比已上市药品有显著改进的药品；（3）加速许可（Accelerated Approval），适用于治疗严重或危及生命疾病的

1　FD&CA, Section 502(y).

2　FD&CA, Section 502(z).

3　FD&CA, Section 201(n).

4　FD&CA, Section 201(g)(2).

药品，且药物预期治疗效果的指标合理并能够测量；(4) 突破性治疗（Breakthrough Therapy），适用于治疗患有严重或危及生命的疾病，以及未得到充分医疗救助的病人。[1]

## (一) 新药许可

1. 新药申请程序

在州际贸易中引入或经销某种新药，必须为该药品提交新药申请，并获得有效的许可。[2]新药申请的主要内容包括：完整的研究报告，以证明该药的使用是否安全有效；作为该药品成分的物质的完整清单；完整的药品构成说明；对药品生产、加工、包装过程中使用的方法、设施、控制的完整描述；药品和组成物质的样品；标签的样本；关于儿童用途的评估；该药或该药使用的专利号码及专利期限等。[3]

部长应向负责审评申请的人员发布指南，涉及及时进行评审，如何证明技术上的卓越、避免偏见和利益冲突，涉及对监管和科学标准的理解等，这些指南平等适用于所有申请人。[4]

临床试验的申办者或新药许可的申请人可以为了就生物利用度和生物等效性的设计和规模达成协议，而提交合理的书面请求，请求与部长举行会议。申办者或申请人应当提供用于讨论和达成协议的必要信息。部长应负责整理会议备忘录，并提供给申办者或申请人。[5]上述协议应为书面形式，且在临床试验开始后，除非经申办者或申请人同意，

---

1 《21世纪治愈法案》于《联邦食品、药品与化妆品法》第506条新增(a)款“突破性治疗”。

2 FD&CA, Section 505(a).

3 FD&CA, Section 505(b)(1)(A).

4 FD&CA, Section 505(b)(5)(A).

5 FD&CA, Section 505(b)(5)(B).

或者发现了与确定药品安全性和有效性有关的实质性问题，否则不得变更协议内容。[1]

部长应在受理申请之日起180日内，做出是否批准申请的决定。如果部长认为不存在拒绝许可的理由，那么应该批准该申请。[2]如果部长认为存在拒绝申请的法定情形，则应当通知申请人可以要求听证。如果申请人在收到通知后30日内书面要求举行听证，那么，应当从30日期满后起，在收到通知90日内举行听证。[3]

2. 拒绝与撤销新药许可的情形

如果部长在以适当方式通知申请人，并给予听证机会之后，仍然认为存在下列情形，他将发布命令拒绝许可该申请：(1) 按要求提交的研究报告，未能涵盖通过可合理应用的全部方法进行的充分检验，不足以证明该药品在拟采用的标签规定、建议或提示的条件下使用时，具有足够的安全性；(2) 检验结果表明，该药品在这些条件下使用时并不安全，或者未能表明，该药品在这些条件下使用时是安全的；(3) 药品的生产、加工和包装使用的方法、设施和控制措施，不足以保持它的一致性、浓度、质量和纯度；(4) 基于提交的申请信息，或者其他与该药品相关的信息，无法充分决定该药品在这些条件下使用时是否安全；(5) 提交的申请信息和其他与该药品相关的信息缺乏实质性证据证明，该药品在拟采用的标签规定、建议或提示的条件下使用时，具有其宣称或展示的效果；(6) 申请未能包括法定的专利信息；(7) 基于对全部重要事实的公正评价，标签是错误的或者误导性的。[4]当出现上述七种情形时，部长在给申请人正式通知和听证机会后，有权撤回已批准的药品许可申请，但须说明其依据的事实。

---

1 FD&CA, Section 505(b)(5)(C).

2 FD&CA, Section 505(c)(1)(A).

3 FD&CA, Section 505(c)(1)(B).

4 FD&CA, Section 505(d).

如果部长在适当通知申请人，并给予听证机会之后，仍然认为存在下列情形，则将发布命令撤销对相关药品申请的许可：(1) 临床经验、检验或其他科学证据证明，该药品在获批准条件下使用时是不安全的；(2) 在申请获得许可后，出现了在申请时未能提交的临床经验新证据，或采用新方法进行检验时，结合许可时部长可用的证据加以评估，未能证明该药品在获许可条件下能安全使用；(3) 部长基于获得的新信息，并结合许可时可用的证据，认为缺乏"实质性证据"(substantial evidence)证明，在拟采用标签规定、建议或提示的条件下，该药品会具有其宣称或展示的效果；(4) 在收到部长明确要求提交专利信息的书面通知后，在30日内仍未能提交相关专利信息的；(5) 申请中包括对重要事实的不实陈述。[1]

可能导致部长撤销相关药品许可的情形还包括：(1) 申请人未能建立维持所要求的记录体系，或者未能维护这些记录，或未能按要求提交报告，或未能满足通知的要求，或拒绝按要求提供、复制或核实这些记录；(2) 药品的生产、加工和包装使用的方法、设施和控制措施，不足以保持药品的一致性、浓度、质量和纯度，且在接到部长质疑此事的书面通知后，未能在合理时间内加以充分改善；(3) 基于对重要事实的公正评估，该药品的标签是错误或误导的，且在收到部长质疑的书面通知后，未在合理时间内改正。[2]

3. 简略新药申请

简略新药申请(Abbreviated New Drug Application，简称ANDA)即仿制药申请。在简略新药申请中，无须提供临床前动物试验和人体临床试验数据，来证明药品安全性和有效性，而是要开展生物利用度或生物等效性试验，证明仿制药与已被FDA批准上市的，在《经治疗等同性

---

1 FD&CA, Section 505(e).

2 FD&CA, Section 505(e).

评价批准的药品》[即“橙皮书”(orange book)]中收录的参比制剂,不仅具有同样的剂型、强度、给药途径、质量、性能特征和预期用途,更具有同样的生物利用度或生物等效性。[1]一旦获批,申请人可以以安全、有效、成本更为低廉的方式,来生产相应的仿制药。[2]

4. 申请人的记录义务

申请人在提交许可申请后,应建立并维护相关记录,并将收到或获得的与该药物临床试验有关的数据和信息,向部长提交报告。[3]负责维护或保管记录的人应当允许行政官员在合理时间查阅、复制并核实相关记录。[4]

5. 科学顾问小组

出于效率和专业知识的需要,部长可以与具备相关专业知识的任何组织或者个人签订合同,来介入药品审评过程,专家向部长提出建议。FDA负责专家审查事务的官员,应当对专家提出的建议进行复查,并就相关事项及时做出最终决定。[5]

部长应依法建立科学顾问小组,为药物临床试验或新药上市许可提供科学意见和建议。[6]科学顾问小组的组成人员应当包括:(1)接受培训、拥有经验,适于对药品安全性、有效性加以评估的人员,在可能的情况下,还应拥有药品研发、生产或使用方面的技能和经验;(2)在临床药学、药事管理、药剂学、药理学、药物经济学、生物和物理科学及其他相关专业领域具有不同专长的人员;(3)一名消费者代表,一名药品生产企业代表,但企业代表的利益不能受到科学顾问小组处理事务的

1 Abberviated New Drug Application (ANDA),FDA官网。

2 FD&CA, Section 505(j).

3 FD&CA, Section 505(k)(1).

4 FD&CA, Section 505(k)(2).

5 FD&CA, Section 1007.

6 FD&CA, Section 505(n)(1).

直接影响;(4)两名或两名以上成员,作为评审药品针对特定适应症的专家,或具有其他专业知识。[1]此外,应当给学术团体、商会和消费者组织提名科学顾问小组成员的机会。

科学顾问小组中有表决权的成员不得是美国政府中的药品监管官员。部长应任命每个科学顾问小组中的一位成员出任主席。[2]部长应确保科学顾问小组常规开会,并保持适当的时间间隔,以便准备就某事项举行会议时,能在60日内召开会议,展开讨论。会议可以以线上会议方式举行。[3]

当科学顾问小组就咨询事项提出建议后90日内,FDA官员应审查科学顾问小组的结论和建议,并将就此事项的最后决定告知相关人员,如果未能做出决定,也将未能做出决定的理由告知相关人员。最终决定及相应理由说明都应归档留存。[4]

6. 许可后的公布

在药品上市许可申请中提交的安全性和有效性的数据与信息,如果没有向公众披露过,应根据要求提供给公众,特殊情况除外。[5]

对新药和新生物制品申请的上市许可,部长应在许可之日起30日内在官方网站上公布一份整合的决定包(action page)。[6]决定包的内容包括:(1)FDA在审评中形成的相关文件;(2)在药品研发中形成的关于申请格式和内容的文件;(3)申请人提交的标签信息;(4)审评摘要;(5)部门主管和办公室主任的决定文件;(6)参与许可决定的官员

1 FD&CA, Section 505(n)(3).

2 FD&CA, Section 505(n)(3).

3 FD&CA, Section 505(n)(6).

4 FD&CA, Section 505(n)(7).

5 FD&CA, Section 505(l)(1).

6 FD&CA, Section 505(l)(2)(A).

或雇员的签名。[1]

除非需要部长对材料进行校订，否则部长应当在自许可之日起48小时内，在FDA官网上公布审评摘要。[2]审评摘要记载所有审评学科对该药品的结论，指出申请人和审评团队之间的所有重要问题与分歧，并说明如何解决这些问题与分歧，提出建议的举措。[3]

## （二）加速审评

1. 快速路径

如果某种新药意在单独或与一种或多种药品联合使用，用于治疗严重或危及生命的疾病或症状，且证实有可能满足该疾病或症状目前尚未满足的医疗需要，或是经部长认定为适格的抗感染药品，部长将根据申办者的申请，为研发提供便利并加速审评。此类新药被称为快速路径药品。[4]快速路径程序并非适用于某一个药品，而是特定药品同特定适应症的组合。[5]

对快速路径程序的判定，一方面要判断何为严重的状况，需要去判断如果不给予相应的治疗，患者是否能够存活，健康状况是否日趋下降，病灶是否会向越来越恶劣的方向发展。因此，获得性免疫缺陷综合征、阿尔茨海默病、心绞痛等疾病都构成"严重的状况"。同时，药品能否适用快速路径审评程序，还取决于它是否能对"严重的状况"的某一方面加以治疗。

FDA在确定是否适用快速路径程序时，还应判断其是否有可能弥

---

1 FD&CA, Section 505(l)(2)(C).

2 FD&CA, Section 505(l)(2)(B).

3 FD&CA, Section 505(l)(2)(C)(iv).

4 FD&CA, Section 506(b)(1).

5 宋华琳：《美国药品加速审评程序研究》,《中国处方药》2007年第10期。

补目前无法满足的医疗需要（unmet medical needs），并审查申请人是否提供了相应研究信息以为佐证。医疗需要无法满足是指已有的治疗方法不敷现实之需。这包括不存在合适的治疗方法，以及申请的新药能对症状有显著的改善，能形成新的组合治疗方法，能带来药物毒性、耐受性等方面的改进。

快速路径程序申请可以和研究用新药（IND）申请一并递交。申请人应递交相关资料，证明所开发药物能治疗严重或危及生命的疾病，有可能满足目前无法满足的医疗需要。因此，申请人必须对严重的状况及无法满足的医疗需要加以确证，并说明在研究开发过程中，特别是在临床试验中，如何对药物的潜能加以实验和确证。

申办者要求将药品认定为快速路径药品的申请，应与研究用新药申请同时提出，或者在研究用新药申请之后提出。[1]但实践中，快速路径程序的申请应该在FDA就新药申请同申请人进行会晤之前，否则快速路径程序申请就失去了其实在意义。[2]部长应在收到快速路径申请后60日内，决定该药品是否符合法定标准，下发认定函（designation letter）或不认定函（nondesignation letter）。[3]

2. 优先审评

优先审评意味着部长应在受理申请后六个月内完成审评并得出结论。[4]治疗部分特殊病种的药品可以申请优先审评。这些药品包括治疗特定热带病的药品、[5]治疗儿科罕见病的药品[6]及治疗适格感染性疾病的

1 FD&CA, Section 506(b)(2).

2 宋华琳:《美国药品加速审评程序研究》,《中国处方药》2007年第10期。

3 FD&CA, Section 506(b)(3).

4 FD&CA, Section 529(a)(1).

5 FD&CA, Section 524(a)(1).

6 FD&CA, Section 524A.

药品，[1]还包括作为物质威胁医疗对策方案的药品。[2]

适用优先审评的特定热带病包括肺结核、疟疾、霍乱、血吸虫病、麻风、致盲性沙眼、登革热、盘尾丝虫病、季卡病毒病、片状吸虫病、丝状病毒病、龙线虫病，以及以部长命令认定的其他感染性疾病。[3]

适用优先审评的儿科疾病是指严重或危及生命的疾病，其严重或危及生命的表现主要影响从出生到18岁的个体，即对新生儿、婴幼儿、儿童和青少年造成影响。[4]适用优先审评的儿科罕见病即发生于18岁以下个体的严重的或危及生命的罕见病。

治疗适格感染性疾病的药品，是指这些药品是意在用于治疗严重和危及生命的感染的抗生素或抗真菌药。这些药品针对对抗生素和抗真菌药耐药的病原体，针对新兴病原体导致的疾病，[5]以及被部长列入适格病原体导致的疾病。[6]

适格病原体是指由部长确认并列入清单的病原体，它们可能对公众健康造成严重威胁，例如：（1）耐药的革兰氏阳性病原体，包括耐甲氧苯青霉素金黄色葡萄球菌、耐万霉菌素金黄色葡萄球菌、耐万古霉素肠球菌；（2）多重耐药革兰氏阴性菌，包括不动杆菌、克雷伯氏菌、假单胞菌；（3）多重耐药肺结核；（4）艰难梭状芽孢杆菌。[7]

部长应制定并维护适格病原体清单，并公布形成清单的方法论。部长在制定和维护该清单时，应当考虑人体中耐药生物对公众健康的影响、耐药生物的增长速度、耐药率的增加，考虑相应的发病率和死亡

1 FD&CA, Section 529(a)(3).
2 FD&CA, Section 565A.
3 FD&CA, Section 524(a)(3).
4 FD&CA, Section 524A.
5 FD&CA, Section 505E(g)(1).
6 FD&CA, Section 505E(g)(2).
7 FD&CA, Section 505E(f)(1).

率。在制定和维护清单时，还应咨询感染性疾病和抗生素耐药专家，咨询疾病预防控制中心（CDC）、FDA、医学从业者和临床研究团体。[1]

作为物质威胁医疗对策方案（material threat medical countermeasure）的药品，主要用于诊断、预防或治疗与生物、化学、放射性或核物质等相关的疾病和状况，也可以预防、减轻或治疗某种可能导致不利健康后果或死亡的疾病。[2]如果部长认为适当，可对作为物质威胁医疗对策方案的药品申请准许优先审评。[3]

3. 加速许可

加速许可（accelerated approval）意在鼓励FDA使用创新和灵活的路径，来审评用于治疗严重或危及生命的疾病或症状，且存在无法满足治疗需要的药品。[4]

当一种药品用于严重或危及生命的疾病，如果确定该药品在替代终点是有效的，很可能可以合理预见其对不可逆转的发病或死亡，存在疗效或其他临床利益，考虑到该疾病的严重性、罕见性或普遍性，替代治疗的可获得性或者替代治疗的缺位，部长可能对该药品申请适用加速许可程序。[5]支持在某个替代终点可以合理预见临床利益的证据，可能包括流行病学、病理生理学、治疗学、药理学或使用生物标记获得的其他证据，或其他科学方法或工具。[6]

对于经加速许可获批的药品，要求开展上市后确证性试验，去验证并描述其对不可逆转的发病或死亡的预期效果，或者其他临床利益。[7]

---

1 FD&CA, Section 505E(f)(2).

2 FD&CA, Section 565A(a)(4)(A).

3 FD&CA, Section 565A(a)(4)(B).

4 FD&CA, Section 506(e)(1).

5 FD&CA, Section 506(c)(1)(A).

6 FD&CA, Section 506(c)(1)(B).

7 FD&CA, Section 506(c)(2)(A).

在许可前审查期间、许可后以及部长认为适当的期间，申办者至少应在散发与该药品相关的宣传材料的30日前，提交全部宣传材料的副本。[1]

在特定情形下，部长可以撤销使用加速许可程序授予的药品许可，例如：（1）申办者未能尽责地对该药品进行应展开的某项许可后研究；（2）研究意在验证和描述该药品对不可逆转的发病率或死亡率的预期效果或其他临床利益，但未能对此加以验证和描述；（3）有其他证据证明该药品在这种条件下使用并非安全、有效；（4）申办者散发了与该药品相关的错误的或误导的促销资料。[2]

4. 突破性治疗

如果某种药品意在单独或者与一种或多种药品联合使用，用于治疗严重的或危及生命的疾病或症状，而且初步的临床证据表明，与现有治疗方法相比，在一个或多个重要临床终点上，该药品可能证实实质性改善，例如，在临床研发早期观察到实质性治疗效果，那么，根据申办者的申请，部长应当加速该药品的研发和审评。此类药品被称为突破性治疗。[3]

申办者要求将药品认定为突破性治疗的申请，应与研究用新药申请同时提出，或者在研究用新药申请之后提出。[4]部长应在收到申请后60日内做出决定，该药品是否符合法定标准。如果部长认为该药品符合标准，那么他应将该药品认定为突破性治疗，并采取适当行动以加速该药品的研发和上市申请的审评。[5]

对于认定为突破性治疗的药品，可能采取加速审评的行动包括：（1）在药品研发全过程中举行申办者与审评团队的会议；（2）就药品

1 FD&CA, Section 506(c)(2)(B).

2 FD&CA, Section 506(c)(3).

3 FD&CA, Section 506(a)(1).

4 FD&CA, Section 506(a)(2).

5 FD&CA, Section 506(a)(3)(A).

研发为申办者提供及时的建议和交互沟通，以确保研发项目有效率地收集非临床数据和临床数据；（3）适当时，在协作的跨学科审评中纳入高级管理人员和有经验的审评人员；（4）为药品审评团队分配一个跨学科的项目负责人，并作为审评团队与申办者的科学联络人，为研发项目的有效审评提供便利；（5）采取措施确保临床试验设计尽可能有效率。[1]

## 四、药品生产

无论设施是否位于美国境内，如果生产的药品将在美国上市，或将进口到美国，药品生产商均需办理登记，提交药品清单和年度报告，接受基于风险的检查。从事生产性活动的药店、从业者或个人，在符合法定条件时可以豁免生产商注册登记。采取以风险为依据的方法监管已批准药品的上市后变更，监管方式应与变更所存在的潜在风险相适应。

### （一）生产商登记

1. 国内生产商登记

药品生产商在美国拥有或运营的设施内，首次从事生产、制备、传送、混合或加工的，必须立刻向部长办理注册登记，登记生产商的名称、营业地点、所有设施、设施的唯一识别码和电子邮箱。[2]部长应当建立唯一的设施标识系统，为办理登记的每个生产商或每个设施编制登记号码。[3]检查人员可对生产商登记情况进行查阅，其他人也可查阅生产商

1 FD&CA, Section 506(a)(3)(B).

2 FD&CA, Section 510(c).

3 FD&CA, Section 510(e).

登记情况。[1]

法律规定了生产商的年度登记制度。已登记的药品生产商在每年10月1日至12月31日期间，应向部长登记生产商的名称、营业地点、所有设施、设施的唯一识别码和电子邮箱。[2]如果药品生产商在任何州拥有或运营任何新增设施，并在新设施中开展药品的生产、制备、传送、混合或加工，则应立即向部长办理登记。[3]

2. 国外生产商登记

药品生产商在其他国家自己拥有或运营的设施内，从事药品生产、制备、传送、混合或加工，产品向美国进口的，须以电子方式向部长办理登记。首次从事上述活动的，应立即向部长办理登记，登记生产商的名称、营业地点、所有设施、设施的唯一识别码和电子邮箱，登记每个设施在美国代理人的姓名、该药品的美国进口商名称等信息。[4]

已登记的国外药品生产商在每年10月1日至12月31日期间，应向部长登记生产商的名称、营业地点、所有设施、设施的唯一识别码和电子邮箱等信息。[5]

## (二) 豁免生产商登记的情形

有以下所列情形之一的，从事生产活动的药店、从业者或个人，可以豁免生产商登记：(1) 药房依照法律调剂、销售处方药，但不以销售为目的生产、制备、传送、混合、加工药品；(2) 具有配制医疗制剂资格的医院、诊所或其他公共卫生机构配制自用的药品，血液制品除外；

1　FD&CA, Section 510(f).

2　FD&CA, Section 510(b)(1).

3　FD&CA, Section 510(d).

4　FD&CA, Section 510(i)(1)(A)(i).

5　FD&CA, Section 510(i)(1)(B).

(3) 依法获得许可的从业者开具处方，并仅为在执业活动中使用而制造、制备、传送、混合或加工药品；(4) 并非为了销售，仅为在研究、教学或化学分析中使用，而制造、制备、传送、混合或加工药品；(5) 部长认为不必以登记来保护公众健康的其他情形。[1]

## (三) 生产商的义务

生产商在办理登记时，应按照部长要求的形式和方式，提交由该生产商制造、制备、传送、混合或加工的，用于商业流通的所有药品的清单。[2]已登记的生产商应于每年6月和12月向部长报告药品相关情况，包括未列入之前提交清单、为商业流通而引入的药品清单；在最近一次报告后中止生产的、已列入之前提交清单的药品名称、中止生产的时间；如果中止生产的药品恢复生产，还应报告恢复生产的情况。[3]

已登记的生产商应每年向部长报告一次自己生产、制备、传送、混合或加工的，用于商业流通的每种药品的数量，可以以电子格式提供这些信息。[4]

## (四) 基于风险的检查

每个注册登记的生产用设施均应接受检查。[5]部长应通过一名或多名由其指定的官员或雇员，根据基于风险的检查次序表，检查从事药

1 FD&CA, Section 510(g)(1)(2)(3)(5).

2 FD&CA, Section 510(j)(1).

3 FD&CA, Section 510(j)(2).

4 FD&CA, Section 510(j)(3)(A).

5 FD&CA, Section 510(h)(1).

品生产、制备、传送、混合或加工的设施。[1]

部长应根据与该设施相关的已知安全风险，制定基于风险的次序表，去分配检查资源，此时需考虑的因素包括：该设施过去的合规历史；与该设施相关的药品召回记录、经历和性质；该设施生产、制备、传送、混合或加工药品的固有风险；该设施的检查频率和经历，包括最近四年内是否被检查过；该设施是否被外国政府或其下设机构检查过；以及，部长认为对分配检查资源而言必要和适当的标准。[2]

## （五）上市后生产变更

如果新药上市许可的持有人获得许可的生产程序做出改变，但持有人在药品特性、规格含量、质量、纯度和效价方面验证了变更的效果，并遵守了相关的程序性要求，且获得批准，则可销售按照变更后程序生产出的药品。[3]美国以风险为依据划分生产变更事项风险级别，并规定不同的变更申请要求。根据风险的高低，可将生产变更分为重大变更、中度变更和微小变更，并分别提交事先批准补充申请（prior approval supplement）、即时生效的补充报告（supplement-changes being effected）和年度报告（annual report）。

1. 重大生产变更

做出重大生产变更的药品，在销售前应向部长提交补充申请，在部长批准后，可以销售。[4]重大生产变更是指，部长认为对药品特性、规格含量、质量、纯度或效价可能造成实质性负面影响，可能涉及药品安

1　FD&CA, Section 510(h)(3).

2　FD&CA, Section 510(h)(4).

3　FD&CA, Section 505(b), 506A(a).

4　FD&CA, Section 506A(c)(1).

全性或有效性的变更。[1]重大变更具体包括：药品性质或定量配方的改变；许可中药品规格的改变；部长通过规章或指南要求完成适当的临床研究，证明该药品与变更前生产的药品具有等效性；部长通过规章或指南认定，对药品安全性或有效性可能造成实质性负面影响的变更。[2]

2. 非重大生产变更

非重大生产变更包括中度变更和微小变更，都无须提交补充申请。对于中度变更而言，持有人应向部长提交关于生产变更的报告，报告应包括部长认为适当的信息，以及对变更效果的验证信息。持有人应在部长确定的日期之前提交报告。[3]

微小变更的情境是，持有人在一年中做出了不止一次的非重大生产变更。部长可以要求持有人提交一份当年的年度报告，提供这一年中持有人做出的全部非重大生产变更的相关信息，包括部长认为适当的信息，以及对变更效果的验证信息。[4]

## 五、药品经营

药品批发商经营批发业务必须获得经营许可，并就经营业务所涉各项信息定时向部长报告，以维护药品在流通过程中的安全性。药师需在特别设施内对有特定需要的患者配置药剂。

### （一）对批发商的要求

某人在一州内经营州际药品批发业务，须获得所在州政府授予的

1 FD&CA, Section 506A(c)(2).

2 FD&CA, Section 506A(c)(2).

3 FD&CA, Section 506A(d)(2)(A).

4 FD&CA, Section 506A(d)(2)(B).

经营执照；如果所在州没有相关的执照要求，则应获得部长授予的执照；如果药品分销到另一个州，他可能还要根据该州要求，取得该州授予的经营执照。[1]要取得联邦和州的经营执照，均应符合部长设定的关于处方药批发商的国家标准、期限和条件。[2]

任何药品批发企业的所有者或管理者应每年按规定时间向部长报告，报告内容涉及获得批发商执照的州、每份执照的识别号，涉及从事经营活动的每个设施的名称、地址、联系信息及商号。其还应在部长确定的合理期限内，以合理方式将自己所受严重惩戒报告给部长，例如，就批发商执照被州或联邦政府撤销或中止的情况加以报告。[3]

部长应建立已获经营执照的药品批发商数据库，并定期更新数据库中的信息，公众可以从FDA官网上获取这些信息。该数据库可以收录每个批发商的名称、联系信息和登记的州，来确认每个批发商的资质。[4]

批发商从事的批发分销（whole distribution）是指，将药品销售给消费者或患者之外的人，或消费者或患者之外的人接收向其出售的药品。但批发分销不包括：（1）在生产商内部或有隶属关系的成员之间的分销；（2）在医院之间或其他医疗卫生实体机构之间的分销；（3）出于紧急医疗原因分销药品；（4）根据处方配发处方药；（5）有执照的零售药店向有执照的从业者分销最小量的药品，用于执业用途；（6）医院或其他医疗卫生实体机构购买自行使用的药品；（7）生产商分销自己生产的药品；（8）第三方物流供应商运输药品；（9）运输药品的公共承运人，但该公共承运人不拥有药品的所有权。[5]

---

1 FD&CA, Section 503(e)(1)(A).

2 FD&CA, Section 503(e)(1)(B).

3 FD&CA, Section 503(e)(2)(A).

4 FD&CA, Section 503(e)(2)(B).

5 FD&CA, Section 503(e)(4).

## （二）对调配药品的要求

调配药品是注册药师、注册医师或在外包场地(outsourcing facility)，在注册药师的监督下，组合、混合或者改变药品的成分，制成满足个体患者需求的药品。在美国，医院药房和社会药房调配药品(pharmacy compounding)，或者委托外包场地调配药品，不需要审批，但FDA保留检查调配场地的权利，就检查不合规的场地发出警告信，并采取监管措施。[1]

注册医师或药师调配药品时使用的主要药物应当满足下列要求：(1) 应符合《美国药典》或《美国国家处方集》专论的标准，以及《美国药典》关于药品调配章节的要求；如果没有可适用的专论，那么，这些药物应当是已获得部长许可的药物成分；(2) 是在已经登记的设施中生产的；(3) 附有每种主要药物的有效分析证书。[2]注册医师或药师调配药品使用的非主要药物成分，也应符合可适用的《美国药典》或《国家处方集》专论的标准，以及《美国药典》中关于药品调配的章节的要求。[3]

如果药品或药品成分已被确认为不安全或无效，因此已被收入部长发布的退市或移出市场的药品清单，则注册医师或药师不得再调配相应药品。[4]对于从医药商业市场上即可获得的药品，注册医师或药师不得常规化或过量化地对其进行调配。[5]药房、注册药师或注册医师不得对任何药房调配的特定药品做广告或进行促销。

---

1 《FDA局长Scott Gottlieb博士强调药房调配药品安全监管的重要性》，"国际药政通"公众号，2017年6月29日。

2 FD&CA, Section 503A(b)(1)(A).

3 FD&CA, Section 503A(b)(1)(B).

4 FD&CA, Section 503A(b)(1)(C).

5 FD&CA, Section 503A(b)(1)(D).

# 六、药品管理

FDA对药品名称、药品标签加以管理，着力规范药品质量保证，并对儿科用药、罕见病用药、拯救生命的药品的生产、流通、包装和标识、优先审查等环节，做出了详尽的规定。

## （一）药品官方正式名称的指定

为了实用和简单，部长在认为必要或可行时，可能为某种药品指定官方正式名称（official name），但该名称不得侵犯有效商标。部长指定的官方正式名称一经指定，指定的名称就将成为法定文件中使用的唯一官方正式名称。[1]

部长可以在他认为必要时，对《美国药典》和《美国国家处方集》及其增补本收录的药品官方正式名称进行审查。[2]如果审查认为，某个官方正式名称过于复杂，或有其他不能令人满意之处；或将两个以上官方正式名称用于同一种药品，或用于两种以上实质上相同的药品；或某种药品缺少官方正式名称，那么部长将书面告知上述官方正式名称的编撰者，建议编撰者为每个药品指定一个简单、实用的唯一名称。如果在部长提出建议180日后，药典编撰者仍未能就药品的官方正式名称给出建议，或者建议不具有实用性，则部长将为该药品指定官方正式名称。[3]

部长在每次审查官方正式名称后，在认为必要或可取的时段内，应

1　FD&CA, Section 508(a).

2　FD&CA, Section 508(b).

3　FD&CA, Section 508(c).

促成药品官方正式名称目录的汇编、出版和公开发布，目录中应包含所有已修订官方正式名称的药品，以及有效使用这些名称所需的描述性和解释性事项。[1]

## （二）特定仿制药的标签更新程序

此处讨论的特定仿制药不涉及未到期专利，也不涉及尚处于市场独占期内的药品。当存在如下情况时，应对仿制药标签加以更新：（1）围绕新的或现有的药品使用条件，存在可用的新科学证据，但这未能在已获批标签中得到反映；（2）已许可的标签不能反映现行法律和规章对标签内容或形式的要求；（3）临床实践中已经有为科学证据所支持的“相关可接受用法”（relevant accepted use），但这未能反映于已获批标签之中。[2]

部长可以去确认，特定仿制药的标签更新将有助于捍卫公众健康。部长可与公共组织或私人实体签订合作协议，以审查与药品相关的科学证据。部长也可通过举行公开会议、引入公众评论程序或部长认为适当的其他方式，了解以下情况：临床实践中是否存在已接受的相关用途，却未能反映于药品标签之中；是否存在与该药品使用条件相关的、新的、可用的科学证据，听取公众意见。[3]

当部长确定，如可得的科学证据表明，应在药品标签上添加、修改信息，或补充相关信息时，应告知此类仿制药的许可持有人：（1）告知其关于科学证据的结论摘要，说明可得科学证据支持标签的更新；（2）清晰说明此类标签上应添加、修改或补充的内容；（3）说明标签内

1 FD&CA, Section 508(d).

2 FD&CA, Section 503D(a)(1).

3 FD&CA, Section 503D(b).

容的添加、修改或补充应适用于某类药品还是某种特定药品。[1]

仿制药许可持有人在收到部长通知后，应在30日内做出答复，答复或是同意改变已批准的标签，以反映部长认为适宜的，需添加、修改或补充的信息；也可以告知部长，认为所要求的标签更新不合理，拒绝更新，并详尽说明理由。[2]部长在收到拒绝答复后，应立即审查持有人的陈述，并与持有人进行讨论，就是否应更新该药物的标签以反映真实科学依据，来达成共识。[3]

## （三）药品安全保障体系建设

部长应当发展标准，并识别和确证有效的技术，以确保药品供应链免受假冒、伪造、变造、药效减弱、低于标准的药品及掺假药、错标药、过期药品侵害。[4]所采用的技术包括射频识别技术、纳米技术、加密技术及其他跟踪–追踪技术、密押技术。[5]

部长应当咨询司法部、国土安全部、商务部及其他联邦和州的卫生与安全机关，并咨询生产商、分销商、药店和其他供应链利益相关者，以优化和发展标准，来实现对处方药的识别、确认、证明和追踪。[6]部长应当开发适用于处方药的标准数字识别符，在生产和重新包装时用在包装表面，足以为识别、确认、证明和追踪处方药提供便利。[7]

部长应扩展和增加用于监管与打击犯罪的资源和设施，[8]应当强化

1 FD&CA, Section 503D(d).

2 FD&CA, Section 503D(e).

3 FD&CA, Section 503D(f)(1).

4 FD&CA, Section 505D(a).

5 FD&CA, Section 505D(b)(3).

6 FD&CA, Section 505D(b)(1).

7 FD&CA, Section 505D(b)(2).

8 FD&CA, Section 505D(c)(1).

与其他联邦和州监管机构的联合执法行动，加强区域派出机构的能力建设，对处方药品加以验证，并对处方药供应链加以检查。[1]

## （四）儿科研究

### 1. 儿科研究与市场独占期

《联邦食品、药品与化妆品法》第505A、505B、505C条对药品的儿科研究（pediatric studies of drugs）予以详尽规定。“药品的儿科研究”是指对预期使用药品在儿童年龄群体中进行的至少一项临床研究，可能包括药物代谢动力学研究。部长有将临床前研究纳入儿科研究的裁量权。[2]

法律为儿童用新药规定了市场独占期。在许可新药申请之前，如果部长确定，在儿童人群中使用新药的相关信息可能为儿童带来健康效益，那么，部长可以提出儿科研究的书面要求，包括完成研究的时间表。当申请人同意这项要求，对要求研究的每个年龄组使用合适的药物处方，在时间表内完成研究，提交研究报告并获接受时，该药品上市后的市场独占期将由五年延长到五年零六个月。如果该药品被认定为罕见病用药，则市场独占期将由七年延长到七年零六个月。[3]但是，如果部长决定接受研究报告时，距离市场独占期结束已经不足九个月，上述的市场独占期将不再延长。[4]

在与新药临床试验申请人、新药上市申请人或上市许可持有人商议后，部长会向申请人或上市许可持有人提出开展儿科研究的书面要求，并包含研究进展时间表，以及根据儿科研究成果修改儿科标签的要

---

1 FD&CA, Section 505D(c)(2).

2 FD&CA, Section 505A(a)(1).

3 FD&CA, Section 505A(b)(1)(A)(ii).

4 FD&CA, Section 505A(b)(2).

求。如果不要求展开新生儿研究，应在书面要求中给出理由说明。[1]一份书面研究要求可能涉及一种以上的药品用途，也可能包括药品已许可和未许可的用途。[2]

申请人或持有人应在收到部长书面要求之日起180日内做出回复，告知是否同意启动儿科研究，如果不同意启动儿科研究，应说明拒绝的理由，例如难以开发适当的儿科配方。[3]

如果申办者或持有人与部长就研究达成书面方案，在研究完成时，研究要求得到满足，且按照原始书面要求和书面协议提交报告；进行此类研究的申办者或持有人，应在提交研究报告的同时，向部长提供所有关于此类研究所涉药物的上市后不良反应报告。

在提交儿科研究报告后180日内，部长将接受或驳回该报告，并通知申办者或持有人。在决定接受或驳回报告时，部长的职责在于，确认该研究是否公正地回应了书面要求，是否根据常规可接受的科学原则和研究计划展开研究，是否根据归档要求提交了研究报告。[4]

2. 儿科研究导致的标签变更

儿科研究的结果可能导致标签变更，这类标签变更申请应当被视为优先审评的申请或补充申请，应满足食品药品管理局局长为优先审评设定的绩效目标。[5]如果申办者和局长未能就适当的标签变更达成一致意见，在收到申请后180日内，局长将要求申办者对标签做出适当的变更；如果申办者在30日内不同意局长的标签变更要求，局长应将此事转交给儿科咨询委员会。[6]儿科咨询委员会将审查儿科研究报告，并

1 FD&CA, Section 505A(d)(1)(A).

2 FD&CA, Section 505A(d)(1)(B).

3 FD&CA, Section 505A(d)(2)(A).

4 FD&CA, Section 505A(d)(4).

5 FD&CA, Section 505A(i)(1).

6 FD&CA, Section 505A(i)(2)(A).

向局长提出适当的标签变更建议。[1]局长对该建议进行考量，并要求申办者做出他认为适当的变更。[2]如果申办者仍不同意按照局长的要求变更标签，局长可能认定作为申请对象的药品为错标药。[3]

如果部长确定，儿科研究能证实或未能证实研究指向的药品安全有效，包括在儿童人群或亚群中的研究结果是否令人信服，那么，应当命令申办者在该药品标签中纳入研究结果相关信息，并陈述部长的结论。[4]

3. 儿科信息的传播及报告

在儿科研究报告提交后210日内，部长应向公众公开儿科研究的医学、统计学和临床药理学评价信息，将信息刊登于《联邦登记》。[5]部长应当要求导致药品标签变更的研究申办者将儿科研究结果导致的标签修改反映在相关年度报告中，并每年至少一次将这些信息提供给医生和其他医疗服务提供者。[6]

4. 儿科评估的要求

根据2007年修订的《儿科研究公平法案》规定，当就药品新的活性成分、新适应症、新剂型、新剂量规格或新的给药途径提出申请或补充申请时，均需提交儿科评估（pediatric assessment）报告，评估搜集的数据要足以评估药品对相关儿童的安全性及有效性，并确定其剂量及给药途径。[7]

如果成人与儿童患者的疾病进程和药物效果类似，部长可以通过

1 FD&CA, Section 505A(i)(2)(B).

2 FD&CA, Section 505A(i)(2)(C).

3 FD&CA, Section 505A(i)(2)(D).

4 FD&CA, Section 505A(j).

5 FD&CA, Section 505A(k)(1).

6 FD&CA, Section 505A(k)(2).

7 FD&CA, Section 505B.

充分且控制良好的成人临床试验结果，来外推得出儿科评估的结果，此时需参考药物代谢动力学研究等可从儿童患者处获取的信息。如果可将一个年龄组的数据用于其他年龄组的数据，则不必对每个儿童年龄组都进行研究。[1]

对于已核准上市的药品，基于如下原因之一，FDA可要求企业在指定期间内进行儿科评估：（1）已有相当数量的药品，在标注的适应症下，大规模用于儿童患者，详尽的儿科标签将使得患者受益；（2）有理由相信，对于特定药品的一种或多种适应症而言，将产生比现有治疗手段更有意义的治疗效果；（3）缺乏详细的儿科标签信息，可能给儿童患者造成风险。[2]

5. 专家委员会

在FDA内部应设立专家委员会，负责对儿科研究计划及其延期、放弃予以审查和评估。该委员会成员应包括FDA的工作人员、儿科专家（包括儿科治疗办公室的代表），生化药理、统计、化学、法律事务、儿科伦理、新生儿学方面的专家，以及具有与待审查的儿科用药相关专长的专家，如儿童和青少年精神病专家或儿科罕见病专家，以及部长指定的其他人员。[3]

## （五）罕见病用药管理

1. 罕见病用药的认定

用于治疗罕见病的药品又被称为“罕见病用药”或“孤儿药”，《联

---

1　陈文吟：《由美国立法经验探讨促进儿科试验暨儿科用药研究之合理措施》，《高大法学论丛》2013年第9卷第1期。

2　参见蒋蓉主编：《美国儿科用药法律法规》，中国医药科技出版社2018年版，第22页。

3　FD&CA, Section 505C.

邦食品、药品与化妆品法》第525条至第529A条对罕见病用药做了较为集中的规定。药品生产商或申办者，可以要求部长认定某药品为罕见病用药。认定要求应在提交新药许可申请之前提出。[1]如符合条件，部长应当认定，且认定的通知应当向公众公开。[2]自1983年《罕见病药物法》颁布实施以来，截至2020年12月，FDA共认定了5 757个罕见病用药资格。[3]

2. 研究建议和研究方案

罕见病用药的申办者，可以要求部长就在获得许可之前必须进行的临床研究和非临床研究提供书面建议，部长认为必要时，应当提供建议。[4]在药品被认定为罕见病用药，并提交了临床试验豁免申请之后，部长应鼓励申办者起草临床研究方案，研究可以依豁免进行，允许对患有罕见病、需要罕见病药品治疗的人，或者对不能以现有其他药品做有效治疗的人，进行罕见病用药临床研究。[5]卫生与公共服务部可向公私机构或个人提供资助，并与其订立合同，以协助支付研发罕见病药品的费用。

3. 罕见病用药的市场独占期

在一种产品被认定为罕见病用药之日起七年内，部长不得对同类产品再做这样的认定。这种市场独占期不仅适用于专利药品，也适用于非专利药品。[6]

---

1 FD&CA, Section 526(a)(1).

2 FD&CA, Section 526(c).

3 参见王敏、范平安、王志远、钱兵、聂小燕、管晓东、史录文、陈敬：《美国孤儿药资格认定及批准上市情况分析》，《中国药事》2021年第12期。

4 FD&CA, Section 525(a).

5 FD&CA, Section 528.

6 FD&CA, Section 527(a).

只有在下述两种例外情况下，部长才可能在七年内认定同类产品为罕见病用药：（1）在通知许可持有人并允许其提交意见之后，部长认为，独占许可的持有人无法保证罕见病药品的供应量，无法满足罕见病患者的需要；（2）七年市场独占期间，独占许可的持有人向部长出具书面证明，同意部长许可同类药品注册申请。[1]

若一种被认定为罕见病用药的药品，与部长此前已批准或许可的某种药品相同，部长可要求其证明该药在临床实践中优越于其他任何已获批准或许可的药品，即具有更强的药效、更高的安全性以及更有利于患者照护，嗣后方可获得罕见病用药的市场独占期。[2]

4. 针对罕见病用药的优先审评

部长在收到罕见病用药的申请后，应适用优先审评，即在六个月内对该申请进行审评并采取措施。部长在批准罕见病用药申请后，应向该药品申请人颁发优先审评券，并在《联邦登记》和FDA官网上公布。[3]该券可以转让或销售，受让人须在30日内将此变更通知部长。[4]

在部长做出批准优先审评决定后，政府问责办公室（GAO）须对罕见病用药优先审评券的使用进行研究，审查它们在开发治疗或预防罕见病方面的有效性。[5]在研究完成后，总审计长应在一年内向众议院能源和商务委员会以及参议院卫生、教育、劳工和养老金委员会提交报告，阐明上述研究的结论。[6]

---

1 FD&CA, Section 527(b).

2 FD&CA, Section 527(c).

3 FD&CA, Section 529(b)(1).

4 FD&CA, Section 529(b)(2).

5 FD&CA, Section 529(i)(1).

6 FD&CA, Section 529(i)(2).

## （六）救命药品的停产

救命药是指支持生命、维持生命的药品，或者用于预防或治疗使人衰弱的疾病或状况的药品，包括在紧急医疗护理或手术中使用的药品，或者在部长依法宣布的公共卫生紧急状态期间对于公众健康至关重要的药品。[1]在救命药或其有效成分临时或永久停产，可能导致该药品在美国的供应中断时，生产商应当通知部长停产情况。在通知中，应披露停产的原因或风险因素，预期中断生产的时间，以及部长可能要求的其他信息。[2]

救命药的生产商应至少提前六个月时通知部长即将停产，如果无法提前六个月通知，也应在可行时尽快通知部长即将停产。[3]部长应在可行范围内，以适当方式向医生、医疗服务提供者和患者组织发布救命药的停产信息。[4]若生产商未能按规定提交停产信息，部长应致函生产商，提醒他未能按时提交停产信息，并要求他在30日内提交书面回应说明理由，并提供所要求的信息。[5]部长通常应在发出函件后45日内，将函件和生产商的回应公布在FDA官网上。[6]

如果基于生产商的通知或其他相关信息，部长认为救命药的停产很可能导致药品短缺，那么部长应对新药补充申请、简略新药申请进行优先审评和加速审评，并优化对企业的检查或再检查，从而缓解或预防

1 FD&CA, Section 506C(a)(1).
2 FD&CA, Section 506C(a).
3 FD&CA, Section 506C(b).
4 FD&CA, Section 506C(c).
5 FD&CA, Section 506C(f).
6 FD&CA, Section 506C(f)(3).

相应的药品短缺。[1]

当生产商临时或永久停止生产救命药时，在适当的情况下，应制订、维持并实施冗余风险管理计划，以识别和评估给药品供应带来的风险，并接受部长检查。[2]

每年3月31日前，部长应向众议院能源和商务委员会及参议院卫生、教育、劳工和养老金委员会提交一份年度报告，说明药品短缺情况：(1) 详细阐述提交停产通知的救命药生产商的数量；(2) 描述FDA区域机构官员同药品审评与研究中心的合规和药品短缺项目办公室工作人员的沟通情况；(3) 列举部长为防范和缓解药品短缺采取的主要行动，包括加速审评、检查企业的数量；(4) 描述FDA为防止药品短缺而与缉毒局的协调；(5) 确证FDA在灵活监管下行使裁量权，以防止或缓解药品短缺的情况；(6) 说明因未及时通知停产情况被发警告函的救命药生产商的名称；(7) 详细阐述当年发生的药品短缺数量。[3]部长可以邀请第三方开展研究，以有助于厘清药品短缺的原因、趋势或解决方案。[4]

## (七) 短缺药品清单

部长应随时更新美国的短缺药品清单(drug shortage list)。[5]短缺药品清单应包含下列信息：(1) 短缺药品的名称，包括该药品的国家药品编码(national drug code)；(2) 某一药品的全部生产商名称；(3) 经部长确认的短缺原因，这包括因遵守GMP要求而导致的短缺，因监

1　FD&CA, Section 506C(g).
2　FD&CA, Section 506C(j).
3　FD&CA, Section 506C-1(a).
4　FD&CA, Section 506C-1(b).
5　FD&CA, Section 506E(a).

管导致的延迟，活性成分或非活性的成分短缺，药品已停产，发货延误，以及需求的增加；（4）预计的短缺持续时间。[1]

除非涉及商业秘密或保密信息，或部长认为公开此信息可能给公众健康造成不利影响，否则应公开短缺药品清单。[2]每隔90日，部长应将关于最新短缺药品清单的报告，转给卫生部医疗保险及医疗补助服务中心主任。[3]

## （八）组合产品管理

对于药品、医疗器械或生物制品组合而成的产品，由部长根据产品的主要功用，来指定某个主要的审评中心加以监管。[4]在适当时，部长可以根据一份申请对组合产品进行上市前审评。[5]如果部长认为组合产品的主要功用是药品，则由药品审评与研究中心优先管辖；如果认为其主要功用是生物制品，则由生物制品审评与研究中心优先管辖；如果认为其主要功用是医疗器械，则由医疗器械与辐射健康中心优先管辖。[6]

部长将在FDA局长办公室内部建立一个组合产品办公室，确保迅速将组合产品申请指派给相关中心办理，及时有效地对该类产品进行上市前审评，并根据法定要求，对类似产品进行适当、连贯的上市后监管。[7]部长须每年向国会相应委员会报告组合产品办公室的活动及实效。[8]

---

1 FD&CA, Section 506E(b).

2 FD&CA, Section 506E(c).

3 FD&CA, Section 506E(d).

4 FD&CA, Section 503(g)(1)(A).

5 FD&CA, Section 503(g)(1)(B).

6 FD&CA, Section 503(g)(1)(D).

7 FD&CA, Section 503(g)(8)(A).

8 FD&CA, Section 503(g)(8)(G).

# 七、药品拓展使用及紧急使用

拓展使用是允许生产商向患有严重疾病或病症的患者提供研究性新药的程序或途径，这些患者已经用尽所有获批的治疗方法，且无法参与临床试验。拓展使用以治疗为目的，也称为“同情使用”（compassionate use）。另外，在紧急状态下，部长可特别授权将药品用于紧急状态，引入州际贸易。

## （一）药品拓展使用

个别患者罹患某种严重疾病，或有直接危及生命的疾病或症状时，可以经由合法执业的医生，向生产商或经销商申请使用研究用药品，生产商或经销商在确认符合下列条件时，可以向该医生提供研究用药品，用于对个别患者的诊断、监控或治疗：（1）注册医师认为，对于患者而言，没有可比较的或令人满意的替代疗法可用于对该疾病或症状的诊断、监控或治疗，研究用药品给患者带来的风险不高于疾病或症状可能造成的风险；（2）部长认定有充分的安全性和有效性证据支持针对个别患者使用研究用药品；（3）部长确定研究用药品的提供，不会影响支持上市许可的临床研究的启动、进行或完成；（4）研究性新药的申办者或临床研究者向部长提交合规的临床研究方案，规定研究用药品仅用于单个患者或一小群患者。[1]

当申办者或临床试验的医生要求提供研究用药品的扩展使用时，如果部长认定符合下列条件时，应允许研究用药品的拓展使用：（1）用于治疗的研究用药品意在用于诊断、监控或治疗严重或危及生命的疾

1 FD&CA, Section 561(b).

病或症状；（2）在施用研究用药品的患者人群中，没有可比较的或令人满意的替代治疗方案，能用于这一阶段疾病或症状的诊断、监控或治疗；（3）研究用药品的拟用用途处于临床对照试验研究中，已完成了针对此用途的所有临床试验；（4）临床对照试验的申办者正在针对研究用新药的拟用用途，而尽职、积极地申请上市许可；（5）研究用药品的提供不影响临床研究患者的招募；（6）对于严重的疾病，有充分的安全性和有效性证据支持其使用；（7）对于立刻危及生命的疾病，可用的科学证据导出的合理结论是，研究用药品可能对拟定的用途是有效的，不会让患者面对不合理和重大的疾病或处于损害风险之下。[1]

当不再满足向个人提供研究用药品或允许研究用药品拓展使用的条件时，部长可能决定终止申办者、医生、生产商或经销商的拓展用药。[2]

## （二）药品的紧急使用授权

1. 概说

根据《联邦食品、药品与化妆品法》第564条的规定，当卫生部部长发布紧急使用授权声明时，FDA可以授权在紧急情况下使用未经批准的医疗产品，或适用经批准的医疗产品的未经批准的用途，用以诊断、治疗或预防因化学、生物、放射性物质、核物质威胁引起的严重或者威胁生命的疾病或病症。FDA于2007年7月发布了《医药产品紧急使用授权指南》，规范了药品紧急使用授权（Emergency Use Authorization，简称EUA）的运行程序。[3]

---

1 FD&CA, Section 561(c).

2 FD&CA, Section 561(d).

3 参见张昊、韩翠忍：《美国医药产品紧急使用授权风险管理研究》，《中国药师》2021年第12期。

当国土安全部部长认为处于或极有可能处于国内紧急状态，或者国防部部长认为处于或极有可能处于军事紧急状态，或者卫生部部长认为处于或极有可能处于公共卫生紧急状态，或证实存在实质性威胁，足以影响国家安全和在美国之外生活的美国公民的健康与安全，[1]卫生部部长可以根据这四个判断之一，发出紧急威胁状态声明。

此后，FDA局长在与美国卫生部战略准备与应对管理局（ASPR）、国立卫生研究院（NIH）主任、美国疾病控制与预防中心（CDC）主任磋商后，可以授权紧急使用未批准上市的产品，或紧急使用已经批准上市产品未经批准的用途，但必须满足其他法定标准。[2]

2. 申请与审查

对于紧急使用授权的申请者而言，申请资料应包括一份有组织、有条理的，围绕评判产品安全性、有效性、不良事件、风险和收益等展开的所有相关可得科学证据的概要，概要内容包括：（1）产品说明和用途的描述（包括对于哪些严重或危及生命的疾病或情况，该产品可能有疗效）；（2）确证和说明，对相应产品给予“紧急使用授权”，能满足什么“无法满足的需要”；（3）说明根据《联邦食品、药品与化妆品法》《公共卫生服务法》，产品的批准状态为何，包括该产品是否处于研究用新药申请的状态，说明该产品是否因此用途或其他用途而在国外获批准；（4）说明如获紧急使用授权，该产品的拟生产地点以及生产商的GMP状态；（5）其他已被批准的可替代产品的名称，有条件的话，说明相应产品的可获得性和充足性；（6）就该产品可获得的所有安全性和有效性资料；（7）对产品风险和收益的评估；（8）提供给医生或被授权的调剂者以及患者的宣传资料，以及在紧急状态下向上述人员提供这些信息的可能性；（9）产品的化学性质、制造工艺和质量控制资料；（10）紧

1　FD&CA, Section 564(b)(1).

2　FD&CA, Section 564(a)(2).

急使用授权药品的使用说明;(11)说明书草案。[1]

FDA局长在发布紧急使用授权之前,通常要从如下四个方面,对紧急使用授权申请进行审查:(1)在宣告进入紧急状况的期间内,产生危害的生物、化学、辐射或核物质的确能够引发严重或危及生命的疾病或事态;(2)根据获得的所有科学证据,包括来源充足并有良好对照的临床试验数据,证实产品确实可以有效地用于紧急状态下的严重或危及生命的疾病的诊断、治疗、预防和事态的控制;(3)使用该产品诊断、治疗和预防紧急状态下的疾病和控制事态时,已知的和可能的收益显著高于已知的和潜在的危险;(4)没有其他充足的、已被批准的且可获得的产品,能够诊断预防和治疗上述严重或危及生命的疾病或控制事态。[2]

3. 后续管理

部长可能在咨询国土安全部部长或国防部部长后,认为紧急状态已结束,或因已许可产品的未许可用途业已获得许可,宣布终止紧急使用。[3]如果紧急使用涉及未许可药品停止使用,部长应咨询该药品的生产者如何适当处置该药品。[4]终止紧急使用应提前通知。[5]部长应就每一项紧急使用的声明、决定和终止,提前在《联邦登记》上发布公告。[6]

部长应定期审查紧急使用授权情况和授权的适当性。如果授权的条件不复存在,不再符合授权的法定标准,或适当改变或撤销该授权

1 参见Emergency Use Authorization of Medical Products and Related Authorities: Guidance for Industry and Other Stakeholders,FDA官网,2017年1月。

2 参见Emergency Use Authorization of Medical Products and Related Authorities: Guidance for Industry and Other Stakeholders,FDA官网,2017年1月。

3 FD&CA, Section 564(b)(2)(A).

4 FD&CA, Section 564(b)(2)(B).

5 FD&CA, Section 564(b)(3).

6 FD&CA, Section 564(b)(4).

有利于保护公共卫生或安全，部长可以变更或撤销授权。[1]另外，为维护公众健康，在适当科学评估的支持下，部长可决定延长药品紧急使用期限。[2]

## 八、药品上市后监管

新药申请获得上市许可后，药品申请人或持有人必须向FDA提交每位患者的不良反应报告。就上市后监管而言，FDA有权要求许可持有人提交上市后研究报告、临床试验报告，并据此要求持有人更改药品标签，以反映新的药品安全信息。若部长认为有必要，还可要求持有人提交风险评估与降低策略。药品监管部门需就药品风险建立专门的咨询委员会，令风险沟通机制更为畅通。

### （一）上市后风险识别与分析

部长应与公共机构、学术机构以及私营实体合作，开发接入多种数据源的方法，为建立新药上市后风险识别和分析系统，连接和分析来自多渠道的安全数据，开发可验证的方法。部长应建立包括数据隐私和安全专家在内的专家委员会，针对上市后研究数据的伦理和科学用途，开发出行之有效的工具和方法，并提出咨询建议。[3]

部长应当建立并维护上市后风险识别与分析系统（Postmarket Risk Identification and Analysis System），系统功能包括：（1）以不披露个人可识别健康信息的方式，基于电子健康数据进行风险识别与分析；

1 FD&CA, Section 564(g).

2 FD&CA, Section 564A(b).

3 FD&CA, Section 505(k)(3)(B).

（2）以标准化的形式报告收到的严重药品不良反应数据，以及患者、提供者和药品申办者提交的不良事件报告；（3）使用多种数据来源，提供主动的不良事件监测；（4）根据该系统获得的数据，识别某些趋势和模式；（5）就不良事件趋势、模式、不良事件的发生率和患病率以及其他适当信息，提供常规报告，进而使该项目能以适当形式对相关数据予以汇总，进行统计分析。[1]

上市后风险识别与分析系统应确保数据以及时、例行、系统的方式被获取、分析和报告，并考虑数据完整性、编码、清理、标准化分析和传输方面的需要。[2]

部长还应对不良反应事件报告系统数据库进行例行筛查，并在不良反应事件报告系统网站上发布季度报告，提供上一季度获知的新的安全信息或由该系统识别的潜在严重风险信号。[3] FDA官网上公布了使用不良反应报告系统实施药品安全监测的指南，公开发布了不良事件信号的标准。[4]

## （二）上市后研究、临床试验与标签

部长根据适当的科学数据，包括化学及药理的相关资料，可要求药品的责任人（responsible person）进行新药上市后研究和临床试验。[5]上市后研究或临床试验的目的是：（1）评估与该药品使用相关的已知严重风险；（2）评估与该药品使用相关的严重风险信号；（3）当可用数据

1 FD&CA, Section 505(k)(3)(C)(i).

2 FD&CA, Section 505(k)(3)(C)(ii).

3 FD&CA, Section 505(k)(5)(A).

4 FD&CA, Section 505(k)(5)(C).

5 FD&CA, Section 505(o)(3)(A).

提示出现严重风险的可能性时，识别非预期的严重风险。[1]

部长应通知责任人，要求其开展上市后研究或上市后临床试验。根据部长的要求，责任人须呈交完成该项上市后研究或上市后临床试验的时间表，并定期报告研究进展情况，包括在完成研究过程中是否遇到某些困难。[2]

部长如果知悉其认为应纳入标签的新信息，包括新的安全性信息或涉及疗效减弱的信息，则应迅速通知许可持有人。持有人应在30日内提交补充文件，呈交对已许可标签拟进行的更改，以反映新的药品安全信息，包括对黑框警告、禁忌症、警告、预防措施、不良反应信息或新的、有效性信息的更改。[3]

### （三）上市后研究报告

《联邦食品、药品与化妆品法》第506B条规定了上市后研究的报告。责任人如果已经与部长达成进行药品上市后研究的共识，则应在该药获得许可后一年内向部长提交报告，并于此后每年提交年度报告，直至研究完成或终止，报告研究进展或未能进行研究的原因。[4]部长每年制作一份报告，提供关于上市后研究状态的信息，包括达成协议的申办者以及已收到上市后研究报告的情况，并公布在《联邦登记》上。[5]如果责任人未在规定期限完成研究，部长将在FDA官网上对责任人未完成研究的情况加以公示。[6]

---

1 FD&CA, Section 505(o)(3)(B).

2 FD&CA, Section 505(o)(3)(E).

3 FD&CA, Section 505(o)(4)(A)(B).

4 FD&CA, Section 506B(a)(1).

5 FD&CA, Section 506B(c).

6 FD&CA, Section 506B(d).

## （四）风险评估与降低策略

1. 风险评估与降低策略

2007年美国《食品药品管理局法修正案》第901条规定了“风险评估与降低策略”。当FDA认为申请人有必要提交“风险评估与降低策略”，以确保药品的收益高于所带来的风险时，FDA即有权要求申请人在提交药品申请时，提交“风险评估与降低策略”。该规定对新药申请、简略新药申请以及生物制品许可申请都适用。

FDA获知某种药品的新的安全性信息后，当认为有必要时，有权要求本来无须提交“风险评估与降低策略”已获药品审批的申请人提交相应策略，从而确保药品的收益高于风险。一旦FDA告知被批准者必须要提交“风险评估与降低策略”，申请持有人必须在120日内（或者出于保护公众健康的需要，在FDA所要求的其他合理时间内），向FDA提交拟议的“风险评估与降低策略”。

即便在FDA未做要求的情况下，申请人也可以自愿提交拟议的“风险评估与降低策略”。例如，如果申请人相信提交“风险评估与降低策略”有助于确保药品收益大于风险，有助于确保符合其他相关法定要求，那么申请人可以在提交的原始申请或补充申请中，自愿附有拟议的“风险评估与降低策略”。

FDA会确证，哪些是“风险评估与降低策略”中必不可少的要素。如果FDA确定某拟议的“风险评估与降低策略”有助于确保药品收益高于风险，也满足其他相关法定要求，那么会立即批准提交的风险评估与降低策略。策略无论是申请人自愿提交的，还是应监管部门要求提交的，都应遵循相同的要求，在批准后都应同样付诸实施。

2. 风险评估与降低策略的要素

“风险评估与降低策略”应包含以下要素：

（1）提交评估材料的时间表

《联邦食品、药品与化妆品法》第505-1条（d）款要求，对于所有针对新药申请或生物制品许可申请的“风险评估与降低策略”，都应有一个递交相关评估材料的时间表。规定在策略批准的18个月、3年及7年后，以及在策略中所载明的时间点，许可持有人应提交相关风险评估材料。[1]

（2）额外的可能要素

《联邦食品、药品与化妆品法》第505-1条（e）款列出了“风险评估与降低策略”的“其他可能要素”。策略内容可包含用药指南；如有助于减轻药品的某种严重风险，可在药品中插入面向患者的说明书内页；还可收入与医疗服务提供者之间的沟通计划。[2]

（3）确保安全用药的要素

当符合以下两个条件之一时，应在“风险评估与降低策略”中，包含有“确保安全用药的要素”（Elements to Assure Safe Use，简称ETASU）：第一，药品已表明其有效性，但与之相伴的是严重的药品不良事件，只有附有这些确定安全用药的要素，才能批准此药，否则，只能撤回对该药的批准；第二，对于已批准的，但未附有“确保安全用药的要素”的药品，策略中的其他要素不足以缓解如此严重的风险。[3]

在“风险评估与降低策略”中可能包括的确保安全用药的要素有：（1）调配药品的医疗服务提供者，所具有的特定培训、经验或所获的特别认证；（2）经过专门认证的，调配药品的药店、医师或医疗机构；（3）某些药品只能在诸如医院之类的特定医疗机构调剂；（4）只有在有证据或其他证明文件表明患者符合安全给药的条件时，才能给其调配

1 FD&CA, Section 505-1(d).

2 FD&CA, Section 505-1(e).

3 FD&CA, Section 505-1(f).

药品；（5）每名患者的用药都置于特定监控之下；（6）服用药品的每名患者在登记簿上登记。

当“风险评估与降低策略”包含这些确保安全用药的要素时，还应包括与之相伴的实施计划，来保证申请人对这些要素予以监督、评判，并改进相应的实施。这些要素可以是用药指南之类的“工具”，此外，还有一些专门的“工具”，例如，将药品调剂给患者时，需要附有符合安全用药条件的证据或其他记录。

3. 对已批准“风险评估与降低策略”的评估与修正

《联邦食品、药品与化妆品法》第505-1条（g）款规定了对已批准“风险评估与降低策略”的评估与修正。[1]

（1）自愿的评估与修正

除了必须对已批准“风险评估与降低策略”开展的评估，申请人可以在任何时候，对已批准的“风险评估与降低策略”加以评判，并提出修正或改进建议。修正或改进建议可以是对评估时间表的修正，或增加评估密度，可以建议不需对策略加以评估，可以建议对用药指南、说明书内页、沟通计划或其他确保安全用药的要素予以删减、修正或移除。

（2）FDA要求的评估与修正

在以下情况下，FDA要求企业对“风险评估与降低策略”加以评估。

第一，当申请人针对某种新适应症提交补充申请时，FDA希望申请人能对已有的“风险评估与降低策略”加以评估。

第二，已批准的“风险评估与降低策略”包含相应内容，要求许可持有人按所批准时间表要求，及时提交对“风险评估与降低策略”实施的评估。

1 FD&CA, Section 505-1(f).

第三,如果FDA确定新的安全性或有效性信息表明,应对许可持有人评估“风险评估与降低策略”的时间表加以修正;或FDA认为,对于策略中所收录的用药指南、说明书内页、沟通计划或确保安全用药的其他要素,有必要加以增补、修改或剔除,那么FDA可以要求许可持有人在特定时限内,对“风险评估与降低策略”予以重新评估。

第四,如果FDA确定确需撤回许可,或暂缓相应的药品审批,那么FDA可以要求申请人在15日内提交对“风险评估与降低策略”的评估。

## (五)风险交流

FDA的风险交流旨在帮助公众以通达信息为基础,就药品等健康产品做出选择。风险交流传递了药品的风险和收益,风险交流是面向公众和医药行业的互动过程。FDA就药品风险直接与药品生产者、处方开具者进行沟通,为产业界的风险沟通提供指南。[1]

部长应依法建立风险交流咨询委员会(advisory committee on risk communication),就药品等健康产品的风险交流向局长提出建议。委员会应由风险交流专家、各风险领域的专家以及患者、消费者、医疗专业组织的代表组成。部长应与医疗专业团体、医学院、医学研究机构及其他利益相关方建立伙伴关系,以便与卫生保健提供者之间形成上市后药品风险交流的多元化体系。[2]

风险交流咨询委员会对药品风险交流策略和项目进行评估,以促使其达致最优的效果;风险交流咨询委员会对药品风险交流相关研究进行评估,促进关于药品风险和收益信息的分享。风险交流咨询委员

1　Risk Communication,FDA官网。

2　FD&CA, Section 567.

会每年大约举行四次会议，除依照《阳光下的政府法》《联邦咨询委员会法》的规定不予公开的情形外，其他会议都应向公众公开。[1]

## （六）非处方药的不良事件报告

非处方药的“不良事件”(adverse event)，是指非处方药使用导致的与健康相关的不良事件，包括意外或故意过量使用药品、滥用药品、停药造成的不良反应，以及未获得预期药理效果的情形。[2]严重不良事件(serious adverse event)，是指造成死亡、危及生命、住院治疗、持续或严重的残疾或无行为能力、先天性异常或出生缺陷等情形的不良事件。为防止出现上述严重不良事件，需要基于合理的医学判断，进行相应的内科或外科干预。[3]

美国上市非处方药标签上载明的生产商、包装商或分销商，应当向部长提交所收到的特定药品的严重不良事件报告，并同时提交该药标签的副本。[4]作为分销商的零售商可以通过协议的形式，授权生产商或包装商代为提交不良事件报告。[5]不得因收到提交的药品不良事件报告，就径自得出该药品导致了不良事件的结论。[6]

提交报告的责任人应当在15个工作日内，以规定的形式提交严重不良事件报告及相关的新治疗信息，部长负责建立整合机制，确保将与同一严重不良事件相关的报告和信息整合为一份单独的报告。[7]提交报告的责任人

1 Charter of the Risk Communication Advisory Committee to the Food and Drug Administration，FDA官网。

2 FD&CA, Section 760(a)(1).

3 FD&CA, Section 760(a)(3).

4 FD&CA, Section 760(b)(1).

5 FD&CA, Section 760(b)(2).

6 FD&CA, Section 760(g).

7 FD&CA, Section 760(c)(1)(2)(3).

应保存收到的每份严重不良事件记录,以备检查之需,保存期限为六年。[1]

州和地方政府不得制定或实施法律、规章、命令和其他要求,就有关非处方药不良事件的强制性报告体系提出不同的、额外的要求。[2]非经部长和提交个人信息者本人的书面同意,不得向公众公开不良事件报告中的个人信息。[3]

## 九、药品进口

药品的进口需要遵循特定程序,办理相应的手续,提交必要的信息和文件。若在进口审查中被判定不符合法律规定,药品会被禁止入境。

### (一)一般规定

根据卫生部部长的要求,财政部部长应向其提供向美国进口或拟向美国进口药品的样品,并通知相关药品的所有人或收货人,有权在卫生部部长面前做证。卫生部部长应当向财政部部长提供一份已登记外国药品企业名单,并要求未在登记名单中的企业向卫生部部长提供进口药品样品。[4]

如果在对样品的检查中发现如下情形,将拒绝进口相应药品:(1)药品生产、加工或包装处于不卫生的条件;(2)该药品在生产国或出口国被禁止销售或限制销售;(3)该药品是掺假药、错标药,或是被禁止引入州际贸易的药品,或是受控制药品;(4)该药品是假冒药。[5]

---

1 FD&CA, Section 760(e)(1).

2 FD&CA, Section 760(h)(1).

3 FD&CA, Section 760(h)(2)(B).

4 FD&CA, Section 801(a).

5 FD&CA, Section 801(a).

在等待进口或拟进口药品批准过程中，财政部部长可授权将药品交付给所有权人或收货人，前提是其签署了一份良好且充分的书面文件，规定当发生违约时，按照财政部部长的要求支付保证金。对于掺假药、错标药、被禁止引入州际贸易的药品、受控制药品而言，如通过重新标识或其他措施，能符合法定要求，经所有权人或收货人提供书面请求，支付保证金后，部长可以依法批准相关方重新标识，并采取其他措施，但须在卫生部部长或财政部部长指定的官员监督下进行。[1]

对于血液、血液成分、血清、白细胞源及其成分、组织或部分组织而言，必须符合《公共卫生服务法》的要求，或者在部长允许的适宜情形和条件下，方可进口。[2]

## （二）处方药的进口

经与美国贸易代表和海关专员协商，部长可以发布规章，允许药师与批发商从加拿大进口处方药到美国。[3]该规章应要求采取安全措施，确保处方药符合规定；应要求处方药的进口商向部长提交必要信息和文件，出具检验证明；规章应包括部长认为有必要的其他任何规定，以作为维护公共健康的保障措施或促进处方药进口的手段。[4]

进口商应提交的必要信息和文件包括：(1) 处方药活性成分的名称和数量；(2) 对处方药剂型的描述；(3) 处方药的装运日期；(4) 处方药的装运数量；(5) 处方药的原产地和目的地；(6) 进口商支付的处方药价格；(7) 从外国销售商处取得的文件，应说明处方药的原产地，说明销售商最初从原产地收到每批处方药的数量；(8) 处方药生产商

1 FD&CA, Section 801(b).

2 FD&CA, Section 801(d)(4).

3 FD&CA, Section 804(b).

4 FD&CA, Section 804(c).

为处方药指定的批号或控制编号；(9) 进口商的名称、地址、电话号码，如有职业许可证编号时，还应注明相应编号；(10) 处方药进口商或生产商出具的证明，证明该药品已在美国上市，没有掺假或标签错误，符合法律规定的所有标识要求；(11) 实验室记录，包括经所有必要测试得出的完整数据，以确保处方药符合已有的标准；(12) 部长认为对保护公众健康所必需的其他任何信息。[1]

当部长发现特定处方药或特定进口商进口的药品存在假冒或违法的情形时，在完成有关调查工作，且部长认为公众已受到足够保护、免受假冒或违法药品侵扰之前，部长应要求立即暂停进口特定处方药，或要求特定进口商立即暂缓进口药品。[2]

国会声明禁止个人进口处方药，但部长的执法重点应当是，关注个人进口药品给公共健康带来显著威胁的情形。当进口处方药明确仅为个人使用之需，而且进口处方药看上去不会给个人带来不合理的风险时，部长可行使裁量权，允许个人进口药品。[3]部长可以通过颁布规章或逐案判断的形式，来豁免对个人进口特定品种或类别处方药的禁止。法律授权部长颁布指南，以准确描述部长做出个案豁免的情形，从而让个人对能否出于自用进口药品，形成尽可能稳定的预期。[4]

## 十、启　示

美国药品监管制度经过百年的发展，建立起科学、高效、系统、全面的监管规范体系，涵盖了从研究开发到上市许可审评、生产经营管理、上市后研究直至不良反应报告和监测的完整过程。FDA着力于上市药

1　FD&CA, Section 804(d)(1).

2　FD&CA, Section 804(g).

3　FD&CA, Section 804(j)(1).

4　FD&CA, Section 804(j)(2)(3).

品的安全性、有效性、风险可控性，在药品审评审批、风险管理等方面都积累了丰富的经验。或可借鉴美国法的经验，完善罕见病药品的认定程序和激励措施，利用真实世界证据为药品监管决策提供支持，深化药品审评信息公开。

## （一）完善罕见病用药立法

美国罕见病用药立法旨在为企业提供多种激励措施，包括为临床前研究和临床研究提供建议、开展优先审评、给予七年市场独占期、豁免支付人用药品申请费等，以鼓励罕见病药品的研发、生产与上市。在机构设置方面，FDA下设罕见病药品研发办公室，专门负责罕见病药品的审核。

我国也为罕见病药品研发提供了若干激励政策。例如，对防治罕见病的新药予以优先审评审批；[1]药品上市许可申请的审评时限缩短为130日；对于临床急需的境外已上市境内未上市的罕见病药品，审评时限缩短为70日。[2]2022年5月9日，在面向社会公开征求意见的《中华人民共和国药品管理法实施条例（修订草案征求意见稿）》中，首次提及罕见病新药的市场独占期制度，即“给予最长不超过七年的市场独占期，在此期间不再批准相同品种上市”。

但针对罕见病药品认定、对药物研发者的激励、加快上市程序、市场独占权的授予等具体事项，仍有待做出详细的规定。近期建议考虑以国务院行政法规或国务院规定的形式，对罕见病用药的法律和政策问题加以规定，为罕见病、罕见病患者、罕见病产品、罕见病药物给出定义，明确罕见病的认定标准和认定程序，规定罕见病药物的加快上市程

1　参见《药品管理法》第96条。

2　参见《药品注册管理办法》第70条。

序，为罕见病药物研发和生产提供激励，提高罕见病供应保障水平，从而系统回应罕见病患者的需求，促进罕见病患者权益保障。

值得一提的是，2021年12月，国家药品监督管理局颁布了《罕见疾病药物临床研究开发技术指导原则》，其中强调“是指南而不是指令”，强调“本指导原则仅代表药品监管部门当前的观点和认知。随着医学科学和临床试验的发展，本指导原则中的相关内容将不断完善与更新”。[1]罕见疾病药物临床研究开发技术指导原则实际上凝聚了监管机构、审评专家、产业精英的共识，也构成了罕见病药物上市许可的重要审查基准。[2]建议未来在国家药品监督管理局或国家药品监督管理局药品审评中心内，设立专门的罕见病药品办公室，负责促进罕见病药品的研发和审评工作。

## （二）利用真实世界证据

在《联邦食品、药品与化妆品法》中，“真实世界证据”（real world evidence）是指从传统临床试验以外的来源获得的数据，涉及药品的用途、潜在的收益或风险。[3]利用真实世界证据，意在支持已许可药品的新适应症的许可，以及支持或满足许可后研究的要求。[4]

真实世界证据近年来也成为我国药品监管中的重要手段，国家药品监督管理局2020年发布的《真实世界证据支持药物研发与审评的指导原则（试行）》，对真实世界证据的概念、来源和适用性及标准等做出

1　《罕见疾病药物临床研究开发技术指导原则》，国家药品监督管理局，2021年12月。

2　参见王波、邵蓉：《论药品监管指导原则的法律渊源与法律运用》，《中国食品药品监管》2022年第11期。

3　FD&CA, Section 505F(b).

4　FD&CA, Section 505F(a).

了规定。[1]我国对用于药品审评的真实世界证据来源包括但不限于卫生信息系统、医保系统、疾病登记系统、前瞻性研究设计中主动收集的反映患者健康状况的数据等，以期为药物研发时选择适用的真实世界数据拓展思路。

在我国，真实世界证据用于支持药物监管决策，包括为新药注册上市提供有效性和安全性证据，为已上市药物的说明书变更提供证据，为药物上市后要求或再评价提供证据，也可用于指导临床研究设计与精准定位目标人群。

## （三）推进药品审评信息公开

美国药品监管信息公开的主要途径是FDA官网和《联邦登记》。在FDA官网上公开的药品审评信息包括：对儿科研究的医疗、统计学和临床药理学审查结果的认定；罕见病药品认定的通知；咨询委员会的会议记录；咨询委员会成员的财务利益和利益冲突回避；新药或新生物制品申请的上市许可行动包；审评摘要，记载所有审评学科对特定药品的审评见解。

在我国，药品审评审批信息是药品审评中心承担的审评审批和注册管理工作中产生的信息，应适用《政府信息公开条例》的规定。国家药品监督管理局药品审评中心于2020年12月发布了《药品审评审批信息公开管理办法》。[2]药品审评中心网站上公开的信息主要包括受理信息、审评审批过程信息、技术审评报告等审评审批结果信息、药物临床试验信息和审评年度报告等其他审评审批信息。未来，或应拓展药品

1 《关于发布〈真实世界证据支持药物研发与审评的指导原则（试行）〉的通告》，国家药品监督管理局，2020年第1号通告，2020年1月3日。

2 《药品审评审批信息公开管理办法》，国家药品监督管理局药品审评中心，2020年第58号通告，2020年12月31日。

审评信息公开的内容，例如，可考虑公开药品审评专家咨询会议记录。此外，可进一步考虑建构药品审评数据开放平台，建构简化、用户友好型的政府数据开放系统，建构一个“可查找的政府”，提升药品审评数据检索、定位、发现的便捷性与精准性。[1]

1　参见宋华琳：《中国政府数据开放法制的发展与建构》，《行政法学研究》2018年第2期。

# 附录 《联邦食品、药品与化妆品法》目录

## 第1章 简 称

简称

## 第2章 定 义

§201 定义

## 第3章 禁止的行为与处罚

§301 禁止的行为

§302 禁止令程序

§303 刑罚

§304 查封

§305 报告刑事违法行为之前的听证

§306 禁入、暂时拒绝批准和中止

§307 民事处罚

§308　撤销简化药品申请许可的权力
§309　轻微违法行为的报告
§310　以美国名义提起的诉讼；关于传票的规定

# 第4章　食品（略）

# 第5章　药品与器械

A节　药品与器械
§501　掺假药品与器械
§502　错标药品与器械
§503　对部分药品、器械、生物制品的豁免和考量
§503A　药房调配药品
§503B　外包设施
§503C　对电视广告的事先审查
§503D　更新特定仿制药标签的程序
§504　兽用指示药品
§505　新药
§505-1　风险评估与降低策略
§505A　药品的儿科研究
§505B　对药品和生物制品的儿科使用的研究
§505C　审查儿科计划、评估、延期和放弃的内部委员会
§505D　药品安全
§505E　治疗适格感染性疾病的新药独占期的延长
§505F　利用真实世界的证据
§505G　对未经许可上市的特定非处方药的监管

§506　对治疗严重或危及生命的疾病或症状的药品的加速许可
§506A　生产变更
§506B　上市后研究报告
§506C　救命药品的停产或中断
§506C-1　药品短缺的年度报告
§506D　协调；专门工作组与战略计划
§506E　短缺药品清单
§506F　医院对短缺药品的重新包装
§506G　再生医学与再生先进治疗标准
§506H　竞争性一般疗法
§506I　市场状况的及时报告
§506J　医疗器械生产的中止或中断
§507　药物开发工具的资格限定
§508　指定官方正式名称的权力
§509　不适用于化妆品
§510　药品与医疗器械生产商的登记程序
§511　抗生素药物的临床试验指南
§511A　微生物药敏试验解释标准
§512—§523　兽药、医疗器械（略）
B节　治疗罕见病症的药品
§524　鼓励对治疗热带疾病药品的优先审查
§524A　适格感染性疾病药品的优先审查
§525　对罕见病或罕见症状用药研究的建议
§526　罕见病用药的认定
§527　对罕见病用药的保护
§528　公开罕见病用药的研究方案
§529　鼓励对儿科罕见病用药的优先审查

§529A　治疗罕见病的靶向药物

C节　电子产品的辐射控制

§531—§542　电子产品的辐射控制(略)

D节　治疗信息的发布

§551　关于发布药品或医疗器械治疗信息的要求

§552　批准发布的信息

§553　建立已发布文章和出版物的清单，及收到文章和参照出版物的提供者清单

§554　关于提交新用途的补充申请的要求，对此要求的豁免

§555　纠正工作，发布的中止

§556　定义

§557　规则的解释

E节　关于药品和医疗器械的一般规定

§561　对未经许可的疗法和诊断的扩展使用

§561A　研究用药品的拓展使用政策

§561B　供适格患者使用的研究用药品

§562　争议解决

§563　产品分类

§564　紧急状态下医疗产品的使用授权

§564A　医疗产品的紧急使用

§564B　为紧急使用而持有的产品

§565　应对举措、审评和技术援助

§565A　鼓励对导致全国性安全威胁的事物的治疗方法予以优先审评

§565B　医疗应对措施主文件

§566　关键路径的公私合作伙伴关系

§567　风险沟通

§568　通知

§569　就罕见病、靶向治疗和基因靶向治疗咨询外部专家

§569A　全球性临床试验的优化

§569B　使用来自美国之外的临床研究数据

§569C　患者参与药品的讨论

§569D　受控制物质的通知、停止分销和召回

F节　面向较小用途和较小物种的新兽药（略）

§571—§573

G节　医用气体（略）

§575—§577

H节　药品配送供应链

§581　定义

§582　要求

§583　处方药批发分销商的全国性标准

§584　第三方物流供应商的全国性标准

§585　国家统一政策

I节　非处方防晒和其他有效成分（略）

§586—§586H

## 第6章　化妆品（略）

§601—§603

## 第7章　一般职权

A节　一般行政规定

§701　规章与听证

§702　审查与检查

§703　州际运输的记录

§704　检查工厂

§705　公开

§706　海产品检查

§707　特定食品的广告

§708　保密信息

§709　推定

§710　一体化的行政与实验设施

§711　食品药品管理局的自动化

§712　利益冲突

§713　对食品药品管理局雇员发表的科学文献的审查和批准政策

§714　招聘权限的精简

§714A　科学、技术与专业人员的招聘

§715　报告要求

B节　色素（略）

§721

C节　收费

第1部分　信息公开收费

§731　信息公开申请费用的补偿与保留

第2部分　药品相关收费

§735　定义

§736　评估与使用药品收费的权力

§736A　与处方药电视广告咨询审查相关的收费

§736B　再授权，报告要求

第3部分　有关器械的收费（略）

§737—§738A

第4部分　有关兽药的收费（略）

§739—§740A

第5部分　有关仿制新兽药的收费（略）

§741—§742

第6部分　有关食品的收费（略）

§743

第7部分　有关仿制药的收费

§744A　定义

§744B　评估和使用仿制药收费的权力

§744C　再授权，报告要求

第8部分　有关生物类似物的生物制品收费

§744G　定义

§744H　对生物类似物类别生物制品收费予以评估和使用的权限

§744I　再授权，报告要求

第9部分　有关外包设施的收费

§744J　定义

§744K　评估和使用外包设施收费的权力

第10部分　有关非处方药的收费

§744L　定义

§744M　评估和使用非处方药收费的权力

§744N　再授权，报告要求

D节　信息与教育

§745　信息系统

§745A　以电子格式提交文件

§746　教育

E节　环境影响审查

§749　环境影响

F节　非处方药的全国统一要求，有关化妆品标签与包装的豁免

§751　非处方药的全国统一性

§752　化妆品标签或包装的豁免

G节　安全报告

§756　安全报告的免责

H节　严重不良事件报告

§760　非处方药严重不良事件报告

§761　膳食补充剂严重不良事件报告

I节　为FDA建立里根-尤德尔基金

§770　基金的建立和功能

§771　基金的地点

§772　FDA的活动

## 第8章　进口与出口

§801　进口与出口

§802　特定未许可产品的出口

§803　国际关系办公室

§804　处方药的进口

§805　外国供应商核验程序

§806　自愿参与适格进口商计划

§807　国外食品设施的检查

§808　委派第三方审计员

§809　对外国政府检查的承认

## 第9章　烟草制品(略)

§900—§920

## 第10章　杂　项

§1001　可分离条款
§1002　生效日期及废止
§1003　食品药品管理局
§1004　科学审查小组
§1005　贷款偿还项目
§1006　医疗执业
§1007　关于专家审评的契约
§1008　就进口食品向各州通报
§1009　对加强食品安全给予拨款
§1010　首席科学家办公室
§1011　妇女健康办公室
§1012　改善对州、地方、地区和部落食品安全官员的培训
§1013　员工保护
§1014　食品药品管理局的跨中心研究机构

# 第六章

# 澳大利亚药品法述评

澳大利亚，全称澳大利亚联邦，位于南半球的大洋洲，原为英国殖民地，于1931年成为英联邦的独立国家，名义上的国家元首是英王，实际上实行议会制，总理是最高行政机关首脑。澳大利亚由六个州（state）和两个领地（territory，北领地和首都领地）组成，首都设在堪培拉。州和领地的权限有很大区别，州在某些领域享有立法权，联邦不得干预。而领地的立法权来源于联邦政府的授权，联邦政府有权废止领地制定的法律。

澳大利亚建立了较为周详完备的药品监管体制，也有卷帙浩繁、体例严谨、变动不居的药品立法。本章旨在整理澳大利亚的药品监管体制，分析其药品法的立法架构，讨论澳大利亚药品监管的制度架构和要义所在，以期丰富我们对澳大利亚药品法的理解，并为我国药品立法和药品监管改革提供镜鉴。

## 一、药品监管的法律框架

澳大利亚药品监管的法律框架主要包括《治疗用品法》（Therapeutic Goods Act 1989）、《治疗用品条例》（Therapeutic Goods

Regulations）及其他法律法规。

## （一）《治疗用品法》

1989年，澳大利亚制定了《治疗用品法》，并于1991年2月15日开始实施。这是澳大利亚第一部全国性的药品监管立法，该法的目的是：（1）建立和运行一套对治疗用品质量、安全性、有效性和可及性进行监管的法律制度；（2）为各州和各领地提供一个框架，以采用统一的方法来控制澳大利亚有毒物质的供应和获取，并确保对其加以安全处置；（3）当局长宣布某种药品严重短缺时，提供用另一种药品代替某种药品的方案。[1]

澳大利亚《治疗用品法》分为10章，第1章为序章；第2章题为"澳大利亚治疗用品登记册"；第2A章题为"禁止进口、出口、制造或供应治疗用品的国际协定"；第3章题为"药品和不属于医疗器械的其他治疗用品"，其中第3-1部分为"标准"，第3-2部分为"治疗用品的注册和登记"，第3-2部分中又包括一般性规定、临时性决定、科学咨询意见、注册与登记、公告与召回、药品短缺的报告与供应中断、法律责任，第3-2A部分为"生物制品"，第3-3部分题为"治疗用品的生产"。

《治疗用品法》第4章题为"医疗器械"；第5章题为"药品广告、假冒治疗用品和产品篡改"；第5A章题为"执行"，涉及民事处罚令、民事处罚程序和刑事程序、侵权通知和禁令等；第6章题为"关于药品管理的一般性规定"，内容涉及收费以及进入、检查和委任状等，还涉及受控物质登记；第7章题为"杂项"；第8章题为"废止和过渡性条款"。本章将重点讨论澳大利亚药品监管立法，不对医疗器械监管加以讨论。

《治疗用品法》在保持结构体例不变的情况下，历经多次修正。其

---

1 Therapeutic Goods Act 1989, No. 21, 1990.

中比较重要的修正包括：1993年，增加了关于被授权人的规定；1996年，增加了对缺少治疗用品时豁免登记的规定；2000年，对治疗用品的信息提供要求做出了补充规定；2002年修正案则对该法做出了全面的修正，尤其对第4章关于医疗器械的规定进行了详细的增补；2003年，对第5章广告加以更为全面的规定；2010年，在该法第3章中新增了对生物制品的监管规定；2018年修正案对该法做出了全面修订，对第3章第2节进行详细填补，并增加了第5A章执行一章；2020年和2021年，新增了为应对新冠肺炎疫情，国家处于紧急状态时的药品管理规定。

## （二）《治疗用品条例》

《治疗用品条例》于1990年颁布，此行政立法的制定依据为1989年《治疗用品法》。[1]其第1部分为总则，第2部分为广告，第2A部分为患者信息，第2C部分为澳大利亚对治疗用品的政策，第2CA部分题为"依据国际协定，对特定治疗用品进口、出口或生产的禁止"，第2D部分为药品的临时性决定，第2E部分题为"就药品质量、安全或有效性方面的科学咨询"。该条例第3部分题为"治疗用品的注册、纳入、登记和豁免"，其中包括"评审的申请""罕见病药物的认定""对治疗用品优先申请人的确定""对生物制品优先申请人的确定"等。

《治疗用品条例》第4部分题为"生产商许可"；第5部分题为"治疗用品的检查、测试与分析"；第6部分讨论了药品咨询委员会、补充药物咨询委员会、生物制品咨询委员会、疫苗咨询委员会等咨询委员会职能，规定了咨询委员会委员构成、会议程序等；第7部分讨论了注册、登记、许可等收费；第8部分为杂项，对授权、信息公开、行政复议等加以规定；第9部分为过渡性规定。

---

1　Therapeutic Goods Regulations 1990, Statutory Rules No. 394, 1990.

### （三）其他

在澳大利亚，药物非临床试验应遵守国家健康和医学研究理事会于2013年颁布，最新于2021年修订的《澳大利亚科学用动物护理和使用规范》。[1]药品临床试验需遵守《澳大利亚临床试验手册》的要求，[2]适用人用药品国际协调组织颁布的《药物临床试验质量管理规范》指南。[3]药品生产还应遵守《2020年治疗用品（生产原则）》、[4]《澳大利亚治疗用品生产质量管理规范》(Australian Code of Manufacturing Practice for Therapeutic Goods)的要求。药品广告则需遵守《2021年治疗用品（治疗用品广告准则）条例》的规定。[5]

## 二、药品监管体制

### （一）治疗用品管理局

澳大利亚医师威廉·麦克布莱德（William McBride）在20世纪60年代就“反应停”药害向全球发出了警示，他指出：“近几个月来，我观察到，在怀孕期间服用反应停作为抗呕吐药或镇静药的女性中严重异常妊娠的发生率接近20%。”这成为呼吁澳大利亚设立药品管理机构的

---

1 National Health and Medical Research Council, Australian Code for the Care and Use of Animals for Scientific Purposes, 8th edition (2013).

2 Australian Clinical Trial Handbook, Version 2.4, August 2021.

3 Integrated Addendum to ICH E6 (R1): Guideline for Good Clinical Practice E6 (R2), dated Nov. 9, 2016.

4 Therapeutic Goods (Manufacturing Principles) Determination 2020, Department of Health and Aged Care.

5 Therapeutic Goods (Therapeutic Goods Advertising Code) Instrument 2021.

先声。[1]

澳大利亚联邦政府拥有对药品生产、进口、销售的批准、注册管理权,各州及地方政府则对医师的行医资格认定、开业申请等事务拥有管理权。联邦层面的监管机构为澳大利亚治疗用品管理局(Therapeutic Goods Administration,简称TGA),它隶属于联邦卫生和老龄部,成立于1990年,设立依据为《1989年治疗用品法》,旨在"通过及时、有效的治疗用品监管,来保障和强化澳大利亚社群的健康",并提供全国性的控制体系,以保障澳大利亚使用和出口药品的质量、安全性、有效性与可及性。

澳大利亚治疗用品管理局位于澳大利亚首都堪培拉,在悉尼、墨尔本、阿斯莱德和布里斯班设有四个地区办公室,大约有750名员工,员工背景涵盖生物医学科学家、工程师、物理治疗师、医学官员、药师、护士、毒理学家、律师、营养学家、营养师、科学家及行政人员等。

澳大利亚治疗用品管理局依据《药品生产质量管理规范》或生产原则,向澳大利亚药品生产商发放许可,对海外生产商的合规加以确证;对药品的质量与安全性进行上市前审评,审评范围取决于产品类型和相关风险水平。治疗用品管理局还对高风险产品的疗效与性能加以评判,它还执行药品标准,对药品进行上市后评价。

## (二)咨询委员会

1. 法定咨询委员会

澳大利亚治疗用品管理局下辖七个法定的咨询委员会,以下将对医疗器械咨询委员会、化学品分级咨询委员会之外的五个药品咨询委

1 Therapeutic Goods Administration: An Introduction to the Work of Australia's Regulator of the Therapeutic Goods,澳大利亚治疗用品管理局官网。

员会加以评介。

（1）生物制品咨询委员会（Advisory Committee on Biologicals，简称ACB）。其设立依据为《治疗用品条例》第39C条，就有关细胞、组织生物制品等治疗用品的安全性、有效性，向卫生部和治疗用品管理局提供独立的医学和科学咨询建议。[1]现有主席一人，委员12人。

（2）补充药品咨询委员会（Advisory Committee on Complementary Medicines，简称ACCM）。其设立依据为《治疗用品条例》第39条，其应局长的请求，对《澳大利亚治疗用品登记册》（Australia Register of Therapeutic Goods，简称ARTG）上收录的补充药品的安全性、有效性和生产质量提供建议。委员基本具备相关的科学、医学、临床专业知识，对涉及消费者健康的相关问题有所了解。[2]现有主席一人，委员七人。

（3）药品咨询委员会（Advisory Committee on Medicines，简称ACM）。其设立依据为《治疗用品条例》第35条，成立于2017年1月，它整合了此前处方药咨询委员会、药品安全咨询委员会和非处方药咨询委员会的职能，就药品上市前和上市后的安全、质量和有效性问题，提供独立的医学和科学咨询建议。[3]该委员会现有主席一人，委员18人。药品咨询委员会于2022年召开了七次会议，会议主题涉及对新药审评的建议及对上市后药品风险的评估。

（4）疫苗咨询委员会（Advisory Committee on Vaccines，简称ACV）。其设立依据为1990年《治疗用品条例》第35F条，成立于2017

---

1 ACB Members: Membership of the Advisory Committee on Biologicals，澳大利亚治疗用品管理局官网。

2 Advisory Committee on Complementary Medicines: Information on the Role and Membership of the ACCM and Proposed Meeting Dates，澳大利亚治疗用品管理局官网。

3 Advisory Committee on Medicines: Information on the Role and Membership of the ACM and Proposed Meeting Dates，澳大利亚治疗用品管理局官网。

年1月，其整合了此前疫苗安全咨询委员会的职能及处方药咨询委员会的疫苗上市后管理咨询职能，就澳大利亚疫苗安全性、质量和有效性问题，包括疫苗上市前评估、上市后监测和国家免疫计划中的安全使用问题，提供独立的医学和科学咨询建议。[1]

（5）药品分级咨询委员会（Advisory Committees on Medicines Scheduling，简称ACMS）。2010年7月1日，澳大利亚卫生部取代了此前的澳大利亚国家药物和毒物分级委员会，成为药品和化学品分级的决策机关。药品分级咨询委员会就药品、化学品的分级向局长提供咨询建议，不同的分级代表了不同的监管控制水平，例如，等级4是处方药，等级2是药店可以买到的非处方药。药品分级咨询委员会可以与化学品分级咨询委员会联合举行咨询会议。[2]药品分级咨询委员会现有主席一人，委员六人，另有澳大利亚不同区域推选出的委员九人。

2. 法定咨询委员会的程序架构

给咨询委员会委员的任命状上规定了委员的任期，每届任期不得超过三年，最长任期不得超过三届。[3]局长应以书面形式任命委员会主席。主席或委员会可以书面向局长提出辞职请求；当主席辞去委员会委员一职时，主席职位则会出现空缺。[4]当委员出现身体或心智能力不适合履职、行为不当、不称职、破产、未能遵守信息披露要求等情形时，可以终止委员的职位；当委员被科处一年以上的刑罚，或未经同意连续三次缺席咨询委员会会议时，则必须终止委员的职位。[5]

---

1 Advisory Committee on Vaccines: Information on the Role and Membership of the ACV and Proposed Meeting Dates，澳大利亚治疗用品管理局官网。

2 Advisory Committee on Medicines Scheduling: Information on the Role and Membership of the ACMS and Proposed Meeting Dates，澳大利亚治疗用品管理局官网。

3 Therapeutic Goods Regulations 1990, 41.

4 Therapeutic Goods Regulations 1990, 41B.

5 Therapeutic Goods Regulations 1990, 41C.

就咨询委员会运行程序而言，应尽量减少不必要的形式化，快捷地采取行动，对所咨询问题加以合理的考量。咨询委员会不受证据规则的拘束，可以选择自己认为适当的方式，以书面或口头的形式，获取有关问题的信息。咨询委员会应遵守局长就咨询委员会履职发出的任何书面指示。[1]

咨询委员会主席可向委员会成员发出书面通知，告知委员会会议的时间、地点与拟讨论的事务。[2]主席应主持会议，或提名一名委员会委员主持会议。[3]出席咨询委员会会议的人数应至少为总人数的半数以上，会议投票以多数票形式做出决定。咨询委员会应保存会议记录。局长应将咨询委员会的建议公之于众。[4]

咨询委员会委员如果知道自己与即将审议的事项有直接或间接的重大个人利益，无论其是否为金钱利益，都应在咨询会议上或咨询会议前，立即披露相关利益的性质。[5]该利益冲突披露必须记录于咨询委员会会议记录中，除非咨询委员会另有决定，否则相关委员不得出席委员会关于此事项的任何审议，也不得参与委员会对此事项的任何讨论。[6]

3. 非法定的咨询委员会和论坛

（1）澳大利亚流感疫苗委员会（Australian Influenza Vaccine Committee，简称AIVC）。该委员会就澳大利亚每年供应的季节性流感疫苗的成分提供咨询建议。[7]每年，在世界卫生组织9月举行毒株协商会议之后，该委员会会举行会议，对南半球的疫苗组分进行分析，对可

1 Therapeutic Goods Regulations 1990, 41F.

2 Therapeutic Goods Regulations 1990, 41G.

3 Therapeutic Goods Regulations 1990, 41H.

4 Therapeutic Goods Regulations 1990, 42(11)(12).

5 Therapeutic Goods Regulations 1990, 42(4).

6 Therapeutic Goods Regulations 1990, 42(5).

7 Australian Influenza Vaccine Committee: Information on the Role and Membership of the AIVC and Proposed Meeting Dates，澳大利亚治疗用品管理局官网。

得的流行病学、抗原、遗传分析及上一季度血清应答数据加以分析。

（2）补充药品与非处方药监管暨技术咨询论坛（Complementary and OTC Medicines Regulatory and Technical Consultative Forum，简称 ComTech）。此论坛为治疗用品管理局与补充药品、非处方药行业代表之间的协商提供便利。此论坛讨论影响所有部门的战略问题；优先讨论与药品申办者、生产者有关的监管层面及技术性的问题，并探寻解决之道；为治疗用品管理局、补充药品行业、非处方药行业正在面对、即将面对的监管或技术层面问题，提供交流平台，并确证哪些方法有助于改进当下的监管实践与合规。[1]

（3）治疗用品广告咨询委员会（Therapeutic Goods Advertising Consultative Committee）。该委员会为《治疗用品广告准则》的制定与实施提供咨询意见，针对治疗用品广告出现的问题提供交流论坛，为监管部门的药品广告合规报告制度提供协助。[2]

## 三、药品的定义与分级

### （一）药品的定义

“治疗用途”（therapeutic use）是指：（1）预防、诊断、治疗或舒缓人的疾病、不适、缺陷或损伤；（2）影响、抑制或改变人的某种生理过程；（3）检测人对疾病或病症的易感性；（4）影响、控制或预防人受孕；（5）进行孕检；(6) 对人体特定部分的置换或修正。[3]

---

1　Complementary and OTC Medicines Regulatory and Technical Consultative Forum，澳大利亚治疗用品管理局官网。

2　Complementary and OTC Medicines Regulatory and Technical Consultative Forum，澳大利亚治疗用品管理局官网。

3　Therapeutic Goods Act 1989, 3.

“治疗用品”是用于治疗用途的物质，或是治疗用品生产过程中的组分或成分，或是相应容器或容器的一部分。治疗用品也包括生物制品、医疗器械及依法宣称为治疗用品的商品。[1]

“药品”（medicine）是指，通过药理、化学、免疫或代谢手段，在人体内或人体上，实现或可能实现其主要预期作用的治疗用品。[2]

## （二）药品的分级

《治疗用品法》第6–3部分题为“物质登记”，此部分旨在为澳大利亚对分级物质的控制提供一个一以贯之的体系，通过分级来对不同级别物质施加不同程度的限制，以保护公共健康和安全，将毒害风险减少至最小化，防止分级物质的误用与滥用。[3]分级（scheduling）是指根据当下的有毒物质标准（Poisons Standard），根据物质的名称或性状确定该物质的分级。[4]有毒物质标准是指由澳大利亚卫生部咨询理事会（AHMAC）颁布的《统一药品和有毒物质分级标准》最新版本。有毒物质标准中还包含了关于容器和标签的示范条款、豁免于此约束的产品清单，以及关于药品和有毒物质控制的其他建议。

现行有毒物质标准发布于2022年10月，该标准将相关物质分为10级，其中与药品相关的为第2、3、4、8级物质。其中第2级为药房药品（Pharmacy Medicine），安全用药可能需要药师或有执照资质者的建议；第3级为药师药品（Pharmacist Only Medicine），为安全用药之需，此类药品的使用需以药师的专业建议为前提，但不需要处方；第4级为处方药，需由州或领地立法允许开具处方者开具处方，继而由药师给药；第

1 Therapeutic Goods Act 1989, 3.
2 Therapeutic Goods Act 1989, 3.
3 Therapeutic Goods Act 1989, 52AA.
4 Therapeutic Goods Act 1989, 52A.

8级为受控制药品,其生产、供应、销售、占有与使用受到限制,以减少药物的滥用、误用及依赖性。[1]

## 四、药品的上市准入

所有计划在澳大利亚上市的药品,都必须向澳大利亚治疗用品管理局提出注册或登记申请,并被列入《澳大利亚治疗用品登记册》。

### (一)上市准入的豁免与特别批准

1. 因紧急情况而豁免

当国家宣布进入紧急状态时,局长可为了国家利益之需,对药品做出豁免准入规定的要求,使得澳大利亚能迅疾地储存、使用相应药品,以应对紧急状态给公共健康带来的现实威胁或潜在威胁。[2]豁免可于做出豁免决定当日生效,也可于豁免决定规定的特定日期生效。当局长规定的豁免期结束,或者豁免被撤销时,则不再对相应药品适用豁免。[3]如药品已获注册或登记,则豁免不再有效。[4]

局长可以规定豁免条件,并可以书面方式更改、撤销或增设相应的豁免条件,豁免条件包括:(1)豁免有效期间;(2)豁免药品的数量;(3)豁免药品的来源;(4)可进口、生产、供应或出口这些药品的人员;(5)药品的供应;(6)药品的储存和安全要求;(7)保存、披露和获取药品记录的要求;(8)对豁免药品的处置;(9)当豁免药品违反豁免条件

1 Poisons Standard October 2022, Sep. 23, 2022.

2 Therapeutic Goods Act 1989, 18A(2)(2A).

3 Therapeutic Goods Act 1989, 18A(4).

4 Therapeutic Goods Act 1989, 18A(5).

时的处置方式;（10）其他。[1]

2. 对特定用途药品的批准或授权

对于未在澳大利亚获注册或登记，也未被纳入豁免范围的药品，出于治疗特定人群之需，或是仅用于人体临床试验目的时，局长可以书面形式批准进口、出口或使用。[2]申请人需依照形式要求，提交相关申请材料，缴纳审评费用。当局长对临床试验用药申请材料进行审查后，应在做出决定后28日内，就有关决定通知申请人，当不予批准临床试验用药申请时，必须告知申请人理由。[3]

就针对人体试验目的的用药而言，还可以在条例中就如下事项加以限定:（1）基于此目的使用药品的前提条件;（2）基于此目的使用药品时必须遵循的原则;（3）对基于此目的使用药品的情况和结果的监督;（4）必须停止基于此目的的用药的情形。[4]

局长还可以书面授权的形式，批准特定的医疗专业人员，针对特定的患者或患者群体，提供特定品种或类型的药品，以用于相应治疗。[5]局长可以在书面授权文件中，对此用药设定必要的条件。[6]医疗专业人员在此情形下的用药，需以伦理委员会批准为前提。可以在条例中规定用药者的范围。[7]

3. 无可用药品时的替代批准

当已注册药品不可用或供应短缺时，在满足如下两个条件的情况下，为了公共健康之需，局长可以批准在澳大利亚进口或供应特定替代

1 Therapeutic Goods Act 1989, 18A.
2 Therapeutic Goods Act 1989, 19(1).
3 Therapeutic Goods Act 1989, 19(4).
4 Therapeutic Goods Act 1989, 19(4A).
5 Therapeutic Goods Act 1989, 19(5).
6 Therapeutic Goods Act 1989, 19(5B).
7 Therapeutic Goods Act 1989, 19(6).

药品：（1）药品在局长认可的其他至少一个国家已获注册或登记，或已根据《治疗用品法》第23条的规定提交了注册申请，并通过了初步评审；（2）药品为《治疗用品条例》附表10中收录的药品，或是局长批准的特定药品。[1]

局长可以书面决定的形式，说明药品在哪些国家获注册或登记，可构成此种替代批准的前提。局长还可为此类替代批准设定有效期，当不满足上述条件或批准期限届满时，此类批准失效。[2]

## （二）药品注册与登记程序

基于治疗风险的不同，将准入方式分为注册（register）、登记（listed）和经评估登记（assessed listed）三种类型。适用药品注册程序的药品包括全部处方药、大多数非处方药和较少的补充药品。针对登记、经评估登记程序，澳大利亚治疗用品管理局制定了“许可成分清单”（Permissible Ingredients Determination）和“许可适应症清单”（Permissible Indications Determination），适用登记和经评估登记程序的药品成分只能从“许可成分清单”中选择，登记药品的适应症只能从“许可适应症清单”中选择。[3]

1. 申请与审查

澳大利亚的药品注册申请人需遵循如下要求：（1）根据要求的格式，根据相应类型药品的申报要求，提交书面申请；（2）按规定缴纳申请费；（3）将材料递交给指定的药品监管机构内设部门；（4）对限制注册药品的申请而言，需附有与该药品有关的产品信息；（5）可根据局长

1　Therapeutic Goods Act 1989, 19A(1).

2　Therapeutic Goods Act 1989, 19A.

3　邱华伟、董晨东、李远恒、洪靖怡、王勇：《澳大利亚药品上市准入管理体系研究》，《中国医药工业杂志》2021年第3期。

要求，提交合理数量的药品样品；（6）声明不违反关于药品进口、出口、供应、生产的禁止性规定。[1]局长应当对申请人的申请进行审查，并将审评结果书面通知申请人。[2]

2. 注册程序

就药品注册申请而言，若申请已通过初步评估，局长还需进行注册审评，来审评药品的质量、安全性和有效性是否符合治疗目的；还需审查申请人是否按要求提交了产品信息资料；审查药品的展示或陈述是否可接受；审查药品是否合乎标准，是否遵守《治疗用品广告准则》，生产是否符合法律中关于药品生产的要求，是否违反相关的禁止性规定，药品是否含有1901年《海关法》禁用的物质；等等。[3]

《治疗用品法》第22G条题为“关于药品质量、安全性或有效性方面的科学建议”。如申请人已经提起药品注册申请，可以就申请注册药品的质量、安全性和有效性是否合乎要求，请求监管部门给出咨询意见，每次只能就药品质量、安全、有效性中某一方面提出咨询，咨询限于对其中某一具体问题的咨询。申请人应以书面形式提出请求，并按照条例要求缴纳相应费用，并附以申请人认为适当的资料和文件。监管部门应对咨询请求加以回复。[4]

如有以下情况之一，注册申请将被拒绝：（1）申请人在应缴费之日到期后两个月内仍未缴费；（2）申请所附资料不准确或具有误导性；（3）申请人依照监管部门要求提交的信息，存在不准确或误导性；（4）申请人未能遵守信息提供的要求，未能提交药品的个别患者用药资料（individual patient data）。个别患者用药资料是指源自临床试验的个人信息，包括患者在给药前、给药中和给药后的数据，包括而不限于人

1 Therapeutic Goods Act 1989, 23B(2).
2 Therapeutic Goods Act 1989, 23B(1).
3 Therapeutic Goods Act 1989, 25.
4 Therapeutic Goods Act 1989, 22G.

口统计学、生物化学和血液学信息。[1]

此外，当局长未完成对药品注册申请的审批时，如果申请人书面告知局长放弃申请，则视为申请被拒绝。[2]若做出不予注册的决定，需在28日内以书面形式通知申请人，并说明理由。[3]

若局长做出同意药品注册申请的决定，则需在28日内以书面形式通知申请人，通知需包含以下内容：（1）关于注册的决定；（2）若是限制用药品，则需列出批准的信息；（3）告知申请人，要按照《治疗用品法》第26B条第1款的要求，提交专利证书，药品才能被纳入登记册；或者书面告知申请人，此申请的获批无须以提交专利证书为前提。[4]

3. 登记程序

相对于注册药品而言，登记药品因其成分和适应症之故，给消费者带来相对较低的风险。《澳大利亚治疗用品登记册》中收录的登记药品，可以面向公众销售，而无须澳大利亚治疗用品管理局就其安全、质量和有效性进行完整的上市前评审，相对于注册药品而言，登记药品可以更快上市。[5]

在《澳大利亚治疗用品登记册》中登记的药品多为补充药品，还包括防晒剂、牙科产品等一些非处方药。登记药品上市前，仅需申请人对药品质量、安全性及疗效进行自评，但药品成分只能从“许可成分清单”中选择，且成分不得收录于“有毒物质标准”中，适应症也只能从“许可适应症清单”中选择。[6]登记药品被收录后，被赋予AUSTL登记号。

---

1　Therapeutic Goods Act 1989, 24.

2　Therapeutic Goods Act 1989, 24E.

3　Therapeutic Goods Act 1989, 25AC.

4　Therapeutic Goods Act 1989, 25AB(3).

5　General Guidance for Listed Medicines: Australian Regulatory Guidelines, May 2020, 4.

6　邱华伟、董晨东、李远恒、洪靖怡、王勇：《澳大利亚药品上市准入管理体系研究》，《中国医药工业杂志》2021年第3期。

一般而言，除非申请登记的药品是仅用于出口的药品，或是此前被撤销注册或登记的药品，否则监管部门不应拒绝登记申请。但登记申请人应证明：(1) 药品适于登记；(2) 在拟适用用途下，药品是安全的；(3) 药品的展示形式是可接受的；(4) 药品未含有不容许的成分；(5) 药品符合标准；(6) 药品广告符合《治疗用品广告准则》的规定；(7) 由药品上市许可持有人负责实施药品生产各步骤；(8) 药品符合所有需适用的质量或安全标准；(9) 药品规格符合条例要求；(10) 药品标签与登记申请中陈述不存在不一致之处；(11) 药品标签中所载适应症，为局长以法规文件形式公布的适应症所涵盖，或者构成了纳入《澳大利亚治疗用品登记册》中的信息；(12) 申请人提供信息或证据，证明药品规格将与药品标签上所列出的限定一致；(13) 药品不含基于《1901年海关法》目的而禁止进口的物质；(14) 申请人已与特定药品生产商签署了书面协议，就规定的事项加以约定；(15) 申请人持有信息或证据，以支持将药品纳入《澳大利亚治疗用品登记册》的主张。[1]

局长拒绝药品登记申请的理由包括：(1) 该药品不在登记范围之内；(2) 药品在拟议用途下不安全；(3) 药品的展示形式不可接受；(4) 药品不符合标准；(5) 药品不符合《治疗用品广告准则》的规定；(6) 如果药品在澳大利亚境外生产，药品生产过程中的生产与质量控制程序不可接受；(7) 药品违反法律中关于药品生产的要求；(8) 药品不符合规定的质量或安全标准；(9) 药品在澳大利亚的进口、出口和供应违反禁止性规定。[2]

如果除了局长在法令中列明的特征，申请人申请登记的新药与已列入登记册的原研药（original medicine）具有相同特征，而且监管部门

1 Therapeutic Goods Act 1989, 26A(2).

2 Therapeutic Goods Act 1989, 26(1).

已经对申请资料进行了初步审查，即可对此药品进行登记。[1]

局长需在28日内书面通知申请人登记决定，若决定不登记药品，还需说明理由。局长决定登记药品后，需尽快向申请人发出药品登记证书，药品登记自证书中注明之日起生效。

4. 经评估登记程序

《治疗用品法》第26AB条题为“经疗效评估后申请特定药品的登记的申请”，这构成了经评估登记程序的法定基础。如果某类药品未落在《治疗用品法》第26A条规定的适用药品一般登记程序的范围之内，且依照《治疗用品法》第23条就此类药品提起了登记申请，则治疗用品管理局应对此申请加以评估。[2]

《治疗用品法》第26条第2款规定了申请人应证实的17类事项。治疗用品管理局进行评估时，应着重考虑药品的有效性，并考虑认为应当考虑的其他相关事项。[3]评估后，若局长决定对药品进行登记，需在决定后28日内，以书面形式向申请人发出通知。之后还应向申请人颁发登记证书，药品登记开始于登记证书上注明的日期。[4]经评估登记药品被收录后，被赋予AUSTL（A）登记号。

经评估登记的主要管理依据是《填写经评估登记药品申请表的指南》《经评估登记药品证据指南》，前者规定了AUSTL（A）登记号的申请和提交过程，后者对经评估登记适应症的证据要求、标准及流程进行了说明。

## （三）临时批准

《治疗用品法》第1A部分规定了药品的临时批准（provisional determination），

1 Therapeutic Goods Act 1989, 26(1AA).

2 Therapeutic Goods Act 1989, 26AB(1).

3 Therapeutic Goods Act 1989, 26AE(1).

4 Therapeutic Goods Act 1989, 26AE.

《治疗用品条例》第2D部分对药品临时批准的适用条件加以细化。临时批准制度通过优先配置审评资源、利用替代终点和滚动审评的作用机制，评估药品的安全性、有效性、风险和收益，使得相对于标准准入程序而言，药品能提前两年上市。[1]

1. 临时批准的适用条件

适用临时批准的药品包括新处方药及药品新适应症，其适用需符合如下四个条件：(1) 药品能治疗、预防或诊断一种危及生命或致人严重衰弱的疾病；(2) 治疗用品登记册中未含有治疗、预防或诊断此症状的药品，或有初步临床数据表明，相对于治疗用品登记册中已收录的药品而言，此种药品的治疗、预防或诊断疗效或安全性会有显著改善；(3) 初步临床数据证明，该药品很有可能在治疗方面取得重大进展；(4) 申请人提交充分证据表明，如果局长能给予此药品临时批准，则将在临时批准生效之日起六年内，提交关于该药品安全性和有效性的综合临床数据。[2]

2. 临时批准的程序

申请人可以书面形式申请药品的临时批准，按照要求填写表格，提交所要求的任何信息、声明或文件，局长应根据临时批准的适用条件，对申请进行审查，做出是否批准的决定。[3]在给予临时批准的决定中，应载明与决定相关的申请人和药品名称、相关药品适应症、药品中每一活性组分，还可以载明局长认为一切有必要的内容。[4]

局长在做出临时批准决定后，需尽快发出书面通知，若不予批准，需说明理由。临时批准自局长发出通知之日起生效，除规章另有规定

1 朱越、蒋蓉、邵蓉：《澳大利亚药品注册特殊审评制度简析及启示》，《广东药科大学学报》2018年第6期。

2 Therapeutic Goods Regulations 1990, 10L(1).

3 Therapeutic Goods Act 1989, 22C.

4 Therapeutic Goods Act 1989, 22D(3).

的情形外，初始批准期间为六个月，[1]申请人可书面申请再延长六个月期限，[2]但只可延期一次。[3]申请人需在延期期间届满前为该药品申请临时注册。[4]除非申请人能证明已满足临时批准的上市后条件，否则在指定期限结束后，临时批准将自动失效。当有足够的临床数据证实药品的安全性和有效性时，申请人可以申请完整的注册。[5]

## （四）治疗用品登记册

《澳大利亚治疗用品登记册》（以下简称《登记册》）构成了可在澳大利亚合法供应药品的公共数据库，其旨在汇编人用药品信息，并将其用于药品审评之需。[6]《登记册》由注册药品、临时注册药品、登记药品、生物制品和医疗器械五部分组成，《登记册》收录的信息包括药品名称、剂型以及申办者、生产商的具体情况。[7]所有药品必须在《登记册》中被注册或登记为药品，方可在澳大利亚供应和销售。

局长可以在政府公报或官方网站上发布通知，要求在《登记册》内列入特定的需登记药品，并说明登记条件。[8]局长必须至少每12个月公布一次《登记册》中包含的药品清单。[9]

---

1　Therapeutic Goods Act 1989, 22E(2).

2　Therapeutic Goods Act 1989, 22E(6).

3　Therapeutic Goods Act 1989, 22E(8).

4　Therapeutic Goods Act 1989, 23AA (1). 在临时许可生效后，申请人又申请药物注册的，就本法而言，该申请被视为该药物的临时注册申请。

5　张晓方、朱枫、武阳丰：《世界主要国家和地区药品附条件批准上市政策综述》，《中国食品药品监管》2021年第12期。

6　Therapeutic Goods Act 1989, 9A(1).

7　Australian Register of Therapeutic Goods (ARTG)，澳大利亚治疗用品管理局官方网站。

8　Therapeutic Goods Act 1989, 9A(5).

9　Therapeutic Goods Act 1989, 9E.

相关人员可向局长提出书面请求，请求获得《登记册》中包含的相关药品条目副本，如果治疗用品管理局在任何电子数据库中已收录此药品条目，则应向申请人发送相关药品条目副本信息。[1]

如果《登记册》中收录的药品条目的信息不完整或不准确，相关人员可申请更改条目内容，局长也可自行启动条目内容的变更。[2]当局长自行启动条目内容的变更时，应就拟议的变更书面告知相关人员，并说明理由，给予相关人陈述意见的合理机会。[3]

如果与所收录药品相关的人员申请变更收录药品的信息，其旨在削减药品适用的范围，或是增加药品的警示或注意事项，且不涉及与其他药品质量、安全性或有效性的比较，则局长应同意此种内容变更申请。[4]如果相关人员变更申请中的陈述存在实质性的虚假或误导，则构成犯罪。[5]

如果局长发现《登记册》中有关品种条目并非药品，局长可将产品从《登记册》中移除，书面通知相关人员。但需向相关人员说明理由，相关人员在获得通知后20日内，有提出书面陈述和申辩的权利。在做出移除决定后，局长必须尽快在政府公报和官方网站上发布公告，说明移除详情。[6]

## 五、药品生产

《治疗用品法》第3条对“生产”给出了定义，其包括药品生产，也

1 Therapeutic Goods Act 1989, 9C.
2 Therapeutic Goods Act 1989, 9D(1).
3 Therapeutic Goods Act 1989, 9D(1C).
4 Therapeutic Goods Act 1989, 9D(2).
5 Therapeutic Goods Act 1989, 9G.
6 Therapeutic Goods Act 1989, 9F.

包括参与药品生产或使药品达到最终状态过程的任何部分，包括从事加工、分装、包装、贴标签、储存、灭菌、测试或供应放行等。[1]

治疗用品生产者必须持有许可，许可制度旨在保障公众健康，确保治疗用品符合指定的质量保证水平，并在清洁及不受污染的环境下制造。若违反与治疗用品生产或许可条件有关的规定，将会受到刑事和民事处罚。生产商必须确保药品符合标准，遵守生产规范，遵守《治疗用品条例》中的相关规定。生产商还必须接受被授权人的依法检查，并为检查者提供必需的便利。

局长可以颁布法律文书，来规定人用药品生产应遵循的原则，生产原则内容应当包括：(1) 生产场所应维持的标准和使用的设备；(2) 质量保证与质量控制程序；(3) 生产人员的资质与经验；(4) 生产中所使用的生产规范；(5) 与药品安全、质量和有效性相关的其他事项。[2]

## (一) 生产许可的申请

生产许可的申请者需遵循如下要求：(1) 按照规定的格式提交材料；(2) 确定拟生产药品的名称与类别；(3) 确定生产药品的一个或多个场所；(4) 确定生产步骤，如果申请人打算申请生产血液制品或血液组分制品，则需特别对其生产步骤加以说明；(5) 说明产品生产控制人员的姓名、资质和经验，说明拟采取的质量控制措施；(6) 将申请表呈送给指定部门，并缴纳相应费用；(7) 申请人承诺，自己在澳大利亚生产的药品或药品类别不会违反监管部门依法发布的禁令，禁令可能是对特定产品进口、出口、审查或供应的禁止；[3] (8) 申请人声明，承诺自己

1 Therapeutic Goods Act 1989, 3.

2 Therapeutic Goods Act 1989, 36.

3 Therapeutic Goods Act 1989, 9K.

在澳大利亚从事的药品生产不会违反《治疗用品法》第9K条第1款或第3款的绝对禁止性规定。[1]申请人可以用数据传输或其他电子化的方式提交申请。

局长可以书面通知生产许可申请人，要求许可申请人在通知规定的合理时间内，提交有关申请的补充信息或资料；并允许授权人员在通知中规定的任何合理时间内，对申请中列明的每个生产场所及该场所用于生产药品的设备、工艺和设施进行检查。[2]

局长应该向符合条件的生产许可申请人颁发许可，但当有以下情形时，局长将拒绝发放生产许可：(1) 认为申请人将无法遵守生产原则；(2) 申请中确定的一个或多个药品生产地点不符合药品生产要求；(3) 生产将违反《治疗用品法》第9K条第1款或第3款中的禁止性规定；(4) 申请人、做出影响申请事务实质性决定的人、参与申请事务实质性决定的人、公司的主要持股人，在申请之前的十年内，曾有违反《治疗用品法》或相应州法的犯罪，或曾被科处民事罚款，或曾违反生产许可的条件，或曾有生产许可被中止或撤销的情况。[3]

如果局长拒绝发放生产许可，必须以书面方式告知申请人，并说明理由。如果局长决定授予生产许可，则须尽快在政府公报或官网上公布许可决定详情。[4]许可证在被注销或中止前一直有效。

## （二）附条件生产许可

局长在颁发生产许可时，可以为许可附加条件。局长还可以书面方式通知许可持有人，为许可设定新的条件，或变更乃至废止已设的条

1 Therapeutic Goods Act 1989, 37(1).
2 Therapeutic Goods Act 1989, 37(2).
3 Therapeutic Goods Act 1989, 38(1).
4 Therapeutic Goods Act 1989, 38(3)(4).

件。当通知说明此举旨在防止死亡、重病或重伤等迫切的风险时，条件的设定、变更或废止即时生效；在其他情况下，条件的设定、变更或废止应在通知之日的28日后生效。[1]

## （三）生产许可的变更

局长可以根据自己的动议，书面通知许可持有人，要求其变更生产场所许可。[2]但更多时候，是许可持有人申请变更生产许可。这包括许可持有人申请新增生产场所，让许可涵盖申请中列出的多个生产场所。申请新增生产场所时，所提交的申请材料与初始生产许可申请大致相同，但要说明在新增生产场所拟生产的药品品种或类别。[3]许可持有人可申请变更生产场所，例如，申请将生产场所A变更为生产场所B；许可持有人还可申请删除某个生产场所，例如，申请将特定的生产场所B不再收录于生产许可内容之中。局长审查同意后，可以发出书面通知，同意新增、变更或删除生产场所。

## （四）生产许可的撤销与中止

当许可持有人、做出影响申请事务实质性决定的人、参与申请事务实质性决定的人、公司的主要持股人有如下行为之一时，局长可以以书面形式通知许可持有人，告知撤销生产许可，或在特定期限内中止生产许可的决定：（1）有违反《治疗用品法》或相应州法的犯罪行为；（2）被判犯有欺诈或不诚实的罪行；（3）曾为违反法律中民事制裁的规

1　Therapeutic Goods Act 1989, 40(3).

2　Therapeutic Goods Act 1989, 40A.

3　Therapeutic Goods Act 1989, 40B(2).

定而支付罚款；(4) 违反许可条件。

撤销或中止生产许可的条件还包括：(1) 持有人书面申请撤销或中止许可；(2) 持有人停止从事与许可相关的药品生产；(3) 持有人违反生产场所许可的要求；(4) 未能在应支付许可年费、检查费等费用的28日内缴费；(5) 违反《1989年治疗用品法》第9K条第1款或第3款的绝对禁止性规定。[1]

除非局长认为不立即撤销或中止许可证，将会带来死亡、重病或重伤等紧迫风险，否则局长必须向持有人书面告知拟采取措施及理由，且持有人能够在通知规定的合理时间内向局长陈述意见。[2]如持有人提交意见，局长在考虑持有人提交的意见之前，不得做出撤销或中止生产许可的决定。[3]局长撤销或中止许可，须尽快在政府公报或官方网站上公布有关决定详情。[4]

## (五)《药品生产质量管理规范》的实施

GMP确立了一系列原则和程序，以确保药品高质量生产。GMP的精义在于认为，不能通过对某一批次药品的检验来保证药品质量，药品质量应融入每一批次药品生产过程的所有步骤中。澳大利亚治疗用品管理局是国际药品检查合作组织(PIC/S)的成员单位，[5]澳大利亚药品生产整体适用国际药品检查合作组织颁布的GMP导引。该GMP导引第一部分的内容源自世界卫生组织颁布的GMP导引，而今其内容

1 Therapeutic Goods Act 1989, 41.

2 Therapeutic Goods Act 1989, 41(2).

3 Therapeutic Goods Act 1989, 41(3).

4 Therapeutic Goods Act 1989, 41(6).

5 PIC/S推动各国参与部门之间网络的形成，维护各国相关部门之间的信任，相互交换信息和知识，相互培训GMP检查员。

大部分与欧盟GMP实质等同；第二部分内容则源自人用药品注册技术要求国际协调会颁布的“药品活性成分的GMP导引”。[1]血液制品、人体组织和人体细胞基因产品生产则需遵守《澳大利亚人体血液和血液成分、人体组织和人体细胞基因产品的药品生产质量管理规范》的要求。[2]

在申请药品生产许可时，生产商必须表明自己符合相关的GMP规范。生产商需遵守《澳大利亚处方药监管指南》(ARGPM)、《澳大利亚非处方药监管指南》(ARGOM)和《澳大利亚补充药品监管指南》(ARGCM)等。通过GMP审核的方式有三种：第一，依据国家间《相互承认协定》(Mutual Recognition Agreement，简称MRA)的书面审查；第二，对合规验证(Compliance Verification)的书面审查；第三，澳大利亚治疗用品管理局进行现场检查。

根据《治疗用品法》的规定，如果药品生产中的某个步骤在澳大利亚之外进行，主管部门要审查对于此药品生产过程中的每个步骤而言，生产程序和质量控制程序是否可接受。[3]向澳大利亚供应药品的海外生产商也需符合可接受的GMP标准，当海外生产商无法为符合GMP标准提供可接受的书面证据时，澳大利亚治疗用品管理局也会对海外生产商进行现场检查。[4]

## 六、药品上市后监管

澳大利亚治疗用品管理局对药品上市后安全进行监测，监测方式

---

1 Guide to Good Manufacturing Practice for Medicinal Products, PIC/S 2021.

2 Australian Code of Good Manufacturing Practice for Human Blood and Blood Components, Human Tissues and Human Cellular Therapy Products，澳大利亚治疗用品管理局官网。

3 Therapeutic Goods Act 1989, 25(1)(g), 26(1)(g), 26A(3).

4 Good Manufacturing Practice — An Overview，澳大利亚治疗用品管理局官网。

包括不良反应报告，实施风险管理计划，要求提交定期安全性更新报告，对相关文献进行回顾，与其他联邦监管机构共享信息等。

## （一）不良反应监测与报告

澳大利亚治疗用品管理局有着较为完备的上市后监测体系。澳大利亚治疗用品管理局设有澳大利亚药品不良反应报告体系（ADRS）。如果与注册或登记药品有关的人知道按照批准用法使用药品时会导致不曾预计的有害效果，或者当他们知道药品安全性、有效性或质量无法令人接受时，都应立即以书面形式报告给局长。如未履行报告义务，相应刑事责任为12个月的有期徒刑，或1 000处罚单位的罚金，或两者合并适用；[1]相应民事处罚为对个人科处3 000处罚单位的处罚，对法人科处30 000处罚单位的处罚。[2]

申办者、医疗专业人士、患者和消费者都可将自己对药品安全的关切向澳大利亚治疗用品管理局报告，报告方式可以是电话、在线填写表格或电子邮件。电子邮件中应写明报告人详细联系方式；需对副作用予以描述，包括发生了何种副作用、何时发生、持续多久；还要对认为可能引发副作用的药品特征加以描述。[3]

监测可能要求药品持有人修改药品的产品信息，如限缩适应症范围，增加关于禁忌症、警示、不良反应的说明，增加对孕妇、产妇等特定人群的使用说明。处方开具者和其他医疗专业人士有必要了解这些与药品安全相关的产品信息变化，因为他们可能需要就特定风险咨询患者，采取特定的监测或预防活动，有时还要更换开具的药品。[4]

---

1 Therapeutic Goods Act 1989, 29A.

2 Therapeutic Goods Act 1989, 29AA.

3 Report an Adverse Event or Problem (Consumers)，澳大利亚治疗用品管理局官网。

4 Product Information Safety Updates — April 2022，澳大利亚治疗用品管理局官网。

## （二）药品安全更新报告

澳大利亚治疗用品管理局会对已批准药品进行有目的的、随机的采样。澳大利亚治疗用品管理局每月发布一份《药品安全更新报告》，就药品安全情况和浮现出的问题，为医疗专业人士提供信息和咨询建议。[1]

## （三）发布安全警示

监管部门通过发布安全警示，提示某种药品可能存在风险，或需要采取怎样的行动。这种提示不一定意味着某种药品不安全。安全警示是由任何与药品有关的潜在安全问题所引发的，这包括已知的安全问题、已知问题报告模式的变化、新问题及偶然事件。

各方应遵循安全警示中的建议。除非警示中有明确建议，否则不应停止使用某种药品。即使发布了某种药品的安全警示，也不必然意味着某种药品就一定不安全。在发现某个安全问题时，澳大利亚治疗用品管理局可能并不知道该问题是否真的由某种药品引起。

澳大利亚治疗用品管理局发布的安全警示内容详尽，以其于2023年1月5日发布的“药品中的亚硝胺杂质安全警示”为例，警示内容包括澳大利亚治疗用品管理局拟采取的行动、申办者与生产者责任、调查药品中亚硝胺杂质的背景、亚硝胺杂质的来源、调查亚硝胺杂质的可能性、亚硝胺杂质可接受量的限度、对亚硝胺杂质的检测、相关联系方式，

---

1　Safety Updates: Medicines Safety Updates and Medical Devices Safety Updates，澳大利亚治疗用品管理局官网。

包括相关指南、科学文献、法规来源、检测方式等资源链接。[1]

## （四）药品召回

《治疗用品法》第3–2部分第2A节对药品召回加以详尽规定，在法定情形下，局长可以要求相关人员采取特定步骤，以规定的方式，在规定的合理期限内，召回已分发的药品，并就此告知公众或特定群体，应将责令药品召回的命令公布于政府公报或官方网站。[2]

责令召回药品的法定情形包括：（1）药品不符合药品标准；（2）药品生产未遵守生产原则；（3）药品属于依法被禁止进口、出口、生产和提供的产品；（4）药品生产者未获得许可；（5）药品的质量、安全性、有效性不可接受；（6）药品的陈述不可接受；（7）由未获许可的生产者从事某个环节的药品生产；（8）药品注册或登记已被中止或撤销；（9）药品为假药。[3]

《治疗用品法》第30EC条规定了未遵守召回义务的刑事责任，当因作为或不作为违反了第30EA条规定的召回要求，已导致、将导致或可能导致对任何人的损害或伤害时，可以被判处五年有期徒刑，或被科以4 000处罚单位罚金，或两者合并科处。当此违法行为未导致或可能导致损害或伤害后果时，可以被科以100处罚单位罚金；也可以被科以1 000处罚单位罚金，或被判处12个月有期徒刑，或两者合并科处。[4]

---

1 Nitrosamine Impurities in Medicines — Information for Sponsors and Manufacturers，澳大利亚治疗用品管理局官网。

2 Therapeutic Goods Act 1989, 30EA, 30EB.

3 Therapeutic Goods Act 1989, 30EA (1).

4 Therapeutic Goods Act 1989, 30EC.

# 七、药品广告

## (一)法律框架

澳大利亚《1989年治疗用品法》对“广告”的界定是:“与治疗用品相关的,包括做出任何声明、图示或设计,无论是直接还是间接,意在促进产品的使用或供应。声明、图示或设计可以载于(a)产品标签;(b)产品容器包装;(c)产品包装内的任何材料上。”[1]

在澳大利亚,药品广告应遵守《1989年治疗用品法》《1990年治疗用品条例》的规定。《1989年治疗用品法》第5章题为“广告、假冒治疗用品和产品的篡改”,该章第5-1部分题为“广告和通用信息”,该部分界定了药品广告的法律要求,规定未经批准不得在广告中使用限制性描述和禁止性描述,并为违法药品广告设定了法律责任。此部分规定不适于排他性地直接面向医疗专业人员、批发商、医院采购人员等的广告;也不适用于专门对澳大利亚政府机构人员的广告、非人用药品广告和出口药品广告。[2]

《治疗用品法》授权部长制定与治疗用品广告相关的准则。[3]据此,卫生部于2021年颁布了《治疗用品广告准则》,此准则将对药品广告的要求予以具体化,其目的在于:第一,让广告促进药品的安全、合理使用,让药品的误用、过度使用或使用不足趋于最小化;第二,让广告合乎道德规范,不得误导或欺骗消费者,防止消费者对药品疗效等产生不切实际的期待;第三,支持以知情为基础做出医疗服务选择;第四,广告

1　Therapeutic Goods Act 1989, 3.

2　Therapeutic Goods Act 1989, 3.

3　Therapeutic Goods Act 1989, 42AA.

不得与公共卫生宣传相抵触。[1]

## (二)药品广告的一般要求

《2021年治疗用品广告准则》为药品广告设定了一般要求。

第一,药品广告内容应准确。药品广告内容应均衡,不能产生误导或可能带来误导。药品广告的信息应为在发布或传播之前确证的信息。就治疗用品登记册收录的药品而言,其广告内容不得与该登记册中所列出药品的任何适应症或预期用途有不一致之处。[2]

第二,药品广告应保证药品能得到安全、合理使用。药品广告中的任何声明、图示与设计,都不得以明示或暗示的方式,宣称药品安全、无副作用、在所有情况下都有效,或保证治愈;也不得宣称药品万无一失、可靠、神乎其神。药品广告不得引发或可能引发不适当的恐慌、恐惧或痛苦,在未经批准的情况下,不得宣称不用此药品,就会导致有害后果。

第三,药品广告不得与药品标签、药品说明书、用药指南、插页说明书的内容不一致,不得延误或阻碍人们寻求必要的诊疗、找医师开处方,不得夸大药品功效,不得导致药品的不当使用或过度使用。

第四,不得进行比较广告。不得将广告药品与其他品种或类别的药品相比较,不得暗示其他药品是有害或无效的。[3]

第五,当药品广告内容涉及科学或临床方面的陈述时,必须仅包含表述清晰、易于为受众理解的科学或临床术语,内容应与药品的科学或临床证据一致。广告中应说明可确证的相关研究者,如有可能,还应

1 Therapeutic Goods (Therapeutic Goods Advertising Code) Instruments, 2.

2 Therapeutic Goods (Therapeutic Goods Advertising Code) Instruments, 8.

3 Therapeutic Goods (Therapeutic Goods Advertising Code) Instruments, 9.

说明研究的出资方，并在广告中通过合理的引证来说明研究出处，让消费者能查到该研究成果。[1]

### （三）对药品广告的分类管理

澳大利亚立法对药品广告中的禁止性描述、限制性描述、必需性描述加以规定。

1. 禁止性描述

禁止性描述（prohibited representation）是禁止在广告中出现的内容，其相关要求包括：（1）除法律另有规定的情形外，不得在广告中明示或暗示药品含有维生素；（2）对于镇痛药而言，不得说明其是安全的，不得说其有放松、缓解紧张、镇静或刺激功能；（3）不得就堕胎药做广告；（4）不得宣称药品对肿瘤、性传播疾病、艾滋病、丙型肝炎、精神疾病等有治疗、治愈、预防、诊断、筛查作用，也不得宣称能监测这些疾病的敏感性，不得宣称能对这些疾病加以预先处置。[2]

如果局长认为禁止性描述为合理用药之需，那么局长可以允许在特定药品标签、包装或包装材料上使用特定的禁止性描述，但是必须将批准的通知公布在政府公报或部门网站上。[3]

2. 限制性描述

限制性描述（restricted representation）是指对某种严重疾病、状况、病痛或缺陷形态的描述。[4]广告中如有涉及限制性描述的内容，其发布需以向监管部门提出申请并获批准为前提。若描述准确、均衡，且不具有误导性，局长在听取治疗用品广告咨询委员会的意见后，可批准在特

1 Therapeutic Goods (Therapeutic Goods Advertising Code) Instruments, 11.

2 Therapeutic Goods Regulations 1990, Schedule 2, Part 1.

3 Therapeutic Goods Act 1989, 42DK.

4 Therapeutic Goods Act 1989, 42DD.

定药品的特定广告中使用限制性描述。[1]若拒绝申请，局长需书面通知申请人并说明理由。在申请发出之日后60日内，如局长未对申请人给出书面回复，则视为默示同意。[2]

若局长认为有下列情形之一，则可撤回已批准的限制性描述申请，并告知申请人，且附有理由说明：（1）申请人提供的申请是虚假的或不正确的；（2）限制性描述的内容已构成禁止性描述的内容；（3）广告存在不符合批准条件的情形；（4）在广告批准后，获得更多有关药品安全性的信息，若审批广告时获知这些信息，则不会批准此广告。[3]

3. 必需性描述

根据《治疗用品法》第42DJ条第2款的授权，《治疗用品条例》第6B条规定，该条例附表2第2部分第2栏中关于第3栏药品的陈述，是必需性描述（required representations）。必需性描述实则是针对维生素制剂广告的要求，对于在澳大利亚提供的口服维生素制剂而言，如在维生素药品容器标签上发布广告，则必须说明，只有在膳食维生素摄入不足的情况下，维生素才有帮助；同时，维生素补充剂不能取代均衡的饮食。[4]

## （四）药品广告管理

1. 禁止发布虚假或误导的广告

如果药品广告中的描述是虚假的或误导的，无论其是明示还是暗示的形式，局长都可以向广告主体发布通告，要求其停止继续发布广

---

1 Therapeutic Goods Act 1989, 42DF.

2 Therapeutic Goods Act 1989, 42DG.

3 Therapeutic Goods Act 1989, 42DI.

4 Therapeutic Goods Regulations 1990, Schedule 2, Part 2.

告。广告主体如不遵守通告要求，则会受到刑事和民事处罚。[1]局长在向广告主体发布通告后，应尽快在政府官方网站上公布此通告。

2. 可以要求提供信息或文件

监管部门可以发出书面通知，要求广告主体提供与广告相关的信息和文件。广告主体在收到通知后，应在监管部门明确要求的期间内，提供信息和文件，最长期间为收到通知之日后14日。任何人不得因提交信息或文件将有可能获罪，而免于提供相关信息和文件。[2]

3. 可以采取的监管措施

如果监管部门认为药品广告存在违反法律或条例的现象，可书面通知广告主体，令其采取以下一项或多项措施：（1）停止发布广告；（2）收回广告；（3）做出更正；（4）收回任何仍在流通的广告；（5）销毁广告；（6）停止广告中所做的特定声明或陈述。[3]

4. 发布公共警告

如果局长有合理的怀疑，认为药品广告或面向公众发布的一般信息违反法律或条例，在认为符合公共利益之时，可就该药品广告或信息向公众发布警告。当局长向广告主体发布通知，要求广告主体提供相应信息和文件，但广告主体未能遵循通知要求时，可就此向公众发布警告，并说明广告主体未能遵循通知哪些要求。[4]

## 八、药品短缺和药品断供的应对

《治疗用品法》第3–2部分第2B节对药品短缺和药品断供（discontinuation of supply of medicine）的管理加以规定，规定了需报告

1 Therapeutic Goods Act 1989, 42DKB, 42DQ.

2 Therapeutic Goods Act 1989, 42DR, 42DU.

3 Therapeutic Goods Act 1989, 42DV(1).

4 Therapeutic Goods Act 1989, 42DY.

的情形和期限，该法第3–2部分第2C节还规定了药师在特定情况下可开具替代处方药。

需报告的药品（reportable medicine）是指：（1）含有现行有毒物质标准等级4或等级8所列的一种或多种物质，等级4收录了处方药，等级8收录了受控制药品；（2）局长以颁布法规文件的形式确定的药品，该类药品必须对澳大利亚患者的健康至关重要，且就此类药品的短缺或断供进行报告，符合公共健康利益之需。[1]《2018年治疗用品（需报告药品）决定》将肾上腺素自动注射器、胰高血糖素注射液、舌下三硝酸甘油、左炔诺孕酮、磷酸二氢钠、纳诺酮注射液、纳诺酮鼻喷雾剂、沙丁胺醇吸入剂、特布他林吸入剂、乌利司他等纳入报告药品范围。[2]

如果在某个特定时间后六个月内，澳大利亚的药品供应将不能或不太可能满足澳大利亚特定药品患者对该药品的需求，则构成药品短缺（shortage）。[3]当出现药品短缺或做出断供决定后，没有合理的其他替代药品；或者，虽有其他合理的替代药品，但其数量无法满足药品短缺或断供后的需求时，则构成所谓“至为重要的影响”（critical impact）。

当收录于《澳大利亚治疗用品登记册》的药品出现短缺时，若短缺构成“至为重要的影响”，相关人员必须在知道或应知道药品短缺后的2个工作日内，向局长报告；[4]对于其他药品短缺情况而言，相关人员在知道或应知道后的10个工作日内，需向局长报告。供应商必须及时就处方药短缺和少部分的非处方药短缺向治疗用品管理局报告。

当拟断供收录于《澳大利亚治疗用品登记册》的药品时，若构成

1 Therapeutic Goods Act 1989, 30EH.

2 Therapeutic Goods (Reportable Medicines) Determination 2018.

3 Therapeutic Goods Act 1989, 30EF.

4 《治疗用品法》第30EF条第3款规定，产生严重影响是指：a.无注册治疗用品作为替代品或有替代品但替代品数量不够；b.短缺可能对服用或可能服用药品人的生理或心理健康造成严重影响，甚至危及生命；c.药品被列入药品观察清单。

"至为重要的影响",至少应当在断供前12个月报告;在其他情况下,应至少在断供前6个月报告。如果报告人无法在规定期限内报告,则应在做出断供决定后尽快报告局长。

当出现药品短缺后,局长可以通过颁布法规文件的形式,来说明作为澳大利亚特定情况的一部分,存在严重稀缺的药品(scarce medicine),并说明药师在何种情况下,可以调剂替代药品(substitutable medicine),作为稀缺药品的替代。[1]

在澳大利亚治疗用品管理局的官网上,建有"药品短缺报告数据库"(medicine shortage reports database),数据库公布所有对患者有"至为重要的影响"的短缺,意味着此短缺下替代药品不足,可能危及患者生命,或给患者带来严重后果。通过访问数据库,公众可以估测药品短缺有可能持续多久,有哪些替代药品可用。[2]

当患者遭遇药品短缺时,可以向药师咨询,药师可以向患者提供含有相同活性成分的其他品牌药品;可以开出功效类似的药品,来治疗疾病;可以推荐适合患者个人情况的新治疗方案;可以协助患者通过其他途径获得相关药品。

## 九、药品监督管理

### (一)药品标准

澳大利亚《1989年治疗用品法》第3条对"标准"进行了界定,标准是可以依据该法第10条所要求的事项,对药品做出的规定。当特定药品为《英国药典》、《欧洲药典》或《美国国家处方集》收录时,则《英

1 Therapeutic Goods Act 1989, 30EK.

2 Medicines Shortage Reports Database,澳大利亚治疗用品管理局官网。

国药典》、《欧洲药典》或《美国国家处方集》的相应专论中设定的标准，辅之对应国家或地区药典的通则部分，可构成澳大利亚药品可适用的标准。

局长可以通过颁布法规文件，来确定就特定名称或类型的药品而言，其标准的具体内容为何。标准内容应包括药品标准、特定容器中所含药品数量、药品生产程序，并可说明该药品是否收录于《英国药典》、《欧洲药典》或《美国国家处方集》的相应专论中，是否收录于局长批准的其他出版物的专论中，是否收录于《澳大利亚标准》（Standards Australia）中。药品标准可就检验方法以及贴签、包装的适当方式加以规定。[1]

当个人进口、出口、供应的药品不符合药品标准的规定时，如已导致、将导致或可能导致对任何人的伤害或损害，其有可能被科以有期徒刑或科以刑事罚金，也有可能两者合并适用，还有可能被科以民事罚款。对个人违法而言，最高民事罚款为5 000处罚单位；对法人违法而言，最高民事罚款为50 000处罚单位。[2]

## （二）药品监管收费

澳大利亚治疗用品管理局最初由财政全额拨款，之后逐步转变为一个完全依靠监管收费作为经费来源的机构。20世纪80年代后期，药品监管收费的理念被引入澳大利亚。产业界也接受了监管收费的理念，因为他们认识到，以当时的人员素质和资源水平，澳大利亚治疗用品管理局无法提供合理的服务，来削减审评中的时滞现象。最初，产业界和澳大利亚监管当局商定，通过收费来补偿澳大利亚监管当局50%

1 Therapeutic Goods Act 1989, 10(2)(3).

2 Therapeutic Goods Act 1989, 14, 14A.

的活动成本。在1994—1995年财政年度，政府预算占治疗用品管理局预算的53%；在1997—1998年财政年度，政府预算在治疗用品管理局预算中的占比下降到22%；自1999年起，治疗用品管理局所有费用都来自监管收费。[1]

《治疗用品法》第24A条规定了缴纳费用的时点，第24B条规定了分期缴费，第24D条规定了审评费的返还。《治疗用品条例》第7部分题为“注册、登记、纳入登记、许可的收费与豁免，成分及费用”，此条例附件9、附件9A对澳大利亚药品、生物制品监管收费类型与标准分别加以详细规定。2018年颁布的《治疗用品收费条例》则对药品年费、生物制品年费、临时注册药品年费的收费标准加以规定。[2]

1. 审评费

《治疗用品法》第23B、23C条规定，申请人应根据不同的注册或登记品种缴纳相应的审评费。《治疗用品法》第24条规定，当申请人提出药品注册申请时，应当缴纳法规规定或决定的审评费用，局长必须通知申请人缴费金额。[3]申请人应在收到审评费金额通知当天缴纳审评费用。[4]

条例可以规定，令申请人以分期付款的方式支付审评费，并确定分期付款的时间。但如果申请人未能在应缴费时缴纳分期付款的该期审评费，或未缴纳应缴纳的其他项目审评费，则将不准许申请人分期付款。[5]如果申请人未能在两个月内缴纳审评费用，则申请将失效。[6]

---

1　Sauwakon Ratanwijitrasin & Eshetu Wondemagegnehu, Effective Drug Regulation: a Multicountry Study, World Health Organization 51(2002).

2　Therapeutic Goods (Charges) Regulations 2018.

3　Therapeutic Goods Act 1989, 24(1)(2).

4　Therapeutic Goods Act 1989, 24A.

5　Therapeutic Goods Act 1989, 24B.

6　Therapeutic Goods Act 1989, 24B.

如果申请人已经缴纳了全部审评费，但监管部门没有在规定时间内完成审评，应当减收审评费用，将收取的25%审评费返还给申请人。

2. 年费

《治疗用品法》第43条规定了澳大利亚三类药品年费：第一，当药品以注册或登记的方式，被收入治疗用品登记册时，每年应缴纳相应的注册年费、登记年费；第二，生产许可持有人应当缴纳许可年费；第三，当澳大利亚公司每年接受合格评定时，要缴纳合格评定年费。[1]缴纳年费的时间以条例规定为准，若条例未规定，则于每年10月1日缴纳年费。[2]

治疗用品管理局主要通过收取审评费、药品年费、许可年费，来维持运营之需。对于治疗用品登记册所列的每项产品，均须支付年费，年费额度按产品所属的类别而定。如果某一财政年度内某种药品的销售金额过低，则持有人可经申请豁免该年相应的年费、评估费及许可证费。[3]如果局长驳回豁免缴费的申请，或取消豁免，则当事人可就此向行政上诉裁判所提起申诉。[4]

3. 治疗用品管理局账户

治疗用品管理局账户的设立依据是《1999年财务管理立法修正案》(Financial Management Legislation Amendment Act 1999)，应当划入该账户的资金类别包括治疗用品管理局收取的审评费、药品年费及许可年费，以及该账户资金投资所得收益、对账户的捐助等。设立该账户的目的在于促进药品管理立法目的的实现，使得监管机构有能力参与药品监管的国际协调。[5]

1 Therapeutic Goods Act 1989, 43.
2 Therapeutic Goods Act 1989, 44.
3 Therapeutic Goods Act 1989, 44A.
4 Therapeutic Goods Act 1989, 44A(5).
5 Therapeutic Goods Act 1989, 45.

4. 收费的减免

当药品的供应为公共卫生利益所需，且对于该产品的申请人而言，支付全额审评费在经济上不可行时，局长可以决定减免70%的药品审评费用。[1]

如果申请人在提起药品注册或登记申请时，还提交了另一份申请或其他申请，而不同的药品申请之间含有同一活性治疗成分，且支持不同申请的资料内容有着充分的相通性，有助于同时对这几份申请开展申请时，局长可以决定减免审评费用。[2]

如果符合下列情形之一，局长可以决定减免药品审评收费：第一，确为公共卫生紧急情况所需，有必要在澳大利亚供应此药品；第二，对于该药品在澳大利亚的供应而言，此费用减免必不可少；第三，局长掌握了与申请药品有关的信息，使审评程序得以精简。[3]

## （三）检查和扣押

1. 检查

检查人员为确定法律和条例的遵守情况，可进入场所进行检查。场所包括与药品进口、出口、生产或供应相关的场所，保存与药品进口、出口、生产或供应相关文件的场所，保存每批药品生产记录的场所。[4]检查人员进入任何场所行使检查权力的前提是：获得场所占用人的同意，或获法官颁发的令状。如果场所占用者要求检查人员出示证件、表明身份，而检查人员没能做到，那么检查人员将无权进行检查。[5]

1 Therapeutic Goods Regulations 1990, 45(1).
2 Therapeutic Goods Regulations 1990, 45(2).
3 Therapeutic Goods Regulations 1990, 45(4AA).
4 Therapeutic Goods Act 1989, 46A(4).
5 Therapeutic Goods Act 1989, 46(3).

检查令状应由治安法官做出，并载明被授权检查人员、授权事项、检查时间和检查目的，并对颁发委任状的条件予以规定。在紧急情况下，检查人员可通过电话方式申请检查令状的授权。被授权检查人员在申请令状时，如做出虚假或误导性陈述，或检查时超越令状权限行事，会受到刑事制裁。[1]

被授权检查人员在进入场所检查之前，一般应告知场所内人员。但当检查人员有合理的理由，认为有必要立即进入场所，以确保人身安全，或确保有效执行检查令状要求时，则进入无须以告知为前提。[2]当检查人员临时离开检查场所时，在下述情况下，检查令状依然有效：离开时间不到1小时；或紧急状况下离开不超过12小时，或离开时间为治安法官所认可的略长时间；或离开更长一段时间，且获场所占有人书面认可。[3]

检查人员检查场所的方式为：（1）搜查营业场所及其中的任何物品；（2）检查或观察场所内的任何活动；（3）对场所中的药品或其他任何相关物品进行检查、检验、测试或取样；（4）在场所内拍摄静态或动态的录像，或对场所内的任何事物进行记录；（5）对场所内的任何簿册、记录或文件进行检查，加以摘录或复制。[4]

检查人员检查相应场所时，可使用电子设备对当事人守法情况加以判断。检查人员可在场所内用电子设备，以电子文件来记录场所信息，并将电子文件带出检查场所；在场所内还可用电子设备，将相关信息转移到磁盘、磁带或其他存储设备上，并将磁盘、磁带或其他存储设备带离检查场所。[5]

当检查人员开展检查时，如果场所占有人或其代表在场，他们有权

1 Therapeutic Goods Act 1989, 49–51B.
2 Therapeutic Goods Act 1989, 48B(2).
3 Therapeutic Goods Act 1989, 48AA(2).
4 Therapeutic Goods Act 1989, 46A(1), 48(1).
5 Therapeutic Goods Act 1989, 48BA.

在场见证检查的进行。[1]场所占有人或其代表有配合检查的义务，应为检查的开展提供所有合理的便利与协助，如有违反，则将被科处30处罚单位的罚金。[2]但在特定情况下，当事人为避免自证其罪，可以拒绝回答问题或提供材料。

2. 扣押

如果被授权检查人员有合理理由认为，在任何场所中，可能有物品可作为证明存在违反法律或条例的证据，而且为了公共卫生利益之需，需避免迫在眉睫的死亡、严重疾病或严重损伤，检查人员可在合理必要的范围内进入相应场所，并扣押相关物品。[3]检查人员应向当事人提供扣押物品的收据。

## （四）注册和登记的中止与撤销

1. 注册和登记的中止

澳大利亚药品注册和登记的中止（suspension）在功能上类似于我国的暂停或暂扣行政许可。如果局长确信，药品继续被收录于《澳大利亚治疗用品登记册》之中，将带来死亡、严重疾病、严重伤害等可能的风险，而且在中止注册和登记期间，当事人会采取必要的措施，以保证当药品再次被收录于登记册时，不再带来死亡、严重疾病、严重伤害等可能的风险，则局长可以发出书面通知，就注册和登记的中止告知当事人，中止决定自相关当事人收到通知20个工作日后生效。[4]书面通知中应载明中止注册和登记的理由，并给予当事人陈述和申辩的机会。在

---

1　Therapeutic Goods Act 1989, 48F.

2　Therapeutic Goods Act 1989, 48FA.

3　Therapeutic Goods Act 1989, 46B.

4　生物制品的中止生效日期为发出通知后28日后。Therapeutic Goods Act 1989, 32FB(2)(b).

做出中止决定后，须尽快在政府公报和官方网站上发布公告，并载明中止详情。[1]中止决定应载明中止期限，中止期限不得超过六个月。[2]局长可在必要时再次向当事人发出再次延长中止期限的通知，再次延长期限不得超过六个月。[3]中止决定长期生效，直至局长撤销中止决定，或中止决定到期。[4]

当中止药品注册或登记的理由不再成立，且无其他理由中止药品的注册或登记时，局长可主动撤销或依申请撤销中止决定。若局长决定撤销中止决定，必须尽快在公报和政府网站上公告，并说明撤销中止决定的详情。若局长拒绝当事人申请撤销中止决定的申请，则需书面通知申请人，并说明理由。[5]

药品被中止注册或登记期间，不得被列入治疗用品登记册。但局长还可针对被中止注册或登记的药品，进一步做出撤销其注册或登记的决定。[6]

2. 注册和登记的撤销

对于收录于治疗用品登记册的药品，当有下列情形之一时，局长可以书面告知当事人，撤销相应药品的注册或登记：

（1）局长认为如不撤销注册或登记，可能带来死亡、严重疾病或严重伤害等危险；

（2）相应药品变更为豁免于注册或登记的药品；

（3）当事人书面申请撤销注册或登记；

（4）药品含有根据《1901年海关法》禁止进口的物质；

1 Therapeutic Goods Act 1989, 29D.

2 Therapeutic Goods Act 1989, 29D(4).

3 Therapeutic Goods Act 1989, 29E(3).

4 Therapeutic Goods Act 1989, 29E.

5 Therapeutic Goods Act 1989, 29F.

6 Therapeutic Goods Act 1989, 29G.

（5）当事人未能遵守或拒绝遵守《1989年治疗用品法》第28条第(5)(d)款的要求，未能及时向检查人员提供相关信息；

（6）当事人在规定时间结束的24小时内，仍未能按照要求提供记录；

（7）对于获登记的药品而言，当事人未能遵守《1989年治疗用品法》第26A条对登记药品申请人的要求，当事人未能对药品类型、药品成分、药品上市许可持有人角色、药品标签、药品适应症等信息加以确证；

（8）当药品可能产生有害影响、药品治疗效果达不到申请时宣称的效果，或药品的质量、安全或有效性无法接受时，当事人未能依法向监管部门报告；

（9）自然人或法人未能遵守主管部门就药品广告设定的要求或条件，局长认为这构成了严重违法；

（10）当事人未能遵守《治疗用品广告准则》的规定，违法达到了严重的程度，使得药品的描述带来相当程度的误导；

（11）局长认为，当事人在药品注册或登记申请时，在特别重要的方面，存在虚假或误导的陈述；

（12）在缴费期限届满后28日，仍未缴纳相关费用；[1]

（13）药品发生变化，使其已迥异于登记册中收录的药品；[2]

（14）药品被要求列入《澳大利亚治疗用品登记册》中的其他部分；

（15）药品未遵守标准；[3]

（16）在评审注册或登记药品时，使用了受保护或受限制的信息。[4]

如果从澳大利亚进口、出口或在澳大利亚供应的药品将违反关于药品进口、出口、生产、供应的国际协定中的一项或多项，局长也须以书

1 Therapeutic Goods Act 1989, 30(1).

2 Therapeutic Goods Act 1989, 30(2)(b).

3 Therapeutic Goods Act 1989, 30(2).

4 Therapeutic Goods Act 1989, 30(4A)(4B).

面形式告知当事人,并将撤销该药品的注册或登记。[1]

当局长打算注销注册或登记时,应以书面形式告知当事人拟撤销事项,并说明理由,且给当事人就此提交资料、进行陈述申辩的机会。[2]

## 十、对违法行为的制裁

### (一)假冒药品

《治疗用品法》第42E条规定了“关于假冒药品的违法行为”,当某人有意在澳大利亚生产、供应、进口、出口药品时,无论此人是否知道存在假冒药品的事实,都将被科以七年以下有期徒刑,或被处以2 000处罚单位罚金,或同时科处这两项刑罚。

如果在药品的标签、展示中,或在关于药品、药品生产的任何文件或记录中,或在药品的广告中,涉及如下事项的虚假陈述,则构成假冒药品:(1)药品名称或药品特征;(2)药品或药品组分的配方、组成或设计规格;(3)药品中是否含有某种组分;(4)药品的强度或规格;(5)药品中任何成分或组分的强度或规格;(6)药品的申办者、来源、生产商或生产地址。[3]针对假冒药品的违法行为,对自然人可科处5 000处罚单位的罚款,对法人可科处50 000处罚单位的罚款。[4]

当针对上述假冒药品的违法行为,将被指控当事人诉至法院时,如果被指控当事人有合理的抗辩理由,而且考虑到案件的所有情况,当事人的违规行为应得到合理的原谅,法院就此可免除当事人全部或部分

1 Therapeutic Goods Act 1989, 30(4C).

2 Therapeutic Goods Act 1989, 30(3).

3 Therapeutic Goods Act 1989, 42E(2)(3).

4 Therapeutic Goods Act 1989, 42EA.

的民事责任。[1]

## （二）药品篡改

1. 何为“药品篡改”

澳大利亚《1989年治疗用品法》第5章第5–3部分题为“产品篡改”（product tampering），该法第42U条界定了何为“实际或可能的篡改”，这包括四种情形：（1）对药品的篡改；（2）导致药品被篡改；（3）打算对药品加以篡改；（4）打算让药品被篡改。[2]

2. 对实际或可能篡改的通知

《治疗用品法》第42T条题为“对实际或可能篡改的通知”，无论是药品的生产者、供应者或申办者，抑或是打算成为药品生产者、供应者、申办者的人，如有下列情形之一，将被科处12个月有期徒刑，或被科处1 000处罚单位罚金，或两者合并适用：（1）如果知道某种药品被实际篡改或可能被篡改的事实，且知晓实际或可能的药品篡改将产生的实质性风险之后，却罔顾此事实，未在知晓后24小时内通知局长。[3]（2）如果获知某种信息或要求，是以明示或暗示的方式，与实际或可能的药品篡改相关联，却有忽略此事实的过失，并未在知晓后24小时内将相关信息和要求通知局长。判定该过失的标准是，该人的作为或不作为严重违反了一个理性人在此情形下会行使的合理标准。[4]

3. 因药品篡改而召回药品

某人供应或已经供应某种特定药品或某个特定批次的特定药品，若局长认为，此种药品或此批次药品可能将导致或已导致实际或可能

1　Therapeutic Goods Act 1989, 42EB.

2　Therapeutic Goods Act 1989, 42U.

3　Therapeutic Goods Act 1989, 42T(1).

4　Therapeutic Goods Act 1989, 42T(2)(3).

的药品篡改，则局长可以书面形式要求相关人员履行召回义务，这体现为：(1) 要求相关人员在规定的合理期限内，采取规定的步骤，召回其供应的该类或该批次药品；(2) 以规定的方式，在规定的合理期限内，告知公众或特定群体，某种药品或某批次药品已经、正在或有可能面临实际或可能的篡改。

相关人员如果因未能遵守上述召回要求，使被篡改药品已导致、将导致或可能导致对任何人的损害或伤害，将承担相应的刑事责任与民事责任。刑事责任包括科处5年监禁，或科处4 000处罚单位罚金，或者两者合并适用。[1]民事责任为对个人科处5 000处罚单位以下罚款，对法人科处50 000处罚单位以下罚款。[2]

## 十一、启　示

澳大利亚《1989年治疗用品法》的规定非常详细，法律修正频仍。澳大利亚法律体系受到普通法的影响，重视对行政程序的规定，注重对当事人的保护，注重对行政权的规范与控制。该法体系结构基本以监管对象为线索，对药品全生命周期进行监管。澳大利亚药品立法做到了前后联系，法律条文之间相互指涉、相互援引的现象较为普遍。《1989年治疗用品法》也规定了诸多授权条款，既避免了立法的冗余，也让法律的规定更趋具体化。

### （一）药品分类审评制度的完善

澳大利亚建构了较为完备的药品审评法律制度，其《治疗用品法》第

1 Therapeutic Goods Act 1989, 42V(6).

2 Therapeutic Goods Act 1989, 42VA.

3-2部分题为“治疗用品的注册和登记”，将上市审评分为“注册”、“登记”和“经评估登记”三条路径，不同路径对应不同的审评程序和审评时限。适用药品注册程序的药品包括全部处方药、大多数非处方药和较少的补充药品，其有赖于药品监管部门的审评，审评需咨询专家建议，审评需依据安全、质量及疗效层面的标准，需要申请人提供更多科学证据。适用登记程序的药品则多为补充药品，还包括防晒剂、牙科产品等一些非处方药，登记前，仅需申请人对药品质量、安全性及疗效进行自评。这体现了“基于风险的监管”的思路，对高风险药品进行审评，由行政机关来对药品安全性进行实质判断；对较低风险药品则采取了备案的思路，更为强调登记申请者的自我规制，强调市场主体的自我责任。这体现了对处方药与非处方药的分类审评，有助于在保障药品安全性和促进药品可及性之间探求平衡，有助于更为科学合理地配置审评资源与监管资源。

严格处方药管理，规范非处方药管理，对确保人民群众用药安全有效，促进医药事业健康发展具有重要意义。我国1997年1月15日印发的《中共中央、国务院关于卫生改革与发展的决定》提出，要建立与完善处方药与非处方药管理制度。在2001年版《药品管理法》第37条和2019年修订的《药品管理法》第54条中，都规定了“国家对药品实行处方药与非处方药分类管理制度”。处方药与非处方药分类管理制度涉及对药品的审评、药品再评价、药品不良反应监测、药品包装、药品标签和说明书、药品销售、药品广告、药品价格、药品处方管理等方方面面，但之后颁布的《处方药与非处方药分类管理办法》[1]《处方药与非处方药流通管理暂行规定》[2]等规章、规范性文件，相对侧重于调整处方药与非处方药的分类，着重规范处方药、非处方药的标签、说明书，着重调整处

1　《处方药与非处方药分类管理办法(试行)》，国家药品监督管理局令第10号，1999年6月18日发布，2000年1月1日起施行。

2　《关于印发处方药与非处方药流通管理暂行规定的通知》，国家药品监督管理局，国药管市〔1999〕454号，1999年12月28日。

方药、非处方药的流通和使用环节，未能在药品上市前审评环节，真正建构起可操作的处方药与非处方药分类审评制度。

2020年修订的《药品注册管理办法》第15条规定，处方药和非处方药施行分类注册和转换管理，药品审评中心根据非处方药的特点，制定非处方药上市注册相关技术指导原则和程序，并向社会公布。《药品注册管理办法》第36条规定了直接提出非处方药上市许可申请的四种情形。但目前我国非处方药的上市程序、技术要求与处方药基本一致，这不利于开展处方药与非处方药注册的分类管理，不利于药品审评资源的优化与聚焦。

澳大利亚秉承风险监管的理念，对处方药与非处方药进行分类审评，乃至对部分非处方药和大部分补充药品实行登记制管理，并为不同类型的药品的注册和登记设计了不同的程序，出台了不同的申请、审批与监管指南。我国可借鉴澳大利亚的药品审评和药品监管思路，逐步建构单独的非处方药上市注册分类体系。建议在之前征求意见的基础上，尽快颁布《化学药品非处方药上市注册技术指导原则》，对非处方药审评中的药理毒理学研究、临床药理学研究、临床研究等事项给予豁免，或设定替代性的简化研究要求，从而建立更为遵循药物研发规律、符合非处方药申报和审评实践的审评体系。[1]

## （二）药品广告监管策略的改革

广告的作用在于使公众及医疗专业人员知道有某种药品及其功用。因此，药品的宣传数据必须准确无误、证明属实及不含误导成分。澳大利亚《治疗用品条例》规定，只有非处方药品及登记药品才可做公开广告，有关广告必须符合《治疗用品广告守则》，并经预先批核的制

1 《对十三届全国人大五次会议第2079号建议的答复》，国家药品监督管理局，国药监建〔2022〕33号，2022年7月6日。

度通过。处方药品则可向医疗专业人士发放广告。

我国《药品管理法》第89条和第90条对药品广告做出规定，但未能规定药品广告内容的禁止事项，且未面向不同受众对药品广告加以不同的限定。我国可借鉴澳大利亚《治疗用品法》中有关广告的规定，将广告受众区分为医疗专业人士和一般群众，分类规范广告宣传。

### （三）立法技术的借鉴

首先，澳大利亚《治疗用品法》重视对名词术语的解释，当法律条文中引入了实体性的概念时，往往立即给出概念的定义，以尽量减少公众对法律规定的误解。同时，将该法适用时涉及的其他法律和规章，在相应的条文中以注释的形式列明。我国在药品法律规范的立、改、废、释、纂过程中，也应重视对名词术语的解释，注重不同法律规范之间的协调。可以在一部法律、法规、规章中，援引其他法律、法规、规章的规定。

其次，优化行政处罚的设定方式。《治疗用品法》几乎在每个为行政相对人设定义务的条款之后都紧接着规定了对违反该要求的处罚，这相对更容易建立起行为规范与法律责任之间的关联性，为行政机关执法和行政相对人守法用法提供便利。另外，该法用罚款单位计算罚款数额，联邦、各州以及领地对每个罚款单位的数值都有不同的规定。财政局局长负责每年审查罚款单位的数值，以使罚款金额不受通货膨胀的影响。我国可以借鉴这种定额单位罚款方式，既能有效地惩戒违法者，又可顾及地区间差异。

最后，澳大利亚《2010年治疗用品法》第3章题为“药品和不属于医疗器械的其他治疗用品”，该部分增添了有关生物制品的规定，回应了现实问题，填补了内容空白，使整部法律成为综合性的医药法典。相较而言，我国仍需进一步强化对生物制品的监管，特别是要加强对疫苗之外的其他生物制品的监管。

# 附录　澳大利亚《治疗用品法》目录

## 第1章　序　章

1　简称

2　生效

3　术语解释

3AA　顺势疗法的制剂和标准

3AB　人智学的制剂和标准

3A　宣告——欧共体成员

3B　宣告——未签订非欧共体或欧洲自由贸易区双边互认协议国家

4　立法目标

5　法案对王室的约束力

5A　刑法典的适用——扩大地域管辖权

6　本法的运转

6AAA　联邦通过相关州法对行政官员和机构授权

6AAB　规定职责的情形

6AAC　依据州法规定职责的情形

6AAD　授予联邦法院管辖权

6AAE　州法对联邦官员或机构规定职责、职权和权力的效力

6B　对某些依据州法做出的决定的审查

6C　根据州法应向联邦支付的费用

7　宣称商品是否为治疗用品

7AA　排除货物

7A　被授权人

7B　成套用品

7C　局长可通过电脑程序做决定

7D　药品产品信息表单

8　获取有关治疗用品信息的权力

9　与各州等的协调

## 第2章　澳大利亚治疗用品登记册

9A　澳大利亚治疗用品登记册

9C　审查登记册条目

9D　变更登记册条目

9E　公布登记用品清单

9F　删除登记册条目

9G　与要求变更登记条目所做虚假陈述有关的刑事犯罪

9H　与要求变更登记条目所做虚假陈述有关的民事处罚

## 第2A章　禁止进口、出口、制造或供应治疗用品的国际协定

9J　本章的简要勾勒

9K　禁止进口、出口、制造或供应治疗用品的国际协定

9L　犯罪行为和民事处罚

9M　《1901年海关法》的适用

9N　宪法基础

## 第3章　药品和不属于医疗器械的其他治疗用品

第3–1部分　标准

10　对标准的界定

13　有关部颁标准和默认标准的特别规定

13A　有关顺势疗法和人智学标准的特别规定

14　进口、供应或出口不符合标准的货物的刑事罪行

14A　进口、供应或出口不符合标准的货物的民事惩罚

14B　《1901年海关法》的适用

15　与违反已同意条件有关的刑事罪行

15AA　与违反已同意条件有关的民事惩罚

15AB　生物制品释放的例外条件

第3–2部分　治疗用品的注册和登记

第1节　序言

15A　本节对医疗器械不适用

15B　本节对生物制品的适用

16　治疗用品登记册收录的药品

18　豁免用品

18A　因紧急情况而豁免

19　基于特定用途的批准或授权

19A　因药品不可用等情况的批准

19B　与治疗药品进口、出口、制造及供应的注册或登记等有关的刑事罪行

19C　对第19B条第(6)款规定的例外情况需提交证据证明

19D　与进口、出口、制造及供应治疗用品的注册或登记等有关的民事处罚

20　与根据第18A条豁免的告知局长、进口用品相关的刑事罪行

20A　未经适当审批而进口、出口、制造或供应担保货物的民事处罚

21　与批发供应有关的罪行

21A　关于本部分的一般刑事罪行

21B　关于本部分的一般民事处罚

22　关于本部分的一般违法行为

22AA　违反豁免条件的民事处罚

22A　与申请注册中虚假陈述有关的刑事犯罪

22B　与申请注册中虚假陈述有关的民事处罚

第1A节　药品临时批准

22C　申请临时批准

22D　临时批准

22E　临时批准的生效期间

22F　临时批准的撤销

第1B节　关于药品质量、安全性或有效性方面的科学建议

22G　关于药品质量、安全性或有效性方面的科学建议

第2节　注册和登记

23　申请的一般规定

23AA　药品临时注册的申请

23A　治疗用品类别

23B　根据第26AE条申请治疗用品注册和药品登记的有关规定

23C　根据第26或26A条申请列入治疗用品登记的要求

24　注册申请

24A　应缴纳审评费的情形

24B　分期缴纳审评费

24C　审评费的返还

24D　审评未按期完成时审评费用的削减

24E　视为申请被拒绝的情形

25　对治疗用品的评估

25AAA　治疗用品优先申请人的确定

25AA　批准的药品产品信息

25AB　治疗用品的注册等

25AC　决定不予注册治疗用品的通知

25A　局长不得使用受保护信息的情形

26　治疗用品的登记

26A　特定药品的登记

26AB　经疗效评估后，申请特定药品的登记

26AC　根据第26AE条的药品登记评审费

26AD　根据第26AE条所做药品登记的失效和视为拒绝

26AE　特定药品的评估和登记

26AF　当局长评估根据第26AE条登记的药品时，不得使用受限制信息

26B　与专利有关的证明要求

26BA　认可的通知形式

26BB　允许的组分

26BC　依局长倡议，根据第26BB条做出的变更决定

26BD　与依第26BB条所做决定有关的变更申请要求

26BDA　与第26BB条所做决定有关的变更申请的失效

26BE　评估是否建议变更依第26BB条做出的决定

26BF　允许的适应症

26BG　对根据第26BF条做出决定的限定

26BH　根据第26BF条所做的变更决定——依局长倡议

26BJ　根据第26BF条所做的变更决定——依个人申请

26C　与专利侵权诉讼有关的证明要求

26D　临时性禁令的要求

27　注册或登记号码

28　注册或登记的条件

28A　申请登记后澳大利亚境外制造步骤的认证

29　注册或登记期间

29A　未通知不良反应等和治疗用品有关的刑事犯罪

29AA　未通知不良反应等和治疗用品有关的民事处罚

29B　当申请被撤销或失效时,对不良反应等的通知

29C　当申请被撤销或失效而未通知不良反应的民事处罚

29D　对注册或登记的中止

29E　中止生效时间等

29F　中止的撤销

29G　中止的影响

30　注册或登记的注销

30A　依申请撤销对注册或登记的注销

30AA　对注销注册或登记的撤销——注册年费或登记年费的缴纳

30B　注销注册和登记决定的公布

30C　向基因技术管理局的咨询

30D　局长有权就转基因用品或转基因生物分类进行咨询

30E　局长对咨询建议的考虑

第2A节　治疗用品的公告和召回

30EA　治疗用品的公告和召回

30EB　公告的要求

30EC　与不遵守要求相关的刑事犯罪

30ECA　与不遵守要求相关的民事处罚

30ED　不受影响的注销和撤销权力

30EE　其他法律的保留

第2B节　药品短缺和药品供应中断的申报

30EF　药品短缺的申报

30EG　药品供应中断的申报

30EH　什么是应报告药品

30EI　何时构成药品短缺

30EJ　药品观察清单

第2C节　药师对替代处方药的开具

30EK　局长可以宣布严重的药品短缺

30EL　药师对替代处方药的开具

第3节　一般条款

30F　与第18A条规定的豁免用品不符合标准等事项相关的刑事犯罪

30FA　与第18A条规定的豁免用品不符合标准等事项相关的民事处罚

30G　对未使用的根据第18A条获豁免用品的处理

30H　根据第18A条规定的豁免用品的备案

31　局长有权获取信息和文件

31AAA　提供与治疗用品有关的虚假或误导信息、文件的民事处罚

31A　局长可以获取第18条规定的豁免用品的信息等

31AA　局长可以获取第18A条规定的豁免用品的信息等

31B　局长可以获取第19条规定的关于批准和授权的信息

31BA　局长可以获取根据第19条批准的治疗用品的信息

31C　未能根据第31A、31AA和31B条规定提供信息或文件的刑

事犯罪

31D　虚假或误导性信息

31E　虚假或误导性文件

31F　自证其罪

第3-2A　生物制品

第1节　序言

32　该部分概述

32A　生物制品的含义

32AA　生物制品分类

32AB　生物制品何时与其他生物制品有区分和不同

第2节　主要的刑事犯罪和民事处罚

32B　该部分概述

32BA　与出口生物制品有关的刑事犯罪

32BB　与进口生物制品有关的刑事犯罪

32BBA　视为禁止进口或出口的生物制品

32BC　与生物制品生产有关的刑事犯罪

32BD　与生物制品供应有关的刑事犯罪

32BE　提交证据以支持是犯罪例外的通知

32BF　与进口、出口、生产或供应生物制品有关的民事处罚

32BG　因未就生产事宜通知局长而触犯的刑事犯罪和民事处罚

32BH　与批发供应有关的刑事犯罪

32BI　使用未在登记册的生物制品的刑事犯罪

32BJ　与本部分有关的一般刑事犯罪

32BK　做出有关生物制品虚假陈述的民事处罚

32BL　对生物制品广告中适应症违法的民事处罚

第3节　豁免

第A分节　序言

32C　该部分概述

第B分节　条例规定的豁免生物制品

32CA　豁免生物制品

第C分节　为应对紧急情况豁免生物制品

32CB　局长可以豁免

32CC　豁免的条件

32CD　豁免的变更或撤销

32CE　豁免决定的告知

32CF　通知与提交给议会两院

32CG　未使用生物制品的处置

32CH　违反豁免条件的刑事处罚

32CI　违反豁免条件的民事处罚

32CJ　与生物制品不符合标准等有关的刑事犯罪和民事处罚

第D分节　特定用途生物制品的豁免

32CK　用于特殊和实验用途的生物制品的进口、出口或供应的批准

32CL　用于人体实验目的的生物制品的使用条件

32CM　医疗从业人员的主管部门

32CN　与授权医务人员有关的刑事犯罪

第E分节　在没有替代品的情况下豁免使用生物制品等

32CO　无法获得生物制品时对替代品的批准等

第4节　将生物制品列入登记册

第A分节　序言

32D　该部分概述

第B分节　第一类生物制品

32DA　申请列入登记册

32DB　将第一类生物制品列入登记册

32DC　拒绝将第一类生物制品列入登记册

第C分节　除第一类生物制品以外的生物制品

32DD　申请列入登记册

32DDA　对申请的初步评审

32DE　生物制品的评审

32DEA　生物制品优先申请人的确定

32DF　将生物制品列入登记册

32DG　拒绝将生物制品列入登记册

32DH　申请的失效

32DI　评审费

32DJ　何时应支付评审费

32DK　评审费的分期支付

32DL　评审费的返还

32DM　未按期完成评审时评审费用的削减

第D分节　现有生物制品的过渡性规定

32DN　现有生物制品的过渡性规定

第E分节　刑事犯罪和民事处罚

32DO　申请将生物制品列入登记册时做出虚假陈述的刑事犯罪

32DP　申请将生物制品列入登记册时做出虚假陈述的民事处罚

32DQ　未通知注册生物制品的不良反应等的刑事犯罪和民事处罚

32DR　生物制品申请被撤回或失效时未通知不良反应等的刑事犯罪和民事处罚

第F分节　基因技术监管机构的建议

32DS　咨询基因技术监管机构

32DT　局长可就转基因产品或基因改造生物的类别征询意见

32DU　局长对咨询意见的考虑

第5节　生物制品列入注册簿的条件

32E　该部分概述

32EA　必然适用的条件
32EB　对澳大利亚境外制造步骤的认证
32EC　立法文书规定的条件
32ED　生物制品纳入登记册时施加的条件
32EE　在生物制品列入登记册后添加、更改或删除条件
32EF　违反条件的刑事犯罪
32EG　违反条件的民事犯罪
第6节　从登记册中中止
32F　该部分简述
32FA　中止列入注册簿的生物制品
32FB　中止何时生效等
32FC　中止的撤销
32FD　中止的影响
第7节　从登记册中注销
32G　该部分简述
32GA　在多种情况下将生物制品注销的情形
32GB　因未能遵守信息收集通知,而立即将生物制品从登记册中注销
32GC　就可能的注销发出通知,继而将生物制品从登记册中注销
32GD　应要求撤销对生物制品的注销
32GDA　缴付年费后,依申请对注销生物制品的撤销
32GE　公布从登记册中注销的条目
32GF　注销注册项中条目的生效日期
第8节　生物制品的公告和召回
32H　该部分概述
32HA　生物制品的公告和召回
32HB　公告的要求
32HC　因不遵守要求而遭受的刑事犯罪

32HD　因不符合要求而遭受的民事处罚
32HE　不受影响的中止和注销权力
32HF　其他法律的适用
第9节　获取信息和文件
第A分节　序言
32J　该部分概述
第B分节　获取列入或拟列入登记册生物制品的信息或文件
32JA　局长可以要求提供信息或文件
32JB　不遵守通知等刑事犯罪
32JC　提供虚假或误导性信息或文件的民事处罚
32JD　自证其罪
第C分节　获取豁免生物制品的信息或文件
32JE　应局长要求提供,关于依据条例豁免生物制品的信息
32JF　应局长要求提供,为应对紧急情况豁免生物制品的信息
32JG　应局长要求提供,因特定或实验用途豁免生物制品的信息
32JH　应局长要求提供,因无替代品而豁免的生物制品的信息
32JI　不遵守通知等刑事犯罪
32JJ　提供虚假或误导性信息或文件的民事处罚
32JK　自证其罪
第D分节　对文件的检查、复制和保存
32JL　局长可检查并复制文件
32JM　局长可保留文件
第3-3部分　治疗用品的生产
33A　本部分不适用于医疗器械
33B　本部分适用于生物制品
34　豁免的用品和人
35　与治疗用品生产有关的刑事罪行

35A　与治疗用品生产有关的民事处罚
36　生产原则
37　许可的申请
38　许可的颁发
38A　多场地许可的指南
38B　多场地许可的拆分
39　许可证的期限
40　许可条件
40A　生产场地授权的变更——依局长自身的创议
40B　许可持有人提出变更生产场地的申请
41　许可的撤销和中止
41AAAA　应请求撤回撤销许可的决定
41AA　失效的定罪计划
41AB　局长可能要求提供信息或文件
41AC　违反第41AB条要求的刑事犯罪
41AD　提供虚假或误导性信息的犯罪
41AE　提供虚假或误导性文件的犯罪
41AF　提供虚假或误导性信息或文件的民事处罚
41AG　自证其罪
41AAA　许可转让
41A　生产商名单等事项的公布

## 第4章　医疗器械(略)

## 第5章　药品广告、假冒治疗用品和产品篡改

第5-1部分　广告和一般信息

42DN 本节的适用范围
42DO 广告准则的遵守
42DP 关于发布一般信息的违法行为
42DQ 发布一般信息的民事处罚
第5节 局长可以要求提供信息或文件
42DR 局长可以要求提供信息或文件
42DS 不遵守通知等要求的刑事犯罪
42DT 提供虚假或误导性信息或文件的民事处罚
42DU 自证其罪
第6节 关于广告或一般信息的说明
42DV 关于广告或一般信息的说明
42DW 违反第42DV条的犯罪行为
42DX 违反第42DV条的民事犯罪
第7节 公共警告
42DY 局长可以通知形式发布公共警告
第5-2部分 假冒治疗用品
42E 关于假冒治疗用品的违法行为
42EA 与假冒治疗用品相关的民事处罚
42EB 免除特定假冒治疗用品违法行为的责任
42F 海关对假冒治疗用品的处置
第5-3部分 治疗用品篡改
42T 对实际或可能篡改的通知
42U 实际或可能的篡改的含义
42V 因实际或可能的篡改而召回治疗用品
42VA 因实际或可能的篡改而召回治疗用品的民事处罚
42VB 免除因实际或可能篡改而召回治疗用品的违规责任
42W 供给治疗用品等行为须遵守召回要求

42X　不排除其他法律适用

# 第5A章　执　行

第1节　获得民事处罚令状

42Y　联邦法院可命令个人支付违反民事处罚规定的罚款

42YA　什么是民事处罚规定

42YC　涉及违反民事处罚规定的人员

42YCA　连续违反民事处罚规定

42YD　罚款的追讨

42YE　为申请罚款而收集信息

第2节　民事处罚程序和刑事程序

42YF　刑事程序之后的民事程序

42YG　民事程序中的刑事程序

42YH　民事程序之后的刑事程序

42YI　在刑事程序中不接受民事处罚程序中的证据

第5A-2部分　侵权通知

42YJ　本部分简述

42YK　何时可以发出侵权通知

42YKA　侵权通知中应包括的内容

42YKB　延期支付款项

42YKC　撤回侵权通知

42YKD　支付款项的效果

42YKE　本部分的影响

第5A-3部分　可执行的当事人承诺

42YL　可执行的当事人承诺

第5A-4部分　禁令

## 第6章　关于药品管理的一般性规定

48D　损坏电子设备的赔偿

48E　提供扣押物品的副本

48F　检查中场所占有人有权在场

48FA　提供设施和协助的责任

48G　依据委任状扣押物品的收据

48H　扣押物品的保存

48J　治安法官可允许扣留某物

49　对委任状的监督

50　与委任状相关的犯罪行为和民事处罚

51　与电话申请委任状相关的犯罪行为和民事处罚

51A　基于1970年日内瓦《药品生产检查相互承认协定》而进行的检查

51B　关于委任状的违法行为

52　身份证明

第6-3部分　物质登记

52AA　概述

52A　定义

52B　药品登记咨询委员会

52C　化学品登记咨询委员会

52CA　联合会议

52D　有毒物质标准

52E　行使权力时考虑的事项

52EAA　申请修订有毒物质标准

52F　对现有有毒物质标准的整合

# 第7章　杂　项

52G　豁免、批准和授权应与第2A章中的禁令一致
53　部门对撤回申请材料的保留
53A　对各种犯罪的替代判决
54　犯罪和没收
54AA　违反条例规定条件和要求的犯罪
54AB　损坏文件等犯罪
54AC　损坏文件的民事处罚
54A　起诉期间
54B　法人团体中执行人员的个人责任——通则
54BA　法人团体中执行人员的个人责任——涉及犯罪
54C　确定执行人员是否采取合理措施来防止犯罪或民事处罚
55　董事、雇员和代理人的行为
56　司法认知
56A　提供特定事项证据的证明文件
57　授权
58　出口证明文件
59　费用
60　对决定的审查
60A　审查中的新信息——发回的裁量权
61　信息的发布
61A　民事诉讼的豁免
62　免除刑事责任
63　条例可规定的内容

# 第8章 废止和过渡性条款

66 对需要注册或登记用品的过渡性规定
67 对仅供出口的治疗用品的过渡性规定
68 对第3-3部分的过渡性规定
69 标准和要求的持续生效

# 第七章

# 新加坡药品法述评

## 一、概　说

### （一）法律框架

新加坡现行药品立法体系包括《药品法》(Medicines Act)、《药品(广告与销售)法》[ Medicines (Advertisement and Sale) Act ]、《药品销售法》(Sale of Drugs Act)、《药品注册法》(Medical Registration Act)、《药品滥用法》(Misuse of Drugs Act)、《有毒药品法》(Poisons Act)等等，而《药师注册法》(Pharmacists Registration Act)、《健康产品法》(Health Products Act)与药品监管亦有交集，此外，还包括依据这些法律制定的下位规章(regulations)。[1]其中，居于核心地位的是《药品法》，共六章77条，[2]内容包括序章、与药品相关的许可和证书、有关药品交易的进一步规定，药品的容器、包装与标识，药品促销与广告、杂项与补充

---

1　《药品法》第74条规定，卫生科学局长官有权依据药品法规定，就其实施细则颁布规章。

2　其中，原第4章“药房”(第36至43条)被2021年第4号法案废止，“注册药房”“零售药房业务”的术语解释等相关内容也被删去。

条款。

## （二）监管部门

新加坡卫生科学局（Health Sciences Authority，简称HSA）是新加坡药品监管的首要机构，成立于2001年4月，负责对新加坡所有上市药品、医疗器械等的监督管理工作。卫生科学局是在整合科学和法医学研究所（Institute of Science and Forensic Medicine）、国家药品管理局（National Pharmaceutical Administration）、药品审评中心（Centre for Drug Evaluation）、产品监管处（Product Regulation Department）和新加坡输血服务局（Singapore Blood Transfusion Service）等五家专门机构的基础上成立的监管机构，[1]该局主要由集团服务组和三个专业工作组构成。[2]

集团服务组（Corporate Services Group）分管战略规划、实施与交流以及人力资源与法律，下设合规部，企业沟通与服务质量部，参与、创新与专业发展部，设备管理部，金融部，人力资源管理部，信息管理部，法律部，风险管理、应急规划与数据治理部，安全与质量部，战略与业务转型部。[3]

三个专业工作组分别是健康产品监管组（Health Products Regulation Group）、血液服务组（Blood Service Group）和应用科学组（Applied Science Group）。健康产品监管组的职责范围涉及医疗器械、治疗产品、保健品、中成药、传统药、化妆品以及烟草监管，[4]其下设上市前药品部，药物警戒、合规与执行部，医疗器械部，总监办公室，利益攸相关方

1　HSA Milestones，新加坡卫生科学局官网。

2　卫生科学局每年都会发行监管年报，具体可见新加坡卫生科学局官网。

3　HSA Organisation Chart，新加坡卫生科学局官网。

4　Health Products Regulation，新加坡卫生科学局官网。

参与办公室。血液服务组负责保障全国血液供应的安全和充足，提供专业的输血药物服务，主要管理血液捐献、输血药品、国家血液规划，[1]其下设血液资源部、血液供应部和患者服务部等。应用科学组负责为新加坡其他监管机构或执法机构提供司法管理和公共卫生保护的服务，下设分析毒理学部、法医部、法医科学部、质量保证部门。[2]

此外，新加坡卫生科学局设立了四个咨询委员会，为健康产品监管组就健康产品上市前的安全、有效性和质量评价以及上市后风险管理方面的事务提供建议，在新加坡药品监管中发挥着举足轻重的作用。

## 二、概念界定

新加坡《药品法》序章包括第1至3条，第1条规定本法可被简称为《药品法》。第2条对“给药”“分析”“分析者”“动物”，“(药品)分装”“有关当局”“当局行政长官”“临床试验”“组分”“容器”“违法”“牙医”“疾病”“医生”“草药制剂”“医院”“进口”“成分”“贴标签”“散页说明书”“许可当局”，“(药品)生产”“药物的动物试验”、“(药品)包装”“药师”“医师”“产品许可”“生产商许可”“批发商许可”“零售”“销售”“物质”“供应”，以及与药品有关的“批发活动”等概念予以解释。

新加坡《药品法》第3条第1款至第5款对药品及相关表述加以界定。其中，第3条第1款规定，本条款中的“药品”是指基于以下两种途径中至少其中一种，全部或部分用于生产、销售、供应或进出口的一切物质(不包括医疗器械、设备与用具)：(1) 基于医疗目的对一个或多个

1 Blood Services，新加坡卫生科学局官网。

2 HSA Organisation Chart，新加坡卫生科学局官网。

人或动物给药；（2）用作基于医疗目的的、对一个或多个人或动物所用药物的制备过程中的成分。

新加坡《药品法》第3条第2款对“医疗目的”加以解释，“医疗目的”包括以下目的中的一个或多个：（1）治疗或预防疾病；（2）诊断疾病，或确证生理状态的存在与否，及其幅度或程度；（3）避孕；（4）诱导麻醉；（5）暂时性或永久性地暂停、减缓、延迟、加速或以其他方式预防或介入生理机能的正常运作。

新加坡《药品法》第3条第3、4款规定了“药品”的排除范围。第3款规定，任何物质，虽全部或部分用于一个或多个人或动物，但如有以下情况之一者，不属于药品：（1）生产者在生产活动中使用的物质，或他人以生产商的名义在实验或研究阶段使用的物质；（2）需要单独检测来确证服用效果的物质；（3）生产者无法确证该物质对人体或动物有益或有害。牙科手术时的牙腔填充剂、绷带和其他手术敷料，以及由部长以命令形式指定的其他处方或类别的物质，都不属于药品。

如果一个物质符合新加坡《药品法》第3条第1至4款的规定，按照第1款中所提到的方式生产、进口或者出口之后，或者在如第1款规定首次销售或供应之后，立即成为药品。在任何时候，当它的销售、供应、进出口并非基于医疗目的时，将不再认为它是本法之下的药品。[1]

## 三、药品许可

新加坡《药品法》第二部分题为“与药品相关的许可证和证书”，该章包括第4至22条，对药品许可做了较为全面的规定。

---

1　参见新加坡《药品法》第3条第5款。

## (一) 许可当局

在新加坡，药品的生产、批发、进口、出口，药品生产企业的设立以及药师资格的审定，都需要经新加坡卫生科学局许可。

事先许可是药品监管领域的重要政策工具，在新加坡《药品法》中，有关行政许可的规定约占全文的四分之一。[1]现行药品注册程序对创新药申请（New Drug Application，简称NDA）、普通药品申请（General Drug Application，简称GDA）、重大改变（Major Variation，简称MAV）、次要改变（Minor Variation，简称MIV）的注册程序都做了详细规定。卫生科学局下设的医疗产品部（Therapeutic Products Division，简称TPD）负责药品注册，对已批准的药品进行检验审查，并促进及时引进新药和创新药。该部与控制药品相关的主要活动为：评估并批准申请者的新药申请，修正和更新现有的药品许可，并对已注册药品进行持续审查；评估和批准非注册药品的进口；批准药品转口；评估并批准药物临床试验；对药品咨询委员会以及药物临床研究委员会（Medical Clinical Research Committee，简称MCRC）提供支持。

## (二) 产品许可的申请和审查

1. 需要提交的申请材料

如果申请许可的药品在新加坡注册之前，未经其他国家的药品管理机构批准，则需提交完整文档，包括化学生物学或药学遗传研究数据、毒理学和药理学数据以及临床文献。

---

1　新加坡《药品法》第2部分题为“与药品相关的许可证和证书”，覆盖条文第4条至第22，条共19条，占总条文77条的24.7%。

如果申请许可的药品是已通过世界卫生组织定义的适格药品管理机构批准的进口药品，则需要提交精简文档，包括原产国药品管理机构颁发的药品证明文件、完整的质量文档、非临床研究综述、临床研究综述、总结和选择性研究报告。如果药品还未被原产国批准，则还需提供药品状态的声明。

如果药品已在澳大利亚治疗用品管理局、加拿大卫生局、欧洲药品局、英国药品和医疗服务产品监管局以及FDA中两个以上的药品管理机构注册，那么此药的申请只需提交验证性文档。

2. 审查

对于产品许可的申请，许可机构的审查要点包括：药品的安全性；药品可达到预期疗效的有效性；药品生产是否应依照指定规格和途径，药品的质量是否符合其说明、方法或产品建议，以及该药品的批准是否关涉公共利益。

## （三）对其他许可申请的要求与审查

1. 对药品进口申请的特殊要求

对申请进口许可的药品，许可机关应该对这些药品生产的途径、标准和条件加以考虑，在其认为适当时，可以对用于生产、将要用于生产、进行或将要进行操作的厂房进行检查；可以要求药品生产商或其代表人遵守许可证载明或附加的一切条件；可以要求生产商或其代表人以书面形式宣称，已生产或将生产的产品符合本国法律规定。

2. 对生产许可申请的审查

对于药品生产许可申请，许可机关审查时考虑的因素包括：（1）为实施许可而预计需进行的操作；（2）将进行操作的厂房；（3）在厂房中完成这些操作所适宜的设备；（4）对这些操作实施监督的人员的资格；（5）为符合许可证的要求，在从事药品生产或分装过程中，为了使药品安全储存并保有充分的记录而采取的措施。[1]

3. 对批发商许可申请的审查

在审查药品批发商的许可申请时，许可机关将审查如下内容：(1) 是否具备存储与申请相关的药品的厂房，在厂房中是否有适宜存储的设备；(2) 厂房是否有向外分销药品的适宜设备与设施；(3) 在从事药品存储或分销过程中，为了使药品安全储存并保有充分的记录，采取或将要采取哪些措施。[2]

4. 对出口许可申请的要求

对于药品出口许可申请，许可机关可以在许可中附加它认为适宜的任何规定，并应当考虑该药品即将出口国的规定、新加坡《药品法》的规定，以及基于本法授予的任何许可。[3]

## (四) 药物临床试验监管

新加坡《药品法》第2条将"临床试验"界定为：涉及服用一个或多个特定性状的药物，所做的一项或一系列研究，由一名或多名医生或牙医指导一名或多名患者服用该药物，以确证该性状的药物是否对患者或可能的患者确有疗效，药物在多大程度上有疗效，药物是否还有其他的疗效或副作用。新加坡《药品法》第18条规定，部长可以规章的形式规定临床试验的开展、临床试验证书的颁发、根据该法第5、6条对临床试验做出的豁免，以及受试者同意参加临床试验的有关事项。

在新加坡开展所有药物临床试验，都必须从新加坡卫生科学局取

1 参见新加坡《药品法》第12条第3款。

2 参见新加坡《药品法》第12条第4款。

3 参见新加坡《药品法》第22条。

得临床试验许可(Clinical Trial Certificates),该许可证上载明了主要的研究者、研究方案以及相关机构。为了保障临床试验的安全,卫生科学局于1999年颁布了《新加坡药物临床试验质量管理规范指南》,[1]于2016年颁布了《药物临床试验规章》,[2]并于2021年3月颁布了《新加坡药物临床试验质量管理规范之合规检查指南》。[3]新加坡药物临床监管的要义在于,必须取得所有受试者的知情同意,研究者必须适格,试验方案必须科学合理,所有试验信息必须准确记录、解释和确证,建立相应的体系和程序以保证试验质量,所有试验用药品必须符合GMP标准。

## (五)对创新药品的支持性秘密信息的保护

新加坡《药品法》在对药品许可的规定中,用相当浓重的笔墨规定了对创新药品的支持性秘密信息(confidential supporting information)的保护。[4]该法将秘密信息界定为商业秘密以及商业价值会因泄露而降低的信息,支持性秘密信息则是指与创新药物申请相关的信息。在支持性秘密信息的五年保护期内,许可当局应采取合理的步骤,以保障这些支持性秘密信息为许可当局秘密保存;不得将这些支持性秘密信息用于对是否授予其他许可的考察。

对于支持性秘密信息而言,以保护为原则、公开为例外。公开支持性秘密信息的例外情形包括:(1)申请人同意公开;(2)出于保护公众健康或安全的考虑;(3)对相关政府部门或法定机关公开,或向许可机关雇用的相关咨询人员公开;(4)对世界卫生组织、联合国粮农组织、

1　Singapore Guideline for Good Clinical Practice, Ministry of Health, Singapore, 1999.

2　Medicines (Clinical Trials) Regulations,新加坡法律在线官网。

3　Guidance on GCP Compliance Inspection Framework,新加坡卫生科学局官网。

4　参见新加坡《药品法》第19A、19B条。

世界贸易组织成员国法定主管机关或依法设定的咨询委员会公开。在保护企业商业秘密的同时，也要求企业要将药品的相关信息及时通知相关医生、牙医和药师。

### (六) 违反本部分的法律责任

新加坡《药品法》第二部分第20条题为“本部分下的犯罪行为”，对以下几类犯罪行为加以界定：(1) 违反该法第5条关于药品管理的一般性规定，违反该法第6条关于药品生产和批发的规定，或者违反该法第5、6条规定，出于销售、供应或出口目的而持有任何药品的人，都将被判定为有罪；(2) 当进口药品违反该法第5条规定时，除非是为了履行新加坡《药品法》或其他成文法律要求的需要，否则都将被判定为有罪；(3) 任何人在依据该法第11条申请许可，或依据该法第12A条第2款要求在申请许可时表明专利状况，或依据该法第19条规定应许可当局要求提交所需信息时，做出虚假陈述，将被判定为有罪；(4) 任何人在被要求根据第12A条(3)款向许可当局提交证据或文件时，向许可当局提交明知或有理由相信是伪造或变造的任何物品，将被判定为有罪；(5) 任何人在没有合理理由的情况下，未能遵守该法第19条第2款的规定，未能按照许可当局要求提供相应信息的，将被判定为有罪。对于(1)(2)(3)(4)类行为的违反者，将处以不高于5 000新加坡元的罚金，或不超过两年的监禁，或两者合并适用；对于(5)类行为的违反者，将处以不高于2 000新加坡元的罚金。

## 四、药品经营

新加坡《药品法》第三部分第23至35条对药品经营做了进一步规定。

## (一)一般销售列表

在严格的药品许可注册制度下,新加坡将可以确保安全销售和供应的注册药品列入一般销售列表(general sale list),凡在此列的药品,销售时无须药师的监督,不得禁止任何人从事相应的零售或供应;销售或供应不在此列表上的药品,则需在药师监督下进行。

## (二)经营的限制和禁止

1. 处方药

对于处方药,必须凭适格执业者(如医生和牙医)的处方购买。除非有适格执业者的处方,否则任何人不得零售或供应药品;任何不具有资格的执业者,亦不能指导药品应用。[1]

2. 禁止性指令

基于健康安全利益的考虑,卫生科学局长官认为必要时,可以发布指令禁止处方药或指令中的特定药物的销售、供应或进口。指令中规定的禁止既可以是总体性的禁止,也可以对其规定特别的例外条款。[2]

3. 掺假药品

新加坡《药品法》第31条题为"掺假药品",其规定与英国《药品法》的内容非常类似。在新加坡,掺假药品是指对任何将要在新加坡销售或供应的药品,向其加入或取出任何物质,而对药品的组分有所损害。任何人不得生产、出售或供应掺假药品。违反新加坡《药品法》第

1　参见新加坡《药品法》第23条。

2　参见新加坡《药品法》第30条。

31条规定者，将被处以5 000新加坡元以下的罚金，或被处以两年以下的监禁，或两者合并适用。[1]

## （三）对药品标准的遵从

销售或供应的药品应遵循特定出版物的要求，特定出版物包括《英国药典》、《欧洲药典》、《美国药典》、《英国副药典》、《英国兽药药典》以及相关文献。[2]

## （四）监管部门的规则制定权

部长认为必要时，可以就下列事项制定规章：(1) 药品制剂或调剂的方式；(2) 向从事药品制剂或调剂的人员提供的空间与设施；(3) 建筑物用于药品销售、供应、储藏的面积；(4) 药品的妥善保管；(5) 对不能继续使用或不需要的药品的处理；(6) 在药品销售或供应之前需遵守的注意事项；(7) 对药品销售或供应记录的保存；(8) 对药品样本的提供；(9) 有可能给药品的生产、储存、运输、销售或供应带来变质或污染后果的，卫生、洁净、温度和湿度以及其他影响因素；(10) 销售药品的自动售货机的构造、放置地点和使用。[3]

## （五）违反本部分的法律责任

新加坡《药品法》第三部分第35条题为“本部分下的犯罪行为”，

---

1 参见新加坡《药品法》第35条。

2 参见新加坡《药品法》第33条。

3 参见新加坡《药品法》第34条。

主要内容为:(1)任何人违反第24条禁止销售不在一般销售列表上的药品的规定,违反第26条禁止用自动售货机售药的规定,违反第29条处方药管理的规定,违反第31条禁止药品掺假的规定,违反第32条保护购药者的规定,或违反第30条禁止药品销售、供应或进口的命令,构成犯罪。(2)当药品销售、供应或进口违反了该法第30条禁止销售、供应或进口的命令时,任何人若非为了履行新加坡《药品法》或其他成文法律要求的需要,且知道或有合理理由被认为他们知道这些药品是违反禁令的药品时,将被判定为有罪。(3)对于违反第35条第1款和第35条第2款的人,将处以5 000新加坡元以下的罚金,或不超过两年的监禁,或合并适用。(4)任何人若违反该法第25条设定的销售一般销售列表上的药品的条件,将被判定为有罪,应被处以不高于2 000新加坡元的罚金。

## 五、药品的容器、包装与标识

新加坡《药品法》第四部分题为“药品的容器、包装和标识”,对药品的标签和说明书,以及容器和包装的标签与标识加以规定。

### (一)药品的标签和说明书

药品的标签和说明书包括内包装、外包装、说明书和患者信息手册。其中,患者信息手册必须包含的信息为药品名称、药品描述、药品主要成分、药品规格、药品的主要用途、服用本药的剂量和频率、不能服用本药的具体情形、药品不良反应,应规定服用本药时需注意避免同时服用哪些药品、如误服本药该如何采取措施、如何保存本药、服用药品过量的症状、如服用药量超过推荐剂量该如何采取措施,应规定生产商、进口商、药品许可证持有者的名称或标志,应规定服用本药的注意事项，以及何时去咨询医生。

### （二）容器和包装的标签和标识

在认为必要或便宜的情形下，可以制定规章，对药品容器标签、药品包装标签、药品容器或包装上的显著性标识、药品散页说明书、药品容器的强度、制作材料、外形和式样施加要求。不允许任何人销售或供应包装、标签或说明书描述有误的药品，以及对药品性质或质量、用途或疗效有误导描述的药品。[1]

### （三）法律责任

新加坡《药品法》第48条规定，任何人违反该法第44条关于容器和包装的标签的规定，违反第45条第2款或第3款关于说明书的要求的规定，违反第46条第2款关于容器的要求，违反第47条第3款关于药品颜色、形状和标识的规定时，将被处以5 000新加坡元以下的罚金，或不超过两年的监禁，或合并适用。

## 六、药品广告

新加坡《药品法》第五部分第49条至第53条对药品促销与药品广告进行了规范，规定了监管的范围、对虚假或误导性广告的禁止、对特定行为的禁止，以及广告监管的权力。

1　参见新加坡《药品法》第44—46条。

### （一）药品广告的范围和监管目标

新加坡《药品法》将药品广告界定为会引起人们确信相关药品或装置、工具、器械等的广告，发布媒体既包括静态媒体，如报纸、杂志、传单，也包括音频媒体，如收音机广播，以及声光传媒，如电视。促销是指为促进药品销售的任何行为，如折扣和捆绑销售等。[1]

药品广告监管旨在确保面向公众进行的药品宣传或促销不会影响公众健康，不会引起误导。药品的广告与促销受《1975年药品（广告与销售）法》及其补充立法《1977年药品（药品广告）规章》的调整。

### （二）严格监管

新加坡对药品广告实行严格监管的政策，凡是有关可以在市场零售的任何形式的药品广告，例如，借助通知或布告牌的展示、目录、价目表、信函或其他文件、照片展示或电影展示、音频文件、声音播放、电视、报刊或在展览会上进行药品宣传，都必须遵守法律的相关规定，违法者将被依法惩处。

### （三）严禁虚假和误导性广告

就药品广告内容而言，严禁虚假广告和误导性广告。这里的误导不只是对患者和消费者的误导，也包括对执业医生的误导。新加坡《药品法》严格规定了广告中不能直接或间接声称、指明或建议某种物质可以预防、缓解或治愈任何疾病，不能涉及与疾病治疗或人体保健有关的

1　参见新加坡《药品法》第49条。

技能或服务。[1]禁止使用夸大言辞的误导性用语，并且不得将药品同食品、保健食品、滋补品或化妆品相比较，也不允许通过科学家、医务人员或社会各界知名人士进行宣传，药品广告的内容或用语只可以涉及药品性能，指导如何适当地应用药品及说明用药须知。

## 七、监督管理

新加坡《药品法》第六部分题为“杂项及补充条款”，实则设定了若干药品监督管理的一般要求。

### （一）行政检查

在涉及药品监管的行政检查事项上，新加坡《药品法》做出了详细规定。得到许可机关适当的书面授权的人为执行法律法规，享有进入、检查、取样、查封、扣押等权力。

1. 进入的权利

得到许可机关适当书面授权的人可以在任何合理的时间进入任何场所，执行法律赋予的职责，以确认该场所是否有违反法律法规要求之处。被授权者可以进入任何船舶、飞机、汽车或者其他交通工具，以确认其装运物品是否违反药品法或药品法下位法规定。在进入船舶、飞行器、汽车、商场或其他场所时，可以要求他认为需要的人陪同，携带必要的设备。[2]

---

1　但对医疗执业者、药师、护士和助产护士以及接受上述执业培训的人进行的广告宣传不受这两项限制。

2　参见新加坡《药品法》第56、58条。

2. 检查和取样的权力

为了确定是否存在违反药品法律法规规定之处，得到许可机关适当书面授权的人可以对任何他认为是药品的物质，任何他认为是用于药品的容器、包装、标签或散页说明书，以及任何他认为与药品生产相关的工厂、设备进行检查。检查人员有权要求当事人提供其所销售或供应的药品样本或者药品原料样本。[1]

3. 查封和扣押的权力

为了确定是否存在违反药品法律法规之处，得到许可机关适当书面授权的人可以要求任何从事药品生产、销售或供应的人，提供与药品企业相关的任何书本和文件；可以查封或扣留任何被认为违反药品法规定的物质和文件；可以采取认为合理的任何措施，以确保药品法律法规得到适当的遵守。如果查封任何物质或文件，检查人员应当通知被查封人。[2]

4. 进出口药品的扣押和没收

海关或警察将对违反禁止性规定的进出口药品加以扣押或没收。扣押人员扣押货物时，必须书面通知货物所有者，送达本人或邮寄到其住所，货物的没收则必须得到法院的准许。许可机关必须对所有依法被没收的货物进行恰当处理。[3]

5. 阻碍检查应承担的法律责任

新加坡《药品法》第58条规定，任何人阻碍检查、不听从执法人员要求、没有合理理由而拒不提供必要协助与信息的，将被处以2 000新加坡元以下的罚金。如果向执法人员做出虚假陈述，将被处以不高于5 000新加坡元的罚金，或两年以下的监禁，或两者合并适用。

---

1　参见新加坡《药品法》第57条(1)(2)(3)款。

2　参见新加坡《药品法》第57条(4)(5)款。

3　参见新加坡《药品法》第60条。

## (二)对信息披露的限制

新加坡《药品法》第62条对信息披露加以限制,规定任何人如披露从行政检查中获得的生产流程或商业秘密信息,或披露遵照本法获得的或从其他人处获取的信息,除非此信息公开是其职责,否则将构成犯罪。被控犯有本条罪名的人,将被处以5 000新加坡元以下的罚金,或者两年以下的监禁,或者两者并科。

## (三)法人犯罪

新加坡《药品法》第67条对"法人犯罪"予以专门规定,规定当证实法人的罪行归因于该法人的负责人、经理人或类似人员的同意、默许或疏忽大意时,相应的人员和法人都构成犯罪,应分别担负相应的责任。

## (四)咨询委员会

新加坡《药品法》第73条规定,部长可以建立一个或多个咨询委员会,对于本法实施中产生的有关问题,向许可当局提出建议,以供部长决策参考。独立的专家咨询委员会不仅积极参与药品安全评价,而且详细审查上报的药品不良反应报告、国内发生的重大或严重的不良反应事件以及偶然性不良反应事件。[1]

新加坡现有的四个咨询委员会分别为药品咨询委员会、补充健康

1　新加坡卫生科学局会在其网站上定期公布不良反应公告,可参见新加坡卫生科学局官网。

产品委员会、产品警戒咨询委员会和医疗器械咨询委员会。

1. 药品咨询委员会

药品咨询委员会针对上市许可药品的质量、安全性和疗效，针对上市后药品的安全性和疗效，针对药品上市许可中的公共利益考虑，针对临床试验中使用试验药物的考量，并就与药品临床使用或供应有关的监管政策，提出咨询建议。

2. 补充健康产品委员会

补充健康产品委员会就当地供应的补充健康产品的质量与安全性，就补充健康产品的持续质量与安全性，就其供应中的公共利益考量与其他考量，就临床试验中使用研究用补充健康产品的考量，就相关监管政策等议题，提出咨询建议。

3. 产品警戒咨询委员会

产品警戒咨询委员会就药品在新加坡的持续供应和安全使用提出咨询建议，其方式包括审查健康产品的风险收益；对特定严重不良事件报告进行评判，对因果关系进行评估，对卫生科学局所采取的后续行动提出建议；为上市后监测工具的创新提供指南；倡导药物警戒，积极推进医疗专业人员的不良事件报告。

4. 医疗器械咨询委员会

就医疗器械上市许可的质量、安全性、疗效，上市后医疗器械的持续安全性和疗效，医疗器械上市许可中的公共利益考虑，以及与医疗器械临床使用或供应有关的监管政策，提出咨询建议。[1]

## (五) 授权规章

新加坡《药品法》第74条授权行政当局可以制定规章，以执行药品

1　Advisory Committees，新加坡卫生科学局官网。

法规定。规章内容可以涉及许可授予与延续的收费、特定品种或类型药品许可标准,可以规定药品零售、储藏、供应场所登记。可以为违反规章的行为,设定5 000新加坡元以下的罚金,或两年以内监禁,或两者合并适用。

## 八、对中国的启示

### (一)强化监管机构的信息化建设

新加坡卫生科学局在其官网上建立了专门的电子化服务平台,提供药品管理信息系统、医疗器械信息和通信系统、客户等级和身份证服务、网上信息检索等在线服务,并提供西药、医疗器械、中国药品、化妆品的许可信息和相关表格,通过专业的宽带网络报批系统(PRISM)的强大功能,企业可网上申请许可证,许可证的变更、换发、撤销和付费都做到了电子化。新加坡卫生科学局还在官方网站上,及时公布药品不良反应以及药品召回事件等信息。

我国各级药品监管部门在积极探索运用信息化手段提升药品监管能力,不断推动实现药品监管业务网络化,建立日常监管数据便利化查询渠道,但客观上存在顶层设计不足、系统建设分散、创新应用缺乏、数据支撑不够等问题。可以借鉴新加坡监管信息化建设的有益经验,加强我国药品智慧监管体系和能力建设,建立健全药品监管信息化标准体系,促进药品监管信息共享和业务协同,加强对药品监管大数据的汇集、分析、应用及评估,以更好服务监管办案、推进政务公开、保障基层执法、防控药品风险、促进药品监管、推动医药产业升级。[1]

1 《"十四五"国家药品安全及促进高质量发展规划》,国家药品监督管理局官网,2021年12月30日。

我国各级药品监管部门应探索建立药品智慧监管平台，应用大数据、人工智能、区块链等技术，形成包括日常监管、远程监管、抽查检验、执法办案、临床试验、信用管理、公共服务等业务系统的综合监管平台，形成全环节、一体化、综合性的智慧监管体系。[1]

## （二）完善专家咨询制度

新加坡《药品法》第73条对咨询委员会制度进行了系统规定，而在我国，尽管2019年国务院颁布的《重大行政决策程序暂行条例》中指出，“对专业性、技术性较强的决策事项，决策承办党委应当组织专家、专业机构论证其必要性、可行性等，并提供必要保障”，但在监管政策形成及做出个案决定时，更多还是由行政机关根据实际需要，灵活决定专家咨询的方式、程序，尚缺乏更为符合民主、法治要求的详尽程序规定。[2]

我国2019年修订的《药品管理法》仅在第27条关于完善药品审评审批工作制度的规定中提出健全专家咨询机制。但药品监管具有较强的专业性、技术性、政策性，专家咨询不仅存在于药品审评环节中，也存在于药品标准制定、药物警戒、药品上市后监管及药品监管政策形成过程之中。建议在修订后的《药品管理法实施条例》中，规定药品监督管理部门和药品专业技术机构依法、依据需要建立专家咨询制度，可以成立专家咨询委员会，并规定在药品审评、标准制定、核查、检验、上市后监管、监管政策形成等环节听取专家意见，为药品监管工作提供技术支撑和决策咨询。

国务院药品监督管理部门可适时出台《药品监管专家咨询管理办

---

1　参见宋华琳、孙沛：《探寻数字时代药品智慧监管的变革之道》，《中国市场监管研究》2021年第8期。

2　参见宋华琳、牛佳蕊：《指导性文件是如何制定和演进的——对新冠肺炎七版诊疗方案的跟踪研究》，《公共行政评论》2020年第3期。

法》,明确专家咨询的组织形态,规定咨询专家的遴选方式、利益冲突规则;规范专家咨询会议制度和咨询评审制度,健全专家名单、专家意见、专家会议的公开机制,在公开和保密之间加以取舍。

### (三)完善药品试验数据保护制度

在新加坡《药品法》对药品许可与注册的规定中,详尽规定了对创新药品的支持性秘密信息的保护,并确立了对支持性秘密信息以保护为原则,以公开为例外的要求。这相当于建构起了药品试验数据保护制度。新药研发是投资巨大、耗时较长、风险很高的商业活动,如果对原研药企业付出巨大代价取得的药品试验数据不加以保护,这不仅会削弱原研药企业研发积极性,也会影响原研药企业的持续研发投入,最终影响药品的可及性。在我国,也应选择适当的药品试验数据保护模式,充分平衡原研药企业利益、仿制药企业利益以及社会公共利益,最终实现药品可及性,保障公共卫生安全。[1]

我国现行《药品管理法实施条例》第34条规定了药品试验数据保护制度,规定国家对获得生产或者销售含有新型化学成分药品许可的生产者或者销售者提交的自行取得且未披露的试验数据和其他数据实施保护,任何人不得对该未披露的试验数据和其他数据进行不正当的商业利用。规定对含有新型化学成分的药品提供六年数据保护期。建议在修订后的《药品管理法实施条例》中,进一步明确创新药数据保护的范围、期限、程序及例外情形。并在《药品管理法实施条例》修订后,及时颁布《药品试验数据保护实施办法》,规定药品试验数据保护的保护对象、保护方式、保护期限、保护程序及异议解决机制。

---

1 《对第十三届人大五次会议第5180号建议的答复》,国家药品监督管理局,国药监建〔2022〕51号,2022年7月14日。

# 附录　新加坡《药品法》中译本

## 目　录

11 许可证的申请
12 决定许可申请的相关因素
12A 药品是否受专利保护
13 许可的授予或拒绝
14 许可的有效期和延续
15 临时许可
16 暂缓、撤销或变更许可的权力
17 许可持有人对许可变更的申请
18 临床试验和药物的动物试验
19 向许可当局提交信息的规定
19A 对创新药物的支持性秘密信息的保护
19B 不适用19A中的保护的情形
19C 许可当局可以披露有关申请的信息
19D 不得基于在先许可授予产品许可
20 本部分的犯罪行为
21 对第20条的特别抗辩
22 药品出口商证书

## 第三部分 对药品管理的进一步规定

23 一般销售列表
24 未列入一般销售列表的药品的销售或供应
25 列入一般销售列表的药品的销售或供应
26 禁止用自动售货机销售药品
27 对医生、牙医、兽医和草药制剂的豁免
28 对豁免的延续或修改权
29 处方药

30　禁止销售、供应或进口特定类型的处方药或包含此类药品组分的动物饲料

31　掺假药品

32　对药品购买者的保护

33　遵守特定出版物专论中明确规定的标准

34　药品管理中的进一步职权

35　本部分的犯罪行为

36—43　废止

## 第四部分　药品的容器、包装和标识

44　容器与包装的标签和标识

45　散页说明书

46　对容器的要求

47　药品特有的颜色、性状和标识

48　本部分及补充条款下的犯罪行为

## 第五部分　药品促销和药品广告

49　本部分的范围

50　虚假的或误导的广告和宣传

51　对于一般药品广告的禁止

52　对广告和宣传的监管权

53　许可当局索要广告副本的权力

## 第六部分　杂项及补充条款

54　本法律对于一般物质的适用
55　本法律对于不属于药品的其他物质的适用
56　进入的权利
57　检查、取样和扣留货物与文件的权力
58　对进入和相关权利的补充规定
59　对货物的扣押和扣留的禁止或限制
60　对扣押货物的没收
61　对没收货物的处理
62　对信息披露的限制
63　对官员的保护
64　因他人的过错导致的违法
65　抗辩的根据
66　与证明有关的犯罪
67　法人犯罪
68　分析证书
69　推定
70　文件的输送
71　特区法院和最高法院的管辖权
72　无罪协议的达成
72A　许可当局收取的费用
73　咨询委员会
74　规章
75　对未提到的其他成文法的适用
76　废止和随后的修订

77　根据2007年《健康产品法》作为健康产品分类和监管的产品，不适用本法

附表1　疾病和不适

附表2　对《有毒物质法》的修订

## 第一部分　序　章

1　简称与实施

——(1) 这部法律可以被简称为《1975年药品法》。

(2) 本法第76条和附表2于部长在公报通告上指定的日期生效。

2　术语的解释

——(1) 在该法律中,除非上下文有特定要求,否则即为如下意义:

"给药"是指对人或动物施用药品,不论是口服、注射或以任何其他方式引入体内,还是外用,也无论直接接触人体与否。本法律所提到的服用某种物质,既包括以其固有的形式给药,也包括将其溶解、配制或稀释,或与其他辅助物质混合后给药;

"分析"(analysis,名词)包括微生物分析,而"分析"(analyse,动词)也有着相应的含义;

"分析者"是指由许可当局批准的分析人员;

"动物"包括一切鸟类、鱼类和爬行动物;

药品的"分装"(assemble),是指在药品销售或供应之前,将药品(和或不和同一处方上的其他药品)封入贴有标签的容器中;或者对于已装入容器中即将销售或供应的药品,在销售或供应之前贴上标签,而分装(assembly)也有着相应的含义;

"当局"是指根据《2001年卫生科学局法》设立的卫生科学局;

"当局行政长官"是指根据《卫生科学局法》第15条被任命为卫生科学局行政长官的人;

“临床试验”是指在下列人员的指导下进行的，涉及一张特定处方上的一个或多个药品的给药，所做的一项或一系列研究——

（a）一名医生或牙医指导一名或者多名病人服用；

（b）每个药品由两名或者更多医生或牙医指导服用；或者由一名或者多名医生或牙医指导一名或者更多病人服用；

临床试验包括如下内容：为证实该性状的药品是否对于患者或者可能的患者确有疗效；服用一个或多个药品以确证其有效程度，以及是否有其他的疗效或者副作用；

与药物有关的“组分”，是指药品内含的组成成分及所占比例，以及内含各组分各自的强度、质量和纯度；

与药品有关的“容器”，是指药品包装所用或将要用的瓶子、罐子、盒子、小包和散页说明书，而不包括胶囊等药物的载体；对于还须再装入其他容器的药品容器而言，其他容器属于本法调整的范围，被装入的容器则不是；

“违法”(contravention）是指未能遵守药品法，而“违法”(contravene)作为动词，也有着相应的含义；

“牙医”是指根据《1999年牙医注册法》第一部分有关规定进行注册的人；

“疾病”是指身体或者精神上的任何损害、不适或不良的状况；

“医生”是指根据《1997年医师注册法》有关规定进行注册的人员；

“草药制剂”包括如下药物：含有通过植物干燥、压碎及其他处理途径而取得的成分的药物；或者药物本身就是两种或两种以上这样得到的物质的混合物；或者由这样的混合物与水或者许可当局在公报上通告的其他惰性物质混合而得的药物；

“医院”包括基于本法目的，由部长指定的接受和治疗病人的一切机构；

“进口”是指不论从陆路、水路还是空运进入新加坡，而“出口”也有着与之对应的含义；

药品生产或者制剂中涉及的“成分”是指，生产或者制剂过程中用到的一切单一活性成分；

药品容器或包装上的“贴标签”（labeling），是指在其容器或包装上贴上或以其他方式说明内容物的有关信息，而“标签”（label）也有着相应的含义；

“散页说明书”包括一切书面信息；

“许可当局”（licensing authority）是指本法第4条第（1）款规定的许可当局；

药品的“生产”，包括药品生产过程中的所有操作流程，但不包括药品的溶解、调剂、稀释，以及和其他用作给药载体的辅助物质的混合；

“药物的动物试验”包括一项或一系列如下内容的试验：

（a）将特定处方的药物向一个或多个动物给药，以证实该处方是否对于动物确有疗效或者帮助；以及，是否或在多大程度上有其他疗效或者副作用；

（b）除段（a）未提及的情况外，给药以确定该药品是否有疗效，同时在多大程度上有效；

（c）对于药物之外的其他物质进行的动物给药试验，以确证该物质是否有治疗作用，对动物健康的改善有所帮助；

“助产士”是指依照《护士和助产士法》注册的助产士；

“部长”是指——

（a）除段（b）外，均指卫生部部长；

（b）当为了履行本法有关兽药和动物管理功能时，部长是指国家发展部的部长；

“护士”是指依照《护士和助产士法》注册的护士；

药品“包装”是指用于封装一个或多个药品的盒子、小包或其他物品，如果以上提到的物品还要再被装入一个或多个盒子、小包或其他物品，则包括以上提到的每一个容器；

“药师”是指依照《药师注册法》注册，并持有依据该法颁发的有效执业证书的人；

“植物”包括植物中的所有部分；

“医师”是指医生、牙医或者兽医；

“产品许可”、“生产商许可”和“批发商许可”的含义，由本法第5条和第6条规定，也包括任何此类的临时性许可；

药品“零售”的含义由本条第(2)款规定；

“销售”包括易货贸易，还包括销售的要约或者要约邀请，接收、持有、陈列、发放以用于销售，而它的过去式和过去分词也都有相应的含义；

“物质”是指天然或者人工物质，不论是固态、液态还是气态或者蒸汽态；

“供应”包括基于供应目的而取得药品；

与疾病相关的“治疗”，包括为缓解疾病所采取和提供的一切活动，不论采取和提供的是治疗手段与否；

“兽用药品”是指基于治疗动物疾病的目的，生产、销售、供应和进出口的药品，而不包括为了人用药品研制而对动物的给药；

“兽医”是指根据《动物和鸟类法》第68条第(1)项，获得部长批准的兽医资格证书的人员，被许可可以从事动物或鸟类的治疗、防疫或接种活动；

与药品有关的“批发活动”，其含义由本条第(2)款规定。

(2) 本法所提到的——

(a) 以批发手段销售任何物品，是指其购买者购买的目的也是从事销售或者供应的活动，但卖方不包括生产者在内；

(b) 零售销售，是指将物品或物件销售给个人身份的购买者，且其购买不是出于段(a)的目的；

（c）与零售相当的供应药品方式，是指不通过销售渠道将药品供应给个人，而接受药品的个人也不是为了销售或供应。

3 “药品”和相关表述的含义

（1）本条款中的“药品”是指基于以下两种途径中至少其中一种，全部或部分用于生产、销售、供应或进出口的一切物质（不包括医疗器械、设备与用具）：

（a）基于医疗目的对一个或多个人或动物给药；

（b）用作基于医疗目的的、对一个或多个人或动物所用药物的制备过程中的成分。

（2）在本法律中，“医疗目的”包括下列含义：

（a）治疗或者预防疾病；

（b）诊断疾病，或确证生理状态的存在与否，及其幅度或程度；

（c）避孕；

（d）诱导麻醉；

（e）暂时性或永久性地暂停、减缓、延迟、加速或以其他方式预防或介入生理机能的正常运作。

（3）尽管有第（1）款的规定，在本法中，任何物质虽全部或部分用于一个或多个人或动物，但如有以下情况之一，不属于“药品”：

（a）生产者在生产活动中使用的物质，或他人以生产商的名义在实验或研究阶段使用的物质；

（b）需要单独检测来确证服用效果的物质；

（c）生产者无法确证该物质对人体或动物有益或有害，并且（以这种方式生产的）任何物质，未全部或部分以符合段（a）（b）（c）规定的所有条件的方式销售、供应或出口。

（4）本法中，“药品”也不包括——

（a）牙科手术时的牙腔填充剂；

（b）绷带和其他手术敷料，但不包括有缓解和治疗作用的医疗敷料；由部长以命令形式指定的其他处方或类别的物质。

（5）当一种物质符合本条第（1）至（4）款规定，按照第（1）款规定的那样生产、进出口之后，或者在第（1）款规定的首次供应或销售之后，立即成为药品。当它的销售、供应、进出口不是基于（1）款规定的目的时，不认为它是药品。

（6）基于本法宗旨，如果符合以下条件，则认为药品具有同样的特征——

（a）以同样的方法进行生产；

（b）以同样的剂型销售、供应、进口或出口。

本法中，与药品相关的“特征”也应作相应的解释。

（7）基于本法宗旨，当文件、广告或宣传对以下任何内容进行误导时，被认为是对特定药物用途或药效的误导：

（a）关于任何药物能够被安全合理地使用；

（b）关于任何药物不能被安全合理地使用；

（c）文件、广告或宣传上关于药品使用或者通过特定途径使用产生或预计产生的效果。

## 第二部分　与药品相关的许可证和证书

4　许可当局

（1）为达到本部分所要求的目的，许可证书的授予、延续、变更、延缓和撤销的主管当局是指——

（a）除段（b）提到的外，指医疗服务局局长；

（b）有关本法的兽用药品和动物方面，是指根据《动物和鸟类法》第3条第（1）款任命的动物健康和福利司司长。

（2）本法中所提到的许可当局的一切职能，都可由许可当局指定的，受其直接领导和控制的官员来履行。

（3）当许可当局拒绝授予、延续或变更许可证，或者许可证被延缓颁发或者撤销时，许可的申请方可以向部长提起上诉，而部长的决定为终局裁决。

5　有关药品许可的一般条款

（1）除依照本条款获得许可证（本法中指的是产品许可）的人员外，任何人不得从事以下活动——

（a）销售、供应或者出口任何药品；

（b）促成销售、供应或者出口任何药品；

（c）促成生产或分装药品以用于销售、供应或者出口。

（2）任何人不具有产品许可证或者进口许可证，不得进口任何药品。

（3）就进口药品而言，本条也适用于：销售、供应或出口该药品的人，或促成该药品销售、供应或出口的人，或生产、分装药品以亲自进口或促成其进口该药品的人。

（4）就从未进口过的药品而言，本条也适用于：销售、供应或出口该药品的人，或促成该药品销售、供应或出口的人，或为此而生产、分装药品并对其组分负责的人。

（5）出于本条第（4）款规定，一个人如符合以下情况，则将被认为是对药品组分负责的人——

（a）让他人按照自己的订货单生产，在订货单上指明或者附以一些其他参考文献对所订产品做出的细节规定，不论细节规定是否完整；或

（b）他未按照上述订货单中规定的条件进行生产。

6　有关生产和批发活动的条款

（1）本条的生效应以不与第5条相抵触为前提。

（2）任何人无权从事药品的生产或分装，除非他得到了基于本款目的而颁发的许可证（本法中指的是生产许可）。

（3）任何人不得批发销售药品，除非他得到了基于本款目的而颁发的许可证（本法中指的是批发许可）。

（4）为了防止将生产或分装任何规格药品以用于销售、供应或出口的权利转让给他人，生产许可只有符合以下条件才有效——

（a）许可证的持有人也是该规格药品许可证的持有人；

（b）药品的生产或分装是依照该规格药品许可证持有人的命令进行的，并且药品是依照该药品许可生产或分装的。

7　药师和医师的豁免

（1）第5条和第6条的限制对于医院，或者药师监控下的以下活动不适用——

（a）依照医师处方进行药品的制剂或者调剂；

（b）药品的分装；

（c）依照医师处方取得药品的制剂或者调剂，或者取得药品的分装。

（2）在不妨碍本条第（1）款的前提下，限制不应适用于医院以及药师监控下的以下活动——

（a）当药师基于病人或者其代理人的请求制备或者调剂药物时，并且药师根据自己的判断认为确实需要使用，而且病人自己当时正在药房时；或者

（b）制备储备药品以配制（1）（a）或段（a）中提到的药物。

（3）第5条和第6条的限制不适用于在医师的监护下，为了对病人或病畜给药而进行的药品制备、调剂和分装。

（4）第（1）（2）（3）款的豁免条款不适用于兽药，但在兽医中心制备的兽用生物制品可以例外。

（5）第（4）款中——

“兽用生物制品”是指用于治疗或者诊断动物和鸟类疾病的，无论活的或者死的的血清、病毒、微生物、毒素、疫苗、微生物等，以及用于动物和鸟类的疾病的治疗或者诊断的微生物制品；

“兽医中心”是指根据《动物和鸟类法》第54条建立的兽医中心。

8　有关草药制剂的豁免

（1）第5条和第6条的限制不适用于以下草药制剂的出口、销售、供应或分装——

（a）草药的生产或分装的负责人正是厂房所有人，并且他有能力将此排除于公众之外；且

（b）草药的销售或供应者对特定人的给药，是依照该人或其代表人的请求，而且在本人在场时，根据他的判断认为此治疗为必需。

（2）这些限制对于草药的出口、销售、供应、生产或包装在以下情况不适用：从植物中通过干燥、压榨、浓缩等过程得到，而使用和将要使用的草药不需要有关疗法的书面建议（无须通过贴有标签的容器或包装，也无须散页说明书或任何其他方式）。

9　一般豁免

部长可以通过命令规定——

（a）对于1977年6月24日以前在新加坡销售的任何药品，第5条和第6条只有在命令规定的期限之后才可生效；

（b）对于他认为合适的内容，对第5条和第6条所施加的限制给予任何其他豁免。

10　药品和进口许可的注册

（1）许可当局应该对所有药品的注册情况，哪些药品许可已经授权，哪些仍然有效，全部记录在案。

（2）注册应该符合注册当局确定的格式和细节。

（3）许可当局可以依据非产品许可持有人的申请，当其所进口的药品在各方面都符合本条第（1）款注册的内容时，授予其进口许可证以从事药品的销售或供应。

11　许可的申请

（1）本部分规定的所有许可授权的申请，应当向许可当局提出，并且应符合许可当局指定的方式和格式，并且应该包括或者附有许可当

局需要的信息、文件、样品和其他指定的材料。

（2）一切这样的申请应该通过指明药品的性状，或者通过适合的一般分类，来表明与许可证有关的药品性状。

12　决定许可申请的相关因素

（1）根据本部分以下条款的规定，当处理产品许可申请时，许可当局应对以下内容详加考虑：

（a）与申请有关的药品安全性的各项性征；

（b）与申请有关的药品的预期疗效的有效性特征；

（c）依照指定规格和途径从事药品生产，以及依照药品质量的销售或供应的规定，有关药品质量的各项性征；

（d）授予与申请有关的药品许可是否符合公共利益。

（2）当申请暗示了对已进口或将要进口药品的许可申请目的时，许可当局应该对这些药品生产的途径、标准和条件加以考虑，同时，在其认为适当时，应就以下项目的一项或多项对申请人做出要求：

（a）产品生产商有责任允许许可当局或者其代表人对用于生产或将要用于生产和进行或将要进行操作的厂房进行检查；

（b）产品生产商或其代表人有责任遵守许可当局颁发的许可证上载明或附加的一切条件；

（c）产品生产商或其代表人应以书面形式宣称，已生产或将生产的产品符合本国法律规定的一切要求。

（3）对于生产许可，许可当局应当特别考虑如下内容——

（a）为实施许可而预计需进行的操作；

（b）将进行操作的厂房；

（c）在厂房中完成这些操作所适宜的设备；

（d）监督这些操作实施人员的资格；

（e）为符合许可证的要求，从事药品生产或分装过程中，为了使药品安全储存以及保有足够的记录，而采取或将要采取的措施。

（4）对于批发商许可证，许可当局应当特别考虑如下内容——

（a）药品储存的厂房；

（b）在厂房中适宜用于或将用于药品储存的设备；

（c）从厂房向外分销药品的适宜设备和设施；

（d）药品储存或分发过程中，为了使药品安全储存以及保有足够的记录，而采取或将要采取的举措。

12A　药品是否受专利保护

（1）根据本部分的规定，在处理药品许可的申请时，许可当局应当考虑该申请涉及的药品是否受专利法项下的专利保护，若果如此——

（a）申请人是不是该专利的专利权人；或者

（b）如果申请人并非该专利的专利权人，是否——

（i）专利权人已经同意或者默许了授予申请人该项许可；或

（ii）专利无效，或者不会因寻求许可的行为而被侵害。

（2）除非许可当局另行决定，药品许可的申请人应当在申请时或者在许可当局要求的其他时间制作一份规定格式的声明，并向许可当局提交该声明：

（a）宣称该申请涉及的药品是否受专利法项下的专利保护；

（b）如果他宣称存在这样的专利，应表明他是否为该专利的专利权人；且

（c）如果他宣称他并非该专利的专利权人，应表明——

（i）该专利的专利权人的姓名和其他特征；

（ii）或者——

（A）专利权人已经同意或者默许了授予申请人该项许可；或者

（B）在他看来且他完全相信，该专利无效，或者不会因寻求许可的行为而被侵害；和/以及

（iii）其他规定的信息。

（3）如果申请人宣称，在他看来且他完全相信，该专利无效，或者

不会因寻求许可的行为而被侵害，或者在许可当局认为适当的某种特定情形下，许可当局则要求申请人在许可当局确定的时间内做出下列行为：

(a) 向专利权人提供规定格式的关于他申请的通知；且

(b) 向许可当局提交所要求的已通知专利权人的证据。

(4) 在申请人遵守第(2)款，在适当时遵守第(3)款，以合理满足许可当局的要求之前，许可当局不需要就申请做出决定。

(5) 如果许可当局确信，第(3)款(a)项规定的通知已经向专利权人提供，许可当局可能授予申请人许可，如果专利权人在基于本款之目的规定的期间终止之前，并未——

(a) 按照通知的规定，根据专利法，向法院或专利登记处处长或副处长申请做出命令或公告；且

(b) 对许可当局做出书面通知，宣称已经做出这种申请。

(6) 许可当局可以授予申请人许可，条件是——

(a) 已经根据第(5)款(a)项提出命令或公告的申请；且

(b) 在基于本款之目的规定的期限结束时，仍未获得命令或公告。

(7) 基于第(1)款之目的，许可当局可能信赖，并且不应调查根据(2)款做出的声明的真实性。

(8) 本条仅适用于在2004年7月1日以后提起的产品申请。

13　许可的授予或拒绝

根据本法的有关条款，对于本部分的任何许可申请，许可当局可以——

(a) 授予许可证，其中可以包含它认为适宜的任何条款；

(b) 如果根据本法的有关条款，认为有必要的或者适宜的，可以拒绝授予其许可证。

14　许可的有效期和延续

(1) 根据本条以下各款，本部分授予的任何许可证，除非已经撤销，

否则其有效期应符合如下规定。

（2）任何许可证，如果未被撤销，基于许可持有人的申请，可以由许可当局延续法定的期限或者他指定的更短的期间。

（3）对于根据本部分向许可当局提出的许可延续申请，许可当局可以——

（a）附加或不附加限定，对许可的有效期按第（2）款所提到的时限加以延续；

（b）向申请人颁发一个新的许可证，包含许可当局认为适宜的规定；

（c）依据本法有关条款，认为有必要的或者合适的，可以拒绝许可证的延续或者新证的颁发。

（4）当申请人已经根据本法正确进行了许可延续申请时，在许可当局做出决定之前，许可不应仅仅因为第（1）（2）（3）款的规定而失效。

15　临时许可

（1）部长可以通过规章规定，对特定的人在特定期限内颁发临时许可的范围。

（2）第12条规定不适用于临时许可的申请。

16　暂缓、撤销或变更许可的权力

（1）依据本条第（5）款，许可当局可以自行对本部分中所列许可做一定时日的暂缓，或对许可证加以撤销或变更。

（2）在不违反第（1）款的情况下，许可当局可以根据许可证持有人的请求，撤销许可证。

（3）在不违反（1）款的情况下，许可当局可以根据任何利害关系人的申请，在确信以下条件时，撤销产品许可证——

（a）根据专利法，法院或专利登记处处长或副处长已经确定，实施许可授权的行为将侵害专利；

（b）做出第12A条第（2）款提到的声明以支持许可证申请的人，已经被判犯有第20条中有关该声明的罪行；

（c）法院确定该声明——

（i）包含材料具体细节的虚假或误导性陈述；

（ii）省略披露对申请有重要意义的任何事项，并且决定和判决是终局裁决。

（4）本部分规定的许可的暂缓或撤销，将一般的或仅限于一类或多类药物，或者是在特定厂房或厂房特定部分生产、分装或储藏的药物。

（5）当许可当局试图行使本条授予其的权力时，他应该对许可持有人发出通知，指明对许可证的暂缓、撤销或变更的具体细节，以及他做出此决定的原因。

17　许可持有人对许可变更的申请

在不与第16条实际运作相抵触的前提下，许可当局可以依据本部分所规定许可持有人的申请，根据申请中的具体请求，对许可证上的内容做出变更，但其前提是此变更不得对与许可有关的药品的安全性、有效性和质量有不利影响。

18　临床试验和动物的医学试验

部长可以以规章的形式规定——

（a）临床试验的开展，临床试验证书的颁发，根据第5条和第6条对于临床试验的豁免，以及受试者同意参加临床试验的有关事项，包括——

（i）可能同意的人；

（ii）这些人在同意前必须考虑的因素；

（iii）这些人的同意所依赖的情况；

（iv）受试者参加试验不需要任何人同意的情况，以及规定的事项是否具有其他成文法或者法律规则之外的效力。

（b）药物动物试验的进行，药物动物试验证书的颁发，根据第5条和第6条对于药物动物试验的豁免；

（c）对用于药物制备的动物饲料添加剂销售、供应、生产、进口和出口的控制、储存和其他限制。

19　向许可当局提交信息的规定

（1）当依据本部分向许可当局提出申请，在许可当局决定之前，可以要求申请人补充许可当局认为必需的有关信息资料，当做出这些要求，许可当局直到以下情况之一发生时才需要考察申请——

（a）信息已经提交给了当局；

（b）当局认为申请人没有能力提交这些信息，而且认为这是合情合理的。

（2）许可当局可以向本部分规定的许可证持有人发出通知，要求在通知指明的时间内，将通知上的指定信息资料提交给许可当局。

19A　对创新药物的支持性秘密信息的保护

（1）当许可当局在1998年4月16日前，对于创新药物申请及支持性秘密信息，收到或收到不超过五年的，在支持性秘密信息的保护期间内，许可当局应——

（a）采取合理的步骤，以保障这些支持性秘密信息为许可当局秘密地保存；同时

（b）不得将这些支持性秘密信息，用于是否授予其他许可的考察。

（2）在本条和第19B条中，除非上下文另有规定，则

"申请"是指对产品许可的申请；

"秘密信息"包括——

（a）商业秘密；

（b）有商业价值的信息，而发布后其价值将会或可能会降低。

"支持性秘密信息"是指以下内容中给出的秘密信息——

（a）在创新药物申请中或与之相关的；

（b）药品是或曾经是申请的对象。

"创新药物申请"是指——

（a）对1998年4月16日后做出的申请而言，指以下物质的申请——

（i）与创新药物申请有关的药品生产或制剂的成分；

（ii）在许可当局收到创新药物申请之前，在其他申请中未被提及为药品生产或制剂的组分。

（b）对1998年4月16日前做出的申请而言，指以下物质的申请——

（i）与创新药物申请有关的药品生产或制剂的组分；

（ii）在许可当局收到创新药物申请之前，在其他申请中未被提及为药品生产或制剂的组分。

"许可当局"包括许可当局基于本法第4条第（2）款，对是否颁发产品许可做出决定的任何官员；

对许可当局收到的创新药物的支持性秘密信息而言，"保护期限"意指从许可当局收到创新药物申请之日起五年内。

19B　不适用19A中的保护的情形

（1）尽管19A中有规定，许可当局在保护期内，对于支持性秘密信息可以——

（a）当有下列情形时，可以公布支持性秘密信息，或者将其用于对其他许可证是否授予的考察——

（i）已获得与支持性秘密信息相关的申请人的同意；或者

（ii）许可当局认为，此公布或使用为保护公众的健康或安全所必需。

（b）将支持性秘密信息向以下对象公布——

（i）为达到政府有关部门或法定机关的目的，而向其公布；或者

（ii）向许可机关雇用的从事与支持性秘密信息有关的咨询者公布。

许可当局可以视具体情况，要求政府有关部门、法定机关或咨询者

采取合理的步骤措施，对支持性秘密信息加以保密；或者

（c）向以下对象公布支持性秘密信息：

（i）世界卫生组织；

（ii）粮食和农业组织；

（iii）世界贸易组织成员国的法定主管当局；

（iv）依第73条建立的咨询委员会；

（v）依本法制定的规章，获准对其公开的任何人或组织，或某一类人或组织，但其公开必须符合规章中载明的条件。

（2）在本款中，如有以下情形，则本条（1）（a）（i）中授权同意信息公开的权力不仅仅限于申请人——

（a）申请人——

（i）书面通知许可当局，授权他人此项同意的权利；并且

（ii）未以书面的形式通知许可当局此项授权已经撤回；或者

（b）申请人与支持性秘密信息的相关权利已经转让给了其他人，申请人或其他人就此转让已经以书面的形式通知了许可当局。

（3）本条中，"世界贸易组织成员国"是指1994年4月15日于马拉喀什通过的世界贸易组织协定上的缔约国。

19C　许可当局可以披露有关申请的信息

（1）尽管存在其他成文法律或法律规则对于信息披露强加的限制，基于信息公开之目的，许可当局可以决定以它确定的形式不时公开它所收到的许可申请的详情。

（2）前款所涉及的详情应排除——

（a）商业秘密；

（b）其他一旦披露将失去或很可能失去所具有的商业价值的信息。

19D　不得基于在先许可授予产品许可

（1）当——

（a）产品许可的申请人已经向许可当局提供用于支持该申请的关

于药品安全性或有效性的信息；以及

（b）已经授予该药品产品许可（本条称之为在先许可）。除非在先许可的持有人已经同意在此基础上授予许可，在授予许可之日起五年之内，许可当局不得基于在先许可授予另一个人类似药品的产品许可。

（2）本条适用于，在先许可授予的时间是——

（a）2004年7月1日以后；或者

（b）在2004年7月1日前五年之内。

20 本部分的犯罪行为

（1）根据第21条，违反第5条和第6条下各款规定，或者持有药品以为了进行药品销售、供应或出口，而违反这些条款的人，构成犯罪。

（2）当任何药品进口违反了本法第5条的规定时，除了依照本法或其他成文法授予的职权或职责进行运作或实践的人之外，任何人持有明知或者有理由怀疑是进口的药品，都构成犯罪。

（3）任何人在根据第11条提出申请，或根据第12A条第（2）款做出声明，或提供第19条要求提供的任何资料时，在某一重大事项中做出该人明知或有理由相信的虚假陈述，都构成犯罪。

（4）任何人，在被要求根据第12A条（3）款向许可当局提交任何证据或文件时，向许可当局提交该人明知或有理由相信是伪造或变造的任何物品，都构成犯罪。

（5）任何人无合理的理由，而未遵守本法第19条第（2）款中的通知书的要求，都构成犯罪。

（6）前述第（1）、（2）、（3）或（4）款的违反者，将被处以5 000新加坡元以下的罚金或者两年以下的监禁，或者两者合并适用。

（7）前述（5）款的违反者，将被处以2 000新加坡元以下的罚金。

21 对第20条的特别抗辩

（1）当产品许可持有人，因指令其他人生产或分装药品，且未遵守应当适用的许可证的规定，被指控犯有本法第20条的罪名时，以下可以成为抗辩事由——

（a）他已将这些规定告诉其他人；

（b）他不知道，且无法通过合理的注意来发现所未遵守的规定。

（2）当生产许可持有人因自己生产或分装药品，而他不是产品许可持有人，但是按照其他人的指令进行生产或分装时，如被指控犯有本法第20条的罪名，则他可以通过宣称确信并且有合理的理由确信如下事实，以作为抗辩事由——

（a）有关的其他人确是产品许可的持有人；且

（b）产品确是依照产品许可生产或分装的。

22　药品出口商证书

对于任何药品出口的申请者，许可当局可以向其颁发证书，并且可以附加许可当局认为适宜的任何规定，许可当局应对以下内容加以考虑——

（a）药品即将出口的国家的（有或无法律效力的）有效的规定；和

（b）本法的规定和基于本法授予的任何许可证。

## 第三部分　对药品管理的进一步规定

23　一般销售列表

（1）部长可以发布命令，具体推定药品的性征与种类，此药品是他认为可以合理安全地销售或供应，而不需由药师或在其监督下销售或供应的药品。

（2）本法所提到的一般销售列表上的药品，是指由已生效的部长命令指定的，具有某一性征或列入某一种类的药品。

24　未列入一般销售列表的药品的销售或供应

有关本部分的豁免，1993年5月3日以后，当药品未列入一般销售列表时，没有人可以进行零售和供应，除非本人是注册药师或者其行为是在药师的监督下进行的。

25　列入一般销售列表的药品的销售或供应

对于已列入一般销售列表的药品，本法不得禁止任何人从事其相应的零售或供应。

26　禁止用自动售货机销售药品

1993年5月3日以后，药品不得通过自动售货机进行贩卖，除非它已列入一般销售列表中的自动售货机分节，并符合相应的规定。

27　对医生、牙医、兽医和草药制剂的豁免

（1）如下药品的供应不受本法第24条的限制——

（a）医生或牙医向病人给药；或者

（b）在医生或牙医的指令下，由医院供应药品。

（2）兽医自己用药，或者在他的监护下对动物给药，不受该条的限制。

（3）在自己所有的建筑物内开展业务，并有能力使药品排除于公众之外时；将植物进行干燥、碾压或粉碎，加水或未加水稀释，而不是通过其他途径加工制成的草药的相应销售或供应，均不受该条的限制。

28　对豁免的延续或修改权

（1）部长可以通过命令，在依据本法第27条生效的豁免之外，规定对本法第24条生效的豁免。

（2）本条第（1）款的豁免，应符合命令中载明的条件或限制。

（3）部长可以通过命令，规定对本法第27条生效的例外或修正条款。

29　处方药

（1）基于本法的目的，部长可以发布命令，规定处方药的性征或种类；同时，命令应指明基于本条目的的适当医师：

（a）医生；

（b）牙医；

（c）兽医。

（2）应遵从本条的如下规定——

（a）任何人不得以零售或供应渠道，从事处方药或部长指令的处方药的销售，但依照适当的医师开出的处方进行的除外；

（b）任何人不得给他人服用药物，但当他是一个适当的医师，或者是依照适当的医师的指令进行时除外。

（3）基于本条的目的，部长发布的命令可以规定——

（a）对于本条（2）（a）或者（2）（b），或者（2）（a）和（2）（b）的规定生效的豁免条款；

（b）基于本条（2）（a）的目的，一个适当的医师不得供应处方药品，但满足部长命令中的特定要求时除外。

（4）根据本条（3）（a）发布的部长命令中规定的任何豁免，应遵从部长命令中的条件及限制规定。

30　禁止销售、供应或进口特定类型的处方药或包含此类药品组分的动物饲料

（1）基于健康安全利益的考虑，部长认为必要时，可以发布命令——

（a）禁止销售、供应或进口任何处方药或命令中规定的任何类别药品；

（b）禁止销售、供应或进口含有任何处方药品或命令中规定的任何类别药品的动物饲料。

（2）本节命令中施加的禁止既可以是总体性的禁止，也可以在命令中对其规定特别的例外条款。

31　掺假药品

任何人不得——

（a）对于任何将要在新加坡销售或供应的药品，向其添加或提取任何物质，而对药品的组分有所损害；

（b）出售或供应因添加或提取任何物质而对组分有所损害的药品。

32 对药品购买者的保护

（1）任何人不得出售不符合购买者所需的种类或质量的药品，妨害购买者的权益。

（2）如果发生了本条中的上述药品销售事件，不能以购买者只是为了分析或检验而购买药品为由，认为其对购买者没有损害。

（3）当药品含有一些外源性物质，而且这种物质的存在是该药品生产过程中不可避免的，这种情况下，不能仅仅以此为由认为违反了本条第（1）款的规定。

（4）如果确证了以下情况，则不能仅以向药品中添加或提取一种物质为由，而认为违反了本条第（1）款的规定——

（a）物质的添加或提取不是出于有意的欺骗，且对药品的组分无不利的损害；

（b）出售的产品或其容器或包装中，已附有一张大小适宜、字迹清楚醒目的说明，已说明了添加或提取的是什么物质。

（5）当药品按照医师出具的处方而出售或供应时，若符合下列规定，（1）至（4）项有效——

（a）在本条中，所提到的出售均包括供应在内［段（b）规定的除外］，所提到的购买者包括接受医师处方的人员；

（b）本条第（1）款中"购买者所需的"这几个字，换为"处方中明确规定的"。

33 遵守特定出版物专论中明确规定的标准

（1）如果药品名称是相关专论中的名称，而药品又不符合专论中规定的标准，任何人不得——

（a）销售购买者所需要的或明确指定的药品；或者

（b）根据医师处方销售或供应此类有详细界定或明确名称指向的药品。

（2）如果药品名称与有关专论中的一致，除非药品符合专论中规定的标准，否则任何人不得销售或供应该药品。

（3）当在本条第（1）或（2）款所述情况下销售或供应药品时，如果是药品的一种活性成分的名称符合专论中的名称，但此活性成分不符合专论中的标准，则认为此药品不合专论中规定的标准。

（4）在本条中，“出版物”（publication）是指《英国药典》、《欧洲药典》或《美国药典》、《英国副药典》和《英国兽药药典》之一；而就药品的销售或供应，或某一特定药品名称所涉的“有关专论”（relevant monograph）而言，则是指——

（a）如果对于药品的名称，指定了特定出版物的特定版本，则指该出版物特定版本中以该药品名称为标题的专论；如果无此版本的专论，则是指载有此标题的现行专论；

（b）如果对于药品的名称，指定了特定出版物，而未指定特定版本，则指该出版物中载有该名称的现行版本的专论；如果无此版本的专论，则是指载有此名称的适宜的现行专论；或者无这样的专论时，则是指在指定出版物的最新版本中载有该名称的专论；

（c）如果对于药品的名称，未指明特定的出版物，则是指适宜的现行专论。

同时，“现行”（current）是指销售或供应所讨论药品时。

（5）本条中对特定药品名称而言，“适宜的现行专论”是指——

（a）载有该名称药品的专论的现行版本的《英国药典》、《欧洲药典》或《美国药典》；或者

（b）如无这样的专论，则是指载有该名称药品的专论的现行版本的《英国副药典》或《英国兽药药典》。

（6）基于本条的目的，出版物的版本是指——

（a）如果是出版物的现行版本，应认为目前有效的版本［包括到本条第（4）款指出的时间为止，对其进行的任何修改、补充和删除］；或者

（b）如果是该出版物以前的版本，则是指被该出版物的后续版本替代之前的老版本（包括到此时间为止，所做的任何修改、补充和删除）。

对任一版本的出版物中专论的理解，应当结合适用于该专论版本中的通则、范例、附录、注释或其他阐释性的材料进行，而本条中所涉的对专论规定的标准的遵从，也应按照上述精神做相应的理解。

（7）部长可以发布指令对本条第（4）（5）（6）款加以修正。

34　药品管理中的进一步职权

（1）部长认为必要或便宜时，可以规章的形式对下列事项进行规定：

（a）药品制剂或调剂的方式，以及对此进行监控的人员；

（b）向从事药品制剂或调剂的人员提供的空间大小，此空间与建筑物其他部分的分离，以及建筑物中为他们提供的设施；

（c）建筑物中用于药品销售或供应的面积大小；

（d）对药品销售或供应者、生产或分装者而言，建筑物中向公众提供药品的房间（包括面积大小）；

（e）建筑物中用以药品储藏的面积；

（f）药品的妥善保管；

（g）对不能继续使用或不需要的药品的处理；

（h）在药品的销售或供应之前需遵守的注意事项；

（i）对药品的销售或供应记录的保存；

（j）对作为样品分发的药品的供应；

（k）有可能给药品的生产、储存、运输、销售或供应带来变质或污染风险的，卫生、洁净、温度和湿度以及其他影响因素。

（2）销售药品的自动售货机的构造、放置地点和使用。

（3）在不违反本条第（1）款通则的情况下，规章可以对以下事项加以规定——

（a）药品生产、储藏、运输、销售或供应现场的构造、布局、排污、设备、保养、通风、照明和供水；

（b）对现场垃圾的处理；

（c）在现场使用的仪器、设备、家具或器皿。

35　本部分下的犯罪行为

（1）违反第24、26、29、31、32、33条或违反部长依据第30条发布的命令，将构成犯罪。

（2）除了为履行本法或其他成文法律的职责或职权，当药品的销售、供应或进口违反了依据本法第30条发布的命令时，任何拥有该药品、知情人以及有理由怀疑这件事情的人，将构成犯罪。

（3）对于本条第（1）或（2）款的违反者，将被处以5 000新加坡元以下的罚金，或不超过两年的监禁，或合并适用。

（4）违反为实现第25条之目的而设定的条件的个人，将构成犯罪，被处以2 000新加坡元以下的罚金。

36—43条　被2021年第4号法案废止。

## 第四部分　药品的容器、包装和标识

44　容器和包装的标签与标识

（1）当部长认为必要或便宜时，可以对下列事项制定规章，做出规定：

（a）药品容器的标签；

（b）药品包装的贴签；

（c）药品容器和包装的独特标识展示。

（2）任何人销售或供应药品，均不得违反规章的有关规定。

（3）对于适用对药品容器的标签或标识的上述要求的药品销售商或供应商，如果未将药品装入容器中，则视同用不符合要求的容器来销售或供应，除非规章另有规定，否则构成违法行为。

（4）在不妨碍第（1）（2）（3）款的前提下，任何人不得出售或供应容器或包装上的标签或标识有以下情况的药品——

（a）对药品有虚假的描述；

（b）对药品的性质或质量，或者该处方药品的用途或效果有所误导。

45 散页说明书

（1）当部长认为必要或便宜时，可以对供应或将要供应的药品的散页说明书，不论其是否附在容器或包装上，来制定规章，做出规定。

（2）当药品的散页说明书违反了规章的有关规定时，任何人不得供应或者为了供应而持有该药品。

（3）在不妨害第（1）款和第（2）款的规定时，当散页说明书有下列情况时，任何人不得供应药品或为此持有药品——

（a）对药品做虚假的描述；或者

（b）对药品的性质或质量，或者该处方药品的用途或效果有所误导。

46 对容器的要求

（1）当部长认为必要或便宜时，可以颁布规章，禁止出售或供应容器不合规定的药品，可以对容器的强度、材料、外形和式样做出特别规定。

（2）当药品的包装违反了规章的有关规定时，任何人不得销售或供应或基于此目的持有该药品。

47 药品特有的颜色、性状和标识

（1）部长认为必要或便宜时，可以就以下一项或多项事项制定规章，做出规定：

（a）药品的颜色；

（b）药品的形状；

（c）药品应展示的独特标识。

（2）规章可以对特定药品，或者不论落入指定种类与否的药品，对其颜色或外观，或展示的标识加以明确规定。

（3）任何人不得销售或供应或者基于此目的持有违反此规章有关规定的药品。

48　本部分及补充条款下的犯罪行为

任何人如违反第44条第（2）、（3）或（4）款，第45条第（2）或（3）款，第46条第（2）款或第47条第（3）款的规定，将构成犯罪，并被处以5 000新加坡元以下的罚金，或者两年以下的监禁，或者合并适用。

## 第五部分　药品促销和药品广告

49　本部分的范围

（1）根据本条的有关规定，本部分中的"广告"有各种广告形式，包括出版物，或者以通告、签字板来展示，或者以目录、价目单、书信或其他文件的方式，或者通过文章中的文字，或者通过照片或摄影的展览，或者通过录音带、广播或电视的方式，或者其他任何方式进行展示；而对"广告的发布"也应做相应的理解。

（2）尽管本条第（1）款中罗列了诸多内容，本法中"广告"不包括口头文字，但下列情况除外——

（a）用以制成录音带或电影胶片录音声带的言语；

（b）通过广播或电视或者以电波辐射性地向其订户传播的言语。

（3）除了本法第52条规定的情况，基于本部分的目的，以下两种情况均不构成广告的发布——

（a）销售或供应装在贴有标签的容器或包装中的药品；

（b）供应任何附具散页说明书的药品。

（4）本部分中——

“药品广告”是指与药品或基于医疗目的使用的医疗器械、设备或装置有关的,或者使人认为与此有关的广告;

“宣传”是指除第(2)款(a)(b)规定范围外,以口头形式进行的任何陈述或活动;而“做出宣传”也应作相应的理解。

50 虚假的或误导的广告和宣传

(1)根据本条以下规定,任何人发布或让他人发布虚假的或误导的药品广告,将构成犯罪。

(2)当依据本法第二部分的规定,对特定的药品颁发了有效的许可证时,许可证中如对特定药品的使用建议作了限制性规定,则依本条的规定,任何人发布或让他人发布药品广告,而广告中含有许可证上未经授权的建议时,将构成犯罪。

(3)根据本条以下规定,任何人进行与药品销售相关的虚假或误导的宣传时,将构成犯罪;而任何人为了从事关于药品的下列活动,而进行虚假或误导的宣传时,将构成犯罪——

(a)诱导医师开处方或者供应特定的药品;

(b)诱导病人或者药店的顾客,让他们要求医师开具特定药品的处方;

(c)诱导某人通过零售渠道购买特定的药品。

(4)对于本条第(2)款规定的情况,依据本条规定,任何人如有下列行为,将构成犯罪——

(a)关于相关药品的销售,在对药品进行的宣传中,全部或部分包含了未经批准的使用说明;或者

(b)为了达到本条第(3)款(a)(b)(c)中指出的目的,在对药品进行的宣传中,全部或部分包含了未经批准的使用说明。

(5)当一个人被指控犯有本条中的罪名时,他可以对以下事实进行举证,以作为抗辩事由——

(a)当被指控的是本条第(1)(3)款规定的罪名时,他可以举证证

明他不知道，且即使通过相当程度的努力，也无法发现药品广告或宣传活动是虚假的或者误导的；

（b）当被指控的是本条第（2）（4）款规定的罪名时，他可以举证证明他不知道，且即使通过相当程度的努力，也无法发现药品广告或宣传中提到的药品用途建议是未经有关部门授权的。

（6）基于本条规定的目的，如果有以下情况，药品广告将被认为是虚假的或误导的（不管它是否确实含有对相关药品组分的确切宣称）——

（a）广告对所涉药品的性状做了虚假的描述；

（b）广告对药品的种类、质量，或者使用、药效的描述产生了可能的误导，而本条中提到的任何“虚假的或误导的宣传”也应做相应的理解。

（7）犯本条中的罪名的人，将被处以5 000新加坡元以下的罚金，或者两年以下的监禁，或者两者合并适用。

（8）在本条第（2）款的特定情形下，“未经授权的建议”是指，对于许可证所适用的特定药品，超出许可规定目的范围对药品的建议。

51　对于一般药品广告的禁止

（1）任何人不得刊印或者试图刊印下列内容——

（a）任何直接或间接宣称、提示或暗示该物质能够对列入附表1的疾病或症状加以预防、缓解或治愈的药品广告；或者

（b）任何涉及治疗疾病或症状的技能或服务的药品广告。

（2）第（1）款的规定不适于仅仅发布给下列人群，或者只是包含在面向下列人群的出版物中：

（a）医师；

（b）药师；

（c）护士和助产士；

（d）接受医师、药师、护士和助产士培训的人。

（3）任何人违反本条第（1）款的规定时，将构成犯罪，并被处以5 000新加坡元以下的罚金，或者两年以下的监禁，或者两者合并适用。

（4）部长可以发布命令——

（a）修正附表1；

（b）规定对本条（1）款中的任何广告或广告类别的豁免。

52　对广告和宣传的监管权

（1）部长可以发布规章，对以下的一项或几项事项加以禁止：

（a）规章中规定的特定药品或特定种类药品的广告的发布；

（b）有可能导致下列物品使用的广告的发布：药品，或者用于治疗或预防规章中规定的特定疾病，或者用于对特定疾病的诊断，或者对特定生理状况的存在、程度或幅度加以确证，或者暂时性或永久性地预防或影响特定的正常生理功能，或者人为地改变人体的生理或精神状态的其他一切物质；

（c）可能引起规章中规定的特定药品或特定种类药品的使用，或者为了段（b）中提到的目的而使用的其他任何物质的广告的发布；

（d）包含规章中规定的词语或段落的药品广告的发布，该词语或段落是指，部长认为在药品的性质和效果方面，或者与药品相关的生理或精神状态方面，可能误导公众的词语或段落。

（2）在不妨碍第（1）款的情况下，部长认为必要或适宜时，可以就以下一项或多项事项制定规章，做出规定：

（a）药品广告的形式和内容；

（b）许可当局对发布药品广告的事先批准；

（c）以电影或电视方式发布广告的，必须提出规章规定的药品广告的期限和方式；

（d）直接面向医师的广告和宣传。

同时，此类规章还可以对特定处方或特定类别的药品的使用做出禁止。

53　许可当局索要广告副本的权力

（1）许可当局可以向广告的发布者或主办者发出通知，在收到通知后的12个月以内，有关人员应该按照通知上的规定，向许可当局提交指定数量的药品广告副本。

（2）任何人无合理理由，未遵守本条规定的给其通知中的要求，将构成犯罪，并将被处以2 000新加坡元以下的罚金。

## 第六部分　杂项及补充条款

54　本法律对于一般物质的适用

（1）部长可以发布命令，加以规定——

（a）部长认为不属于药品，但其生产、销售、供应、进口或出口全部或部分用于医疗或化妆目的的物质；

（b）有关本法的适用可以做如下表述，本法有关药品的条款（包括有关犯罪及违法的规定）对一般物质的生产、销售也同样适用，而部长的命令可以对此做出例外或修正的规定。

（2）第（1）款规定的命令可以——

（a）适用于任何用于促进牙齿健康或口腔卫生的口香糖；

（b）要求该口香糖通过处方，或者由药师或在药师的监督下销售或供应。

（3）本条中，“化妆品”指的是出于洁肤、美容、增加吸引力、改变形象等目的，向人体体表或其他部位擦、抹、喷、洒的物品，还包括防臭剂、脱毛剂，但香皂不包括在内。

55　本法律对于不属于药品的其他物质的适用

部长可以就不属于药品，但属于以下情况的物质的管理发布命令——

（a）作为药品生产中的辅料；或者

（b）如果不采取适宜的安全措施，则将危及社区公众的健康，或者对动物造成一般性危害，或对一种或几种动物造成危害的物质。

有关本法的适用可以做如下表述，本法有关药品的条款（包括有关犯罪及违法的规定）对一般物质的生产、销售也同样适用，而部长可以通过发布命令的形式，对此做出例外规定，或对此加以修正。

56 进入的权利

（1）获许可当局书面授权的任何人可以在任何时间——

（a）为了查明是否有违反本法或依据本法制定的规章或命令的行为，而进入建筑物；

（b）为了有关当局执行本法或依据本法制定的规章或命令赋予的职责，而进入建筑物；

（c）登上任何船只、飞机、气垫船或者车辆，以查明其装运的物品是否违反了本法或依据本法制定的规章或命令。

（2）在不与本条第（1）款相抵触的前提下，许可当局正当授权的人员，可以在任何合理的时间进入本法第二部分中许可证照申请人或延续申请人占有的建筑物，以对许可证照申请中的任何宣称加以核实。

57 检查、取样和扣留货物与文件的权力

（1）为了查明有无法律或依照法律制定的规章或命令的违法行为，许可当局正当授权的人员可以对以下内容进行检查——

（a）认为是药品的物质或物品；

（b）认为是药品的容器或包装，或者打算用作药品的容器或包装，或者是药品或与药品有关的标签或散页说明书；

（c）认为是用于或打算用于药品生产或分装的厂房或设备，药品生产或分装的任何过程，以及在药品生产或分装的任何阶段，用于对经过这些过程的材料进行检测的方法。

（2）出于本条第（1）款的目的，得到授权的人员可以索取以下物质的样品，亦可进行取样——

（a）销售或供应的药品，或者打算销售或供应的药品；

（b）用于生产或打算用于生产的物质或物件。

（3）基于本条第（1）款的规定，其中提到的授权的人可以——

（a）要求药品的生产、分装、销售或供应的业主及雇员，就其所拥有或控制的业务而提供账簿或文件；

（b）为了遵守段（a），而取得账簿或文件的副本或记录。

（4）任何授权的人员，当其有合理的理由以确信违反本法中的犯罪行为正在发生或已经发生时，可以对药品加以扣押或扣留；而当其认为某文件可以作为法律争讼的证据时，亦可加以扣留。

（5）获得授权的人员，当然其本身必须正当合理地遵守本法律及规章或命令的要求，有权要求任何人打开药品容器、包装或自动售货机。

（6）当依照本条第（4）款获得授权的人员，对任何物质、物件（包括文件）加以扣留时，他应该通知扣留物的所有人；对于扣押自动售货机的物品，应该根据机器上写明的所有人的姓名、地址进行通知；售货机上未写明这些事项的，应通知机器所放置或固定的建筑物的所有人。

（7）部长可以发布规章，对于取样和物品扣押的程序做出规定。

58　对进入和相关权利的补充规定

（1）任何人因第56条规定而进入任何不动产（包括任何建筑物、轮船、飞机、车辆、售货亭或场所），他可以带他认为必要的其他人或设备一同进入。

（2）任何人有以下行为，将构成犯罪，将被处以2 000新加坡元以下的罚金——

（a）故意妨碍本法执法人员和许可当局正当授权人员的活动；

（b）故意不遵守本法第57条下执行人员的合理要求；

（c）当有关人员依据本法而履行职责时，不能遵从其合乎情理的要求以提供其他协助或信息，且无合理理由的。

（3）对于某人，当其提供了（2）(c）中提到的信息，但做出了虚假陈述时，将被处以5 000新加坡元以下的罚金，或者两年以下的监禁，或者两者合并适用。

59　对货物的扣押和扣留的禁止或限制

（1）在以下情况下，进口货物应予进口，而不受即时生效的扣押或扣留的禁止或限制——

（a）进口货物是部长命令中特定的药品，或属于命令中特定的药品种类；

（b）货物是在部长命令中指定的情况下进口。

（2）在以下情况下，出口货物应予出口，而不受即时生效的扣押或扣留的禁止或限制——

（a）出口货物是部长命令中特定的药品，或属于命令中特定的药品种类；

（b）货物是在部长命令中指定的情况下出口。

（3）海关官员或警察署官员对任何货物的扣押或扣留，均应遵从本条部长命令中有关禁止或限制的规定。

60　对扣押货物的没收

（1）对于本法中任何货物的扣押，扣押的官员应当立即以书面方式通知货物的所有人，可以亲自将通知递交到其手中，已知住址的也可邮寄过去。

如果做出扣押决定时，违法者或所有人或其代理人在场（轮船或飞机上的案件，船长或机长在场）时，则不要求发送上述扣押通知。

（2）对于法院已确证有本法中的犯罪行为，且货物已经成为犯罪对象或者用于犯罪活动时，即使还没有人被判定为有罪，部长也可以做出命令，对货物加以扣押。

（3）如果对于本法中的扣押行为未提起诉讼，货物扣押一个月期满后，此前如无对此的特定声明，则被认为货物已被没收。

61　对没收货物的处理

（1）对于政府依据本法没收的所有货物，部长必须以他认为合适的方式加以处理。

（2）在所有法律诉讼结束之后，许可当局可以对政府已经没收的货物的处理加以考虑，做出有效力的宣告。

62　对信息披露的限制

（1）当任何人向他人披露以下信息时——

（a）他从依本法第56条规定而进入的建筑物中获得的关于生产流程或商业秘密方面的信息；或者

（b）遵照本法获得的或从其他人处获取的信息，

除非此信息的公开是他的职责，否则他将构成犯罪。

（2）被控犯有本条罪名的人，将被处以5 000新加坡元以下的罚金，或者两年以下的监禁，或者两者合并适用。

63　对官员的保护

当官员从事或声称从事本法中的活动，在其职务范围内，如果出于真诚的动机确信是本法下的职责所需或授权其为该行为时，个人将不承担任何责任。

64　因他人的过错导致的违法

（1）本条适用于：任何人违反本法构成犯罪的行为，而且归咎于另一个人的作为或不作为，那么不论对提到的第一个人起诉与否，另一个人可以被指控犯有该罪，而且如果第一个人被控有罪时，则对另一个人也可处以与之相同的处罚。

（2）在本条适用的前提下，对于被控犯有本法规定之罪的任何人，当其能向法庭证实以下事项时，第（1）款中提到的第一个人将被宣告无罪——

（a）他已竭尽全力不违反本法的有关规定；而且

（b）违法行为是因他人的作为或不作为而造成的。

（3）本条适用于本法的第31条至第33条，第44条至第47条，第50条至第52条，以及根据这些条款制定的规章。

65　抗辩的根据

（1）根据本条的如下规定，在本条的适用范围内，针对本法的犯罪行为而进行的诉讼中，以下可以成为被告方的抗辩事由——

（a）他购买的物质或物品违反新加坡有关规定，但该物质确实可以合法地销售或供应，或者可以以合法的名称或种类，或者有书面的保证以进行销售或供应；

（b）在犯被控罪行的时候，他没有理由相信情况并非如此；

（c）该物质或物品在其购买时保持同一状态。

（2）本条适用于本法第31条第（b）项，第32、33条，第44条至第47条，以及根据这些条款制定的规章。

（3）不能仅仅以本条作为抗辩的根据，除非被告在举行听证会的七日前向公诉方递交抗辩根据的副本，并附以通知表明他将据此进行抗辩，并写明该根据来源之人的姓名和住址，且以被告送达通知同样的方式进行送达。

（4）当被告是在抗辩根据下购买物质或物品的人的雇员时，当他被控有罪时，依据本条的规定，他可以获得与授予该雇主的同样的资格。

（5）被告可以出现在听证会上，并进行举证，而法庭如认为合适，为了使被告完成这些活动，可以将听证会延期。

（6）基于本条的目的，附有药品名称或门类的发票将被认为是书面的证据，在不违反本条适用的一切条款的前提下，可以就符合发票上名称和门类的药品，进行销售和供应。

66　与证明有关的犯罪

（1）在第65条第（1）款提到的任何诉讼中，如果被告故意将别种不同的物质的证明用于此种物质时，将构成犯罪。

（2）当一个人在销售任何物质或物品时，如购买者请求有关证明，其提供给购买者虚假的证明时，将构成犯罪，除非他能够证实，在他出具证明时，其有理由相信其中的陈述或描述是准确的。

（3）违反本条、构成犯罪的任何人员，将被处以5 000新加坡元以下的罚金，或者两年以下的监禁，或者两者合并适用。

67　法人犯罪

当法人犯有本法中的犯罪行为时，如果证实该罪行是在负责人、经理、干事或其他类似的高级职员的同意、默许下，或是因其疏忽大意而造成的，则这些人员与法人一样也构成犯罪，并接受相应的诉讼和刑事处罚。

68　分析证书

在一切有关本法的诉讼中，公诉方提交的分析证书，如果无充分的证据证明分析人员的签名属实时，则不具备法律上的证据的证明力。

69　推定

(1) 对于包含以下行为的一切与本法有关的诉讼——

(a) 订购药品以用于零售，从而违反了本法第24条或为了实现本法第25条目的的一切规定；

(b) 订购药品以用于销售，从而违背了本法第31条第(b)款的规定，当可疑药品是从药品销售的陆上交通工具或摊位中发现时，除非有相反的证明，否则即推定陆上交通工具或摊位的主管人订购药品的目的就是为了用于销售；对于落入段(a)中规定的案件，推定其就是为了零售。

(2) 对于针对本法犯罪行为的任何诉讼，当其中含有与为销售或供应目的而持有医药产品的人有关的多条条款的违法行为时，本项规定可以适用。当在被控的犯罪人所有的或在其控制下的建筑物中发现可疑药品时，如无相反的证明，则推定他是出于销售或供应的目的，而持有该药品。

(3) 本条第(2)款适用于本法第31条第(b)款、第44条第(2)(4)款、第46条第(2)款和第47条第(3)款。

(4) 对于针对本法犯罪行为的任何诉讼，如其中含有第45条第(2)(3)款的关于散页说明书的违法行为，当在被控的犯罪人所有的或在其控制下的建筑物中发现可疑散页说明书时，如无相反的证明，则推定他是出于供应的目的而持有该药品的散页说明书。

70　文件的输送

根据本法规定所要求或授权的通知或其他文件，发布或递送给任何人时，可以通过以下渠道进行输送——

（a）递送给他；

（b）邮寄至他的常住住所，或最新住所，或新加坡的贸易住所；或者

（c）就法人而言，可以将其递送或者邮寄至法人已登记的或总部办公室的代表人。

71　特区法院和最高法院的管辖权

在不与刑事诉讼法典抵触的前提下，特区法院和最高法院有权审理本法中的任何罪行，并对此做出完整的刑罚或处罚。

72　无罪协议的达成

许可当局可以对本法或根据本法制定规章中的违法行为，通过向被合理怀疑有罪的人收取2 000新加坡元以下的费用，就案件达成无罪协议。

72A　许可当局收取的费用

许可当局根据本法或根据本法制定的规章所追回或收取的所有费用、收费和其他款项（包括根据第72条为具结犯罪而收取的款项）必须支付——

（a）如果许可当局是该局行政长官，则向该局支付；

（b）如果许可当局是动物健康和福利局局长，则向根据1996年7月1日之前生效的《国家公园法》和当年稍晚生效的《国家公园委员会法》第3条设立的国家公园委员会支付。

73　咨询委员会

部长可以建立一个或多个咨询委员会，他任命的有关人员，对于本法实施中产生的有关问题，向许可当局提出建议，以供部长决策参考。

74　规章

（1）部长基于本法的授权或需要，为了使本法的目的和规定得到普遍性贯彻，可以制定相应的规章。

（2）在不影响本条第（1）款实施的前提下，根据本法制定的规章可以——

（a）规定许可证照的授予或延续的收费；

（b）对许可证照涉及的药品规定普遍性的标准，或者对任何一类的药品规定标准；

（c）对用于药品的零售、仓储或供应的，除药房外的其他建筑物的注册加以规定；

（d）规定任何人违反本规章，将构成犯罪，将被处以5 000新加坡元以下的罚金，或者两年以下的监禁，或者两者并科。

75　对未提到的其他成文法的适用

除非本法中有明确的表述，本法中的任何规定，对其他成文法中涉及的对本法中有关事务的规定或运作，不应有任何的限制或影响。

76　废止和随后的修订

（1）《药品（广告与销售）法》《药品销售法》被废止，而依据该法制定的任何补充立法也随之失效。

（2）《有毒物质法》的修正按照附表2中规定的方式进行。

77　根据2007年《健康产品法》作为健康产品分类和监管的产品，不适用本法

（1）当本法适用的产品根据2007年《健康产品法》被归类为健康产品，部长可以以在公报中公布命令的形式，宣布从命令规定的日期起，本法的条款停止适用于该类产品，那么，从命令规定之日起，本法即停止适用于该类产品。

（2）部长在根据第（1）款制定命令时，如果他认为必要或适当，可以规定过渡性、保留性和其他相应条款。

# 第八章

# 印度《药品和化妆品法》中译本

（1940年第23号法案颁布）（截至2016年12月31日修订）

1940年4月10日颁布，1955年4月15日修正（1955年第11号法案），1960年9月15日修正（1960年第35号法案），1962年6月27日修正（1962年第21号法案），1964年5月12日修正（1964年第13号法案），1972年5月31日修正（1972年第19号法案），1982年11月13日修正（1982年第68号法案），1986年12月24日修正（1986年第71号法案），1995年修正（1995年第22号法案），2008年12月5日修正（2008年第26号法案）。

## 目　录

## 第2章　药品技术咨询委员会、中央药品实验室和药品顾问委员会



## 第3章　药品和化妆品的进口

## 第4章 药品和化妆品的生产、销售和分发

16 质量标准
17 错标药
17A 掺假药
17B 假冒药
17C 错标化妆品
17D 假冒化妆品
17E 掺假化妆品
18 禁止特定药品或化妆品的生产和销售
18A 披露生产商等名称
18B 记录的保有和信息的提供
19 抗辩
20 政府分析师
21 检查员
22 检查员的权力
23 检查员的程序
24 个人有义务披露药品或化妆品生产或存放的地点
25 政府分析师的报告
26 药品或化妆品的购买者能够请求检验或分析
26A 中央政府为了公共利益禁止药品和化妆品的生产等权力
26B 中央政府为公共利益规制或限制药品生产等权力
27 对违反本章药品生产、销售等规定的处罚
27A 对违反本章化妆品生产、销售等规定的处罚
28 对不披露生产商等名称的处罚
28A 对不保存文件、不披露信息等的处罚

## 第4(A)章　关于阿育吠陀、悉达或尤那尼药品的规定

## 第5章 杂项



这是一部规制药品和化妆品的进口、生产、分发和销售的法律；

这部法案有助于对药品和化妆品的进口、生产、分发和销售进行规制；

且鉴于所有省份的立法机构已根据《1935年印度政府法》第103条的规定，就该法案附表7清单2中所列举的上述事项及其附属事项通过决议；

特制定如下规则：

## 第1章　序章

1　简称、适用范围和生效

(1) 这部法案可被称为《1940年药品和化妆品法》。

(2) 它适用于全印度。

(3) 这部法案应立即生效，但第3章仅自中央政府在官方公报上发布通告中指定的日期起才生效。[1]第4章在特定邦生效的日期，要自各邦发布类似通告中指定的日期起才生效。[2]

但就查谟和克什米尔邦而言，第3章应仅自1972年《药品和化妆品法（修订版）》(1972年第19号法案)生效后，中央政府在官方公报中指定的日期[3]起生效。

2　不禁止适用其他法

---

1　1947年4月1日，见《印度公报》1946年9月2日发布的通告No. F.28(10)(3)45-H(1)，第一部分，第1349页。

2　本法第4章在德里、阿吉米尔和古尔格邦于1947年4月1日生效，本法第3章和第4章在喜马偕尔邦、比拉斯普尔邦、库奇邦、博帕尔邦、特里普拉邦、Vindhya Pradesh邦和曼尼普尔邦是1953年4月1日生效。本法第4章自1968年8月1日起在达德拉和纳加尔哈维利联邦属地生效。本法效力通过1963年第6号条例第2条和附表1拓展至达德拉和纳加尔哈维利；通过1963年第7号条例第3条和附表1拓展至本地治里；通过1963年第11号条例第3条和附表扩展至果阿、达曼和第乌中央直辖区；通过1965年第8号条例第3条和附表拓展至拉克代夫、米尼科伊和阿明迪维群岛。

3　1974年8月24日，参见1974年8月9日No S.O. 2185号公告。

《1930年危险药品法》以及其他任何生效的法律，应同本法规定一并适用，其效力不应受到减损。

3　定义

在本法中，除在特定主题或情境下有矛盾的情况外，兹定义如下——

(a)“阿育吠陀、悉达或尤那尼药品”包括意图用于诊断、治疗、缓解或预防人或动物疾病或不适，完全依据附表1所列的阿育吠陀、悉达或尤那尼医药体系权威著作所规定工艺制备的所有药品。

(aa)“委员会”意指——

(i) 就阿育吠陀、悉达或尤那尼药品而言，这是指依据本法第33C条设立的阿育吠陀、悉达或尤那尼药品技术咨询委员会；

(ii) 就其他任何药品或化妆品而言，这是指依据本法第5条设立的药品技术咨询委员会。

(aaa)“化妆品”是指任何为了清洁、美化、提高吸引力、改变外貌，而意图涂、倒、喷、洒或以其他方式作用于人体或人体某个部分的任何物品，也包括任何意图用作化妆品组分的物品。[1]

(b)“药品”包括——

(i) 所有人或动物内用的药物，以及所有意图用于诊断、治疗、舒缓或预防人或动物任何疾病或不适的物质，也包括针对人用的驱除蚊虫制剂；

(ii) 除食品之外，意图影响人体结构或任何功能的此类物质，或意图用于驱杀导致人或动物患病的昆虫的物质，[2]中央政府可以随时在官方公报上公布此类被认定为药品的名单；

---

1　在印度，檀香和指甲油亦属本法所指的化妆品，相关判例可参见*State of Bombay v. Zahid Hussain*, 1975 Mah LJ 455。

2　物质(substance)在此处的意思是事物或物品，相关判例可参见*State of Bombay v. Zahid Hussain*, 1975 Mah LJ 455。

（iii）包括空明胶胶囊在内的，所有意图用于药品组分的物质；[1]

（iv）对于任何意图用于诊断、治疗、舒缓或预防人或动物任何疾病或不适的，内服或外用的器械，当联邦政府在咨询了委员会之后，可随时在官方公报上宣布其为药品。

（c）“政府分析师”（Government Analyst）意指——

（i）就阿育吠陀、悉达或尤那尼药品而言，是依据本法第33F条由中央政府或邦政府任命的政府分析师；

（ii）就其他任何药品或化妆品而言，是依据本法第20条由中央政府或邦政府任命的政府分析师。

（e）“检查员”（Inspector）意指——

（i）就阿育吠陀、悉达或尤那尼药品而言，是依据本法第33G条由中央政府或邦政府任命的检查员；

（ii）就其他任何药品或化妆品而言，是依据本法第21条由中央政府或邦政府任命的检查员。

（f）和任何药品或化妆品有关的“生产”（manufacture），包括基于销售或分发的目的，任何制造、改变、修饰、最终装配、包装、贴签、分装或其他处理药品过程的全部或一部分，但不包括在日常零售业务中的药品配制或调剂；对“去生产”（to manufacture）也应做出相应的解释；

（g）“去进口”（to import），从语法和词源上看，意指引入印度。

（h）“专利或专有权药品”（patent or proprietary medicine）意指——

（i）就阿育吠陀、悉达或尤那尼医学体系而言，是包括仅依据本法附表1中列出的阿育吠陀、悉达或尤那尼权威医学著作中规定工艺制成的配方，但不包括依据这些著作规定工艺制成的肠道外给药的药品；

---

1　中央政府已于2005年10月6日颁布第1468（E）号行政命令，规定了以下人体外用或内用的装置或药品且立即生效：（i）心脏支架；（ii）药物涂层支架；（iii）导管；（iv）人工晶状体；（v）留置针；（vi）骨黏合剂；（vii）心脏瓣膜；（viii）头皮针；（ix）骨科植入物；（x）内置式置换假体。

（ii）就其他任何医学体系而言，是以内服或外用形式用于人或动物，目前未被列入印度药典，也未被中央政府咨询依本法第5条建立的药品技术咨询委员会后，认可的其他任何药典所收录的药品或处方。

（i）“规定”（prescribed）意指依据本法所制定规则的规定。

3A　本法所提及的法律未在查谟和克什米尔邦生效，所提及的官员职位在查谟和克什米尔邦不存在时的解释

当本法所提及的任何法律在查谟和克什米尔邦未生效，应被解释为在该邦生效的相应法律；或本法提及的任何职位在查谟和克什米尔邦不存在时，应被解释为对应的职位。

4　对有毒物质的推定

任何依据本法第3章或第4章（或第4A章）制定规则明确规定为有毒的物质，将视具体情况被认为是有毒物质。

## 第2章　药品技术咨询委员会、中央药品实验室和药品顾问委员会

5　药品技术咨询委员会

（1）中央政府应尽快建立一个被称为药品技术咨询委员会的委员会，就因实施本法而产生的技术事项向中央政府和邦政府提供咨询，并履行本法所赋予其的其他职能。

（2）委员会应包括如下成员：

（i）健康服务部部长，应为主席；

（ii）印度药品管理局局长，为当然成员；

（iii）位于加尔各答的中央药品实验室主任，为当然成员；

（iv）位于卡艘利（Kasauli）的中央研究院主任，为当然成员；

（v）印度兽医研究院院长，为当然成员；

（vi）印度医学理事会理事长，为当然成员；

(vii) 印度药师理事会理事长,为当然成员;

(viii) 位于勒克瑙的中央药物研究院院长,为当然成员;

(ix) 由中央政府从各邦负责药品管理的官员中提名的两名人选;

(x) 由印度药师理事会执行委员会从印度的大学或学院中教授药剂学、药物化学或生药学的教师中选出一人;

(xi) 由印度医学理事会从印度的大学或学院中教授医学或治疗学的教师中选出一人;

(xii) 由中央政府从医药产业界中提名一人;

(xiii) 由印度医学研究委员会理事机构选出一名药理学家;

(xiv) 由印度医学会中央委员会选出一人;

(xv) 由印度药学会选出一人;

(xvi) 由中央政府提名的,依据本法拥有政府分析师资格的两名人选。

(3) 被提名和推选的委员会成员任期为三年,但有资格被再次提名或再次推选。

但前提是,根据第(2)款第(ix)、(x)、(xi)或(xvi)项提名或当选的人,只要在他据以被提名或当选委员会职位的任期内,就应当一直任职。

(4) 在获得中央政府事前批准后,委员会可以制定内部规则,确定委员会人数,对自身的程序以及它办理的所有事务加以规制。

(5) 委员会可以建立分委员会,任命非该委员会的人员进入分委员会,任期不得超过三年,分委员会可以对特定事项予以决断,或临时加以处理。

(6) 委员会的功能应不间断地连续履行,尽管其成员可能有任何空缺。

(7) 中央政府应任命一人作为委员会的秘书长,中央政府应向委员会提供这类工作人员和其他认为必要的人员。

6　中央药品实验室

（1）中央政府应尽快建立中央药品实验室，实验室主任由中央政府任命，去履行本法以及依据本章所制定任何规则赋予的职能。

假设联邦政府就任何品种或类别的药品、化妆品，规定了中央药品实验室应履行的相应职能，那么在卡艘利的中央研究院，或在其他任何规定的实验室，都应履行相同的职能。中央研究院院长或其他实验室负责人应履行与中央药品实验室主任相同的职能。

（2）中央政府在咨询了委员会之后，可制定规则来规定：

（a）中央药品实验室的职能；

……

（d）根据本法第4章或第4A章提交药品或化妆品样品进行分析或检验的程序，实验室报告的格式，出具实验室报告的收费；

（e）可能为实验室履行职能所必需的其他事项；

（f）根据本条第（1）款的目的，有必要规定的事项。

7　药品顾问委员会

（1）中央政府可以设立一个名为“药品顾问委员会”的咨询委员会，针对任何有助于让本法在印度得到始终如一实施的事项，对中央政府、邦政府和药品技术咨询委员会提供咨询建议。

（2）药品顾问委员会应包括两名中央政府的代表和各邦代表，每个邦政府提名一名代表。

（3）当中央政府有要求时，药品顾问委员会应召开会议，药品顾问委员会有权规制自身程序。

7A　第5条和第7条不适用于药品

本法第5条和第7条的任何内容都不适用于阿育吠陀、悉达或尤那尼药品。

## 第3章 药品和化妆品的进口

8 质量标准

(1) 就本章而言,“质量标准”意指——

(a) 就药品而言,是药品所遵从的本法附表2中列出的标准;

(b) 就化妆品而言,是化妆品遵从的已规定的标准。

(2) 就本章的目的而言,中央政府在咨询了委员会之后,可在官方公报上发布公告,对本法附表2中所列的标准予以增加或修正,公告期为三个月,公告期满后,附表2也应依据公告做相应的修正。

9 错标药

就本章目的而言,如有以下情形之一,则被认为是错标药——

(a) 其色泽、包衣、制粉或光亮程度足以隐藏带来的损害,或使其呈现出的疗效要比实际更高或更强;

(b) 未按照规定的方式贴标签;

(c) 其标签、容器或附于药品的任何物品有任何虚假陈述,其设计或装置上有任何虚假宣称,或者在任何具体细节上有虚假或误导。

9A 掺假药

就本章目的而言,如有以下情形之一,则被认为是掺假药——

(a) 全部或部分含有任何污物、腐败物或腐烂物;

(b) 制备、包装或存放条件不卫生,有可能被污物污染,或可能危害健康;

(c) 容器全部或部分由有毒或有害物质组成,可能导致内容物有损健康者;

(d) 仅为了着色目的,含有规定之外的色素添加剂;

(e) 含有任何有害或有毒物质,可能损害健康的;

(f) 和任何物质混合后,其质量或效价被降低的。

9B　假冒药

就本章的目的而言,如有以下情形之一,则被认为是假冒药——

（a）冠以另一种药品名义进口;

（b）该药是另一种药品的仿造或替代品,或者以可能欺骗的方式类似于另一种药品,或者其标签或容器上即印有他种药品之名,除非它有明确且显著的标识,足以表明其真正品质和其与他种药品性状的不同;

（c）标签或容器上所标明的药品生产个人或公司,是虚假的或不存在的;

（d）药品完全或部分被他种药品或物质替代;

（e）它宣称是某生产者的产品,而实际上不是该生产者的产品。

9C　错标化妆品

就本章的目的而言,如有以下情形之一,则被认为是错标化妆品——

（a）它含有法定要求中不曾含有的色素;

（b）它未按规定的方式贴标签;

（c）标签或容器或附于化妆品上的任何物品上,有任何虚假的陈述或对细节的误导。

9D　假冒化妆品

就本章的目的而言,如有以下情形之一,则被认为是假冒化妆品——

（a）冠之以另一种化妆品之名进口;

（b）该化妆品是另一种化妆品的仿造或替代品,或者可能以欺骗的方式与另一种化妆品相似,或者其标签或容器上即印有他种化妆品之名,除非它有明确且显著的标识,足以表明其真正品质与他种化妆品性状的不同;

（c）标签或容器上所标明的化妆品生产个人或公司,是虚假的或不存在的;

(d) 它宣称是某生产者的产品,而实际上不是该生产者的产品。

10　禁止特定药品或化妆品的进口

从中央政府在官方公报上确定之日起,任何人不应进口——

(a) 任何不符合质量标准的药品或化妆品;

(b) 任何错标药品或化妆品,或任何假冒化妆品;

(bb) 任何掺假药或假冒药;

(c) 所要进口的任何药品或化妆品不符合进口许可证规定;

(d) 任何专利或专有权药品,在标签或容器上未按规定的方式,去展示所含活性组分的一览,也未能展示组分的真实构成和含量;

(e) 任何药品的陈述、设计、装置,或以其他任何手段,来不实宣称或主张能治愈、缓解疾病或有其他类似效果;

(ee) 在按照标注或建议的导引使用时,将导致不安全或危害的任何化妆品;

(f) 进口为依据本章制定规则所禁止的任何药品或化妆品。

但假如出于检查、检验、分析或为个人使用的目的,在符合规定条件的情况下,少量进口任何品种或类别的药品,不适用本款规定。

另外,中央政府可在咨询委员会之后,在官方公报上发布公告,允许在公告规定的任何具体条件下,进口不符合质量标准的任何品种或类别的药品。

10A　中央政府为了公共利益禁止药品和化妆品进口的权力

在不违反本章其他规定的情况下,如果中央政府确信任何药品或化妆品的使用,可能涉及对人或动物的任何风险,或者任何药品没有它宣称的治疗效果,或者所含成分及含量没有治疗方面的正当化依据,为了公共利益必需或作为权宜之计时,政府可以在官方公报上发布公告,禁止此类药品或化妆品的进口。

11　与海关相关的法律适用和海关官员的权力

(1) 与海关和货物相关的已生效的法律中,《1878年海关法》第18

条规定了进口的禁止，此规定应服从于本法第13条的规定，适用本章关于禁止进口的药品和化妆品的规定。依据《1878年海关法》[1]授权履行职责的海关关长和其他官员，对药品和化妆品应有同前述进口货物同样的权力。

（2）在不违反本条第（1）款规定的情况下，海关关长或中央政府就此授权的任何政府官员，当怀疑进口包装中含有本章禁止的任何药品或化妆品时，可扣押此进口包装，并立即将此扣押决定向印度药品管理局报告。如有必要，可将任何怀疑的药品包装或样品转送至中央药品实验室。

12 中央政府制定规则的权力

（1）为了让本章的规定起作用，中央政府在咨询委员会或听取委员会建议后，经由之前在官方公报的公告程序后，可以制定规则。

假设中央政府认为根据情况要求，有必要不经这样的咨询即制定规则，那么在规则制定后六个月内，应向委员会进行咨询，并对委员会就相应规则的任何修正建议加以考量。

（2）在不妨害普遍性的权力的前提下，这样的规则应——

（a）规定需进口许可证的药品或化妆品的品种或种类，规定许可的形式和条件、许可当局、支付费用，并规定在任何情况下，如果违反本章或依据本章制定规则的任何规定，可撤销与中止许可；

（b）规定在确定药品或化妆品是否符合质量标准时，使用怎样的检定或分析方法；

（c）对生物或有机金属物质，规定标准化单位或方法；

（cc）对本法第9A条第（d）款中为着色目的在药品中添加的色素加以规定；

（d）规定进口的药品不可以声称或宣称用以预防、治疗或缓和的疾

1 现可见《1962年海关法》。

病，不能声称或宣称自己不具有的效果；

（e）规定用于检验、检定、分析或个人使用，否则为本章规定所禁止的进口少量药品的条件；

（f）规定可以进口药品或化妆品的地点，禁止从其他地点进口药品或化妆品；

（g）要求在任何特定进口药品或药品类别上，清楚、准确地标明生产日期和失效期，禁止进口自生产日期起算已过有效期的药品；

（h）规制进口商的申请，保障中央药品实验室对药品或化妆品的取样以用于检验、检定或分析，如果检验、检定或分析涉及收费，则对收费加以规定；

（i）规定进口申请时，以随附文件或其他方式提供关于拟进口药品或化妆品质量的证据，海关官员处理这类证据的程序，以及在进口地等待入境的药品或化妆品的存放方式；

（j）对于只是出于运送目的，对进口后再经由印度出口的药品或化妆品，规定免除适用本章全部或部分规定的条件；

（k）规定包装进口药品或化妆品的瓶子、包装或其他容器所应遵守的条件，以及直接接触药品的包装材料的使用；

（l）规定出于销售目的进口药品或化妆品包装上的贴标签方式，并规定标签上应包括什么或不包括什么；

（m）规定在任何进口药品中可以加入或含有的任何有毒物质的极值，禁止进口有毒物质含量超过此比率的任何药品，并指明基于本章目的以及依据本章所制定规则要求，哪些物质将被认定为有毒的；

（n）对任何进口的药品以及含有此药品的专利或专有权药品，按照规定的方式，要求在其标签或包装上标明通用的科学名称；

（o）对于本章规定或依据本章制定的任何规则，针对任何特定的或特定类别的药品或化妆品，规定例外的条件，或对其部分或全部地免于适用。

13　违法行为

（1）任何人自己或其他人以他的名义进口——

（a）依据本法第9A条认定的任何掺假药，或依据本法第9B条认定的任何假冒药，或依据本法第9D条认定的任何假冒化妆品，或本法第10条第（ee）款中所提及性状的化妆品，将被处以三年以下的监禁，以及最高5 000卢比的罚金；

（b）除本条第（a）款提及的任何药品或化妆品外，进口本法第10条所禁止的，或依本章规定制定规则所禁止的药品或化妆品，将被处以六个月以下的监禁，或处以不超过500卢比的罚金，或两者合并适用；

（c）任何药品或化妆品违反依据第10A条发布公告中的要求，将被处以三年以下的监禁，或5 000卢比以下的罚金，或两者合并适用。

（2）无论谁犯有以下违法行为——

（a）如已有本条第（1）（a）或（1）（c）款的违法行为，而又再次犯有违反该条款行为的，将被处以五年以下的监禁，或10 000卢比以下的罚金，或两者合并适用；

（b）如已有本条第（1）（b）款的违法行为，而又再次犯有违反该条款行为的，将被处以一年以下的监禁，或1 000卢比以下的罚金，或两者合并适用。

（3）本条所规定的处罚，应与依据本法第11条对违规者的处罚予以叠加。

14　没收

当犯有任何应受本法第13条惩处的违法行为时，对交售的与违法行为相关的药品或化妆品应予以没收。

15　管辖权

任何低于城市治安法院或一等治安法院的法院，不得试图去施以本法第13条规定的刑罚。[1]

## 第4章　药品和化妆品的生产、销售和分发

16　质量标准

（1）就本章而言，“质量标准”一词意指——

（a）就药品而言，是药品所遵从的本法附表2中列出的标准；

（b）就化妆品而言，是化妆品遵从的已规定的标准。

（2）从本章的目的出发，中央政府在咨询了委员会之后，可在官方公报上发布公告，来对本法附表2中所列的标准予以增加或修正，公告期为三个月，公告期满后，附表2也应依据公告作相应的修正。

17　错标药

就本章的目的而言，如有以下情形之一，则被认为是错标药——

（a）其色泽、包衣、制粉或光亮程度足以隐藏带来的损害，或使其呈现出的疗效要比实际更高；

（b）未按照规定的方式贴标签；

（c）其标签、容器或附于药品的任何物品有任何虚假陈述，其设计或装置上有任何虚假宣称，或者在任何具体细节上有虚假或误导。

17A　掺假药

就本章的目的而言，如有以下情形之一，则被认为是掺假药——

（a）全部或部分含有任何污物、腐败物或腐烂物；

（b）在不卫生条件下制备、包装或储存，有可能被污染，或有可能危害健康；

---

1　印度有一等治安法院和二等治安法院之分，一等治安法院可以处以三年以下的监禁和5 000卢比以下的罚金，二等治安法院只能处以一年以下的监禁和3 000卢比以下的罚金。

（c）容器全部或部分由有毒或有害物质组成，可能导致内容物有损健康；

（d）仅出于着色目的，含有规定之外的色素添加剂；

（e）含有任何有害或有毒物质，可能损害健康的；

（f）和任何物质混合后，其质量或效价被削减的。

17B　假冒药

就本章的目的而言，如有以下情形之一，则被认为是假冒药——

（a）所生产的药品冠以其他药品之名；

（b）该药是另一种药品的仿造或替代品，或者以可能欺骗的方式类似于另一种药物，或者其标签或容器上即印有他种药品之名，除非它有明确且显著的标识足以表明其真正品质与他种药品性状的不同；

（c）标签或容器上所标明的药品生产个人或公司，是虚假的或不存在的；

（d）药品完全或部分被他种药品或物质替代；

（e）它宣称是某生产者的产品，而实际上不是该生产者的产品。

17C　错标化妆品

就本章的目的而言，如有以下情形之一，则被认为是错标化妆品——

（a）它含有规定中不曾含有的色素；

（b）它未按规定的方式贴标签；

（c）标签或容器或附于化妆品上的任何物品上，有任何虚假的陈述或对细节的误导。

17D　假冒化妆品

就本章的目的而言，如有以下情形之一，则被认为是假冒化妆品——

（a）冠以另一种化妆品之名生产；

（b）该化妆品是另一种化妆品的仿造或替代品，或者可能以欺骗的方式与另一种化妆品相似，或者其标签或容器上即印有他种化妆品之名，除非它有明确且显著的标识，足以表明其真正品质与他种化妆品性状的不同；

（c）标签或容器上所标明的化妆品生产个人或公司，是虚假的或不存在的；

（d）它宣称是某生产者的产品，而实际上不是该生产者的产品。

17E　掺假化妆品[1]

就本章的目的而言，如有以下情形之一，则被认为是掺假化妆品——

（a）全部或部分含有任何污物、腐败物或腐烂物；

（b）在不卫生的条件下制备、包装或存放，有可能被污染，或可能危害健康；

（c）容器全部或部分由有毒或有害物质组成，可能导致内容物有损健康；

（d）仅出于着色目的，含有规定之外的色素添加剂；

（e）含有任何有害或有毒物质，可能损害健康；

（f）和任何物质混合后，其质量或效价被削减的。

18　禁止特定药品或化妆品的生产和销售

从邦政府在官方公报上确定之日起，任何人自己或代表他的人不应——

（a）为了销售、分发、储存、展示、要约出售而生产[2]或分发——

（i）任何不符合质量标准的，或标签错误的、掺假的、假冒的药品；

（ii）任何不符合质量标准的，或标签错误的、假冒的化妆品；

（iii）任何专利药品或专有权药品，在标签或容器上未按规定的方

1　该条由2008年26号法案第5条增设，2009年8月10日生效。

2　由1982年68号法案第14条修改，1983年2月1日生效。

式，去展示其真实配方或活性成分列表，也未能说明相应成分的含量；

（iv）任何药品的陈述、设计、装置，或以其他任何手段，来不实宣称或主张能治愈、缓解疾病，或有其他类似效果；

（v）当按照导引指示或建议的方式使用时，将导致不安全或危害的任何化妆品；

（vi）任何药品或化妆品，违反了本章或依据本章制定规则的任何规定；

（b）对进口或生产的药品或化妆品，进行销售、储存、展示、要约出售或分发，而有任何违反本法或依据本法制定规则的行为；

（c）为了销售、储存、展示、要约出售进行药品或化妆品的生产或分发，当依据本法基于此目的颁发了许可证，并按照许可证规定的条件生产时除外。

如出于检验、检定或分析的目的，在符合规定条件的情况下生产少量药品，则不适用本款规定。

另外，中央政府可在咨询委员会之后，在官方公报上发布公告，允许在公告规定的任何具体条件下，生产或分发不符合质量标准的任何药品或任何类别的药品，以用于销售、储存、展示、要约出售。

18A　披露生产商等名称

任何人，若非药品或化妆品的生产商或分销代理商，应依要求向检查员披露，他从何人手中获得药品或化妆品，其人名称、地址和其他详细信息为何。

18B　记录的保有和信息的提供

依据本法第18条（c）款规定持有许可的每个人，应依规定保存和维护记录、登记册和其他文件，而且当官员或当局为了履行本法目的要求此信息时，许可持有人应向依照本法履行权力或职能的任何官员或当局提供相应信息。

19　抗辩

（1）除本款下文另有规定外，在本款的以下规定中，在依据本章的起诉中，就被告所被指控的违法行为或其生产、进口的情况而言，即使证明被告不知道药品或化妆品的性状、物质或质量，或者购买者只是出于检验或分析的目的，也不构成抗辩。

（2）基于本法第18条的目的，不得仅因以下事实而将药品视为错标药、掺假药、假冒药或低于质量标准的药，也不得因此将化妆品视为标签错误的或低于质量标准的化妆品——

（a）向其中加入某些无害的物质或组分，因为这些物质或成分是在药品或化妆品生产或制备的过程中，为了适于运输或消费而加入，并且不会增加药品或化妆品的体积、重量或规格，也不会用以掩饰质量的低劣或其他方面的缺陷；或者

（b）在生产、制备或运送过程中，某些外来物质不可避免地混杂其中：当供应商或分销商知晓此类混杂时，此条将不适用于药品或化妆品的任何销售或分销。

（3）一个人若既非药品或化妆品的生产商，也非生产商的分销代理人，如果他能证明如下事项，则不构成对第18条的违反——

（a）其从获得适当许可的生产商、分销商或经销商处获得药品或化妆品；

（b）其不知道，而且即使尽了合理注意义务，也无法确证药品或化妆品有任何方面违反了本法第18条的规定；

（c）在其持有药品或化妆品期间，已妥善储存，令其保有与他获得药品或化妆品时同样的状态。

20 政府分析师

（1）邦政府可以在官方公报上发布公告，将它认为合适的、符合规定条件的人任命为政府分析师，令其就公告规定的范围，在邦范围内处理关乎特定品种、特定类别的药品、化妆品事项。

（2）中央政府也可以在官方公报上发布公告，将它认为符合规定条

件的合适的人任命为政府分析师，令其就公告规定的范围内处理关乎特定品种、特定类别的药品、化妆品事项。

（3）尽管有该条第（1）（2）款的规定，但无论中央政府还是邦政府在获得官员所供职政府机构同意之前，不得任命任何政府官员出任政府分析师。

（4）依据本条第（1）（2）款规定任命的政府分析师，在药品或化妆品的进口、生产或销售方面，不应有任何财务方面的利益。

21　检查员

（1）中央政府或邦政府可以在官方公报上发布公告，任命它认为合适的、符合规定条件的人为检查员，中央政府或邦政府可以视情况而定，指派检查员在相关领域完成相应的任务。

（2）就特定品种或类别的药品或化妆品而言，对于检查员可以行使的权力和需履行的义务，以及为行使权力和履行义务施加的条件、限制或约束，应加以规定。

（3）依据本条任命的检查员，在药品或化妆品的进口、生产或销售方面，不应有任何财务方面的利益。

（4）每名检查员都被认为是《印度刑法典》第21条意义上的公务员，由政府指定的主管机构来任命检查员，检查员应正式服从此主管机构管理。

22　检查员的权力

（1）根据本法第23条以及中央政府就此制定的任何规则，检查员在他被任命的地域范围内，可以——

（a）检查——

（i）任何药品或化妆品的生产场所，以及用来对药品或化妆品加以检定或标准化的场所；

（ii）销售、储存、展示、要约销售或分发任何药品或化妆品的任何场所；

（b）对任何药品或化妆品取样，包括——

（i）正在生产、销售、储存、展示、要约销售或分发的任何药品或化妆品；

（ii）从任何正在运输、递送或准备将药品、化妆品递送给购买者或收货人的人那里取样；

（c）在任何合理的时间，检查员认为如有必要时可获得以下的支持——

（i）当检查员有理由相信，任何人藏匿了药品或化妆品，构成了违反本章规定的违法时，可对其加以搜查；

（ii）他有理由相信，在任何场所，发生或正在发生违反本章规定的违法，可进入和搜查；

（iii）对用于运载违反或正在违反本章规定的任何药品或化妆品的车辆、船舶或其他交通工具，有权唤停并搜查。

对已犯或正犯违法行为的药品或化妆品持有人的要求，应以书面形式做出。扣押处置药品或化妆品的期间应不超过20日。除非药品或化妆品的持有人能消除其违法行为，否则应没收储存的违法药品或化妆品，以及用于违法行为的任何物质或物品。

（cc）对本条第（c）款所指称的任何人或任何场所、车辆、船舶或其他交通工具，有权对其记录、簿册、文件以及发现的任何其他材料进行检查。如果他有理由相信，这将构成依据本法或据此制定规则判定的应受惩罚罪行的证据，那么还可扣留这些材料；

（cca）当有理由相信任何人已经或正在实施违反本章的行为时，有权要求其提供为了销售、储存、展览、要约销售、分发而生产的任何记录、簿册或其他文件；

（d）行使诸如此类的其他的必要权力，以保障实现本章或据此制定规则的目的。

（2）《1973年刑事诉讼法》第94条关于任何搜查或扣押应获得委

任状的规定,也适用于本章的任何搜查或扣押。

(2A)依据本条(cc)款或(cca)款规定扣押或要求提交的任何记录、簿册或其他文件,应在扣押或提交的20日内,按照扣押或提交时原样返还。根据情况需要,可按照规定的方式,制作副本或提取摘要,并让当事人签字。

(3)如果任何人故意阻碍检查员行使本章赋予的权力,或拒绝提供本条第(1)条(cca)款规定的任何记录、簿册或其他文件,将被处以三年以下的监禁,或被处以罚金,或两者合并适用。

23　检查员的程序

(1)当检查员对任何药品或化妆品取样时,他应给出合理的价格,并出具收款的书面凭证。

(2)当本条第(1)款给出的价格被拒绝,或检查员依据本法第22条第(c)款扣押储存的任何药品或化妆品时,他应按规定形式提交收据。

(3)当检查员基于检定或分析的目的对药品或化妆品取样时,他应以规定的书面形式,向被取样一方表明此目的,除非被取样一方故意不在场,否则应在其在场的情况下,将样品分成四份,并有效密封,加以适宜的标记,还可允许被取样人对所有样品或某份样品添加自己的封条或标记。

如果样品采自药品或化妆品的生产场所,只需将样品分为三份即可。

进一步地,如果药品或化妆品由小容量容器制成,则不必按前述方法取样。当药品或化妆品容易变质或因暴露而受损时,应视具体情况将样品分为三份或四份,并加以适宜的标记,在必要时密封。

(4)检查员应视情况之需,将分割后的一份样品或一个容器返还给被取样人,检查员应保留剩余部分,并遵循以下规定处置——

(i)应将一份样品或一个容器即刻交给政府分析师用于检定或分析;

（ii）当有涉及药品或化妆品的诉讼时，应将第二份提交给法院；

（iii）应将第三份送交给依据本法第18A条披露姓名、地址和其他详细信息的人。

（5）当检查员依据本法第22条第（c）款采取任何行动时——

（a）他应尽一切努力，来查明药品或化妆品是否违反了本法第18条的任何规定，如果查明药品或化妆品没有违反规定，应立即撤销依据第22条第（c）款发布的命令，或者视情况采取必要的行动，返还扣押的物品；

（b）如果他扣押药品或化妆品，应尽快告知司法法院以获得司法法院的保全令状；

（c）在不会给诉讼制度带来任何妨害的前提下，如果被指控的违法行为有瑕疵，可以为药品或化妆品的持有人补正，那么当检查员认为瑕疵已补正并达到要求时，可依据前述条款即刻撤销命令。

（6）当检查员依据第22条第（1）（cc）款扣押任何记录、簿册或其他任何材料时，应尽快告知司法法院，以获得司法法院的保全令状。

24　个人有义务披露药品或化妆品生产或存放的地点

在检查员的要求下，作为药品或化妆品生产场所或销售、分销的存储场所的负责人，有向检查员披露药品或化妆品生产或存储地点的法律义务。

25　政府分析师的报告

（1）政府分析师收到依据本法第23条第（4）款提交的用以检定或分析的任何药品或化妆品样品后，应按规定的形式，以一式三份的形式，向检查员交付签字的报告。

（2）收到政府分析师报告的检查员，应将一份报告副本交给被取样人；如果存在依据本法第18条披露姓名、地址和其他详细信息的人时，应给其另一份报告副本；应保留第三份报告副本，以备和样品有关的诉讼之用。

（3）政府分析师签署的属于报告的任何文件，将作为文件中所陈述事实的证据。除非被取样人或依本法第18A条被披露姓名、地址和其他详细信息的人，在收到报告28日内，以书面形式告知检查员，或向法院提起诉讼，意图举证以推翻报告，否则文件即具有确凿的证据效力。

（4）除非样品已为中央药品实验室检定或分析，否则当某人依据本条第（3）款意图通过举证推翻政府分析师出具的报告时，法院可以行使自己的裁量权，根据自己的动议，也可根据原告或被告的请求，依据本法第23条第（4）款的要求，将药品或化妆品样品提交给前述实验室进行检定或分析，检定或分析报告应有中央药品实验室主任的签名或认可，这样的报告，将是其所陈述事实的确凿证据。

（5）依据本条第（4）款由中央药品实验室进行检定或分析的费用，由法院指令原告或被告承担。

26　药品或化妆品的购买者能够请求检验或分析

任何人，或被认可的消费者团体，而无论个人是否该消费者团体的成员，[1]在按规定方式提交申请、支付规定费用后，有权就其购买的任何药品或化妆品提请政府分析师进行检验或分析，并会收到一份由政府分析师签发的检验或分析报告。

解释[2]——基于本条以及本法第32条的目的，“被认可的消费者团体”意指依据《1956年公司法》或其他任何已生效法律登记的自愿消费者团体。

26A　中央政府为了公共利益禁止药品和化妆品的生产等权力[3]

在不违反本章其他任何规定的情况下，如果中央政府确信任何药品或化妆品的使用，可能涉及对人或动物的任何风险，或者任何药品没

1　“或被认可的消费者团体，而无论个人是否该消费者团体的成员”一句，由1986年71号法案第2条插入，1987年9月15日生效。

2　该解释由1986年71号法案第2条添加，1987年9月15日生效。

3　由1982年68号法案第21条增设，1983年2月1日生效。

有它宣称的治疗效果，或者所含有成分及含量没有治疗方面的正当化依据，为了公共利益的必需或作为权宜之计时，政府可以在官方公报上发布公告，禁止此类药品或化妆品的生产、销售或分发。

26B　中央政府为公共利益规制或限制药品生产等权力[1]

在不违反本章其他任何规定的情况下，如果中央政府确信，对于应对因流行病或自然灾害引起的紧急情况而言，某种药品必不可少，且为了公共利益的必需或作为权宜之计时，政府可以在官方公报上发布公告，规制或调控该药品的生产、销售或分发。

27　对违反本章药品生产、销售等规定的处罚

无论谁，无论是自己还是让其他人以自己的名义，为了销售、分发、储存、展示、要约销售而生产——

（a）任何依据本法第17A条认定的掺假药或依据本法第17B条认定的假冒药，或者当任何人为了诊断、治疗、缓解或预防任何疾病或不适而服用药品，却单单因为此药品系掺假药、假冒药或不符合质量标准而死亡，或可能对其身体造成相当于《印度刑法典》第320条意义上的严重伤害时，根据具体情况，可处以十年以上监禁，最高可处以终身监禁，并处以100万以上卢比或没收药品价值的三倍的罚金，两者以较高者为准。

但对依本条被定罪的人收取的罚金，须支付给曾使用本条所指的掺假药或假冒药的人，以作为补偿。

进一步地，若曾使用本条所指的掺假药或假冒药的人因用药而死亡，则对依本条被定罪的人收取的罚金，须支付给死者的亲属。[2]

解释[3]——基于本款第2个但书目的，“亲属”意指——

---

1　由2008年26号法案第5条增设，2009年8月10日生效。

2　两条但书由2008年26号法案第6条（i）款（C）项添加，2009年8月10日生效。

3　该解释由2008年26号法案第6条（i）款（C）项添加，2009年8月10日生效。

（i）受害死者的配偶；

（ii）未成年婚生子女及丧偶的母亲；

（iii）未成年受害死者的父母；

（iv）受害人去世时仍完全依靠受害人收入生活的年满18岁的子女；

（v）以下在受害人去世时完全或部分依靠受害人收入生活的人——

ⓐ 父母；

ⓑ 未成年兄弟或未婚姐妹；

ⓒ 丧偶的儿媳；

ⓓ 丧偶的姐妹；

ⓔ 已故儿子的未成年子女；

ⓕ 已故女儿的未成年子女（如果该子女的父母均已去世）；

ⓖ 祖父母（如果受害死者父母均已去世）；

（b）任何药品——

（i）依据本法第17A条被认定为掺假药，而未落在本条第（a）款的范围内时，或

（ii）没有第18条第（c）款要求的有效许可证时。应被处以三年以上五年以下的监禁，并处10万卢比以上或没收药品价值的三倍的罚金，两者以较高者为准。[1]

如果法院有任何充分和特别的理由，可在判决中载明，对其可处以三年以下的监禁和10万卢比以下的罚金。[2]

（c）任何药品依据本法第17B条认定为假冒药，但未落在本条第（a）款的范围内时，可处以七年以上监禁，最高可处以终身监禁，并处30

---

1　原为“一年以上三年以下的监禁和不少于5 000卢比的罚金”，由2008年26号法案第6条第（ii）款（A）项修改，2009年8月10日生效。

2　原为“一年以下的监禁和5 000卢比以下的罚金”，由2008年26号法案第6条（ii）款（B）项修改，2009年8月10日生效。

万以上卢比或没收药品价值三倍的罚金，两者以较高者为准。[1]

如果法院有任何充分和特别的理由，可在判决中载明，对其可处以三年以上七年以下的监禁和10万卢比以下的罚金[2]。

(d) 任何药品，不包括本条第(a)(b)(c)款中涉及的药品，违反本章任何其他规定或据此制定任何规则时，将被处以一年以上两年以下的监禁，并处两万卢比以上的罚金。[3]

如果法院有任何充分和特别的理由，可在判决中载明，可对其处以一年以下的监禁。

27A　对违反本章化妆品生产、销售等规定的处罚

无论谁，无论是自己还是让他人以自己的名义，为了销售、分发、储存、展示、要约销售而生产——

(i) 任何依据本法第17C条认定的假冒化妆品，或依据第17E条被认定为掺假的化妆品，将被处以三年以下的监禁，并被处以五万卢比以上或没收化妆品价值三倍的罚金，两者以较高者为准；

(ii) 任何违反本章规定或据此制定规则，而不在第(i)款所指涉范围内的化妆品，将被处以一年以下的监禁，或被处两万卢比以下的罚金，或两者合并适用。[4]

28　对不披露生产商等名称的处罚

任何人违反本法第18A条或第24条[5]规定，将被处以一年以下的监禁，或被处以两万卢比以上的罚金，或两者合并适用。[6]

28A　对不保存文件、不披露信息等的处罚

1　由2008年26号法案第6条(iii)款(A)项修改，2009年8月10日生效。

2　由2008年26号法案第6条(iii)款(B)项修改，2009年8月10日生效。

3　原为"并处罚金"，由2008年26号法案第6条(iv)款修改，2009年8月10日生效。

4　第(i)和(ii)款由2008年26号法案第7条修改，2009年8月10日生效。

5　"或第24条"由1982年26号法案第23条增加，1983年1月2日生效。

6　由2008年26号法案第7条修改，早先曾由1982年68号法案修改。

任何人如无合理的理由或借口，违反第18B条的规定时，将被处以一年以下的监禁，或被处以不低于两万卢比的罚金，或两者合并适用。[1]

28B 对违反第26A条规定从事药品和化妆品的生产等的处罚

任何人，无论是自己还是让他人以自己的名义，违反依据本法第26A条所发布公告的规定，生产、销售或分销任何药品或化妆品时，将被处以三年以下的监禁，同时被处以5 000卢比以下的罚金。

29 对将政府分析师的报告用于广告的处罚

无论谁，将中央药品实验室或政府分析师的任何检定、分析报告或此类报告的摘录，用于药品或化妆品广告，将被处以500卢比以下的罚金。

30 对再次违法行为的处罚

（1）任何人如已犯有违法行为——

（a）已犯有第27条第（b）款的行为，再次犯有违反该款的行为，将被处以七年以上十年以下的监禁，并被处以20万卢比以上的罚金。[2]

如果法院在判决中可载明任何充分和特别的理由，可对其处以七年以下的监禁，并处10万卢比以下的罚金。[3]

（b）已犯有第27条第（c）款的行为，再次犯有违反该款的行为，将被处以十年以下的监禁，最高可至终身监禁，并处以30万卢比以上的罚金。[4]

---

1 原为“或被处以1 000卢比以下的罚金，或两者合并适用”，由2008年26号法案第7条修改，2009年8月10日生效。

2 原为“两年至六年的监禁和一万卢比以上的罚金”，由2008年26号法案第11条（a）（i）（A）款修改，2009年8月10日生效。

3 原为“两年以下的监禁和一万卢比以下的罚金”，由2008年26号法案第11条（a）（i）（B）款修改，2009年8月10日生效。

4 原为“六年以下但可延至十年的监禁和一万卢比以上的罚金”，由2008年26号法案第11条（a）（ii）款修改，2009年8月10日生效。

（c）已犯有第27条第（d）款的行为，再次犯有违反该款的行为，将被处以两年以上四年以下的监禁，或被处以五万卢比以上的罚金，或两者合并适用。[1]

（1A）无论谁被指控违反第27A条规定，如有再次违反该条规定的行为，将被处以两年以下的监禁，或被处以2 000卢比[2]以下的罚金，或两者合并适用。

（2）无论谁，如已有违反第29条的违法行为，如再次违反同一条款，将被处以两年以下监禁，或被处以一万卢比以上的罚金，或两者合并适用。[3]

31　没收

（1）当任何人被判违反本章任何规定，或违反据此制定规则的具体规定时，如有以下情形之一，应对储存的药品或化妆品予以没收——

（i）生产依本法第17条认定的错标药，依第17A条认定的掺假药或依第17B条认定的假冒药；或

（ii）为了销售、分发、储存、展览或要约销售药品而进行生产，或分发，却无第18条第（c）款要求的有效许可证。

任何在此生产、销售或分发中使用的器具或机器，或装有此药品的任何容器、包装或材质，以及用于运输药品的任何动物、车辆、船舶或其他交通工具，都应被没收。

（2）在不影响第31条第（1）款的情况下，如果法院在检查员的申请或其他情况下，以及经必要的调查，认为产品是不符合质量标准的药品或化妆品，或系标签错误、掺假或假冒的药品，或系标签错误或假冒的

1　原为“5 000卢比以上的罚金”，由2008年26号法案第11条（a）（iii）款修改，2009年8月10日生效。

2　原为“1 000卢比”，由1982年68号法案第25条修改，1983年2月1日生效。

3　原为“十年以下的监禁，或罚金，或两者合并适用”，由2008年26号法案第11条（b）款修改，2009年8月10日生效。

化妆品时，可根据具体情况，对此类药品或化妆品予以没收。

31A　本章规定对政府部门的适用

除第31条外，本章规定不仅适用于其他任何人对药品的生产、销售或分发，而且同样适于任何政府部门对药品的生产、销售或分发。

32　违法行为的认定[1]

（1）除以下主体外，任何人不得依据本章提起诉讼——

（a）检查员；

（b）中央政府或邦政府根据其一般或特别命令书面授权的、在公报上被宣布任命的官员；

（c）受害人；

（d）被认可的消费者团体，无论个人是否团体成员。

（2）除本法另有规定外，任何低于城市治安法院或一等治安法院的法院不得试图去施以本章规定的处罚。

（3）本章中所包含的任何内容，不应被视为阻止任何人依据其他任何法律，对违反本章的违法行为或不作为提起诉讼。

32A　法院起诉生产商等的权力

在依本章对指控的任何违法行为加以审理的任何时段，当指控的违法者并非药品或化妆品的生产商或代理分销商时，如果法院根据提交的证据，确信这样的生产商或代理商也和违法行为有关时，尽管有《1973年刑事诉讼法》第319条第（1）(2)(3）款[2]的规定，法院还是可以与第32条规定类似的诉讼途径，对这样的生产商或代理商提起诉讼。

32B　某些违法行为的和解[3]

（1）尽管有《1973年刑事诉讼法》的规定，根据本法第13条第（1）

1　第（1）条和第（2）条由2008年26号法案第12条修改，2009年8月10日生效。

2　由1982年68号法案第28条修改，1983年2月1日生效。

3　该条由2008年26号法案第13条增设，2009年8月10日生效。

(b)款、第28条和第28A条应受惩罚的任何违法行为(无论是由公司还是其工作人员实施的),不属于仅可判处监禁或监禁兼罚金的违法行为。在任何起诉指令提出前后,可由中央政府或邦政府,或在这方面获得政府授权的任何官员,决定在其向中央政府或邦政府支付其要求的款项后,予以和解处理,款项金额依该政府为此制定的规则而定。

但在任何情况下,该金额不得超过本法对此违法行为可能处以的最高罚金数额。

另外,对于再次违法行为不得予以和解。

(2) 当被告人已被交付审判,或已被定罪且上诉待决时,未经其被交付的法院或审理上诉的法院(视情况而定)允许,不得对违法行为予以和解。

(3) 如果已根据第(1)款进行和解,则不得再就该违法行为对违法者提起诉讼或继续进行诉讼,如果犯罪人被拘留,则应立即释放。

33　中央政府制定规则的权力

(1) 为了让本章的规定起作用,中央政府在咨询委员会或听取了委员会建议之后,在经过之前的官方公报公告程序后,可以制定规则。

假设中央政府认为情况所需,需要不经这样的咨询即制定规则,那么在规则制定后六个月内应向委员会进行咨询,并对委员会就相应规则的任何修正建议予以考量。

(2) 在不妨害普遍性的权力的前提下,这样的规则应——

(a) 规定建立实验室以进行药品或化妆品的检验和分析;

(b) 规定政府分析师的资格条件与职责,以及检查员的资格条件;

(c) 规定在确定药品或化妆品是否符合质量标准时使用的检验或分析方法;

(d) 对生物或有机金属物质,规定标准化单位或方法;

(dd) 对本法第17A条第(d)款中为着色目的在药品中添加的色素加以规定;

（dda）对本法第17E条第（d）款中出于着色目的在化妆品中添加的色素加以规定；[1]

（e）规定基于销售或分发目的，针对特定品种、种类的药品或化妆品，规定生产或销售许可证样式，规定许可申请表格式、颁发许可的条件、许可当局、许可当局的适格性、[2]许可收费，以及当违反本章任何规定或据此颁布规则，或未符合所颁发许可证所限定的任何条件时，对此类许可的撤销与中止；

（ee）规定依据本法第18B条需保有的记录、簿册或其他文件；

（eea）规定基于颁发或延续许可目的，对正生产或打算生产任何药品或化妆品的场所进行检查的收费；

（eeb）规定依据本法第22条第（2A）款制作副本并让当事人核实的方式；

（f）规定药品不可以声称或宣称的预防、治疗或缓和的疾病、不适以及其他此类效果；

（g）规定基于检视、检验、分析目的而生产少量药品的条件；

（h）要求在任何特定品种或类别的药品标签或容器上，清楚、准确地标明生产日期和失效期，禁止销售、储存、展示、分发已过有效期的药品；

（i）规定包装药品或化妆品的瓶子、包装或其他容器所应遵守的条件，以及直接接触药品的包装材料的使用，禁止销售、储存、展示或分发违反此条件包装的药品或化妆品；

（j）规制药品或化妆品包装上贴签的模式，规定标签上应规定什么，不规定什么；

1　由2008年26号法案第14条第（i）款增设，2009年8月10日生效。

2　由1982年68号法案第29条添加，1983年2月1日生效。

（k）规定在任何药品中可以加入或含有的任何有毒物质的最高比率，禁止生产、销售、储存、展览或分发有毒物质含量超过此比率的任何药品，并规定基于本章目的以及据此制定规则要求，哪些物质将被认定为有毒的；

（l）对任何特定药品以及含有此特定药品的专利或专有权药品，按照规定的方式，要求在其标签或包装上标明通用的科学名称；

（n）规定检查员的权力和义务，规定检查员的适格主管部门，规定行使权力或履行义务所需的条件、限制或约束；

（o）规定政府分析师出具报告的形式，以及依据本法第26条申请检验或分析的方式，以及为此支付的费用；

（p）规定违反本章或据此制定任何规则，而构成依据本法第31条发布没收命令的违法行为；

（q）对于本章规定或依据本章制定的规则，针对任何特定类别或品种的药品或化妆品，规定例外的条件，或对其部分或全部地免于适用；

（r）第32B条中中央政府可以规定的金额。

33A　本章不适用于阿育吠陀、悉达或尤那尼药品

除了本章另有规定的以外，本章的任何内容均不适用于阿育吠陀、悉达或尤那尼药品。

## 第4(A)章　关于阿育吠陀、悉达或尤那尼药品的规定

33B　第4(A)章的适用范围

本章只适用于阿育吠陀、悉达或尤那尼药品。

33C　阿育吠陀、悉达或尤那尼药品技术咨询委员会

（1）中央政府应在官方公报上发布公告，并在公告中规定被称为"阿育吠陀、悉达或尤那尼药品技术咨询委员会"的委员会开始发挥作用的日期，就因本法产生的技术事项向中央政府和邦政府提供咨询，并

履行本法所赋予的其他职能。

（2）委员会应包括如下相应委员——

（i）健康服务部部长，当然委员；

（ii）印度药品管理局局长，当然委员；

（iii）卫生部中负责印度药品管理的主官，当然委员；

（iv）位于加尔各答的中央药品实验室主任，当然委员；

（v）由中央政府提名的，依据本法第33F条拥有资格的一位政府分析师；

（vi）中央政府提名的生药学家一人；

（vii）中央政府提名的植物化学家一人；

（viii）中央政府提名的四人，两人来自阿育吠陀药典委员会，一人来自悉达药典委员会，一人来自尤那尼药典委员会；

（ix）由中央政府提名的，来自阿育吠陀生命元素概论和草药药理领域的一名教师；

（x）由中央政府提名的在ILM-UL-ADVIA和TAKLIS-WA-DAWA-SAZI传统医学领域的一名教师；

（xi）由中央政府提名的在Gunapadam传统医学领域的一名教师；

（xii）由中央政府提名的三人，阿育吠陀、悉达、尤那尼药品产业各一人；

（xiii）由中央政府提名的三人，阿育吠陀、悉达、尤那尼药的药剂师各一人。

（3）中央政府应任命委员会一名委员为主席。

（4）被提名的委员会委员任期为三年，但有资格被再次提名。

（5）在获得中央政府事前批准后，委员会可以制定内部规则，确定与会法定人数，对自身的程序以及所办理的各项事务加以规制。

（6）尽管委员会委员可能有任何空缺，委员会的职能应不间断地连续履行。

（7）中央政府应任命一人作为委员会的秘书长，中央政府应向委员会提供这类工作人员和其他人为必要的人员。

33D　阿育吠陀、悉达或尤那尼药品顾问委员会

（1）中央政府可以建立一个名为“阿育吠陀、悉达或尤那尼药品顾问委员会”的咨询委员会，就为让本法有关阿育吠陀、悉达或尤那尼药品的事项能在印度得到始终如一的实施，向中央政府、邦政府和阿育吠陀、悉达或尤那尼药品技术咨询委员会提出建议。

（2）阿育吠陀、悉达或尤那尼药品顾问委员会应包括两名由中央政府提名的人作为中央政府的代表，相关的每个邦政府可提名不多于一名的代表。

（3）当中央政府有要求时，阿育吠陀、悉达或尤那尼药品顾问委员会应召开会议，该顾问委员会有权对自身程序加以规制。

33E　错标药[1]

就本章的目的而言，如有以下情形之一，一个阿育吠陀、悉达或尤那尼药品将被认为是错标药——

（a）其色泽、包衣、制粉或光亮程度足以隐藏带来的损害，或使其呈现出的疗效要比实际更高或更强；

（b）未按照规定的方式贴标签；

（c）其标签、容器或附于药品的任何物品有任何虚假陈述，其设计或装置上有任何虚假宣称，或者在任何具体细节上有虚假或误导。

33EE　掺假药

就本章的目的而言，如有以下情形之一，一个阿育吠陀、悉达或尤那尼药品将被认为是掺假药——

（a）全部或部分含有任何污秽、腐败或降解物质；

（b）制备、包装或存放条件不卫生，有可能被污物污染，或可能危害

1　第33E条由1982年68号法案第31条修改，1983年2月1日生效。

健康；

（c）容器全部或部分由有毒或有害物质组成，可能导致内容物有损健康者；

（d）仅为了着色目的，含有规定之外的色素添加剂；

（e）含有任何有害或有毒物质，可能损害健康的；

（f）和任何物质混合后，其质量或效价被降低的。

解释——基于第33EE条第(a)款的目的，如果一个药品中的任何降解物质只是源于药品自然降解，假设这样的降解不是因为药品生产商或经销商的任何过失，而且这并未使得药品损害健康，那么不应认为该药品部分或全部包含任何降解物质。

33EEA　假冒药

就本章的目的而言，如有以下情形之一，一个阿育吠陀、悉达或尤那尼药品则被认为是假冒药——

（a）它冠以其他药品之名进行销售、要约销售或展览；

（b）该药是另一种药品的仿造或替代品，或者以可能欺骗的方式类似于另一种药物，或者其标签或容器上即印有他种药品之名，除非它有明确且显著的标识足以表明其真正品质与他种药品性状之不同；

（c）标签或容器上所标明的药品生产个人或公司，是虚假或不存在的；

（d）药品完全或部分被他种药品或物质替代；

（e）它宣称是某生产者的产品，而实际上不是该生产者的产品。

33EEB　对以出售为目的的生产阿育吠陀、悉达及尤那尼药品的监管

除非在有药品标准的情况下遵循了相应标准，否则任何人不得为出售或分发的目的，而生产任何阿育吠陀、悉达或尤纳尼药品。

33EEC　禁止特定阿育吠陀、悉达或尤那尼药品的生产和销售

自邦政府在官方公报上发布通告之日起，任何人，无论是自己还是代表他的人，都不应——

（a）为了销售或分发而生产——

（i）任何标签错误、掺假或假冒的阿育吠陀、悉达或尤那尼药品；

（ii）任何专利或专有权药品，在标签或容器上未按规定的方式，去展示其所含活性组分的一览；

（iii）任何违反了本章或据此制定规则规定的阿育吠陀、悉达或尤那尼药品；

（b）销售、储存、展示或要约销售的任何阿育吠陀、悉达或尤那尼药品，违反了任何本法或依据本法制定规则的规定；

（c）为了销售或分发而进行任何阿育吠陀、悉达或尤那尼药品的生产，当依据本法基于此目的颁发了许可证，并按照许可证规定的条件生产时除外。

但本条规定不适用于为自己的患者制造阿育吠陀、悉达或尤那尼药品的Vaidyas和Hakims两类医师。

假如是基于检查、检验、分析目的而生产少量的任何阿育吠陀、悉达或尤那尼药物，也不适用本条规定。

33EED 中央政府为了公共利益禁止阿育吠陀、悉达或尤那尼药品的生产等权力

在不违反本章其他任何规定的情况下，如果中央政府确信任何阿育吠陀、悉达或尤那尼药品的使用，可能给人或动物带来任何风险时，或者任何这类药品没有它宣称的治疗效果，为了公共利益必需或作为权宜之计时，政府可以在官方公报上发布公告，禁止此类药品的生产、销售或分发。

33F 政府分析师

（1）中央政府或邦政府可以在官方公报上发布公告，将认为合适的、符合规定条件的人，任命为政府分析师，令其在中央政府或邦政府根据具体情况指定的区域内任职。

（2）尽管有该条第（1）款的规定，但无论中央政府还是邦政府在获

得官员正供职政府机构同意之前，不得将任何供职于政府的官员任命为政府分析师。

（3）依据本条款规定任命的政府分析师，在药品的生产或销售方面不应有任何财务方面的利益。

33G　检查员

（1）中央政府或邦政府可以在官方公报上发布公告，任命它认为合适的、符合规定条件的人为检查员，令其在中央政府或邦政府根据具体情况指定的区域内任职。

（2）对检查员所享有的权力和所需履行的义务，以及对行使权力和履行义务施加的条件、限制或约束，应加以规定。

（3）依据本条任命的检查员，在任何药品的生产或销售方面不应有任何财务方面的利益。

（4）每名检查员都被认为是《印度刑法典》第21条意义上的公务员，由政府指定的主管机构来任命检查员，检查员应正式服从此主管机构管理。

33H　第22、23、24和25条的适用

本法第22、23、24和25条的规定，同时如有据此制定的任何规则，就如它们可适用于依据本法第4章任命的检查员和政府分析师一样，也可适用于依据本章任命的检查员和政府分析师。但需修改的是，前述章节中"药品"的概念应解释为"阿育吠陀、悉达或尤那尼药品"。

33I　对违反本章规定生产、销售阿育吠陀、悉达或尤那尼药品等的处罚[1]

无论谁，无论是自己还是让其他人以自己的名义——

（1）为了销售或分发而生产——

1　第33I条由1982年68号法案第33条修改，1983年2月1日生效。

(a) 任何阿育吠陀、悉达或尤那尼药品——

(i) 依据第33E条被视为是贴错标签的；

(ii) 依据第33EE条被认定为掺假的；或

(iii) 没有依据第33EEC条第(c)款获得有效许可的。将被处以一年以下的监禁，并被处以两万卢比以上或所没收药品价值三倍的罚金，以较高者为准。[1]

(b) 任何依据本法第33EEA条认定为假冒药的阿育吠陀、悉达或尤那尼药品，将被处以一年以上三年以上监禁，并被处以五万卢比以上或所没收药品价值三倍的罚金，以较高者为准。[2]

如果法院在判决中有可载明的任何充分和特别的理由，可处以一年以下的监禁，并处以五万卢比以下或所没收药品价值三倍的罚金，以较高者为准[3]；或者

(c) 任何违反依第33EED条发布的公告中规定的阿育吠陀、悉达或尤那尼药物，将被处以三年以下的监禁，并被处以五万卢比以下或所没收药品价值三倍的罚金，以较高者为准。[4]

(2) 违反了本章或第24、33H条或依据本章制定任何规则时，将被处以六个月以下的监禁，并处一万卢比以上的罚金。[5]

33J　对再次违法行为的处罚

任何人如已犯有违法行为——

(a) 已犯有第33I条第(1)(a)款的行为，再次犯有违反该款的行

---

1　第(a)款由2008年26号法案第15条第(a)(i)款修改，2008年8月10日生效。

2　原为“5 000卢比以上的罚金”，由2008年26号法案第15条第(a)(ii)款修改，2008年8月10日生效。

3　原为“5 000卢比以下的罚金”，由2008年26号法案第15条(a)第(ii)款修改，2008年8月10日生效。

4　第(c)款由2008年26号法案第15条第(a)(iii)款增设，2008年8月10日生效。

5　原为“三个月以下监禁，并处500卢比以上的罚金”，由2008年26号法案第15条第(b)(ii)款修改，2008年8月10日生效。

为，将被处以两年以下监禁，并被处以五万卢比以上或所没收药品价值3倍的罚金，以较高者为准；[1]

（b）已犯有第33I条第（1）(b）款的行为，再次犯有违反该款的行为，将被处以两年以上六年以下的监禁，并被处以十万卢比以上或所没收药品价值三倍的罚金，以较高者为准；[2]

如果法院在判决中有可载明的任何充分和特别的理由，可对其处以两年以下的监禁，并处以十万卢比以下或所没收药品价值三倍的罚金，以较高者为准。[3]

（c）已犯有第33I条第（2）款的行为，再次犯有违反该款的行为，将被处以一年以下的监禁，或被处以两万卢比以上或所没收药品价值三倍的罚金，以较高者为准。[4]

33K　没收

当依照本章规定判定任何人犯有违法行为时，其储存的相应阿育吠陀、悉达或尤那尼药品应被没收。

33KA　披露生产商名称等[5]

任何人，如果不是阿育吠陀、悉达或尤那尼药物的生产商或分销代理商，应依要求向检查员披露其获得阿育吠陀、悉达或尤那尼药物的人的姓名、地址及其他细节。

---

1　原为“2 000卢比以上的罚金”，由2008年26号法案第16条第（a）款修改，2008年8月10日生效。

2　原为“5 000卢比以上的罚金”，由2008年26号法案第16条第（b）款修改，2008年8月10日生效。

3　原为“5 000卢比以下的罚金”，由2008年26号法案第16条第（b）款修改，2008年8月10日生效。

4　原为“六个月以下监禁和1 000卢比以上的罚金”，由2008年26号法案第16条第（c）款修改，2008年8月10日生效。

5　由2008年26号法案第17条增设，2008年8月10日生效。

33KB　记录的保有和信息的提供[1]

依据本法第33EEC条(c)款规定持有许可的每个人,应依规定保存和维护记录、簿册和其他文件,而且当官员或当局出于履行本法目的要求此信息时,许可持有人应向依本法履行权力或职能的任何官员或当局提供相应信息。

33L　本章规定对政府部门的适用

除第33K条外,本章规定不仅适用于其他任何人对阿育吠陀、悉达或尤那尼药品的生产、销售或分发,也同样适用于任何政府部门对药品的生产、销售或分发。

33M　违法行为的认定[2]

(1)除依据第33G条第(4)款授权的检查员外,任何人不得依据本章提起诉讼。

(2)任何低于城市治安法院或一等治安法院的法院不得试图去施以本章规定的处罚。

33N　中央政府制定规则的权力

(1)为了让本章的规定起作用,中央政府在咨询委员会或听取委员会建议之后,在经过之前的官方公报公告程序后,可以制定规则。

假设中央政府认为情况要求必须不经这样的咨询即制定规则,那么在规则制定后六个月内应向委员会进行咨询,并对委员会就相应规则修正的任何建议予以考量。

(2)在不妨害普遍性的权力的前提下,这样的规则应——

(a)规定建立实验室以进行阿育吠陀、悉达或尤那尼药品的检验和分析;

(b)规定政府分析师的资格条件与职责,以及检查员的资格条件;

(c)规定在确定阿育吠陀、悉达或尤那尼药品是否含有如其所述成

1　由2008年26号法案第17条增设,2008年8月10日生效。

2　由1982年68号法案第34条修改,1983年2月1日生效。

分时的检定或分析方法；

（d）将任何物质界定为有毒物质；

（e）规定基于销售目的，针对阿育吠陀、悉达或尤那尼药品的生产许可证形式，规定许可申请形式、颁发许可的条件、许可当局、许可收费，以及当违反了本章任何规定或据此颁布规则，或未符合所颁发许可证所限定的任何条件时，对此类许可的撤销与中止；

（f）规定包装阿育吠陀、悉达或尤那尼药品的条件，以及直接接触药品的包装材料的使用，规定药品包装上贴标签的方式，并规定标签上应包括什么，不包括什么；

（g）规定基于检查、检验、分析目的而生产少量阿育吠陀、悉达或尤那尼药品的条件；

（gg）依据第33E条第（d）款，规定出于着色目的，阿育吠陀、悉达或尤那尼药品可以含有的色素；

（gga）依据第33EEB条，规定阿育吠陀、悉达或尤那尼药品标准；

（ggb）依据第33KB条，规定应保存和维护的记录、簿册或其他文件；[1]

（h）依据本章要规定或可规定的任何事项。

33O　修正附表1的权力

基于本章的目的，中央政府在咨询委员会之后，可在官方公报上发布公告，来对本法附表1予以增加或修正，公告期为三个月，公告期满后，也应依据公告对附表1做相应的修正。

## 第5章　杂项

33P　发布指令的权力

为了让本法中的任何规定或依据本法做出的任何规则或命令对邦

1　由2008年26号法案第18条修改，2008年8月10日生效。

起作用，中央政府在认为必要的情况下，可向任何邦政府发布指令。

34　公司的违法行为

（1）当公司违反本法的规定时，在违法行为发生时的公司负责人和直接责任人，以及公司本身都将被判违法，都将被提起诉讼，科以相应的惩罚。

如果他证明对违法行为不知情，或者他尽了所有注意义务以防止违法行为的发生，本款的任何内容都不应使其受到任何惩罚。

（2）尽管有本条第（1）款的规定，当公司有违反本法的行为，而且证明违法行为归因于公司任何董事、经理、秘书或其他公司人员的同意、默许或过失时，这些主管、经理、秘书或其他公司人员将被判违反本法的行为，将被提起诉讼，并被处以相应的惩罚。

解释——基于本条的目的——

（a）“公司”意指法人，包括企业以及其他个人的集合；

（b）就企业而言，“董事”意指企业中的合伙人。

34A　政府部门的违法行为

当政府任何部门犯有违反本法第4章或第4A章规定的违法行为时，中央政府明确规定的药品生产、销售或分发的主管部门，将被判定违法，并被提起诉讼，被科以相应的惩罚。当没明确规定主管部门时，政府部门的首长将被判定违法，并被提起诉讼，被科以相应的惩罚。

如果主管部门或相应个人证明对违法行为不知情，或者尽了所有注意义务以防止违法行为的发生时，本款的任何内容都不应使任何这样的部门或个人受到任何惩罚。

34AA　对无理搜查或扣押的惩罚

任何依据本法或据此制定规则行使权力的检查员——

（a）没有合理的怀疑理由，对任何地点、车辆、船舶或其他交通工具进行搜查的；或

(b) 过度且不必要地搜查任何人；或

(c) 过度且不必要地扣押任何药品或化妆品，或任何物质或物品，或任何记录、账簿、文件或其他资料；或

(d) 没有任何理由相信，检查员的其他任何行为为他履行职责所必需时，给任何人造成伤害，将被处以1 000卢比以下的罚金。

35　对依本法判决的公布

(1) 如果根据本法判决任何人违法，那么法院可以在判决生效之前，依检查员的申请，在报纸上或按法院指示的方式，公布违法者的姓名、居住地、违法行为、所被科处的惩罚，公布成本由违法者承担。

(2) 公布的成本也被认为是违法成本的一部分，应以与收回这些成本相同的方式，来收回公布的成本。

36　治安法院处罚权力的增加

尽管有《1973年刑事诉讼法》的规定，城市治安法院或一等治安法院依据本法做出超出《1973年刑事诉讼法》规定的权力范围外的判决，是合法的。

36A　对特定违法行为尝试简易判决[1]

尽管有《1973年刑事诉讼法》的规定，但除本法第36AB条规定的由特别法院审理的或根据本法由最高法院审理的违法行为外，[2]以及除第33I条第(1)(b)款下的违法行为外，对于依本法判定的所有不超过三年监禁的徒刑，都可由邦政府授权的一等治安法院或城市治安法院来尝试简易审判，在可能的情况下，前述《1973年刑事诉讼法》第262条至第265条的规定适用于简易判决。

假如按照本条所述简易程序进行判决，治安法官可判处一年以下的监禁。

1　由1982年68号法案第38条增设，1983年2月1日生效。

2　由2008年26号法案第19条修改，2008年8月10日生效。

假如在依据本条所述简易判决开始或进行过程中，治安法官认为根据案件性质可能需要做出一年以上监禁的罚决，或出于任何其他理由不希望对案件进行简易判决，则治安法官应在听取各方的意见后记录有关命令，然后传召任何已接受讯问的证人，并按上述法律所规定的方式审理或重审案件。

36AB　特别法院[1]

（1）中央政府或州政府在与高等法院首席大法官协商后，审理依据第13条第（a）(b）款、第22条第（3）款、第27条第（a）(c）款、第28条、第28A条和第30条第（1）(b）款应予处罚的，以及其他与掺假药或假冒药有关的违法行为，应通过公告指定一个或多个开庭法院（Courts of Sessions）作为特别法院，审理公告中指定的某地区的案件，或某个、多个、某类案件。

解释——在本款中，"高等法院" 意指，在被指定为特别法院前已在运作中的开庭法院所属的州的高等法院。

（2）在审理本法规定的违法行为时，特别法院也应尝试审理依据《1973年刑事诉讼法》规定可在同一审判中提起指控的违法行为，但第（1）款所述违法行为除外。

36AC　在某些情况下可以认定和不予保释的违法行为

（1）尽管《1973年刑事诉讼法》中有任何规定——

（a）任何依据第13条第（1）(a）、(1）(c）款、第13条第（2）(a）款、第22条第（3）款、第27条（a）(c）款、第28条、第28A条、第28B条和第30条第（1）(2）款以及其他与掺假药或假冒药有关的违法行为，均应予以认定；

1　第36-AB、36-AC、36-AD、36-AE条均由2008年26号法案第20条增设，2008年8月10日生效。

（b）被控犯有第13条第（1）（a）、（1）（c）款、第13条第（2）（a）款、第22条第（3）款、第27条第（a）（c）款、第28条、第28A条、第28B条和第30条第（1）（2）款以及其他与掺假药或假冒药有关的违法行为的人，不得凭他人保证或自己的保证金而获释，除非——

（i）公诉人有机会反对这种释放申请；并且

（ii）在公诉人反对申请的情况下，法院认为有合理理由相信他没有施行此类违法行为，并且他在保释期间不太可能实施任何违法行为。

但如果特别法庭发出指令，可保释未满16岁的未成年人、妇女和患病或虚弱的人。

（2）第（2）（b）款中限制保释的规定，应该与《1973年刑事诉讼法》或其他任何现行法律中限制保释的规定同时适用。

（3）本条中的任何内容都不得影响高等法院根据《1973年刑事诉讼法》第439条所具有的有关保释的特别权力，高等法院可行使该等权力，包括依据该条第（1）（b）款规定的权力，该条中提到的“治安法院”也包括依据第36AB条指定的“特别法院”。

36AD　特别法庭诉讼程序中《1973年刑事诉讼法》的适用

（1）除本法另有规定外，《1973年刑事诉讼法》的规定（包括关于保释和保证金的规定）应适用于特别法庭的诉讼程序，并且就上述规定的目的而言，特别法庭应被视为开庭法院，应将在特别法庭进行起诉的人视为公诉人。

但中央政府或邦政府也可以为任何一个、多个或一组案件任命一名特别公诉人。

（2）只有在联邦或州有七年以上担任辩护律师的实践经历并具备专门法律知识的人，才有资格依据本条被任命为公诉人或特别公诉人。

（3）任何依据本条规定被任命为公诉人或特别公诉人的人，都应被视为《1973年刑事诉讼法》第41条第（2）（u）款意义上的公诉人，《1973

年刑事诉讼法》的上述条文规定应相应生效。

36AE　上诉和复审

高等法院可在适用范围内行使《1973年刑事诉讼法》第29章或第30章赋予的所有权力，高等法院管辖地域范围内的特别法院是审理该地域范围内案件的开庭法院。

37　对善意行为的保护

在本法之下，对任何善意的行为或拟议的行为，不应提起任何诉讼、控告或其他法律程序。

38　各规则须被提交至议会[1]

依据本法制定的每项规则，在制定后应尽快提交给议会两院，而议会的总会期为30日，制定的规则可在议会单次会议期间或两次及以上连续的会议期间提交。（如果在上述会议或连续会议届满前，两院同意对该规则做出任何修改，或两院达成一致意见认为不应制定该规则，则该规则此后应仅以修改后的版本生效，或不具效力，视情况而定。但是，任何此类修改或废除都不影响以前依据该规则已做出的任何行为的有效性。）[2]

1　由1964年13号法案第30条增设，1964年9月15日生效。

2　由1982年68号法案第40条增设，1983年2月1日生效。

# 参考文献

## 一、中文著作


1. [德] K.茨威格特、H.克茨:《比较法总论》,潘汉典、米健、高鸿钧、贺卫方译,法律出版社2003年版。
2. [德] 汉斯・J.沃尔夫、奥托・巴霍夫、罗尔夫・施托贝尔:《行政法》第1卷,高家伟译,商务印书馆2002年版。
3. [德] 马蒂亚斯・赖曼、莱因哈德・齐默尔曼编:《牛津比较法手册》,高鸿钧、韩世远、耿林、王洪亮、张芝梅、吕亚萍、鲁楠译,北京大学出版社2019年版。
4. [德] 托马斯・M.J.默勒斯:《法学方法论》(第4版),杜志浩译,北京大学出版社2022年版。
5. [美] 伯纳德・施瓦茨:《行政法》,徐炳译,群众出版社1986年版。
6. [美] 史蒂芬・布雷耶:《打破恶性循环:政府如何有效规制风险》,宋华琳译,法律出版社2009年版。
7. [美] 尤金・巴达赫:《跨部门合作:管理"巧匠"的理论与实践》,周志忍、张弦译,北京大学出版社2011年版。
8. [日] 大木雅夫:《比较法》,范愉译,法律出版社1999年版。
9. [日] 铃木深雪:《消费生活论——消费者政策》,张倩、高重迎译,中国社会科学出版社2004年版。
10. [日] 室井力、芝池义一、浜川清主编:《行政程序法逐条注释》,朱芒译,上海三联书店2009年版。

11. ［日］植木哲：《医疗法律学》，冷罗生、陶芸、江涛等译，法律出版社2006年版。
12. 陈永法主编：《国际药事法规》，中国医药科技出版社2011年版。
13. 顾家麒：《从机构改革到行政体制改革的实践与思考》，中国发展出版社1997年版。
14. 国家药品监督管理局编：《药品管理法　疫苗管理法读本》，法律出版社2021年版。
15. 黄茂荣：《法学方法与现代民法》，中国政法大学出版社2001年版。
16. 蒋蓉主编：《美国儿科用药法律法规》，中国医药科技出版社2018年版。
17. 沈宗灵、王晨光编：《比较法学的新动向——国际比较法学会论文集》，北京大学出版社1993年版。
18. 宋华琳：《药品行政法专论》，清华大学出版社2015年版。
19. 吴清海、韩毅、夏鸣主编：《视听技术在行政执法中的应用》，江苏科学技术出版社2007年版。
20. 许宗力：《法与国家权力》（第2版），月旦出版社股份有限公司1998年。
21. 杨光主编：《北京卫生史料：药政篇》，北京科学技术出版社1996年版。
22. 袁杰、王振江、刘红亮、刘沛主编：《〈中华人民共和国药品管理法〉释义》，中国民主法制出版社2019年版。
23. 赵宏：《法治国下的目的性创设：德国行政行为理论与制度实践研究》，法律出版社2012年版。
24. 郑磊：《跨边界信息共享中的领导力行为研究》，复旦大学出版社2012年版。
25. 朱怀祖：《药物责任与消费者保护》，五南图书出版公司1997年版。
26. 杨悦编译：《21世纪治愈法案》，中国医药科技出版社2018年版。

## 二、中文论文

27. ［美］凯斯·R.森斯坦：《烟草是药么——作为普通法法院的行政机关》，宋华琳译，《法大评论》第2卷，中国政法大学出版社2003年版。
28. ［英］约翰·亚伯拉罕：《渐进式变迁——美英两国药品政府规制的百年演进》，宋华琳译，《北大法律评论》第4卷第2辑，法律出版社2002年版。
29. 陈文吟：《由美国立法经验探讨促进儿科试验暨儿科用药研究之合理措施》，《高大法学论丛》2013年第9卷第1期。
30. 郭春镇、张薇薇：《从注脚到蓝本——美国的药品召回制度及启示》，《中国处方药》2007年第11期。

31. 黄建初:《人民用药安全有了法律保障》,《法学》1985年第2期。
32. 黄源铭:《对"专家学者组成委员所为决定之司法审查"——以委员会之运作与资讯审查》,《政大法学评论》2012年总第129期。
33. 蒋朝阳:《论部委规章制定权的授予、行使和监督》,《行政法论丛》第1卷,法律出版社1998年版。
34. 雷磊:《法律规范冲突的含义、类型与思考方式》,《法律方法》第7卷,山东人民出版社2008年版。
35. 李德旺:《"三定"规定的性质与效力》,《法治现代化研究》2022年第6期。
36. 李鸻、宋华琳:《中国药品监管收费制度及其改革》,《宏观质量研究》2013年第2期。
37. 李桥:《论药品监管领域限制从业制度的困境与出路》,《中国药事》2022年第3期。
38. 梁毅、柳飞、周文瑜:《浅析德国药品监管》,《医药工程设计》2012年第3期。
39. 刘靖杰、杨悦:《欧盟处方药与非处方药分类管理》,《中国药物警戒》2014年第8期。
40. 刘伟:《国际公共政策的扩散机制与路径研究》,《世界经济与政治》2012年第4期。
41. 马英娟:《政府监管的理性选择——以"电子监管网事件"为中心》,《法学》2008年第12期。
42. 邱华伟、董晨东、李远恒、洪靖怡、王勇:《澳大利亚药品上市准入管理体系研究》,《中国医药工业杂志》2021年第3期。
43. 施佳良、杜文苓:《环境管制行政的科学技术框架与决策僵局:六轻工安事件环评过程析论》,《公共行政学报》2017年总第52期。
44. 宋华琳、牛佳蕊:《论解释性规则的法治化——以药品监管为例证》,《学术交流》2020年第5期。
45. 宋华琳、牛佳蕊:《指导性文件是如何制定和演进的——对新冠肺炎七版诊疗方案的跟踪研究》,《公共行政评论》2020年第3期。
46. 宋华琳、孙沛:《探寻数字时代药品智慧监管的变革之道》,《中国市场监管研究》2021年第8期。
47. 宋华琳、尹宏俊、邵蓉:《美国药品指导质量管理规范评介和启示》,《药学进展》2000年第4期。
48. 宋华琳、郑琛:《行政法上听取陈述和申辩程序的制度建构》,《地方立法研究》2021年第3期。
49. 宋华琳:《风险规制与行政法学原理的转型》,《国家行政学院学报》2007年第4期。
50. 宋华琳:《疾病预防控制机构法律地位的反思与重构》,《探索与争鸣》2020年第4期。
51. 宋华琳:《建构部门协调的行政法理》,《中国法律评论》2015年第2期。
52. 宋华琳:《禁入的法律性质及设定之道》,《华东政法大学学报》2020年第4期。
53. 宋华琳:《论行政规则对司法的规范效应——以技术标准为中心的初步观察》,《中国法学》2006年第6期。
54. 宋华琳:《美国FDA药品信息公开的评介与思考》,《中国处方药》2007年第6期。
55. 宋华琳:《美国药品加速审评程序研究》,《中国处方药》2007年第10期。
56. 宋华琳:《美国药品监管的肇始》,《中国处方药》2007年第1期。
57. 宋华琳:《权利保障视角下的基本医疗卫生立法》,《求是学刊》2020年第1期。
58. 宋华琳:《推动罕见病用药法制建设》,《方圆法治》2009年第16期。
59. 宋华琳:《药品不良反应与政府监管制度改革》,《法学》2006年第9期。
60. 宋华琳:《药品价格规制的比较与借鉴》,《中国处方药》2007年第12期。
61. 宋华琳:《中国的比较行政法研究:回顾与展望》,《中国社会科学评价》2020年第3期。
62. 宋华琳:《中国药品标准法律制度的发展与完善》,《中国处方药》2008年第7期。
63. 谭冰霖:《单位行政违法双罚制的规范建构》,《法学》2020年第8期。
64. 王波、邵蓉:《论药品监管指导原则的法律渊源与法律运用》,《中国食品药品监管》2022年第11期。
65. 王敏、范平安、王志远、钱兵、聂小燕、管晓东、史录文、陈敬:《美国孤儿药资格认定及批准上市情况分析》,《中国药事》2021年第12期。
66. 翁岳生:《比较法学之理念与实践》,《月旦法学》2003年第7期。
67. 吴圣贤、Christoph H. Gleiter、Armin Bauer:《德国药物临床试验组织管理概况》,《中药新药与临床药理》2005年第2期。
68. 席晓宇、符一男、褚淑贞:《健康公平性视角下的中国药品可及性探讨》,《药品评价》2010年第18期。

69. 杨登峰:《选择适用一般法与特别法的几个问题》,《宁夏社会科学》2008年第3期。
70. 杨东升:《单位行政违法双罚制实证分析——以〈医疗器械监督管理条例〉为例》,《东北农业大学学报(社会科学版)》2022年第2期。
71. 杨金晶、宋华琳:《英国药品标准法律制度评介》,《中国卫生政策研究》2014年第9期。
72. 张昊、韩翠忍:《美国医药产品紧急使用授权风险管理研究》,《中国药师》2021年第12期。
73. 张晓方、朱枫、武阳丰:《世界主要国家和地区药品附条件批准上市政策综述》,《中国食品药品监管》2021年第12期。
74. 周汉华:《美国政府信息公开制度》,《环球法律评论》2002年秋季号。
75. 朱越、蒋蓉、邵蓉:《澳大利亚药品注册特殊审评制度简析及启示》,《广东药科大学学报》2018年第6期。

## 三、英文著作

76. Jason Payne-James, Peter Dean & Ian Wall, *Medicolegal Essentials in Healthcare*, Churchill Livingstone, 1996.
77. Richard Kingham, *The Life Sciences Law Review*, Law Business Research Ltd., 2013.
78. Sauwakon Ratanwijitrasin & Eshetu Wondemagegnehu, *Effective Drug Regulation: A Multicountry Study*, World Health Organization, 2002.

## 四、英文论文

79. Elizabeth Fisher, Drowning by Numbers: Standard Setting in Risk Regulation and the Pursuit of Accountable Public Administration, 20 *Oxford Journal of Legal Studies* 109–130 (2000).
80. James W. Brown, Disclosure of Business Secrets under FOIA: A Business Perspective, 34 *Food Drug Cosm. L. J.* 150 (1979).
81. Lewis A. Grossman, Food, Drugs, and Droods: A History Consideration of Definitions and Categories in American Food and Drug Law, 93 *Cornell. L. Rev.* 1091, 1104–1105 (2007).

82. Neal D. Fortin, Is a Picture Worth More Than 1000 Words? The Fourth Amendment and the FDA's Authority to Take Photographs Under the Federal Food, Drug and Cosmetic Act, 1 *J. Food L.& Policy* 239 (2005).

83. Nicholas R. Parrillo, Federal Agency Guidance and the Power to Bind: An Empirical Study of Agencies and Industries, 36 *Yale J. on Reg.* 167(2019).

84. Peter Button Hutt, The Transformation of United States Food and Drug Law, 60 *J. Ass'n Food & Drug Officials* 9 (1996).

85. Philip G. Walters, Use of FDA Advisory Committees: Present and Future, 29 *Food Drug Cosm. L. J.* 349–350(1974).

86. Sheila R. Shulman, Peg Hewitt, Michael Manocchia, Studies and Inquiries into the FDA Regulatory Process: A Historical Review, 129 *Drug Information Journal* 401(1995).

# 后　记

当完成这部《药品管理立法比较研究》的书稿时，内心涌出许多感慨。时光倾泻，岁月如流，人生渐入中年，重温青年时走过的一段学术旅程，对各国药品管理立法加以再度评述，开展比较研究，是一种奇妙的学术感受，“一切似曾相识，一切却又陌生”。如果本书能为我国药品法学术研究添砖加瓦，也就多少实现了写作的初衷。

时光回到2009年，当时国家药品监督管理局政策法规司启动了近30项《药品管理法》修订课题研究工作，对《药品管理法》涉及的主要制度进行梳理和研究，以期为《药品管理法》修改奠定基础。我有幸受国家药品监督管理局政策法规司委托，承担了“域外典型国家和地区药品立法的框架及启示”课题，在研究过程中，我们试图对域外典型国家和地区的药品立法进行编译，试图按照外国法的原样去理解它，对其结构和框架加以梳理，对其总体布局和具体的制度设计加以探研，探寻其中的制度逻辑，探寻我国药品监管中的现实问题和制度，在外国法上是通过什么方式处理的，从而为立法和法律提供资料与见解。由此形成的这份课题研究报告，也构成了本书的最初雏形。

诚然，比较行政法研究绝不仅仅是“比较立法研究”，而应在社会生活中理解“活法”，探求同立法相关的制度安排、法律文化、利益格局、社会背景，但首要的研究起点和基础之一或许仍是对国外行政法典的研读与评介。此外，更要谨防“淮南为橘，淮北为枳”的现象，行政法的比较和借鉴要受到监管体制、法律文化、政策环境、历史文化等诸多方面的制约，因此，应尽量有一分材料说一分话，“大胆假设，小心求证”，慎言拿来。为此，在本项药品管理立法比较研究中，在精读域外典型国家和地区药品法律规范之后，梳理各国药品监管法律制度，以撰写分国别研究报告的基础，试图探求各国药品立法中的公约数，对域外药品法的立法技术、法律结构和框架、制度设计的重心和方向，给出简要的概括与勾勒，以期为我国药品法律规范体系的健全与完善提供镜鉴。

在2009年的课题研究过程中，我有幸能阅读和整理这样一批宝贵的学术资料，从而对各国药品立法的制度框架形成了更为深入的理解，这也构成了后续药品法学术研究的基础，在某种意义上，也开启了我的比较行政法分论研究之旅。此后，我还主持了一系列以药品法律制度比较研究为旨趣的学术研究课题，这一方面包括对药品管理立法总体架构的研究，对欧盟药品立法加以编译，梳理国外食品药品监管体制机制，探讨立法与鼓励药物创新的关联性，探讨药品与医疗器械统一立法的可能性；另一方面，则针对药品全生命周期监管中的特定环节进行比较研究，例如，整理国外的创新药审评制度、药品监管收费制度、药品标准制度、药品委托生产制度，研究国外的“药品”、“新药”与“假药”的定义，梳理欧美儿童药注册、罕见病用药管理制度，以期为我国药品监管改革的制度设计提供镜鉴。我就药品法比较研究推出的涓滴成果，也有幸为近年来的药品管理立法和药品监管制度改革实践提供了若干脚注，此间也见证了学术与实务的诸多互动，时光倏然而过，我也悄然由青年迈入中年。

《药品管理法》承载了我很深的学术情感。我在2010年受委托完成了《药品管理法》修订稿研究报告，起草了试拟修订稿供监管部门参考；在2019年《药品管理法》修订、《疫苗管理法》制定之后，还有幸成为国家药品监督管理局《药品管理法》《疫苗管理法》宣讲团成员；之后还参与了《药品管理法实施条例》修订的部分工作，起草了试拟修订稿供监管部门参考。在这个过程中，更深感自己学识有限、能力有限，特别是如何将比较行政法研究与中国行政法相结合，如何将行政法学原理与中国政府监管实践相结合，如何将学术研究与政策研究相结合，如何能提出既符合法治原理又契合中国现实的制度设计，还有很长的路要走。

或许可以将本研究视为一项“领域法学”的药品法学研究，总论部分的诸多见解，分论部分的诸多评述，或可为我国药品法学研究与药品法治建设积累一些素材，提供一些可以进一步探究的方向。希望本书能有助于推动我国药品法律制度的发展与改革，有助于更好地解释和适用药品法律规范。

或许还可以将本研究视为一项比较法学研究，视为一项围绕药品分论展开的比较行政法研究。多年以来，我对比较法研究乐此不疲，情有独钟。本项研究的首要定位是要做一些基础性工作，令国人能对域外主要国家和地区的药品管理法律立法架构有大致的了解。同时，我之所以倾注心力撰写药品管理立法比较研究的总论篇，也是在努力探求开展功能意义的比较行政法研究。功能构成了比较法的起点，我们不能对不可能比较的事物进行比较，而是要对那些可以完成相同任务、具有相同功能的事物进行比较，不同国家的比较项之间需要在结构上具有类似性，功能上具有等值性。药品管理立法属于风险规制立法，静心研习的话，可管窥各国药法诸多异曲同工之妙。由此可见，比较行政法一方面是“为学问而学问”的学术，另一方面也有很强的经世济用情怀，比较行政法研究推进了我国行政法律制度的继受，推动了我国药品监管法律制度的改革。

本研究更是一项行政法分论的研究，也是我围绕药品行政法展开的第三部著作。1998年至2000年读硕士期间，我曾尝试就药品行政法的学术体系撰写著作，撰写了一部22万字篇幅、至今没有出版的《药事行政法研究导论》初稿。现在看来，之所以不再出版也不愿出版这部初稿，是因为当时我只是试图把行政法学理论简单照搬到药品管理领域，没能结合药品监管领域的真问题。2006年任教后，我试图逐步将药品行政法作为自己的“学术试验田”，来回应药品监管和医药产业的现实问题，并将药品行政法作为行政法总论研究的“试金石”或“参照领域”，并发挥其反思与印证功能，来推动行政法总论的持续改革。本书多少延续了这种关怀，其中的若干见解与资料，或许对于思考监管体制改革、事业单位改革、专家咨询制度建构，研究行政许可的设定、条件、申请、审查、撤销、注销、中止，探讨标准、信息披露、检查、收费、罚款、没收、禁入等规制工具的法律性质与功能，建构风险行政法、全球行政法、合作行政法的学术理论，都有一定的启示意义。

本书书稿以2009年课题报告内容为蓝本，在此感谢王贵松、卢超、李鸻、李晓兵、王瑞雪、安永康、刘月寅、刘江曼等于2009年对“域外典型国家和地区药品立法的框架及启示”课题的参与和倾力付出。书稿关于各国药品监管体制的评述，还参考了我2014年主持的原国家食品药品监督管理总局国际合作司委托课题“国外食品药品监管体制机制研究”的相关内容。

以“药品监管法治丛书”入选2022年国家出版基金资助项目为契机，笔者对这部书稿进行打磨，组织学术团队，对美国、欧盟、德国、英国、澳大利亚、新加坡六个国家和地区的药品立法进行梳理和评述。十四年弹指一挥间，各国药品立法也都有了很大变化，十四年前的课题组成员或已是学界才俊，或已是实务精英，我也不忍再占用他们宝贵的时间。此次，我邀请了李鸻、王梦之、孙沛、冯姜舒、赵景尧、邓琦豪对书稿相关章节进行内容更新与重新写作，请李鸻、徐云鹏、郑琛、孙沛、冯姜舒、赵景尧参与书稿的校订，在此谨致谢忱。笔者在2022年的秋冬，选择与语词鏖战，与各国药品法律条文鏖战，时而被密密麻麻的条文、叠床架屋的编号、层层嵌套的逻辑折腾得头晕眼花，时而又为域外药品监管法律制度的缜密设计击节而赞，乃至发出会心一笑，或许这也正是学术研究的乐趣所在。

本书的分工如下：

第一章　宋华琳
第二章　李　鸻　宋华琳
第三章　李　鸻　孙　沛
第四章　安永康　任肖容
第五章　李　鸻　刘月寅　王梦之
第六章　刘　丽　冯姜舒　宋华琳
第七章　卢　超　宋华琳　赵景尧
第八章　宋华琳　邓琦豪

本项研究最初缘起于与国家药品监督管理局的合作，特别是与国家药品监督管理局政策法规司的合作，感谢他/她们一再给予我的宝贵学术研究机会，让我得以穿梭于书斋与社会之间，得出相对兼具学术性和实践性的研究成果，特别感谢国家药品监督管理局徐景和副局长、黄果副局长、刘沛司长、袁林司长、李国庆巡视员、吴利雅副司长、张琪副司长、刘继红副司长、邱琼副司长、罗杰副书记、何春霭副主任、程小芳处长、李璐处长、张皋彤同志，中国药品监督管理研究会张伟会长、上海食品药品安全研究会唐民皓会长等对系列研究的支持帮助。同时，还要感谢国家药品监督管理局诸位领导、各司局、各事业单位的支持，感谢药监系统、行业协会、医药企业、医药媒体等诸多同人的关心厚爱，感谢他们为我的研究提供了太多难得的信任、无私的鼓励、宝贵的机会和珍贵的素材。

感谢译林出版社王笑红编审的策划与督促，感谢黄洁编辑、朱雪婷编辑为这套“药品监管法治丛书”付出的辛劳，正是依托译林出版社成功申报国家出版基金资助项目，我才有可能重启药品法的比较研究，完成这部书稿。

我进入学术生涯的第一篇论文，就是1999年1月发表的与硕士生导师邵蓉教授合作的《借鉴国外先进经验　完善我国药事法规体系》，二十四年弹指一挥间，而今我还走在药品行政法与比较行政法研究的旅途上，并出版这样一部以药品法比较研究为主题的著作，在此送上心香一瓣，感谢邵蓉老师二十余年来对我的教诲与提点之恩。也在此缅怀我的药学英语与国际药事法规启蒙老师、已于2022年3月仙逝的胡廷熹教授，正是在1995年本科三年级胡廷熹老师的课堂上，让我第一次知道还有药品法这样一门学问，并树立了对此开展倾力研究的学术志向。

这部著作专业性比较强，可以说是一场药品立法的比较寻踪，也是一次学术历险。美国、欧盟、英国、德国、澳大利亚、新加坡的药品法典分别有879页、185页、330页、183页、773页、70页，相关药品法律文本卷帙浩繁，术语专业，章节条款层层嵌套。研读合计两千多页的法典，并以通顺的中文加以评介，并为读者所理解，实则是很难完成的学术任务。错误在所难免，这绝非谦辞，而是的确如此，希望我们能尽量减少一些错讹。

在二十余载药品法研究的历程中，深感药品法基础研究还有待加强，药品法研究的理论化、体系化程度还需深化。希望本书能成为特定时期药品法研究的一块“铺路石”或“垫脚砖”，这或许是本书的意义所在，当然也是其局限性所在。未来或许不应该再写这样的著作，而是希望有更多同人投身药品法比较研究，对美国、欧盟等典型国家和地区的药品法进行各个击破式的研究，形成一部又一部的著作，聚沙成塔，集腋成裘，进而推动我国药品法比较研究的深化。

同时，本书仅仅是对比较行政法的静态研究，未来我们应更为关注各国政府监管法律制度背后的政策环境、产业形态、历史文化、社会心理，更为关注各国政府监管法律制度的运行实效，开展动态的比较行政法研究。也呼吁更多同人投身于比较行政法和比较药品法研究之中，我国现阶段的比较行政法研究不是“过剩”而是“不足”，如不注重比较行政法的研究，纵使对中国行政法实践再进行“深描”，之后的分析和解释仍可能缺少学术厚度，学理阐发有时变成对法条、判例及实践的重述或同义反复。

在本项比较研究过程中，在鸟瞰各国药品监管法律制度概况的同时，更是深感我国药品监管法治建设日新月异，深感我国积极吸纳和借鉴药品监管的国际经验，逐步构建起符合我国国情的药品法律制度和政策体系。我国近年来重构了药品管理法律制度的基本框架，以风险管理、全程管控、社会共治为原则，通过颁布法律、法规、规章、标准和指南，建构起覆盖药品研制、生产、经营、使用全过程的药品管理法治体系，也衷心祝愿我国药品管理法治建设的明天会更好。

一个人能有怎样的学术人生，很大程度上来自个人的摹绘。是选择追逐“乱花渐欲迷人眼”的学术热点，还是坚守个人的学术阵地，每个人都有自己不同的选择。这本不算太薄也不算太厚的书，也从侧面记载了自己药品法学术研究的半途旅程，见证了自己的寂寞与欢愉。正如村上春树所说，写书并非安逸的工作，需要“坐在书桌前，将神经如同激光束一般集于一点，动用想象力，从‘无’的地平线上催生出故事来……挑选出一个个正确的词语，让所有的流程准确无误——这样一种工作，与一般人想象的相比，更为长久地需要远为巨大的能量”。因此我也将继续坚持慢跑，为学术蓄能。

学术人生与跑步一样，都需持之以恒，不乱节奏，“让惯性的轮子以一定的速度准确无误地旋转起来”。作为学术研究和管理事务“双肩挑”的我，希望未来每天仍能在书桌前静坐一段时间，坚持每天多少写一些学术文字，不一定能取得怎样的学术成绩，只要有了业已尽力的满足感，即可。希望未来还能继续奔跑在药品法的跑场，有机会对本书予以升级和更新，从而为我国药品法学术研究和制度建设贡献自己的绵薄之力。

宋华琳

2022年12月11日